高等职业院校文化素质教育改革创新教材

大学语文

（第三版）

DAXUE YUWEN

主　编　王树青　张惠香
副主编　秦秀清　黄朝霞　段　劼　杨志敏
参　编　汪兆婧　李瑞珩

中国教育出版传媒集团
高等教育出版社·北京

内容提要

本书是高等职业院校文化素质教育改革创新教材，是在第二版基础上修订而成的。

本书内容包含人生导航、古文观止、诗词览胜、名剧寻根、时代泛舟、人与自然、职场扬帆、口语交际、实用写作九个单元。每个单元包括“单元导语”—“课文导读”—“精讲精读”/“自主泛读”—“课后练习”—“单元综合实训”等栏目。为了利教便学，部分学习资源(如微课、朗诵、辑评、测试)以二维码形式提供在相关内容旁，可扫描获取。此外，本书另配有教学资源，供教师教学使用。

本书适合作为高等职业院校公共基础课教材。

图书在版编目(CIP)数据

大学语文/王树青，张惠香主编.—3版.—北京：高等教育出版社，2023.7(2025.8重印)

ISBN 978-7-04-059409-6

Ⅰ.①大… Ⅱ.①王… ②张… Ⅲ.①大学语文课-高等职业教育-教材 Ⅳ.①H193.9

中国版本图书馆CIP数据核字(2022)第173918号

策划编辑 李光亮 余 红 **责任编辑** 余 红 **封面设计** 张文豪 **责任印制** 高忠富

出版发行	高等教育出版社	**网 址**	http://www.hep.edu.cn
社 址	北京市西城区德外大街4号		http://www.hep.com.cn
邮政编码	100120	**网上订购**	http://www.hepmall.com.cn
印 刷	上海叶大印务发展有限公司		http://www.hepmall.com
开 本	787 mm×1092 mm 1/16		http://www.hepmall.cn
印 张	19.25	**版 次**	2023年7月第3版
字 数	452千字		2016年8月第1版
购书热线	010-58581118	**印 次**	2025年8月第5次印刷
咨询电话	400-810-0598	**定 价**	39.00元

本书如有缺页、倒页、脱页等质量问题，请到所购图书销售部门联系调换

物 料 号 59409-00

第三版前言

本书于2016年出版，于2019年进行了修订再版。其间，得到了广大师生的支持与肯定，我们倍感欢欣，也一直鞭策自己进一步反思、探索、精进。本着精益求精、与时俱进的精神，全体编委进行了广泛调研、充分论证，制订方案，进行了再次修订。本次主要修订工作如下：

一、调整篇目

本次修订，仍然保持了前两版的总体框架结构，秉持把握语文教育特点，体现职业教育特色的理念；以传授语文知识、发展语文应用能力、全面提升语文素养、培养正确的情感态度价值观为目标；顺应加强中华优秀传统文化教育的时代要求；本着语文教学以阅读理解为基础的思路，从立意、体裁、题材、手法等多方面考量，对部分篇目作了调整。新增的篇目以我国优秀文学作品为主体。这些作品能够体现高尚的理想、健全的人格和积极向上的精神，深刻反映历史和当下社会生活中人们密切关注的现实问题，表现真挚的思想感情、智慧理性和审美价值。此外，各单元内篇目顺序也作了微调。

二、调整完善单元内容，对接职业能力需求

基于语文的基础工具性和实用性，配合与职业活动或社会生活相关的背景，我们重新编写和完善口语交际和实用写作两个单元的内容，补充了大量口语交际与写作的范文以及理论指导，致力于提高学生的口语交际和实用写作能力；从教学整体性、实践性和拓展性三方面重新设计了单元教学目标与综合实训。

三、传承弘扬中华优秀传统文化

中华优秀传统文化是中华文明的智慧结晶和精华所在，积淀着中华民族最深沉的精神追求，代表着中华民族独特的精神标识，是中华民族生生不息、发展壮大的丰厚滋养。本次修订，我们在附录部分补充了中国传统文化的基本精神以及二十四节气的有关内容，进一步延伸学生对中华优秀传统文化的认识，筑牢文化自信之基。

四、建设更新数字资源

为使教师深入理解语文课教学思路和方法，方便备课，我们同步更新了教学课件、教案等教学资源。为方便学生学习，我们建设了线上学习资源（如朗诵、微课、在线测试等），并以二维码形式链接在相关内容旁，可扫描获取。

本次修订工作由王树青主持，参加修订的人员有：张惠香、秦秀清、黄朝霞、段劼、杨志敏、汪兆婧、李瑞珩。因为水平有限，教材中可能会有欠妥之处，恳请大家继续提出宝贵意见和建议。

这次修订工作，得到了有关单位和个人的关心、支持和帮助，谨在此表示衷心感谢！

编　者

2023 年 1 月

目　录

第一单元　人生导航

第二单元　古文观止

第三单元　诗词览胜

第四单元 名剧寻根

第五单元 时代泛舟

第六单元 人与自然

第七单元 职场扬帆

第八单元 口语交际

第九单元 实用写作

附 录

第一单元　人生导航

单元导语

本单元选文本着“师法古今，陶冶情操”的原则，选取了五篇经典之作。所选作品体现了作者高尚的理想、健全的人格、真挚的思想感情和积极向上的精神。本单元的学习重点为探究性阅读。在研究探讨的基础上，应对课文内容、语言和写作特点进行分析评价，借鉴吸收其中的精华。选文内容涉及人生、亲情、立志、审美等，同学们可通过阅读、思考、讨论、辨析，批判地继承和借鉴作者丰富而深刻的体验，在心理素质、精神境界、人生追求和价值标准方面受到潜移默化的熏陶，从而获得理性智慧的启迪。

《爱尔克的灯光》体现了作者对难以改变的社会秩序的感慨和对生活哲理的探索。《曾国藩家书（三则）》弘扬了中华民族传统美德：孝顺父母，勤劳持家，自我反省，戒傲戒惰。《云南看云》前半部分写的是看云，后半部分写的是看社会。《跨越百年的美丽》赞美了居里夫人卓越的思想品质和为科学献身的精神，探讨了人格力量和人生价值。《我与地坛》（节选）的作者将诗意和哲理融合在一起，表现了智者的精神魅力。这些文章体现了不同的人文内涵，其循序而无声的渗透充分体现了人性的关怀。

爱尔克的灯光[①]

巴　金[②]

课文导读

本文是一篇怀念亲人、感情深沉的抒情散文。1941年，巴金回到阔别多年的故居。照壁上的“长宜子孙”四个字引发了他对人生道路的思索。本文通过对姐姐的悲剧以及关在“家”这个小圈子里发生的许多事件的追述，揭示了封建家庭囚禁了许多年轻有为的心灵、摧残了许多可爱的年轻生命这一社会现实，从而从理性和感情上彻底否定了这一条“长宜子孙”的道路。作者为自己走上了一条冲破封建家庭、“走向广大的世界中去”的道路而感到高兴，认为这才是一条光明之路。

文章熔叙事、抒情、议论于一炉，感情浓烈，抒情性强，体现了巴金散文的一贯特色。

傍晚，我靠着逐渐黯淡的最后的阳光的指引，走过十八年前的故居。这条街、这个建筑物开始在我的眼前隐藏起来，像在躲避一个久别的旧友。但是它们的改变了的面貌于我还是十分亲切。我认识它们，就像认识我自己。还是那样宽的街，宽的房屋。巍峨的门墙代替了太平缸和石狮子，那一对常常做我们坐骑的背脊光滑的雄狮也不知逃进了哪座荒山。然而大门开着，照壁上“长宜子孙”[③]四个字却是原样地嵌在那里，似乎连颜色也不曾被风雨剥蚀。我望着那同样的照壁，我被一种奇异的感情抓住了，我仿佛要在这里看出过去

---

① 选自李晓明主编《巴金散文》，吉林文史出版社2006年版。本文原载于1941年4月19日重庆《新蜀道》，后收入散文集《龙·虎·狗》，作者编定文集时收入《巴金文集》第十卷。“爱尔克的灯光”原指欧洲的一个传说，姐姐爱尔克等待出海远航的弟弟，总是点上一盏灯为弟弟引航指引回家的方向，但直至死去也未能等到弟弟回来。本文借指作者自己的经历。 ② 巴金（1904—2005），原名李尧棠，字芾甘，四川成都人，汉族，当代文学家、出版家、翻译家，代表作品有《家》《春》《秋》等。 ③ “长宜子孙”是旧式大家族式家庭的家长经常会有的观念，就是希望自己的家业能够世世代代传承下去，子孙永远保持着发达兴旺的大家族式的生活。

的十九个年头，不，我仿佛要在这里寻找十八年以前的遥远的旧梦。

守门的卫兵用怀疑的眼光看我。他不了解我的心情。他不会认识十八年前的年轻人。他却用眼光驱逐一个人的许多亲密的回忆。

黑暗来了，我的眼睛失掉了一切。于是大门内亮起了灯光。灯光并不曾照亮什么，反而增加了我心上的黑暗。我只得失望地走了。我向着来时的路回去。已经走了四五步，我忽然掉转头，再看那个建筑物。依旧是阴暗中一线微光。我好像看见一个盛满希望的水碗一下子就落在地上打碎了一般，我痛苦地在心里叫起来。在这条被夜幕覆盖着的近代城市的静寂的街中，我仿佛看见了哈立希岛上的灯光。那应该是姐姐爱尔克点的灯罢。她用这灯光来给她的航海的兄弟照路，每夜每夜灯光亮在她的窗前，她一直到死都在等待——那个出远门的兄弟回来。最后她带着失望进入坟墓。

街道仍然是清静的。忽然一个熟习的声音在我耳边轻轻地唱起了这个欧洲的古传说。在这里不会有人歌咏这样的故事。应该是书本在我心上留下的影响。但是这个时候我想起了自己的事情。

十八年前在一个春天的早晨，我离开这个城市、这条街的时候，我也曾有一个姐姐，也曾答应过有一天回来看她，跟她谈一些外面的事情。我相信自己的诺言。那时我的姐姐还是一个出阁才只一个多月的新嫁娘，都说她有一个性情温良的丈夫，因此也会有长久的幸福的岁月。

然而人的安排终于被“偶然”毁坏了。这应该是一个“意外”。但是这“意外”却毫无怜悯地打击了年轻的心。我离家不过一年半光景，就接到了姐姐的死讯。我的哥哥用了颤抖的哭诉的笔叙说一个善良女性的悲惨的结局，还说起她死后受到的冷落的待遇。从此那个做过她丈夫的所谓温良的人改变了，他往一条丧失人性的路走去。他想往上爬，结果却不停地向下面落，终于到了用鸦片烟延续生命的地步。对于姐姐，她生前我没有好好地爱过她，死后也不曾做过一样纪念她的事。她寂寞地活着，寂寞地死去。死带走了她的一切，这就是在我们那个地方的旧式女子的命运。

我在外面一直跑了十八年。我从没有向人谈过我的姐姐。只有偶尔在梦里我看见了爱尔克的灯光。一年前在上海我常常睁起眼睛做梦。我望着远远的在窗前发亮的灯，我面前横着一片大海，灯光在呼唤我，我恨不得腋下生出翅膀，即刻飞到那边去。沉重的梦压住我的心灵，我好像在跟许多无形的魔手挣扎。我望着那灯光，路是那么远，我又没有翅膀。我只有一个渴望：飞！飞！那些熬煎着心的日子！那些可怕的梦魇！

但是我终于出来了。我越过那堆积着像山一样的十八年的长岁月，回到了生我养我而且让我刻印了无数儿时回忆的地方。我走了很多的路。

十九年，似乎一切全变了，又似乎都没有改变。死了许多人，毁了许多家。许多可爱的生命葬入黄土。接着又有许多新的人继续扮演不必要的悲剧。浪费，浪费，还是那许多不必要的浪费——生命，精力，感情，财富，甚至欢笑和眼泪。我去的时候是这样，回来时看见的还是一样的情形。关在这个小圈子里，我禁不住几次问我自己：难道这十八年全是白费？难道在这许多年中间所改变的就只是装束和名词？我痛苦地搓自己的手，不敢给一个回答。

在这个我永不能忘记的城市里，我度过了五十个傍晚。我花费了自己不少的眼泪和欢笑，也消耗了别人不少的眼泪和欢笑。我匆匆地来，也将匆匆地去。用留恋的眼光看我出生的房屋，这应该是最后的一次了。我的心似乎想在那里寻觅什么。但是我所要的东西绝不会在那里找到。我不会像我的一个姑母或者嫂嫂，设法进到那所已经易了几个主人的公馆，对着园中的花树垂泪，慨叹着一个家族的盛衰。摘吃自己栽种的树上的苦果，这是一个人的本分。我没有跟着那些人走一条路，我当然在这里找不到自己的脚迹。几次走过这个地方，我所看见的还只是那四个字："长宜子孙"。

"长宜子孙"这四个字的年龄比我的不知大了多少。这也该是我祖父留下的东西罢。最近在家里我还读到他的遗嘱。他用空空两手造就了一份家业。到临死还周到地为儿孙安排了舒适的生活。他叮嘱后人保留着他修建的房屋和他辛苦地搜集起来的书画。但是儿孙们回答他的还是同样的字：分和卖。我很奇怪，为什么这样聪明的老人还不明白一个浅显的道理：财富并不"长宜子孙"，倘使不给他们一个生活技能，不向他们指示一条生活道路；"家"这个小圈子只能摧毁年轻心灵的发育成长，倘使不同时让他们睁起眼睛去看广大世界；财富只能毁灭崇高的理想和善良的气质，要是它只消耗在个人的利益上面。

"长宜子孙"，我恨不能削去这四个字！许多可爱的年轻生命被摧残了，许多有为的年轻心灵被囚禁了。许多人在这个小圈子里面憔悴地挨着日子。这就是"家"！"甜蜜的家"！这不是我应该来的地方。爱尔克的灯光不会把我引到这里来的。

于是在一个春天的早晨，依旧是十八年前的那些人把我送到门口，这里面少了几个，也多了几个。还是和那次一样，看不见我姐姐的影子，那次是我没有等待她，这次是我找不到她的坟墓。一个叔父和一个堂兄弟到车站送我，十八年前他们也送过我一段路程。

我高兴地来，痛苦地去。汽车离站时我心里的确充满了留恋。但是清晨的微风，路上的尘土，马达的叫吼，车轮的滚动，和广大田野里一片盛开的菜子花，这一切驱散了我的离愁。我不顾同行者的劝告，把头伸到车窗外面，去呼吸广大天幕下的新鲜空气。我很高兴，自己又一次离开了狭小的家，走向广大的世界中去！

忽然在前面田野里一片绿的蚕豆和黄的菜花中间，我仿佛又看见了一线光，一个亮，这还是我常常看见的灯光。这不会是爱尔克的灯里照出来的，我那个可怜的姐姐已经死去了。这一定是我的心灵的灯，它永远给我指示我应该走的路。

1941 年 3 月在重庆

思考练习

1. 词语积累。

黯淡 剥蚀 出阁 怜悯 熬煎

梦魇 慨叹 巍峨 憔悴 摧毁

2. 简析“长宜子孙”的含义及作者的批判意识。

3. “阴暗中一线微光”有何象征意义?

4. “我好像看见一个盛满希望的水碗一下子就落在地上打碎了一般”用了什么修辞手法?抒发了作者怎样的感情?

曾国藩家书[①]（三则）

曾国藩[②]

课文导读

《曾国藩家书》不仅是一部记录家常的书信集，更是一部蕴藏着为人处世、持家教子智慧之书，体现了作者的学识造诣和道德修养。

本文按节选出的内容，编为敬父母篇、诲兄弟篇、谕儿女篇。父母之命“孝”为先；兄弟手足之意“劝”为上；子女之情“教”为本。这三封家书，没有抽象空洞的说教，没有居高临下的严词峻语，语气平实恳切，句句语重心长。

学习本文，一要学习和弘扬中华民族的传统美德，认识到孝顺父母、勤俭自持的重要性，同时要养成时时自省、戒傲戒惰的良好习惯；二要体会文中修身治家的真知灼见和为人处世的金玉良言，并能渗透到自己的为人处世哲学之中。

敬父母篇

禀父母·痛改前非自我反省

（道光二十二年十月二十六日）

男国藩跪禀父母亲大人万福金安：

十月二十二奉到手谕，敬悉一切。

郑小珊处小隙[③]已解。男从前于过失，每自忽略。自十月以来，念念改过，虽小必惩。其详具载示弟书中。

耳鸣近日略好，然微劳即鸣。每日除应酬外，不能不略自用功，虽欲节劳，实难再节。手谕示以节劳、节欲、节饮食，谨当时时省记。

---

① 选自《曾国藩家书》，曾国藩撰，唐浩明编，岳麓书社2011年版。各篇题目为编者所加。 ② 曾国藩（1811—1872），字涤生，初名子城，字伯涵。清政治家、文学家。工古文，亦工诗，有《曾文正公全集》。 ③ 隙：嫌隙。

萧辛五先生处,寄信不识靠得住否?龙翰臣父子已于十月初一日到京,布匹线索俱已照单收到,惟茶叶尚在黄恕皆处。恕皆有信与男,本月可到也。

男妇等及孙男女皆平安。余详与弟书。

谨 禀

诲兄弟篇

致沅弟季弟·戒傲戒惰

（咸丰十年九月二十四日）

沅、季弟左右:

恒营专人来,接弟各一信并季所寄干鱼,喜慰之至。久不见此物,两弟各寄一次,从此山人足鱼矣。

沅弟以我切责之缄,痛自引咎,惧蹈危机而思自进于谨言慎行之路,能如是,是弟终身载福之道,而吾家之幸也!季弟信亦平和温雅,远胜往年傲岸气象。

吾于道光十九年十一月初二日进京散馆,十月二十八早侍祖父星冈公于阶前,请曰:"此次进京,求公教训。"星冈公曰:"尔的官是做不尽的,尔的才是好的,但不可傲。满招损,谦受益,尔若不傲,更好全了!"遗训不远,至今尚如耳提面命①。今吾谨述此语诰诫两弟,总以除傲字为第一义。唐虞之恶人曰丹朱,傲,曰象②傲;桀纣之无道,曰强足以拒谏,辨足以饰非,曰谓己有天命,谓敬不足行,皆傲也。

吾自八年六月再出,即力戒惰字,以儆无恒之弊,近来又力戒傲字。昨日徽州未败之前,次青心中不免有自是之见,既败之后,余益加猛省。大约军事之败,非傲即惰,二者必居其一;巨室之败,非傲即惰,二者必居其一。

余于初六日所发之折,十月初可奉谕旨。余若奉旨派出,十日即须成行。兄弟远别,未知相见何日。惟愿两弟戒此二字,并戒各后辈常守家规,则余心大慰耳!

谕儿女篇

谕纪鸿·勤俭自持

（咸丰六年九月二十九夜）

字谕纪鸿儿:

家中人来营③者,多称尔举止大方,余为少慰。凡人多望子孙为大官,余不愿为大官,但愿为读书明理之君子。勤俭自持,习④劳习苦,可以处乐,可以处约,此君子也。余服官⑤二十年,不敢稍染官宦气习,饮食起居,尚守寒素⑥家风。极俭也可,略丰⑦也可,太丰则吾不敢也。

凡仕宦之家,由俭入奢易,由奢返俭难⑧。尔年尚幼,切不可贪爱奢华,不可惯习⑨懒惰。

---

① 耳提面命:形容当面倾听殷切恳诚的教诲和希望。 ② 象:传说中舜帝的弟弟。 ③ 营:这里指军营。 ④ 习:习惯。 ⑤ 服官:做官。 ⑥ 寒素:朴素简陋。 ⑦ 丰:丰盛,富裕。 ⑧ 由俭入奢易,由奢返俭难:从俭朴到奢侈容易,从奢侈回到俭朴就困难了。 ⑨ 惯习:养成……的习惯。

无论大家小家、士农工商，勤苦俭约，未有不兴；骄奢倦怠，未有不败。尔读书写字，不可间断。早晨要早起，莫坠高曾祖考以来相传之家风。吾父吾叔，皆黎明即起，尔之所知也。

凡富贵功名，皆有命定，半由人力，半由天事。惟学作圣贤，全由自己作主，不与天命相干涉。吾有志学为圣贤，少时欠居敬[①]工夫，至今犹不免偶有戏言戏动[②]。尔宜举止端庄，言不妄发，则入德之基也。

手 谕

思考练习

1. 解释下列文中加点的词。

男国藩跪禀(　　　　)

郑小珊处小隙已解(　　　　)

谨当时时省记(　　　　)

沅弟以我切责之缄(　　　　)

痛自引咎(　　　　)惧蹈危机(　　　　)

远胜往年傲岸气象(　　　　)

遗训不远，至今尚如耳提面命(　　　　)

饮食起居，尚守寒素家风(　　　　)

不可惯习懒惰(　　　　)

2. 本课的三则家书中，分别体现了父母之命"孝"为先，兄弟手足之意"劝"为上，子女之情"教"为本。请在文中分别找出体现"孝""劝""教"的句子。

3.《敬父母篇》中，"念念改过，虽小必惩"体现出作者哪方面的传统美德？

4. 怎样理解"凡富贵功名，皆有命定，半由人力，半由天事。惟学作圣贤，全由自己作主，不与天命相干涉"的含义？

---

① 居敬：指持身恭敬。"居"本义是居住，在这里是指确定和持守一种状态。 ② 戏言戏动：指言行不端庄。

云南看云[①]

沈从文[②]

课文导读

沈从文先生作此文缘于观看了卢锡麟先生的摄影展(关于云南云彩的摄影),他用流畅的抒情笔致,对云南的云在不同形态下的颜色、形状作了生动形象的描绘,写出了云南的云的特色。文章前半部分写的是看云,随意朴实地描述祖国各个地方云彩的特点和人的特点。字里行间流露的是看云卷云舒的闲静心态,在抗日战争大背景下甚是难得。文章后半部分写的是看社会,通过借景抒情、寓理言志,体现了作者对社会人生的观照。

云南是因云而得名的,可是外省人到了云南一年半载后,一定会和本地人差不多,对于云南的云,除了只能从它变化上得到一点晴雨知识,就再也不会单纯的来欣赏它的美丽了。

看过卢锡麟先生的摄影后,必有许多人方俨然重新觉醒,明白自己是生在云南,或住在云南。云南特点之一,就是天上的云变化得出奇。尤其是傍晚时候,云的颜色,云的形状,云的风度,实在动人。

战争给了许多人一种有关生活的教育,走了许多路,过了许多桥,睡了许多床,此外还必然吃了许多想象不到的小苦头。然而真正具有深刻教育意义的,说不定倒是明白许多地方各有各的天气,天气不同还多少影响到一点人事。云有云的地方性:中国北部的云厚重,人也同样那么厚重。南部的云活泼,人也同样那么活泼。海边的云幻异,渤海和南海云又各不相同,正如两处海边的人性情不同。河北的云一片黄,抓一把下来似乎就可以作窝窝头,云粗中有细,人亦粗中有细。湖湘的云一片灰,长年挂在天空一片灰,无性格可言,然而橘子、辣子就在这种地方大量产生,在这种天气下成熟,却给湖南人增加了生命的发展性和进取精神。四川的云与湖南云虽相似而不尽相同,巫峡峨眉夹天耸立,高峰把云分割又加浓,云有了生命,人也有了生命。

论色彩丰富,青岛海面的云应当首屈一指。有时五色相渲,千变万化,天空如展开一张张图案新奇的锦毯。有时素净纯洁,天空只见一片绿玉,别无他物,看来令人起轻快感,温柔

---

① 选自凌宇编《沈从文散文选》,人民文学出版社 1982 年版。本文原载于 1940 年 12 月 12 日《大公报》,作者在昆明西南联大任教时所作。 ② 沈从文(1902—1988),中国作家,原名沈岳焕,笔名休芸芸、甲辰等,湖南凤凰人。代表作有《长河》《边城》《湘行散记》等。

感，音乐感。一年中有大半年天空完全是一幅神奇的图画，有青春的嘘息，煽起人狂想和梦想，海市蜃楼即在这种天空下显现。海市蜃楼虽并不常在人眼底，却永远在人心中。秦皇汉武的事业，同样结束在一个长生不死青春常驻的美梦里，不是毫无道理的。云南的云给人印象大不相同，它的特点是素朴，影响到人性情，也应当是挚厚而单纯。

云南的云似乎是用西藏高山的冰雪，和南海长年的热风，两种原料经过一种神奇的手续完成的。色调出奇的单纯。惟其单纯反而见出伟大。尤以天时晴明的黄昏前后，光景异常动人。完全是水墨画，笔调超脱而大胆。天上一角有时黑得如一片漆，它的颜色虽然异样黑，给人感觉竟十分轻。在任何地方"乌云蔽天"照例是个沉重可怕的象征，云南傍晚的黑云，越黑反而越不碍事，且表示第二天天气必然顶好。几年前中国古物运到伦敦展览时，记得有一个赵松雪①作的卷子，名《秋江叠嶂》，净白的澄心堂纸上用浓墨重重涂抹，给人印象却十分秀美。云南的云也恰恰如此，看来只觉得黑而秀。

可是我们若在黄昏前后，到城郊外一个小丘上去，或坐船在滇池中，看到这种云彩时，低下头来一定会轻轻的叹一口气。具体一点将发生"大好河山"感想，抽象一点将发生"逝者如斯"感想。心中可能会觉得有些痛苦，为一片悬在天空中的沉静黑云而痛苦。因为这东西给了我们一种无言之教，比目前政治家的文章，宣传家的讲演，杂感家的讽刺文，都高明得多，深刻得多，同时还美丽得多。觉得痛苦原因或许也就在此。那么好看的云，孕育了在这一片天底下讨生活的人，究竟是些什么？是一种精深博大的人生理想？还是一种单纯美丽的诗的激情？若把它与地面所见、所闻、所有两相对照，实在使人不能不痛苦！

在这美丽天空下，人事方面，我们每天所能看到的，除了官方报纸虚虚实实的消息，物价的变化，空洞的论文，不通的演讲，小巧的杂感，此外似乎到处就只碰到"法币"。商人和银行

① 即赵孟頫(1254—1322)，字子昂，号松雪道人，元代书画家。

办事人直接为法币而忙，教授学生也间接为法币而忙。最可悲的现象，实无过于大学校的商学院，近年每到注册上课时，照例人数必最多。这些人其所以热衷于习经济、学会计，都可说对于生命无任何高尚理想，目的只在毕业后能入银行作事。“熙熙攘攘，皆为利往，挤挤挨挨，皆为利来，利之所在，群集若蛆。”教务处几个熟人都不免感到无可奈何。教这一行的教授，也认为风气实不大好。社会研究的专家，机会一来即向银行跑。习图书馆的，弄古典文学的，学外国文学的，工作皆因此而清闲下来，因亲戚、朋友、同乡……种种机会，不少人也像失去了对本业的信心。有子女升学的，都不反对子弟改业从实际出发，能挤进银行或金融机关作办事员，认为比较稳妥。大部分优秀脑子，都给真正的法币和抽象的法币弄得昏昏的，失去了应有的灵敏与弹性，以及对于“生命”较深一层的认识。其余无知识的脑子，成天打算些什么，就可想而知了。云南的云即或再美丽一点，对于那个真正的多数人，还似乎毫无意义可言的。

近两个月来本市连续的警报，城中二十万市民，无一不早早的就跑到郊外去，向天空把一个颈脖昂酸，无一人不看到过几片天空飘动的浮云，仰望结果，不过增加了许多人对于财富得失的忧心罢了。“我的法币下落了”，“我的汽油上涨了”，“我的事业这一年发了五十万财”，“我从公家赚了八万三”，这还是就仅有十几个熟人口里说说的。此外说不定还有三五个教授之流，终日除玩牌外无其他娱乐，想到前一晚上玩麻雀牌输赢事情，聊以解嘲似的自言自语：“我输牌不输理。”这种教授先生当然是不输理的，在警报解除以后，不妨跑到老伙伴住处去，再玩个八圈，证明一下输的究竟是什么。一个人若乐意在地下爬，以为是活下来最好的姿势，他人劝他不妨站起来试走走看，或更盼望他挺起脊梁来做个人，当然是不会有什么结果的。

就在这么一个社会这么一种情形中，卢先生却来昆明展览他在云南的摄影，告给我们云南法币以外还有些什么值得注意。即以天空的云彩言，色彩单纯的云有多健美，多飘逸，多温柔，多崇高！观众人数多，批评好，正说明只要有人会看云，就能从云影中取得一种诗的感兴和热情，还可望将这种可贵的感情，转给另外一种人。换言之，就是云南的云即或不能直接教育人，还可望由一个艺术家的心与手，间接来教育人。卢先生摄影的兴趣，似乎就在介绍这种美丽感印给多数人，所以作品中对于云物的题材，处理得特别好。每一幅云都有一种不同的性情，流动的美。不纤巧，不做作，不过分修饰，一任自然，心手相印，表现得素朴而亲切，作品取得的成功是必然的。可是我以为得到"赞美"还不是艺术家最终的目的，应当还有一点更深的意义。我意思是如果一种可怕的实际主义，正在这个社会各组织各阶层间普遍流行，腐蚀我们多数人做人的良心做人的理想，且在同时把许多人都有形无形市侩化，社会中优秀分子一部分，所梦想，所希望，也只是糊口混日子了事，毫无一种较高尚的情感，更缺少用这情感去追求一个美丽而伟大的道德原则的勇气时，我们这个民族应当怎么办？大学生读书目的，不是站在柜台边作行员，就是坐在公事房作办事员，脑子都不用，都不想，只要有一碗饭吃就算有了出路。甚至于做政论的，作讲演的，写不高明讽刺文的，习理工的，玩玩文学充文化人的，办党的，信教的……特别是当权做官的，出路打算也都是只顾眼前。大家眼前固然都有了出路，这个国家的明天，是不是还有希望可言？我们如真能够像卢先生那么静观默会天空的云彩，云物的美丽景象，也许会慢慢的陶冶我们，启发我们，改造我们，使我们习惯于向远景凝眸，不敢堕落，不甘心堕落，我以为这才像是一个艺术家最后的目的。正因为这个民族是在求发展，求生存，战争已经三年，战争虽败北，虽死亡万千人民，牺牲无数财富，可并不气馁，相信坚持抗战必然翻身。就为的是这战争背后还有个庄严伟大的理想，使我们对于忧患之来，在任何情形下都能忍受。我们其所以能忍受，不特是我们要发展，要生存，还要为后来者设想，使他们活在这片土地上更好一点，更像人一点！我们责任那么重，那么困难，所以不特多数知识分子必然要有一个较坚朴的人生观，拉之向上，推之向前，就是作生意的，也少不了需要那么一分知识，方能够把企业的发展与国家的发展放在同一目标上，分途并进，异途同归，抗战到底！

举一个浅近的例来说说：我们的眼光注意到"出路""赚钱"以外，若还能够估量到在滇越铁路的另一端，正有多少鬼蜮成性阴险狡诈的敌人，圆睁两只鼠眼，安排种种巧计阴谋，预备把劣货倾销到昆明来，且把推销劣货的责任，派给昆明市的大小商家时，就知道学习注意远处，实在是目前一件如何重要的事情！照相必选择地点，取准角度，方可望有较好效果。做人何尝不是一样。明分际，识大体，"有所不为"，敌人即或花样再多，敌货在有经验商家的眼中，总依然看得出，取舍之间是极容易的。若只图发财，见利忘义，"无所不为"，把劣货变成国货，改头换面，不过是翻手间事！劣货推销不过是若干有形事件中之一种。此外统治者中上层和知识阶级中不争气处，所作所为，实有更甚于此者。哪一件事、哪一种行为不影响到整个国家前途命运！哪容许我们松劲！

所以我觉得卢先生的摄影，不仅仅是给人看看，还应当给人深思。

1940 年，昆明

思考练习

1. 词语积累。

首屈一指　相渲　嘘息　熙熙攘攘　阴险狡诈

挚厚　俨然　市侩化　分途并进　鬼蜮成性

2. “看过卢锡麟先生的摄影后，必有许多人方俨然重新觉醒，明白自己是生在云南，或住在云南。”句中“俨然”的含义是__________；就文章结构而言，该句在全文中的作用是______________________________________。

3. “我意思是如果一种可怕的实际主义，正在这个社会各组织各阶层间普遍流行，腐蚀我们多数人做人的良心做人的理想，且在同时把许多人都有形无形市侩化”。这句中“市侩”原来的意思是__________________，“市侩化”的含义是______________________________________。

4. 请简析文中云南的“云”的主要特点及象征意义。

跨越百年的美丽[①] *

梁　衡[②]

课文导读

本文是一篇纪念居里夫人的散文，作者找到一个不落窠臼的切入点——“美丽”，不仅指居里夫人端庄优雅的形象，更指她终其一生所体现的坚定执着的信念、献身科学的精神和淡泊名利的风骨，最后称赞她是挺立在智慧高地的人。外在美短暂易逝，只有精神美和理性美才具有永恒的魅力，才能跨越百年，成为历久弥新的精神财富。

文章熔叙事、议论、抒情于一炉，多处运用类比、对比和引用，使居里夫人的形象更为丰满、动人。联想丰富，充分体现了梁衡作品中常见的智慧的哲思与感悟。学习本文不仅要感受居里夫人的科学探索精神，领会“美丽”的内涵；还要用心研读，品味文章笔调清朗，语言流畅、凝练、柔和而又深邃之美。

1998年是居里夫人和她的丈夫发现放射性元素镭一百周年。

一百年前的1898年12月26日，法国科学院人声鼎沸，一位年轻漂亮、神色庄重又略显疲倦的妇人走上讲台，全场立即肃然无声。她叫玛丽·居里，她今天要和她的丈夫比埃尔·居里一起在这里宣布一项惊人发现，他们发现了天然放射性元素镭。本来这场报告她想让丈夫来作，但比埃尔·居里坚持让她来讲，因为在此之前还没有一个女子登上过法国科学院的讲台。玛丽·居里穿着一袭黑色长裙，白净端庄的脸庞显出坚定又略带淡泊的神情，而那双微微内陷的大眼睛，则让你觉得能看透一切，看透未来。她的报告使全场震惊，物理学进入了一个新时代，而她那美丽庄重的形象也就从此定格在历史上，定格在每个人的心里。

关于放射性的发现，居里夫人并不是第一人，但她是关键的一人。在她之前，1896年1月，德国科学家伦琴发现了X光，这是人工放射性；1896年5月，法国科学家贝克勒尔发现铀盐可以使胶片感光，这是天然放射性。这都是偶然的发现，居里夫人却立即提出了一个新问题，其他物质有没有放射性？物质世界里是不是还有另一块全新的领域？别人在海滩上捡到一块贝壳，她却要研究一下这贝壳是怎样生，怎样长，怎样冲到海滩上来的。别人摸瓜

① 选自《觅渡》，九州出版社2018年版，选入时有改动。② 梁衡（1946—　　）：山西人，1968年毕业于中国人民大学，当代作家、学者。主要著作有《新闻三部曲》《数理化通俗演义》，散文集《把栏杆拍遍》《名山大川》《觅渡》《人杰鬼雄》等。曾获青年文学奖、赵树理文学奖、全国优秀科普作品奖、全国好新闻奖和中宣部“五个一工程”奖。

她寻藤，别人摘叶她问根。是她提出了放射性这个词。两年后，她发现了钋[1]，接着发现了镭，冰山露出了一角。为了提炼纯净的镭，居里夫妇搞到一吨可能含镭的工业废渣。他们在院子里支起了一口锅，一锅一锅地进行冶炼，然后再送到化验室溶解、沉淀、分析。而所谓的化验室，是一个废弃的、曾停放解剖用尸体的破棚子。玛丽终日在烟熏火燎中搅拌着锅里的矿渣，她衣裙上、双手上，留下了酸碱的点点烧痕。一天，疲劳至极，玛丽揉着酸痛的后腰，隔着满桌的试管、量杯问比埃尔："你说这镭会是什么样子?"比埃尔说："我只是希望它有美丽的颜色。"经过 3 年又 9 个月，他们终于从成吨的矿渣中提炼出了 0.1 克镭。它真的有极美丽的颜色，在幽暗的破木棚里发出略带蓝色的荧光；它还会自动放热，一小时放出的热能溶化等重的冰块。

旧木棚里这点美丽的淡蓝色荧光，是用一个美丽女子的生命和信念换来的。这项开辟科学新纪元的伟大发现好像不该落在一个女子头上。千百年来，漂亮就是一个女人的最高荣誉、最大资本，只要有幸得到这一点，其余便不必再求了。莫泊桑在他的名著《项链》中说："女人并无社会等级，也无种族差异，她们的姿色、风度和妩媚就是她们身世和门庭的标志。"居里夫人是属于那一类很漂亮的女子，她的肖像如今挂遍世界各国的科研教学机构，我们仍可看到她昔日的风采。但是她偏偏没有利用这一点资本，她的战胜自我也恰恰就是从这一点开始的。当她还是个小学生时就显示出上帝给她的优宠，漂亮的外貌已足以使她讨得周围所有人的喜欢。但她的性格里天生还有一种更可贵的东西，这就是人们经常加于男子汉身上的骨气，她坚定、刚毅，有远大、执着的追求。为了不受漂亮的干扰，她故意把一头金发剪得很短，她对哥哥说："毫无疑问，我们家里的人有天赋，必须使这种天赋由我们中的一个表现出来!"她中学毕业后在城里和乡下当了七年家庭教师，积攒了一点学费便到巴黎来读书。当时大学里女学生很少，这个高额头、蓝眼睛、身材修长的漂亮的异国女子，很快成了人们议论的中心。男学生们为了能更多地看她一眼，或有幸凑上去说几句话，常常挤在教室外的走廊里，她的女友甚至不得不用伞柄赶走这些追慕者。但她对这种热闹不屑一顾，她每天到得最早，坐在前排，给那些追寻的目光一个无情的后脑勺。她身上永远裹着一层冰霜的盔甲，凛然使那些"追星族"不敢靠近。她本来住在姐姐家中，为了求得安静，便一人租了间小阁楼，一天只吃一顿饭，日夜苦读。晚上冷得睡不着，就拉把椅子压在身上，以取得一点感觉上的温暖。这种心无旁骛、悬梁刺股、卧薪尝胆的进取精神，就是一般男子也是很难做到的啊！宋玉说有美女在墙头看他三年而不动心；范仲淹考进士前在一间破庙里读书，晨起煮粥一碗，冷后划作四块，是为一天的口粮。而在地球那一边的法国，一个波兰女子也这样心静，这样执着，这样地耐得苦寒。她以 25 岁的妙龄，面对追者如潮而毫不心动。她只要稍微松一下手，回一下头，就会跌回温软的怀抱和赞美的泡沫中，但是她有大志、有大求，她知道只有发现、创造之花才有永开不败的美丽。所以她甘愿让酸碱啃蚀她柔美的双手，让呛人的烟气吹皱她秀美的额头。

本来玛丽·居里完全可以换另外一种活法。她可以趁着年轻貌美，在钦羡和礼赞中活个轻松，活个痛快。但是她没有，她知道自己更深一层的价值和更远一些的目标。成语"浅尝辄止"是指人对外部世界的认识，殊不知有多少人对自己也常是浅尝辄止，见宠即喜。美

---

① 钋(pō)，金属元素，符号 Po，稀有元素之一。

对人来说是一种附加，就像格律对诗词也是一种附加。律诗难作，美人难为，做得好惊天动地，做不好就黄花萎地。玛丽·居里让全世界的女子都知道，她们除了“身世”和“门庭”之外，还有更重要的东西。

1852年斯托夫人写了一本《汤姆叔叔的小屋》，某种程度上导致了美国南北战争的爆发，林肯说是一个小妇人引发了一场解放黑奴的大革命。比斯托夫人约晚50年，居里夫人发现了镭，也是一个小妇人引发了一场革命——科学革命。它直接导致了后来卢瑟夫对原子结构的探秘，导致了原子弹的爆炸，导致了原子时代的到来。更重要的是这项发现的哲学意义。哲学家说事物无时无刻不在变。西方哲人说，人不能两次踏进同一条河流。公元1082年东方哲人苏东坡赤壁望月长叹道：“盖将自其变者而观之，则天地曾不能以一瞬；自其不变者而观之，则物与我皆无尽也。”①现在，居里夫人证明镭便是这样“不能以一瞬”而存在的物质，它会自己不停地发光、放热、放出射线，能灼伤人的皮肤，能穿透黑纸使胶片感光，能使空气导电，它刹那间是自己又不是自己。哲理就渗透在每个原子的毛孔里。玛丽·居里几乎在完成这项伟大自然发现的同时，也完成了对人生意义的发现。她也在不停地变化着，当工作卓有成效的同时，镭射线也在无声地侵蚀着她的肌体。她美丽健康的容貌在悄悄地隐退，她逐渐变得眼花耳鸣，苍白乏力。而比埃尔不幸早逝，社会对女性的歧视更加重了她生活和思想上的沉重负担。但她什么也不管，只是默默地工作。她从一个漂亮的小姑娘，一个端庄坚毅的女学者，变成科学教科书里的新名词“放射线”，变成物理学的一个新计量单位“居里”，变成一条条科学定理，她变成了科学史上一块永远的里程碑。“自其不变者而观之”，她得到了永恒。“长恨春归无觅处，不知转入此中来”②，就像化学的置换反应一样，她的青春美丽换位到了科学教科书里，换位到了人类文化的史册里。

居里夫人的美名从她发现镭那一刻起就流传于世，迄今已经百年，这是她用全部的青春、信念和生命换来的荣誉。她一生共得了10项奖金、16种奖章、107个名誉头衔，特别是两次诺贝尔奖。她本来可以躺在任何一项大奖或任何一个荣誉上尽情地享受，但是她视名利如粪土，她将奖金赠给科研事业和战争中的法国，而将那些奖章送给6岁的小女儿去当玩具。上帝给的美形她都不为所累，尘世给的美誉她又怎肯背负在身呢？凭谁论短长，漫将浮名换了精修细研，她一如既往，埋头工作到67岁离开人世，离开了她心爱的实验室。直到她死后40年，她用过的笔记本里，还有射线在不停地释放。爱因斯坦说：“在所有的世界著名人物当中，玛丽·居里是唯一没有被盛名宠坏的人。”她实事求是，超形脱俗，知道自己的目标，更知道自己的价值。在一般人要做到这两个自知，排除干扰并终生如一，是很难很难的，但居里夫人做到了。她让我们明白，人有多重价值，是需要多层开发的。有的人止于形，以售其貌；有的人止于勇，而逞其力；有的人止于心，而有其技；有的人达于理，而用其智。诸葛亮戎马一生，气吞曹吴，却不披一甲，不佩一刃；毛泽东指挥军民万众，在战火中打出一个新中国，却从不受军衔，不背一枪。大音希声，大道无形，大智之人，不耽于形，不逐于力，不恃于技。他们淡淡地生活，静静地思考，执着地进取，直进到智慧高地，自由地驾驭规律，而永葆一种理性的美丽。

居里夫人就是这样一位挺立在智慧高地的人。

---

① 语出《赤壁赋》。② 诗出白居易《大林寺桃花》。

思考练习

1. 词语积累。

镭	冶炼	侵蚀	悬梁刺股	卧薪尝胆	浅尝辄止
钋	积攒	迄今	烟熏火燎	心无旁骛	不恃于技

2. 课文中有一些含义深刻的句子，比如第六段："哲理就渗透在每个原子的毛孔里。玛丽·居里几乎在完成这项伟大自然发现的同时，也完成了对人生意义的发现。"联系上下文，谈谈你对这个句子的理解。

3. 课文倒数第二段提到诸葛亮，有什么作用？

4. 你如何理解文末说的"理性的美丽"？请另举一位中国现当代人物为例，阐述你对"理性的美丽"的理解。

我与地坛[①]（节选）*

史铁生[②]

课文导读

有些人虽然站着，他的人格却倒了；有的人坐在轮椅上，他的人格和视野却超出我们的想象。史铁生便是其一，在饱受命运磨难之后，他从对命运的坚定信念转向了深沉的思考，由对自身的顾影自怜转向对人类命运的终极关怀，尽管坐在轮椅里，他的人格却坚定地站立起来。当史铁生接受自己的命运之后，他与地坛交上了朋友。

本文是史铁生最为人所称道的散文佳作。作者将诗意和哲理融合在一起，使人体会到了智者精神的魅力。我们不但要学习面对挫折坚强生活的人生态度，更要视挫折为人生的财富，有了挫折才能激发斗志，从而在奋斗中挖掘自身的潜力。

一

我在好几篇小说中都提到过一座废弃的古园，实际就是地坛。许多年前旅游业还没有开展，园子荒芜冷落得如同一片野地，很少被人记起。

地坛离我家很近。或者说我家离地坛很近。总之，只好认为这是缘分。地坛在我出生前四百多年就坐落在那儿了，而自从我的祖母年轻时带着我父亲来到北京，就一直住在离它不远的地方——五十多年间搬过几次家，可搬来搬去总是在它周围，而且是越搬离它越近了。我常觉得这中间有着宿命的味道：这古园仿佛就是为了等我，而历尽沧桑在那儿等待了四百多年。

它等待我出生，然后又等待我活到最狂妄的年龄上忽地残废了双腿。四百多年里，它剥蚀了古殿檐头浮夸的琉璃，淡褪了门壁上炫耀的朱红，坍圮了一段段高墙又散落了玉砌雕栏，祭坛四周的老柏树愈见苍

---

① 选自史铁生《史铁生全集》，北京出版社 2018 年版。 ② 史铁生（1951—2010），中国作家，生于北京，后历任中国作家协会全国委员会委员、北京作家协会副主席、中国残疾人联合会副主席。

幽，到处的野草荒藤也都茂盛得自在坦荡。这时候想必我是该来了。十五年前的一个下午，我摇着轮椅进入园中，它为一个失魂落魄的人把一切都准备好了。那时，太阳循着亘古不变的路途正越来越大，也越红。在满园弥漫的沉静光芒中，一个人更容易看到时间，并看见自己的身影。

自从那个下午我无意中进了这园子，就再没长久地离开过它。我一下子就理解了它的意图。正如我在一篇小说中所说的："在人口密聚的城市里，有这样一个宁静的去处，像是上帝的苦心安排。"

两条腿残废后的最初几年，我找不到工作，找不到去路，忽然间几乎什么都找不到了，我就摇了轮椅总是到它那儿去，仅为着那儿是可以逃避一个世界的另一个世界。我在那篇小说中写道："没处可去我便一天到晚耗在这园子里。跟上班下班一样，别人去上班我就摇了轮椅到这儿来。""园子无人看管，上下班时间有些抄近路的人们从园中穿过，园子里活跃一阵，过后便沉寂下来。""园墙在金晃晃的空气中斜切下一溜阴凉，我把轮椅开进去，把椅背放倒，坐着或是躺着，看书或者想事，撅一杈树枝左右拍打，驱赶那些和我一样不明白为什么要来这世上的小昆虫。""蜂儿如一朵小雾稳稳地停在半空；蚂蚁摇头晃脑捋着触须，猛然间想透了什么，转身疾行而去；瓢虫爬得不耐烦了，累了祈祷一回便支开翅膀，忽悠一下升空了；树干上留着一只蝉蜕，寂寞如一间空屋；露水在草叶上滚动，聚集，压弯了草叶轰然坠地摔开万道金光。""满园子都是草木竞相生长弄出的响动，窸窸窣窣窸窸窣窣片刻不息。"这都是真实的记录，园子荒芜但并不衰败。

除去几座殿堂我无法进去，除去那座祭坛我不能上去而只能从各个角度张望它，地坛的每一棵树下我都去过，差不多它的每一平方米草地上都有过我的车轮印。无论是什么季节，什么天气，什么时间，我都在这园子里呆过。有时候呆一会儿就回家，有时候就呆到满地上都亮起月光。记不清都是在它的哪些角落里了。我一连几小时专心致志地想关于死的事，也以同样的耐心和方式想过我为什么要出生。这样想了好几年，最后事情终于弄明白了：一个人，出生了，这就不再是一个可以辩论的问题，而只是上帝交给他的一个事实；上帝在交给我们这件事实的时候，已经顺便保证了它的结果，所以死是一件不必急于求成的事；死是一个必然会降临的节日。这样想过之后我安心多了，眼前的一切不再那么可怕。比如你起早熬夜准备考试的时候，忽然想起有一个长长的假期在前面等待你，你会不会觉得轻松一点？并且庆幸并且感激这样的安排？

剩下的就是怎样活的问题了。这却不是在某一个瞬间就能完全想透的，不是能够一次性解决的事，怕是活多久就要想它多久了，就像是伴你终生的魔鬼或恋人。所以，十五年了，我还是总得到那古园里去，去它的老树下或荒草边或颓墙旁，去默坐，去呆想，去推开耳边的嘈杂理一理纷乱的思绪，去窥看自己的心魂。十五年中，这古园的形体被不能理解它的人肆意雕琢，幸好有些东西是任谁也不能改变它的。譬如祭坛石门中的落日，寂静的光辉平铺的一刻，地上的每一个坎坷都被映照得灿烂；譬如在园中最为落寞的时间，一群雨燕便出来高歌，把天地都叫喊得苍凉；譬如冬天雪地上孩子的脚印，总让人猜想他们是谁，曾在哪儿做过些什么，然后又都到哪儿去了；譬如那些苍黑的古柏，你忧郁的时候它们镇静地站在那儿，你欣喜的时候它们依然镇静地站在那儿，它们没日没夜地站在那儿，从你没有出生一直站到这个世界上又没了你的时候；譬如暴雨骤临园中，激起一阵阵灼烈而清纯的草木和泥土的气味,让人想起无数个夏天的事件;譬如秋风忽至,再有一场早霜,落叶或飘摇歌舞或坦然安卧,满园中播散着熨帖而微苦的味道。味道是最说不清楚的,味道不能写只能闻,要你身临其境去闻才能明了。味道甚至是难于记忆的,只有你又闻到它你才能记起它的全部情感和意蕴。所以我常常要到那园子里去。

二

现在我才想到,当年我总是独自跑到地坛去,曾经给母亲出了一个怎样的难题。

她不是那种光会疼爱儿子而不懂得理解儿子的母亲。她知道我心里的苦闷,知道不该阻止我出去走走,知道我要是老待在家里结果会更糟,但她又担心我一个人在那荒僻的园子里整天都想些什么。我那时脾气坏到极点,经常是发了疯一样地离开家,从那园子里回来又中了魔似的什么话都不说。母亲知道有些事不宜问,便犹犹豫豫地想问而终于不敢问,因为她自己心里也没有答案。她料想我不会愿意她跟我一同去,所以她从未这样要求过,她知道得给我一点独处的时间,得有这样一段过程。她只是不知道这过程得要多久,和这过程的尽头究竟是什么。每次我要动身时,她便无言地帮我准备,帮助我上了轮椅车,看着我摇车拐出小院;这以后她会怎样,当年我不曾想过。

有一回我摇车出了小院,想起一件什么事又返身回来,看见母亲仍站在原地,还是送我走时的姿势,望着我拐出小院去的那处墙角,对我的回来竟一时没有反应。待她再次送我出门的时候,她说:"出去活动活动,去地坛看看书,我说这挺好。"许多年以后我才渐渐听出,母亲这话实际上是自我安慰,是暗自的祷告,是给我的提示,是恳求与嘱咐。只是在她猝然去世之后,我才有余暇设想。当我不在家里的那些漫长的时间,她是怎样心神不定坐卧难宁,兼着痛苦、惊恐与一个母亲最低限度的祈求。现在我可以断定,以她的聪慧和坚忍,在那些空落的白天后的黑夜,在那不眠的黑夜后的白天,她思来想去最后准是对自己说:"反正我不能不让他出去,未来的日子是他自己的,如果他真的要在那园子里出了什么事,这苦难也只好我来承担。"在那段日子里——那是好几年长的一段日子,我想我一定使母亲作过了最坏的准备了,但她从来没有对我说过:"你为我想想。"事实上我也真的没为她想过。那时她的儿子还太年轻,还来不及为母亲想,他被命运击昏了头,一心以为自己是世上最不幸的一个,不知道儿子的不幸在母亲那儿总是要加倍的。她有一个长到二十三岁上忽然截瘫了的儿子,这是她唯一的儿子;她情愿截瘫的是自己而不是儿子,可这事无法代替;她想,只要儿子能活下去哪怕自己去死呢也行,可她又确信一个人不能仅仅是活着,儿子得有一条路走向自己的幸福;而这条路呢,没有谁能保证她的儿子终于能找到。——这样一个母亲,注定是活得最苦的母亲。

有一次与一个作家朋友聊天,我问他学写作的最初动机是什么。他想了一会说:"为我母亲。为了让她骄傲。"我心里一惊,良久无言。回想自己最初写小说的动机,虽不似这位朋友的那般单纯,但如他一样的愿望我也有,且一经细想,发现这愿望也在全部动机中占了很大比重。这位朋友说:"我的动机太低俗了吧?"我光是摇头,心想低俗并不见得低俗,只怕是这愿望过于天真了。他又说:"我那时真就是想出名,出了名让别人羡慕我母亲。"我想,他比我坦率。我想,他又比我幸福,因为他的母亲还活着。而且我想,他的母亲也比我的母亲运气好，他的母亲没有一个双腿残废的儿子，否则事情就不这么简单。

在我的头一篇小说发表的时候，在我的小说第一次获奖的那些日子里，我真是多么希望我的母亲还活着。我便又不能在家里呆了，又整天整天独自跑到地坛去，心里是没头没尾的沉郁和哀怨，走遍整个园子却怎么也想不通：母亲为什么就不能再多活两年？为什么在她儿子就快要碰撞开一条路的时候，她却忽然熬不住了？莫非她来此世上只是为了替儿子担忧，却不该分享我的一点点快乐？她匆匆离我去时才只有四十九岁呀！有那么一会儿，我甚至对世界对上帝充满了仇恨和厌恶。后来我在一篇题为"合欢树"的文章中写道："我坐在小公园安静的树林里，闭上眼睛，想，上天为什么早早地召母亲回去呢？很久很久，迷迷糊糊的我听见了回答：'她心里太苦了，上天看她受不住了，就召她回去。'我似乎得了一点安慰，睁开眼睛，看见风正从树林里穿过。"小公园，指的也是地坛。

只是到了这时候，纷纭的往事才在我眼前幻现得清晰，母亲的苦难与伟大才在我心中渗透得深彻。上天的考虑，也许是对的。

摇着轮椅在园中慢慢走，又是雾罩的清晨，又是骄阳高悬的白昼，我只想着一件事：母亲已经不在了。在老柏树旁停下，在草地上在颓墙边停下，又是处处虫鸣的午后，又是鸟儿归巢的傍晚，我心里只默念着一句话：可是母亲已经不在了。把椅背放倒，躺下，似睡非睡挨到日没，坐起来，心神恍惚，呆呆地直坐到古祭坛上落满黑暗然后再渐渐浮起月光，心里才有点明白，母亲不能再来这园中找我了。

曾有过好多回，我在这园子里待得太久了，母亲就来找我。她来找我又不想让我发觉，只要见我还好好地在这园子里，她就悄悄转身回去，我看见过几次她的背影。我也看见过几回她四处张望的情景，她视力不好，端着眼镜像在寻找海上的一条船，她没看见我时我已经看见她了，待我看见她，她也看见了我，我就不去看她，过一会儿我再抬头看她就又看见她缓缓离去的背影。我当时无法知道有多少回她没有找到我。有一回我坐在矮树丛中，树丛很密，我看见她没有找到我；她一个人在园子里走，走过我的身旁，走过我经常呆的一些地方，步履茫然又急迫。我不知道她已经找了多久还要找多久，我不知道为什么我决意不喊她——但这绝不是小时候的捉迷藏，这也许是出于长大了的男孩子的倔强或羞涩？但这倔强只留给我痛悔，丝毫也没有骄傲。我真想告诫所有长大了的男孩子，千万不要跟母亲来这套倔强，羞涩就更不必，我已经懂了可我已经来不及了。

儿子想使母亲骄傲，这心情毕竟是太真实了，以致使"想出名"这一声名狼藉的念头也多少改变了一点形象。这是个复杂的问题，且不去管它了吧。随着小说获奖的激动逐日暗淡，我开始相信，至少有一点我是想错了：我用纸笔在报刊上碰撞开的一条路，并不就是母亲盼望我找到的那条路。年年月月我都到这园子里来，年年月月我都要想，母亲盼望我找到的那条路到底是什么。母亲生前没给我留下过什么隽永的哲言，或要我恪守的教诲，只是在她去世之后，她艰难的命运，坚忍的意志和毫不张扬的爱，随光阴流转，在我的印象中愈加鲜明深刻。

有一年，十月的风又翻动起安详的落叶，我在园中读书，听见两个散步的老人说：“没想到这园子有这么大。”我放下书，想，这么大一座园子，要在其中找到她的儿子，母亲走过了多少焦灼的路。多年来我头一次意识到，这园中不单是处处都有过我的车辙，有过我的车辙的地方也都有过母亲的脚印。

三

如果以一天中的时间来对应四季，当然春天是早晨，夏天是中午，秋天是黄昏，冬天是夜晚。如果以乐器来对应四季，我想春天应该是小号，夏天是定音鼓，秋天是大提琴，冬天是圆号和长笛。要是以这园子里的声响来对应四季呢？那么，春天是祭坛上空漂浮着的鸽子的哨音，夏天是冗长的蝉歌和杨树叶子哗啦啦地对蝉歌的取笑，秋天是古殿檐头的风铃响，冬天是啄木鸟随意而空旷的啄木声。以园中的景物对应四季，春天是一径时而苍白时而黑润的小路，时而明朗时而阴晦的天上摇荡着串串杨花；夏天是一条条耀眼而灼人的石凳，或阴凉而爬满了青苔的石阶，阶下有果皮，阶上有半张被坐皱的报纸；秋天是一座青铜的大钟，在园子的西北角上曾丢弃着一座很大的铜钟，铜钟与这园子一般年纪，浑身挂满绿锈，文字已不清晰；冬天，是林中空地上几只羽毛蓬松的老麻雀。以心绪对应四季呢？春天是卧病的季节，否则人们不易发觉春天的残忍与渴望；夏天，情人们应该在这个季节里失恋，不然就似乎对不起爱情；秋天是从外面买一棵盆花回家的时候，把花搁在阔别了的家中，并且打开窗户把阳光也放进屋里，慢慢回忆慢慢整理一些发过霉的东西；冬天伴着火炉和书，一遍遍坚定不死的决心，写一些并不发出的信。还可以用艺术形式对应四季，这样春天就是一幅画，夏天是一部长篇小说，秋天是一首短歌或诗，冬天是一群雕塑。以梦呢？以梦对应四季呢？春天是树尖上的呼喊，夏天是呼喊中的细雨，秋天是细雨中的土地，冬天是干净的土地上的一只孤零的烟斗。

因为这园子，我常感恩于自己的命运。

我甚至现在就能清楚地看见，一旦有一天我不得不长久地离开它，我会怎样想念它并且梦见它，我会怎样因为不敢想念它而梦也梦不到它。

四

现在让我想想，十五年中坚持到这园子来的人都是谁呢？好像只剩了我和一对老人。

十五年前，这对老人还只能算是中年夫妇，我则货真价实还是个青年。他们总是在薄暮时分来园中散步，我不大弄得清他们是从哪边的园门进来，一般来说他们是逆时针绕这园子走。男人个子很高，肩宽腿长，走起路来目不斜视，胯以上直至脖颈挺直不动；他的妻子攀了他一条胳膊走，也不能使他的上身稍有松懈。女人个子却矮，也不算漂亮，我无端地相信她必出身于家道中衰的名门富族；她攀在丈夫胳膊上像个娇弱的孩子，她向四周观望似总含着恐惧，她轻声与丈夫谈话，见有人走近就立刻怯怯地收住话头。我有时因为他们而想起冉·

阿让与柯赛特,但这想法并不巩固,他们一望即知是老夫老妻。两个人的穿着都算得上考究,但由于时代的演进,他们的服饰又可以称为古朴了。他们和我一样,到这园子里来几乎是风雨无阻,不过他们比我守时。我什么时间都可能来,他们则一定是在暮色初临的时候。刮风时他们穿了米色风衣,下雨时他们打了黑色的雨伞,夏天他们的衬衫是白色的,裤子是黑色的或米色的,冬天他们的呢子大衣又都是黑色的,想必他们只喜欢这三种颜色。他们逆时针绕这园子一周,然后离去。他们走过我身旁时只有男人的脚步响,女人像是贴在高大的丈夫身上跟着漂移。我相信他们一定对我有印象,但是我们没有说过话,我们互相都没有想要接近的表示。十五年中,他们或许注意到一个小伙子进入了中年,我则看着一对令人羡慕的中年情侣不觉中成了两个老人。

曾有过一个热爱唱歌的小伙子,他也是每天都到这园中来,来唱歌,唱了好多年,后来不见了。他的年纪与我相仿,他多半是早晨来,唱半小时或整整唱一个上午,估计在另外的时间里他还得上班。我们经常在祭坛东侧的小路上相遇,我知道他是到东南角的高墙下去唱歌,他一定猜想我去东北角的树林里做什么。我找到我的地方,抽几口烟,便听见他谨慎地整理歌喉了。他反反复复唱那么几首歌。文化大革命没过去的时候,他唱“蓝蓝的天上白云飘,白云下面马儿跑……”我老也记不住这歌的名字。文革后,他唱《货郎与小姐》中那首最为流传的咏叹调。“卖布——卖布嘞,卖布——卖布嘞!”我记得这开头的一句他唱得很有声势,在早晨清澈的空气中,货郎跑遍园中的每一个角落去恭维小姐。“我交了好运气,我交了好运气,我为幸福唱歌曲……”然后他就一遍一遍地唱,不让货郎的激情稍减。依我听来,他的技术不算精到,在关键的地方常出差错,但他的嗓子是相当不坏的,而且唱一个上午也听不出一点疲惫。太阳也不疲惫,把大树的影子缩小成一团,把疏忽大意的蚯蚓晒干在小路上。将近中午,我们又在祭坛东侧相遇,他看一看我,我看一看他,他往北去,我往南去。日子久了,我感到我们都有结识的愿望,但似乎都不知如何开口,于是互相注视一下终又都移开目光擦身而过;这样的次数一多,便更不知如何开口了。终于有一天——一个丝毫没有特点的日子,我们互相点了一下头。他说:“你好。”我说:“你好。”他说:“回去啦?”我说:“是,你呢?”他说:“我也该回去了。”我们都放慢脚步(其实我是放慢车速),想再多说几句,但仍然是不知从何说起,这样我们就都走过了对方,又都扭转身子面向对方。他说:“那就再见吧。”我说:“好,再见。”便互相笑笑各走各的路了。但是我们没有再见,那以后,园中再没了他的歌声,我才想到,那天他或许是有意与我道别的,也许他考上了哪家专业文工团或歌舞团了吧?真希望他如他歌里所唱的那样,交了好运气。

还有一些人,我还能想起一些常到这园子里来的人。有一个老头,算得一个真正的饮者;他在腰间挂一个扁瓷瓶,瓶里当然装满了酒,常来这园中消磨午后的时光。他在园中四处游逛,如果你不注意你会以为园中有好几个这样的老头,等你看过了他卓尔不群的饮酒情状,你就会相信这是个独一无二的老头。他的衣着过分随便,走路的姿态也不慎重,走上五六十米路便选定一处地方,一只脚踏在石凳上或土埂上或树墩上,解下腰间的酒瓶,解酒瓶的当儿眯起眼睛把一百八十度视角内的景物细细看一遭,然后以迅雷不及掩耳之势倒一大口酒入肚,把酒瓶摇一摇再挂向腰间,平心静气地想一会什么,便走下一个五六十米去。还有一个捕鸟的汉子,那岁月园中人少,鸟却多,他在西北角的树丛中拉一张网,鸟撞在上面,羽毛戗在网眼里便不能自拔。他单等一种过去很多而现在非常罕见的鸟,其他的鸟撞在网上他就把它们摘下来放掉,他说已经有好多年没等到那种罕见的鸟,他说他再等一年看看到底还有没有那种鸟,结果他又等了好多年。早晨和傍晚,在这园子里可以看见一个中年女工程师;早晨她从北向南穿过这园子去上班,傍晚她从南向北穿过这园子回家。事实上我并不了解她的职业或者学历,但我以为她必是学理工的知识分子,别样的人很难有她那般的素朴并优雅。当她在园子穿行的时刻,四周的树林也仿佛更加幽静,清淡的日光中竟似有悠远的琴声,比如说是那曲《献给艾丽丝》①才好。我没有见过她的丈夫,没有见过那个幸运的男人是什么样子,我想象过却想象不出,后来忽然懂了想象不出才好,那个男人最好不要出现。她走出北门回家去。我竟有点担心,担心她会落入厨房,不过,也许她在厨房里劳作的情景更有另外的美吧,当然不能再是《献给艾丽丝》,是个什么曲子呢?还有一个人,是我的朋友,他是个最有天赋的长跑家,但他被埋没了。他因为在文革中出言不慎而坐了几年牢,出来后好不容易找了个拉板车的工作,样样待遇都不能与别人平等,苦闷极了便练习长跑。那时他总来这园子里跑,我用手表为他计时,他每跑一圈向我招下手,我就记下一个时间。每次他要环绕这园子跑二十圈,大约两万米。他盼望以他的长跑成绩来获得政治上真正的解放,他以为记者的镜头和文字可以帮他做到这一点。第一年他在春节环城赛上跑了第十五名,他看见前十名的照片都挂在了长安街的新闻橱窗里,于是有了信心。第二年他跑了第四名,可是新闻橱窗里只挂了前三名的照片,他没灰心。第三年他跑了第七名,橱窗里挂前六名的照片,他有点怨自己。第四年他跑了第三名,橱窗里却只挂了第一名的照片。第五年他跑了第一名——他几乎绝望了,橱窗里只有一幅环城赛群众场面的照片。那些年我们俩常一起在这园子里呆到天黑,开怀痛骂,骂完沉默着回家,分手时再互相叮嘱:先别去死,再试着活一活看。现在他已经不跑了,年岁太大了,跑不了那么快了。最后一次参加环城赛,他以三十八岁之龄又得了第一名并破了纪录,有一位专业队的教练对他说:“我要是十年前发现你就好了。”他苦笑一下什么也没说,只在傍晚又来这园中找到我,把这事平静地向我叙说一遍。不见他已有好几年了,现在他和妻子和儿子住在很远的地方。

这些人现在都不到园子里来了,园子里差不多完全换了一批新人。十五年前的旧人,现在就剩我和那对老夫老妻了。有那么一段时间,这老夫老妻中的一个也忽然不来,薄暮时分唯男人独自来散步,步态也明显迟缓了许多,我悬心了很久,怕是那女人出了什么事。幸好过了一个冬天那女人又来了,两个人仍是逆时针绕着园子走,一长一短两个身影恰似钟表的两支指针;女人的头发白了许多,但依旧攀着丈夫的胳膊走得像个孩子。“攀”这个字用得不恰当了,或许可以用“搀”吧,不知有没有兼具这两个意思的字。

---

① 即《致爱丽丝》,贝多芬的音乐作品。

五

我也没有忘记一个孩子——一个漂亮而不幸的小姑娘。十五年前的那个下午，我第一次到这园子里来就看见了她，那时她大约三岁，蹲在斋宫西边的小路上捡树上掉落的“小灯笼”。那儿有几棵大栾树，春天开一簇簇细小而稠密的黄花，花落了便结出无数如同三片叶子合抱的小灯笼，小灯笼先是绿色，继而转白，再变黄，成熟了掉落得满地都是。小灯笼精巧得令人爱惜，成年人也不免捡了一个还要捡一个。小姑娘咿咿呀呀地跟自己说着话，一边捡小灯笼；她的嗓音很好，不是她那个年龄所常有的那般尖细，而是很圆润甚或是厚重，也许是因为那个下午园子里太安静了。我奇怪这么小的孩子怎么一个人跑来这园子里？我问她住在哪儿？她随便指一下，就喊她的哥哥，沿墙根一带的茂草之中便站起一个七八岁的男孩，朝我望望，看我不像坏人便对他的妹妹说：“我在这儿呢”，又伏下身去，他在捉什么虫子。他捉到螳螂，蚂蚱，知了和蜻蜓，来取悦他的妹妹。有那么两三年，我经常在那几棵大栾树下见到他们，兄妹俩总是在一起玩，玩得和睦融洽，都渐渐长大了些。之后有很多年没见到他们。我想他们都在学校里吧，小姑娘也到了上学的年龄，必是告别了孩提时光，没有很多机会来这儿玩了。这事很正常，没理由太搁在心上，若不是有一年我又在园中见到他们，肯定就会慢慢把他们忘记。

那是个礼拜日的上午。那是个晴朗而令人心碎的上午，时隔多年，我竟发现那个漂亮的小姑娘原来是个弱智的孩子。我摇着车到那几棵大栾树下去，恰又是遍地落满了小灯笼的季节；当时我正为一篇小说的结尾所苦，既不知为什么要给它那样一个结尾，又不知何以忽然不想让它有那样一个结尾，于是从家里跑出来，想依靠着园中的清静，看看是否应该把那篇小说放弃。我刚刚把车停下，就见前面不远处有几个人在戏耍一个少女，作出怪样子来吓她，又喊又笑地追逐她拦截她，少女在几棵大树间惊惶地东跑西躲，却不松手揪卷在怀里的裙裾，两条腿袒露着也似毫无察觉。我看出少女的智力是有些缺陷，却还没看出她是谁。我正要驱车上前为少女解围，就见远处飞快地骑车来了个小伙子，于是那几个戏耍少女的家伙望风而逃。小伙子把自行车支在少女近旁，怒目望着那几个四散逃窜的家伙，一声不吭喘着粗气，脸色如暴雨前的天空一样一会比一会苍白。这时我认出了他们，小伙子和少女就是当年那对小兄妹。我几乎是在心里惊叫了一声，或者是哀号。世上的事常常使上帝的居心变得可疑。小伙子向他的妹妹走去。少女松开了手，裙裾随之垂落了下来，很多很多她捡的小灯笼便洒落了一地，铺散在她脚下。她仍然算得漂亮，但双眸迟滞没有光彩。她呆呆地望那群跑散的家伙，望着极目之处的空寂，凭她的智力绝不可能把这个世界想明白吧？大树下，破碎的阳光星星点点，风把遍地的小灯笼吹得滚动，仿佛喑哑地响着无数小铃铛。哥哥把妹妹扶上自行车后座，带着她无言地回家去了。

谁又能把这世界想个明白呢？世上的很多事是不堪说的，你可以抱怨上天何以要降诸多苦难给这人间，你也可以为消灭种种苦难而奋斗，并为此享有崇高与骄傲，但只要你再多想一步你就会坠入深深的迷茫了：假如世界上没有了苦难，世界还能够存在么？要是没有愚钝，机智还有什么光荣呢？要是没了丑陋，漂亮又怎么维系自己的幸运？要是没有了恶劣和卑下，善良与高尚又将如何界定自己又如何成为美德呢？要是没有了残疾，健全会否因其司空见惯而变得腻烦和乏味呢？我常梦想着在人间彻底消灭残疾，但可以相信，那时将由患病者代替残疾人去承担同样的苦难。如果能够把疾病也全数消灭,那么这份苦难又将由(比如说)相貌丑陋的人去承担了。就算我们连丑陋,连愚昧和卑鄙和一切我们所不喜欢的事物和行为,也都可以统统消灭掉,所有的人都一样健康、漂亮、聪慧、高尚,结果会怎样呢?怕是人间的剧目就全要收场了,一个失去差别的世界将是一潭死水,是一块没有感觉没有肥力的沙漠。

看来差别永远是要有的。看来就只好接受苦难——人类的全部剧目需要它,存在的本身需要它。看来上天又一次对了。

于是就有一个最令人绝望的结论等在这里:由谁去充任那些苦难的角色?又有谁去体现这世间的幸福、骄傲和快乐?只好听凭偶然,是没有道理好讲的。

就命运而言,休论公道。

那么,一切不幸命运的救赎之路在哪里呢?

设若智慧或悟性可以引领我们去找到救赎之路,难道所有的人都能够获得这样的智慧和悟性吗?

我常以为是丑女造就了美人。我常以为是愚氓举出了智者。我常以为是懦夫衬照了英雄。我常以为是众生度化了佛祖。

六

设若有一位园神,他一定早已注意到了,这么多年我在这园里坐着,有时候是轻松快乐的,有时候是沉郁苦闷的,有时候优哉游哉,有时候凄惶落寞,有时候平静而且自信,有时候又软弱又迷茫。其实总共只有三个问题交替着来骚扰我,来陪伴我。第一个是要不要去死?第二个是为什么活?第三个,我干嘛要写作?

现在让我看看,它们迄今都是怎样编织在一起的吧。

你说,你看穿了死是一件无需乎着急去做的事,是一件无论怎样耽搁也不会错过的事,便决定活下去试试?是的,至少这是很关键的因素。为什么要活下去试试呢?好像仅仅是因为不甘心,机会难得,不试白不试,腿反正是完了,一切仿佛都要完了,但死神很守信用,试一试不会额外再有什么损失。说不定倒有额外的好处呢是不是?我说过,这一来我轻松多了,自由多了。为什么要写作呢?作家是两个被人看重的字,这谁都知道。为了让那个躲在园子深处坐轮椅的人,有朝一日在别人眼里也稍微有点光彩,在众人眼里也能有个位置,哪怕那时再去死呢也就多少说得过去了,开始的时候就是这样想,这不用保密,这些现在不用保密了。

我带着本子和笔，到园中找一个最不为人打扰的角落，偷偷地写。那个爱唱歌的小伙子在不远的地方一直唱。要是有人走过来，我就把本子合上把笔叼在嘴里。我怕写不成反落得尴尬。我很要面子。可是你写成了，而且发表了。人家说我写的还不坏，他们甚至说：真没想到你写得这么好。我心说你们没想到的事还多着呢。我确实有整整一宿高兴得没合眼。我很想让那个唱歌的小伙子知道，因为他的歌也毕竟是唱得不错。我告诉我的长跑家朋友的时候，那个中年女工程师正优雅地在园中穿行。长跑家很激动，他说好吧，我玩命跑，你玩命写。这一来你中了魔了，整天都在想哪一件事可以写，哪一个人可以让你写成小说。是中了魔了，我走到哪儿想到哪儿，在人山人海里只寻找小说，要是有一种小说试剂就好了，见人就滴两滴看他是不是一篇小说，要是有一种小说显影液就好了，把它泼满全世界看看都是哪儿有小说，中了魔了，那时我完全是为了写作活着。结果你又发表了几篇，并且出了一点小名，可这时你越来越感到恐慌。我忽然觉得自己活得像个人质，刚刚有点像个人了却又过了头，像个人质，被一个什么阴谋抓了来当人质，不定哪天被处决，不定哪天就完蛋。你担心要不了多久你就会文思枯竭，那样你就又完了。凭什么我总能写出小说来呢？凭什么那些适合作小说的生活素材就总能送到一个截瘫者跟前来呢？人家满世界跑都有枯竭的危险，而我坐在这园子里凭什么可以一篇接一篇地写呢？你又想到死了。我想见好就收吧。当一名人质实在是太累了太紧张了，太朝不保夕了。我为写作而活下来，要是写作到底不是我应该干的事，我想我再活下去是不是太冒傻气了？你这么想着你却还在绞尽脑汁地想写。我好歹又拧出点水来，从一条快要晒干的毛巾上。恐慌日甚一日，随时可能完蛋的感觉比完蛋本身可怕多了，所谓不怕贼偷就怕贼惦记，我想人不如死了好，不如不出生的好，不如压根儿没有这个世界的好。可你并没有去死。我又想到那是一件不必着急的事。可是不必着急的事并不证明是一件必要拖延的事呀？你总是决定活下来，这说明什么？是的，我还是想活。人为什么活着？因为人想活着，说到底是这么回事，人真正的名字叫作：欲望。可我不怕死，有时候我真的不怕死。有时候，——说对了。不怕死和想去死是两回事，有时候不怕死的人是有的，一生下来就不怕死的人是没有的。我有时候倒是怕活。可是怕活不等于不想活呀？可我为什么还想活呢？因为你还想得到点什么、你觉得你还是可以得到点什么的，比如说爱情，比如说价值感之类，人真正的名字叫欲望。这不对吗？我不该得到点什么吗？没说不该。可我为什么活得恐慌，就像个人质？后来你明白了，你明白你错了，活着不是为了写作，而写作是为了活着。你明白了这一点是在一个挺滑稽的时刻。那天你又说你不如死了好，你的一个朋友劝你：你不能死，你还得写呢，还有好多好作品等着你去写呢。这时候你忽然明白了，你说：只是因为我活着，我才不得不写作。或者说只是因为你还想活下去，你才不得不写作。是的，这样说过之后我竟然不那么恐慌了。就像你看穿了死之后所得的那份轻松？一个人质报复一场阴谋的最有效的办法是把自己杀死。我看出我得先把我杀死在市场上，那样我就不用参加抢购题材的风潮了。你还写吗？还写。你真的不得不写吗？人都忍不住要为生存找一些牢靠的理由。你不担心你会枯竭了？我不知道，不过我想，活着的问题在死前是完不了的。

这下好了，您不再恐慌了不再是个人质了，您自由了。算了吧你，我怎么可能自由呢？别忘了人真正的名字是：欲望。所以你得知道，消灭恐慌的最有效的办法就是消灭欲望。可是我还知道，消灭人性的最有效的办法也是消灭欲望。那么，是消灭欲望同时也消灭恐慌呢？还是保留欲望同时也保留人性？

我在这园子里坐着，我听见园神告诉我，每一个有激情的演员都难免是一个人质。每一个懂得欣赏的观众都巧妙地粉碎了一场阴谋。每一个乏味的演员都是因为他老以为这戏剧与自己无关。每一个倒霉的观众都是因为他总是坐得离舞台太近了。

我在这园子里坐着，园神成年累月地对我说：孩子，这不是别的，这是你的罪孽和福祉。

七

要是有些事我没说，地坛，你别以为是我忘了，我什么也没忘，但是有些事只适合收藏。不能说，也不能想，却又不能忘。它们不能变成语言，它们无法变成语言，一旦变成语言就不再是它们了。它们是一片朦胧的温馨与寂寥，是一片成熟的希望与绝望，它们的领地只有两处：心与坟墓。比如说邮票，有些是用于寄信的，有些仅仅是为了收藏。

如今我摇着车在这园子里慢慢走，常常有一种感觉，觉得我一个人跑出来已经玩得太久了。有一天我整理我的旧相册，看见一张十几年前我在这园子里照的照片——那个年轻人坐在轮椅上，背后是一棵老柏树，再远处就是那座古祭坛。我便到园子里去找那棵树。我按着照片上的背景找很快就找到了它，按着照片上它枝干的形状找，肯定那就是它。但是它已经死了，而且在它身上缠绕着一条碗口粗的藤萝。有一天我在这园子碰见一个老太太，她说："哟，你还在这儿哪？"她问我："你母亲还好吗？""您是谁？""你不记得我，我可记得你。有一回你母亲来这儿找你，她问我您看没看见一个摇轮椅的孩子？……"我忽然觉得，我一个人跑到这世界上来真是玩得太久了。有一天夜晚，我独自坐在祭坛边的路灯下看书，忽然从那漆黑的祭坛里传出一阵阵唢呐声；四周都是参天古树，方形祭坛占地几百平米空旷坦荡独对苍天，我看不见那个吹唢呐的人，唯唢呐声在星光寥寥的夜空里低吟高唱，时而悲怆时而欢快，时而缠绵时而苍凉，或许这几个词都不足以形容它，我清清醒醒地听出它响在过去，响在现在，响在未来，回旋飘转亘古不散。

必有一天，我会听见喊我回去。

那时您可以想象一个孩子，他玩累了可他还没玩够呢。心里好些新奇的念头甚至等不及到明天。也可以想象是一个老人，无可置疑地走向他的安息地，走得任劳任怨。还可以想象一对热恋中的情人，互相一次次说"我一刻也不想离开你"，又互相一次次说"时间已经不早了"，时间不早了可我一刻也不想离开你，一刻也不想离开你可时间毕竟是不早了。

我说不好我想不想回去。我说不好是想还是不想，还是无所谓。我说不好我是像那个孩子，还是像那个老人，还是像一个热恋中的情人。很可能是这样：我同时是他们三个。我来的时候是个孩子，他有那么多孩子气的念头所以才哭着喊着闹着要来，他一来一见到这个世界便立刻成了不要命的情人，而对一个情人来说，不管多么漫长的时光也是稍纵即逝，那时他便明白，每一步每一步，其实一步步都是走在回去的路上。当牵牛花初开的时节，葬礼的号角就已吹响。

但是太阳，他每时每刻都是夕阳也都是旭日。当他熄灭着走下山去收尽苍凉残照之际，正是他在另一面燃烧着爬上山巅布散烈烈朝晖之时。那一天，我也将沉静着走下山去，扶着我的拐杖。有一天，在某一处山洼里，势必会跑上来一个欢蹦的孩子，抱着他的玩具。

当然,那不是我。

但是,那不是我吗?

宇宙以其不息的欲望将一个歌舞炼为永恒。这欲望有怎样一个人间的姓名,大可忽略不计。

一九九〇年

思考练习

1. 词语积累。

坍圮	亘古	熨帖	螳螂	猝然去世
愚氓	优哉游哉	凄惶落寞	山巅	迟滞

2.“我”原来就知道“母亲已经不在了”,为什么后来又“才……明白,母亲不能再来这园中找我了”?

3. 母亲为什么“来找我又不想让我发觉”?

4.“我”为什么明明看见母亲还没有找到自己却决意不喊她,让母亲继续着急地悄悄找下去?作者说自己也不知道为什么。你能分析出原因吗?

单元综合实训

一、拓展阅读

散文家朱自清一生写过不少脍炙人口的作品，但评价他人画作的文章却很少。下面这篇《月朦胧，鸟朦胧，帘卷海棠红》是他评论马孟容赠画的唯一佳作。文句婉转清新，朴素淡雅，像春风杨柳，薄雾轻烟，丝丝入扣，耐人寻味。

请认真阅读，感受大师炽热的情怀、优美的笔调、对人生的追求和对生活的热爱，并完成后面的阅读理解题。

月朦胧，鸟朦胧，帘卷海棠红

朱自清

这是一张一尺多宽的小小的横幅，马孟容君画的。上方的左角，斜着一帘绿色的帘子，稀疏而长；当纸的直处三分之一，横处三分之二。帘子中央，着一黄色的，茶壶嘴似的钩儿——就是所谓软金钩吗？"钩弯"垂直双穗，石青色；丝缕微乱，若小曳于清风中。纸右一圆月，淡淡的青光遍满纸上；月的纯净，柔软与平和，如一张睡美人的脸。从帘的上端向右斜伸而下，是一枝交缠的海棠花。花叶扶疏，上下错落着，共有五丛；或散或密，都玲珑有致。叶嫩绿色，仿佛掐得出水似的；在月光中掩映着，微微有浅深之别。正盛开，红艳欲流；黄色的雄蕊历历的，闪闪的。衬托出丛绿之间，格外觉得妖娆了。枝欹斜而腾挪，如少女的一只胳膊。枝上歇着一对黑色的八哥，背着月光，向着帘里。一只歇得高些，小小的眼儿半睁半闭的，似乎在入梦之前，还有所留恋似的。那低些的一只别过脸来对着这一只，已缩着劲睡了。帘下是空空的，不着一些痕迹。

试想在圆月朦胧之夜，海棠是这样的妩媚而嫣润；枝头的好鸟为什么却双栖而各梦呢？在这夜深人静的当儿，那高踞着的一只八哥儿，又为何尽撑着眼皮儿不肯睡去呢？他到底等什么来着？舍不得那淡淡的月儿吗？舍不得那疏疏的帘儿吗？不，不，不，您得到帘下去找，您得到帘中去找——您该找那卷帘人了？他的情韵风怀，原是这样的哟！朦胧的岂独月呢；岂独鸟呢？但是，咫尺天涯，教我如何耐得？我拼着千呼万唤；你能够出来吗？

这页画布局那样的经济，设色那样柔和，故精彩足以动人。虽是区区尺幅，而情韵之厚，已足沦肌浃髓而有余。我看了这画，霍然而惊；留恋之怀，不能自已。故将所感受的印象细细写出，以志这一段因缘。但我于中西的画都是门外汉，所说的话不免为内行所笑。——那也只好由他了。

1924 年 2 月 1 日，温州作

（选自《朱自清散文精选》，北京教育出版社 2018 年版）

【阅读理解】

1. 找出文章中描写画作的精彩语句并诵读。

2. 文中一、二、三段各自是侧重哪方面来写的？

二、单元练笔：书信

（一）写作指导：书信格式

（1）称呼：顶格，还可以加上一定的限定、修饰词，如“亲爱的”等。

（2）问候语：如写“你好”“近来身体是否安康”等，可以接正文。

（3）正文：这是信的主体，可以分为若干段来书写。

（4）祝颂语：以最一般的“此致”“敬礼”为例。

“此致”正确的书写位置有两种：一是紧接着正文之后，不另起段，不加标点；二是在正文之下另起一行空两格书写。“敬礼”写在“此致”的下一行，顶格书写。后应该加上一个惊叹号，以表示祝颂的诚意和强度。

称呼和祝颂语后半部分的顶格，是对收信人的一种尊重，是古代书信“抬头”传统的延续。古人书信为竖写，行文涉及对方收信人姓名或称呼，为了表示尊重，不论书写到何处，都要把对方的姓名或称呼提到下一行的顶格书写。它的基本做法，为现代书信所吸收。

（5）署名和日期：写信人的姓名或名字，写在祝颂语下方空一至二行的右侧。最好在写信人姓名之前写上与收信人的关系，如儿×××、父×××、你的朋友×××等。在下一行写日期。

如果忘了写某事，则可以在日期下空一行、再空两格写上“又附”，再另起一行书写未尽事情。

【范例】

法国总统希拉克致函悼念钱锺书

杨女士：

得知您先生的过世，我感到十分沉痛。

在钱锺书先生的身上体现了中华民族最美好的品质：聪明、善良、开放和谦虚。

法国深知这位20世纪的文豪对法国所作的贡献。自30年代钱锺书先生就读于巴黎大学时，他就一直为法国文化带来荣誉并让读者分享他对于法国作家和哲学家的热爱。他极大的才情吸引了他的全部读者。正如您知道的，其作品的法文译本，无论是短篇小说，长篇巨著《围城》，还是评论研究都被我国广大的读者视为名著，受到他们的欢迎。

我向这位伟人鞠躬致意，他将以他的自由创作、审慎思想和全球意识铭记在文化历史中并成为对未来世代的灵感源泉。

杨女士，我希望在这一不幸中分担您的痛苦，并以法国人民和我自己的名义，请您接受我的深切哀悼之情。

雅克·希拉克

巴黎，1998年12月24日

（选自《光明日报》，1991年1月1日）

(二) 写作训练

在通信方式非常发达的今天，提笔写信的人越来越少，能收到一封手写的信那是多大的意外和惊喜。正因为如此，我们才要郑重提倡远在他乡求学和工作的人，学会给家人写信，问候父母亲友，诉说你的思乡之情，汇报你的工作和学习，谈谈你的现在，憧憬你的未来。

请使用规范的书信格式，给父母写一封家书，向父母汇报一下你在学校里的生活和学习情况，谈谈你的感想，1 000 字左右。

三、课外阅读

1. 茅盾《子夜》

简介：小说以 1930 年的现代化都市上海为背景，通过民族资本家吴荪甫为振兴民族工业而搏斗最终失败的全过程，揭示了广阔时代背景下中国社会的各种矛盾和斗争。

2. 鲁迅《为了忘却的纪念》

简介：鲁迅为了纪念“左联”五烈士而写的杂文。文章颂扬了革命青年的革命精神与人品，控诉了反动派屠杀人民的罪行，抒发了作者怀念烈士、坚信革命一定胜利的思想感情。

3. 余光中《我的四个假想敌》

简介：作者的四个假想敌就是他的四个未来女婿，通过这篇幽默的小品文，将父亲面对四个已经长大了的女儿的心情表现得淋漓尽致。

4. 林希《石缝间的生命》

简介：文章通过讲述野草在石缝中尚能保持顽强生命的故事，表达了作者对小草的“只要有恒心，铁杵磨成针”坚定信念的钦佩之情。

5. 欧・亨利《最后一片叶子》

简介：小说描写了美国社会底层三个萍水相逢、饥寒交迫的穷画家，在辗转挣扎中相互帮助的人间真情，突出了主人公老画家贝尔曼舍己救人的形象。

第二单元　古文观止

单元导语

本单元从浩如烟海的古文中选出《道德经（三章）》《滕王阁序》《史记·项羽本纪》（节选）、《人间词话》（节选）和《朋党论》等五篇经典，涉及骈文、散文、文学批评和政论，旨在让学生受到德性人格、高洁情怀的熏陶，得到明理处世、大气为人的教育。同时，选文中暗含着教学所需的知识、技能和可提供师法训练的许多因子，诸如作家文体、听说读思、写作技术、词藻名句、修辞用典、妙境情趣和文风作派等，利教便学，不同专业不同学情可自主选用。

本单元的教学，宜引导学生独立思考、合作探究和批评创造，尤其是对古文中的某些观点，切不可断章取义，离开语境妄加揣测；也不可食古不化、咬文嚼字。宜辩证领悟，联系实际，调动学生的个性体验，实现“师法”迁移的目的。单元中各篇的精泛、轻重亦可自主，在教法学法上各篇“导读”中均有建议，可供参考。

道德经①（三章）

老　子②

课文导读

《道德经》共八十一章五千言，是道家哲学思想的重要来源，更是中华文明的智慧源泉。学习《道德经》，我们能更轻松地跨越人生的沟壑，能更迅速地把握事物的本质，也能更宽容地对待世间万物（包括自己）。本文所选三章，分别论不争以养德、贵身以处世、虚静以明道之理和智慧，对当下不良世风极有警醒、劝勉之效。学习时不必拘泥于一词一字，应着眼于意会主旨，做到“得意忘字”。重点关注“水之德”“不争无尤”“贵身”“虚静明道”等观点的理解和思辨，可参考如《荀子·宥坐》、王夫之《老子衍》《史记·太史公自序》等相关文章，并用现实生活中的正反实例来拓宽和加深理解。

第　八　章

上善若水③。水善利万物而不争，处众人之所恶④，故几于道⑤。居善地，心善渊⑥，与善仁⑦，言善信⑧，政善治⑨，事善能⑩，动善时⑪。夫唯不争，故无尤⑫。

---

① 选自《老子注译及评价》，陈鼓应著，中华书局1984年版。 ② 老子，姓李名耳，字伯阳，一称老聃。楚国苦县人，约生活于前571年至前471年之间。老子是我国古代伟大的哲学家和思想家、道家学派创始人，传说孔子适周，曾向他问礼。《道德经》（又称《老子》），作品的精华是朴素的辩证法，主张无为而治，其学说对中国哲学发展具有深刻影响。 ③ 上善若水：意为最高的德行就像水的品德。上，最的意思。上善即最善。 ④ 处众人之所恶：即居处于众人所不愿去的地方。恶，厌恶。 ⑤ 几于道：即接近于道。几，接近。 ⑥ 渊：沉静，深沉。 ⑦ 与善仁：与，指与别人交往。善仁，指有修养之人。 ⑧ 信：信义。 ⑨ 政善治：政务处理得好。 ⑩ 能：能力。 ⑪ 动善时：行为动作善于把握有利的时机。时，时机。 ⑫ 尤：怨咎、过失、罪过。

第 十 三 章

宠辱[①]若惊，贵大患若身[②]。何谓宠辱若惊？宠为下[③]，得之若惊，失之若惊，是谓宠辱若惊。何谓贵大患若身？吾所以有大患者，为吾有身，及吾无身，吾有何患[④]？故贵以身为天下，若可寄天下；爱以身为天下，若可托天下[⑤]。

第 十 六 章

致虚极，守静笃[⑥]。万物并作[⑦]，吾以观复[⑧]。夫物芸芸[⑨]，各复归其根。归根[⑩]曰静，静曰复命[⑪]。复命曰常[⑫]，知常曰明[⑬]。不知常，妄作凶。知常容[⑭]，容乃公，公乃全[⑮]，全乃天[⑯]，天乃道，道乃久，没身不殆。

思考练习

1. 词语积累。

上善若水　言善信　不争　宠辱若惊　大患
无尤　致虚　守静　芸芸　不殆

2. 联系实际说说你是如何具体理解“利万物而不争”的观点的，又如何认识“以不争争”“柔能克刚”的哲学智慧。

3. “贵身”和“贱宠辱”有何内在联系？如何辩证认识和在现实生活中运用？

4. “虚静”为何易于明“道”？人应明白哪些方面的“道”？

---

① 宠辱：荣宠和侮辱。 ② 贵大患若身：重视大患就像重视自己的身体一样。贵，珍贵、重视。 ③ 宠为下：得宠这种虚荣本来就卑下。 ④ 及吾无身，吾有何患：如果我没有身体，有什么大患可言呢？患：灾祸，祸患。 ⑤ “故贵以”四句：以贵身的态度去为天下，才可以把天下托付给他；以爱身的态度去为天下，才可以把天下托付给他。 ⑥ 致虚极，守静笃：虚和静都是形容人的心境是空明宁静状态，但由于外界的干扰、诱惑，人的私欲开始活动，因此心灵闭塞不安，所以必须注意“致虚”和“守静”，以期恢复心灵的清明。极、笃，意为极度、顶点。 ⑦ 作：生长、发展，指生命活动。 ⑧ 复：循环往复。 ⑨ 芸芸：茂盛、纷杂、繁多。 ⑩ 归根：根指道，归根即复归于道。 ⑪ 复命：复归本性，重新孕育新的生命。 ⑫ 常：即常态，指万物运动变化的永恒规律，即守常不变的规则。 ⑬ 明：明白、清楚。 ⑭ 容：宽容、包容。 ⑮ 全：周到、周全。 ⑯ 天：指自然的天，或为自然界的代称。

滕王阁序①

王　勃②

课文导读

本文原题为《秋日登洪府滕王阁饯别序》，是一篇用骈体写成的诗序，笔力遒劲、文辞明快、风格清新、气势浩荡，堪称典范之作。全文层次井然，脉络清晰；写景状物，极富变化；叙事抒情，浑然一体；频繁用典，言简意赅；对偶铺排，辞采缤纷，具有极高的文学价值和美学价值。

豫章故郡，洪都新府③。星分翼轸④，地接衡庐⑤。襟三江而带五湖⑥，控蛮荆而引瓯越⑦。物华天宝，龙光射牛斗之墟⑧；人杰地灵，徐孺下陈蕃之榻⑨。雄州⑩雾列，俊彩星驰⑪。台隍枕夷夏之交⑫，宾主尽东南之美⑬。都督阎公之雅望⑭，棨戟遥临⑮；宇文新州之懿范⑯，襜帷暂驻⑰。十旬休暇⑱，胜友如云⑲；千里逢迎⑳，高朋满座。腾蛟起凤，孟学士之词宗㉑；

---

①　选自《古文观止译注》，吴楚材、吴调侯编选，李梦生、史良昭等译注，上海古籍出版社2006年版。　②　王勃（650或649—676）字子安，唐文学家，绛州龙门（今山西河津西）人，“初唐四杰”之一。　③　“豫章”二句：点出滕王阁所在之地——洪州，为豫章郡治所，唐改豫章郡为洪州，在今江西南昌。故，旧。　④　星分翼轸（zhěn）：古人习惯以天上星宿与地上区域对应，称为“某地在某星之分野”。翼轸，楚地之分野；洪州位于旧楚地，故称。分，分属。翼、轸，星宿名。　⑤　衡庐：衡，衡山，代指衡州（治所在今湖南省衡阳市）。庐，庐山，代指江州（治所在今江西省九江市）。　⑥　襟三江：以三江为襟。带五湖：以五湖为带。谓处于三江、五湖之间。三江、五湖，说法不一，实泛指长江中下游的江和湖。　⑦　控：控制。蛮荆：古楚地，今湖北、湖南一带。蛮，古称南方各族。引：引远就近。瓯越：指今浙江、福建等地区。古东越王建都于东瓯（今浙江省永嘉县）。　⑧　“物华”二句：据《晋书·张华传》，晋初，牛、斗二星之间常有紫气照射，据说是宝剑之精，上彻于天。张华命人寻找，果然在豫章郡丰城牢狱的地下，掘出龙泉、太阿二剑。后这对宝剑入水化为双龙。龙光，指剑气。墟，地域。　⑨　“徐孺”句：据《后汉书·徐稚传》，东汉名士陈蕃为豫章太守，不接宾客，惟徐稚来访时，才设一睡榻，徐稚去后又悬置起来。徐孺，徐孺子名稚，东汉隐士。　⑩　雄州：指洪州。雄，伟盛。雾列：如雾之弥漫充塞。　⑪　俊彩：俊才。星驰：如星之流动飞驰。　⑫　台隍：指洪州城池。枕：据。夷夏：指荆楚地区和扬州地区。谓地处要冲。　⑬　尽：囊括。美：此指俊才。　⑭　都督：唐制，州设督郡。阎公：当时任洪州都督，名不详。或以为阎伯屿，不可考。雅望：崇高的名望。　⑮　棨（qǐ）戟：外有赤黑色缯作套的木戟，古代大官出行时用。这里代指仪仗。　⑯　宇文：复姓，此人名不详。或以为宇文峤，无确证。新州：今广东新兴。此称姓宇文而任新州刺史之人，古人常以任官之地名称呼某人，以示尊重。懿范：美好的风范。　⑰　襜（chān）帷：车上的帷幕，这里代指车马。　⑱　十旬：十日为一旬。唐制，官吏十日休沐一次。　⑲　胜友：高尚的友人。　⑳　逢迎：迎接。　㉑　“腾蛟”二句：此赞扬孟学士文采飞扬。《西京杂记》：“董仲舒梦蛟龙入怀，乃作《春秋繁露》词。”因称有高才、能著述为“腾蛟起凤”。孟学士，名未详。词宗，文章高手。

紫电清霜，王将军之武库①。家君作宰，路出名区②。童子何知③，躬逢胜饯④。

时维九月⑤，序属三秋⑥。潦水尽而寒潭清⑦，烟光凝而暮山紫⑧。俨骖騑于上路⑨，访风景于崇阿⑩。临帝子之长洲⑪，得仙人之旧馆⑫。层峦耸翠⑬，上出重霄⑭；飞阁流丹⑮，下临无地⑯。鹤汀凫渚，穷岛屿之萦回⑰；桂殿兰宫，列冈峦之体势⑱。

披绣闼，俯雕甍⑲。山原旷其盈视⑳，川泽盱其骇瞩㉑。闾阎扑地，钟鸣鼎食之家㉒；舸舰迷津，青雀黄龙之舳㉓。虹销雨霁，彩彻云衢㉔。落霞与孤鹜齐飞㉕，秋水共长天一色。渔舟唱晚，响穷彭蠡之滨㉖；雁阵惊寒，声断衡阳之浦㉗。

遥吟俯畅，逸兴遄飞㉘。爽籁发而清风生㉙，纤歌凝而白云遏㉚。睢园绿竹，气凌彭泽之樽㉛；邺水朱华，光照临川之笔㉜。四美具㉝，二难并㉞。穷睇眄于中天㉟，极娱游于暇日㊱。天高地迥㊲，觉宇宙之无穷；兴尽悲来，识盈虚之有数㊳。望长安于日下，指吴会于云间㊴。地势极而南溟深，天柱高而北辰远㊵。关山难越㊶，谁悲失路之人㊷。萍水相逢㊸，尽是他乡之客。怀帝阍而不见㊹，奉宣室以何年㊺！

呜呼！时运不齐㊻，命途多舛㊼。冯唐易老㊽，李广难封㊾。屈贾谊于长沙㊿，非无圣主；窜梁鸿于海曲(51)，岂乏明时(52)？所赖君子安贫(53)，达人知命(54)。老当益壮(55)，宁移白首之心(56)；

---

① “紫电”二句：此赞扬王将军之武略。紫电，宝剑名。清霜，形容宝剑锋利。王将军，名不详。武库，兵器库，此借指富于谋略。 ② “家君”二句：点明路过滕王阁原由。家君，对别人称自己父亲。作宰，任县令。出，过。名区，有名之地，此指洪州。 ③ 童子：王勃自称，此自居幼小以示谦逊，并非实指少年儿童。 ④ 躬：亲身。胜饯：盛大的送别宴会。按：以上由洪州的地势与人才，叙及宴饯。 ⑤ 维：助词。九月：一说当作“九日”，指九月初九重阳节。 ⑥ 序：时节。三秋：秋季，包括孟秋、仲秋、季秋三个月。一说，指九月。 ⑦ 潦（lǎo）水：积存之雨水。寒潭：清凉的深池。 ⑧ 凝：凝结不动。 ⑨ 俨：整治。骖騑（cānfēi）：骖，车辕两旁的马；騑，骖旁的马。上路：高而阔的路。 ⑩ 崇阿（ē）：山陵。崇，高。 ⑪ 帝子：皇帝之子，此指滕王。洲：水中陆地。 ⑫ 仙人：此指滕王。旧馆：犹故居，此指滕王阁。 ⑬ 翠：指翠色。 ⑭ 重霄：指天空。 ⑮ 飞阁：飞举之楼阁。丹：朱砂，此指朱漆。 ⑯ 下临：往下看。 ⑰ 萦回：纡回曲折。 ⑱ 列：排列。一作“即”。体势：此指起伏之状。 ⑲ 披：推开。闼（tà）：隔门。甍（méng）：屋脊。 ⑳ 旷：远。 ㉑ 盱（xū）：张目望。瞩（zhǔ）：注视。 ㉒ “闾阎”二句：谓遍地是富贵人家。闾阎，里巷之门。钟鸣鼎食，古代高官贵族敲钟奏乐、陈列盛馔而食。 ㉓ “舸舰”二句：谓渡头停满大船。舸（gě），大船。舰，板屋船，即船四周围加木板以防矢石。青雀黄龙，指船身上的鸟、龙图案。舳（zhú），船尾，此指船只。 ㉔ 彩：虹。彻：通贯。云衢：指高空。 ㉕ 鹜（wù）：野鸭。 ㉖ 响：回声。彭蠡（lǐ）：鄱阳湖的古名。 ㉗ 断：止。衡阳：今湖南衡阳。一说，指衡山之南，有回雁峰，相传雁飞至此而止，不再向南，待春而回。浦：水滨。 ㉘ 逸兴：超逸的兴致。遄（chuán）：迅速。飞：此指兴起。 ㉙ 爽籁：参差不齐的排箫。 ㉚ 白云遏（è）：形容音响优美，能驻行云。遏，阻止。 ㉛ “睢（suī）园”二句：谓宾客皆能饮酒。睢园，指西汉梁孝王刘武之兔园，园内有竹。气，指豪气，形容酒量大。凌，压倒。彭泽，指陶渊明，曾任彭泽令，故称。 ㉜ “邺水”二句：谓宾客皆善赋诗。邺，故城在今河北临漳，是曹魏兴起之地，曹操父子在此集中了许多文人。朱华，指荷花。曹植《公宴诗》有“朱华冒绿池”之句。临川，指南朝诗人谢灵运，曾任临川内史，故称。 ㉝ 四美：指良辰、美景、赏心（欢快之情）、乐事（快乐之事）。具：齐备。 ㉞ 二难：指贤主人、佳宾客难得。并：皆有。 ㉟ 穷：极。睇眄（dì miǎn）：纵观。 ㊱ 极：尽。娱游：娱乐游玩。 ㊲ 迥（jiǒng）：远。 ㊳ 盈虚：指盛衰、成败等。数：定数。 ㊴ “望长安”二句：谓西望长安，东指吴会，辽远开阔。 ㊵ “地势极”二句：谓南通南海，北仰北极，高远广大。极，尽，远至。南溟，南方之大海。天柱，古代神话说昆仑山上有铜柱，高耸入天，即称天柱。北辰，北极星。 ㊶ 关山：关隘山川。 ㊷ 悲：悲悯，同情。失路：喻不得志。 ㊸ 萍水：喻偶然相遇。 ㊹ 怀：想念。帝阍（hūn）：帝居。阍，守门者，此指宫门。 ㊺ 奉：侍奉。宣室：汉代未央宫前殿正室，汉文帝曾召见贾谊于此。此借用贾谊事表达自己希望出仕而一展长才之心。 ㊻ 时运：时机命运。不齐：不同，言有好有坏。 ㊼ 命途：前途。舛（chuǎn）：不顺、不幸。 ㊽ 冯唐易老：言少壮之时不长，怕年华老去而仍不得志。冯唐，西汉人，老年仍作小官；汉武帝时求贤良，有人推荐他，但他已九十多岁了。 ㊾ 李广难封：言飞黄腾达，极其艰难。李广，汉武帝时名将，抗击匈奴屡立战功而至死未得封侯。 ㊿ 屈：委屈。贾谊：西汉人，有高才而不得重用。 (51) 窜：放逐，此谓被迫出走。梁鸿：东汉隐士，作诗讥讽朝政，后被迫改名换姓，与妻逃至齐鲁一带，又转至吴地。海曲：海滨僻远处。 (52) 明时：政治清明之时。 (53) 安贫：安于贫贱的处境。 (54) 达人：旷达的人。知命：能顺天命。 (55) 益：更加。 (56) 宁：岂，难道。白首：老年。

穷且益坚①,不坠青云之志②。酌贪泉而觉爽③,处涸辙以犹欢④。北海虽赊,扶摇可接⑤;东隅已逝,桑榆非晚⑥。孟尝高洁,空怀报国之心⑦;阮籍猖狂,岂效穷途之哭⑧。

勃,三尺微命⑨,一介书生⑩。无路请缨,等终军之弱冠⑪;有怀投笔,慕宗悫之长风⑫。舍簪笏于百龄,奉晨昏于万里⑬。非谢家之宝树,接孟氏之芳邻⑭。他日趋庭,叨陪鲤对⑮;今晨捧袂⑯,喜托龙门⑰。杨意不逢,抚凌云而自惜⑱;钟期相遇,奏流水以何惭⑲。

呜呼!胜地不常⑳,盛筵难再㉑;兰亭已矣㉒,梓泽丘墟㉓。临别赠言㉔,幸承恩于伟饯;

---

① 穷:境况困厄,不得志。《后汉书·马援传》:"丈夫为志,穷当益坚,老当益壮。" ② 青云之志:比喻超凡的志向。 ③ "酌贪泉"句:饮贪泉水而心境仍然清明。《晋书·吴隐之传》记载:广州之北有贪泉,饮其水者则贪得无厌。吴隐之赴广州刺史任,饮贪泉水,到任后操守愈严。 ④ "处涸辙"句:处于极端困厄中仍能乐观。涸辙,比喻困境。见《庄子·外物》。 ⑤ "北海"二句:北海虽远,乘风能到。赊,远。扶摇,比喻时机。见《庄子·逍遥游》。 ⑥ "东隅"二句:旧日时光虽已过去,将来仍有希望。《后汉书·冯异传》:"可谓失之东隅,收之桑榆。"东隅,日出之地。桑榆,日落之地。 ⑦ "孟尝"二句:高洁如孟尝,有报国之心而不被重用。孟尝,字伯周,东汉人,操行高洁,曾任合浦太守,为民兴利除弊,后隐居耕田。王勃以孟尝自比,略含怨意。 ⑧ "阮籍"二句:不应效仿阮籍为失意而悲伤。阮籍,字嗣宗,晋诗人,竹林七贤之一。《晋书·阮籍传》记载:他经常坐车出游,不沿道路走,路不通则恸哭而返。猖狂,放纵不拘。效,仿效。 ⑨ 三尺微命:绅(衣带)长三尺,官品卑微。三尺,指衣带下垂之长度。微命,周代任官自一命至九命,一命最低微。 ⑩ 一介:一个,谦辞。 ⑪ "无路"二句:谓自己与终军年龄相等,却没有请缨报国之机会。请缨,指请求赐予克敌建功之命令。《汉书·终军传》记载:汉武帝派终军与南越和亲,终军请求汉武帝赐他长缨,他要亲缚南越王而归。终军,西汉人,字子云,死时年二十余岁。弱冠,二十岁。 ⑫ "有怀"二句:谓羡慕宗悫之壮志,有投笔从戎之心。投笔,指弃文就武。《后汉书·班超传》记载:班超家贫,为人抄书度日,曾投笔慨叹,说大丈夫当为国立功,岂可终日在笔砚间讨生活。《宋书·宗悫传》记载:南朝宋的宗悫少年时曾说,"愿乘长风破万里浪"。 ⑬ "舍簪笏"二句:舍去一生的功名利禄,到万里之外去侍奉父亲。簪笏,古代仕宦所用的冠簪和手板,借指官职。百龄,百年,一生。晨昏,早晨向父母问安,晚间为父母铺床。 ⑭ "非谢家"二句:谓自己并不是谢玄那样可以光耀门庭的才子,却有机会结识这些贤德之人。《世说新语·言语》记载:晋代谢安问子侄,人们何以希望子弟好,侄子谢玄答"譬如芝兰玉树,欲使其生于庭阶耳"。因称谢玄为谢家宝树。孟氏之芳邻,借《列女传》所载孟母三迁故事,说此次宴会上所结交者皆有贤德之人。 ⑮ "他日"二句:谓将要到自己父亲那里聆听教诲。《论语·季氏》记载:孔子站在庭中,他的儿子孔鲤从庭前经过,父子俩问答学诗学礼之事。趋,小步快走,以示恭敬。叨陪,惭愧地跟随着做,谦辞。对,答话。 ⑯ 捧袂(mèi):抬起衣袖,表示谒见时之恭谨。 ⑰ 喜托龙门:谓以受到接待为荣。龙门,传说鲤鱼登龙门则化为龙。《后汉书·李膺传》记载:李膺有大名,士人得其接见称"登龙门"。此以李膺喻阎公,是恭维之语。 ⑱ "杨意"二句:谓自己虽有才能而无人举荐,空自怜惜。《汉书·司马相如传》记载:汉武帝很赏识司马相如的《子虚赋》,但不知作者即当时人,杨得意告知武帝,司马相如遂蒙召见。杨意,即杨得意,任汉武帝狗监。抚,抚弄。凌云,指司马相如之《大人赋》,暗指王勃自己的文章。 ⑲ "钟期"二句:谓既遇知音,即当放胆赋诗作文。何惭,有什么惭愧。 ⑳ 胜地:名胜之地,此指洪州。不常:不能常游。 ㉑ 盛筵:盛大的宴会。 ㉒ 兰亭:在今浙江绍兴,东晋群贤在此宴集,王羲之有《兰亭集序》。 ㉓ 梓(zǐ)泽:晋石崇之金谷园在此。丘墟:荒地。 ㉔ 临别赠言:临别时赠送正言以相互勉励,在此指本文。

登高作赋，是所望于群公①。敢竭鄙诚②，恭疏短引③；一言均赋，四韵俱成：

滕王高阁临江渚，佩玉鸣鸾罢歌舞。
画栋朝飞南浦云，朱帘暮卷西山雨。
闲云潭影日悠悠，物换星移几度秋。
阁中帝子今何在？槛外长江空自流！④

思考练习

1. 词语积累。

休暇　层峦　萦回　云衢　盈虚
萍水相逢　命途多舛　穷且益坚　青云之志　捧袂

2. 下列对有关语句分析不正确的一项是（　　）。

A. “潦水尽而寒潭清，烟光凝而暮山紫”，本句在色彩上，上句淡雅，下句浓重，浓淡对比，突出了秋日景物的特征

B. “鹤汀凫渚，穷岛屿之萦回；桂殿兰宫，列冈峦之体势”写滕王阁周围景物，是近景

C. “落霞与孤鹜齐飞，秋水共长天一色”写彩霞自上而下，写孤鹜自下而上，相映增辉；青天碧水，天水相接，上下浑然一色，写尽了秋晚暮色之美

D. “渔舟唱晚，响穷彭蠡之滨；雁阵惊寒，声断衡阳之浦”，此句所写为眼前所见之实景，登高远眺，目之所见，耳之所闻，集于笔端

3. 对文中下列典故分析不正确的一项是（　　）。

A. “怀帝阍而不见，奉宣室以何年”表明自己怀才不遇，有似屈原和贾谊

B. “屈贾谊于长沙，非无圣主”表明自己生不逢时，有对皇帝的怨恨之情

C. “酌贪泉而觉爽，处涸辙以犹欢”表明自己身处逆境，仍能达观看待

D. “阮籍猖狂，岂效穷途之哭”表明自己不会怨世恨俗而放任自流

4. 年轻的王勃在写《滕王阁序并诗》时正值怀才不遇之际，他在文中寄寓了这种感慨，但是并没有因此而消沉。文中“穷且益坚，不坠青云之志”“东隅已逝，桑榆非晚”等句子均表达了王勃不因处境困顿而自暴自弃的信念，我们也许曾经或正在遭遇人生的困顿，年轻的我们又该怎样做呢？请写一篇300字左右的短文谈谈你的想法，要求有排比或对偶的句子。

---

① “登高”二句：谓至于赋诗，此乃在座诸公之事。赋，作诗。《韩诗外传》卷七：“孔子曰：‘君子登高必赋。’” ② 敢竭鄙诚：写出鄙陋之心意。敢，大胆地，谦辞。 ③ 疏：陈述。短引：小序。 ④ “滕王”八句：即上述四韵之诗。诗以两句为一韵，此为王勃所做《滕王阁》诗，诗为古体。

史记·项羽本纪[①]（节选）

司马迁[②]

课文导读

《史记》原名《太史公书》，是我国第一部纪传体通史，是司马迁继承其父司马谈临终遗愿的泣血之作。他以“究天人之际，通古今之变，成一家之言”的修史宗旨记载了从传说中的黄帝开始一直到汉武帝时期三千年左右的历史，分本纪、表、书、世家、列传五部分。《史记》开创了中国纪传文学的先河，代表了古代历史散文的最高成就，兼有西汉散文前期气势磅礴、感情激切和后期深广宏富、醇厚典雅的特点，对后世产生了深远影响，被鲁迅称为“史家之绝唱，无韵之《离骚》”。

《史记》延续了“春秋笔法”，在人物刻画中蕴含着史家褒贬态度，语言生动，形象鲜明。项羽是司马迁着墨颇多的一位英雄人物。司马迁不以成败论英雄，在他笔下，一个复杂矛盾、可歌可叹的项羽形象跃然纸上。《史记》中的项羽是“彼可取而代之”的热血少年，也是刚愎自用“不可与谋”的竖子；他是东城痛快一战的西楚霸王，也是“虞兮虞兮奈若何”的悲情英雄，他身上兼具着风云豪气与儿女情长。读此篇，闻四面楚歌，睹垓下之围，且看西楚霸王当何去何从……

项王军壁垓下[③]，兵少食尽，汉军及诸侯兵围之数重。夜闻汉军四面皆楚歌[④]，项王乃大惊曰：“汉皆已得楚乎？是何楚人之多也！”项王则夜起，饮帐中。有美人名虞，常幸从[⑤]；骏马名骓[⑥]，常骑之。于是项王乃悲歌慷慨[⑦]，自为诗曰：“力拔山兮气盖世，时不利兮骓不逝[⑧]。骓不逝兮可奈何，虞兮虞兮奈若何[⑨]！”歌数阕[⑩]，美人和之[⑪]。项王泣数行下，左右皆泣，莫能仰视。

---

① 选自《史记》，司马迁撰、裴骃集解、司马贞索隐、张守节正义，中华书局1982年版。 ② 司马迁（约前145或前135—?），字子长，西汉夏阳人。他的父亲司马谈做过太史令，主要从事管理皇家图书、收集史料等工作。司马迁早年漫游名山大川，脚步遍及南北。他荫袭父亲太史令官职后，又得见大量国家收藏的史料典籍，可谓“读万卷书行万里路”方成《史记》。 ③ 垓下：古地名，在今安徽省宿州市灵璧县东南。“壁”本指古代军营四周的围墙，此句名词活用为动词，指项军在垓下安营扎寨。 ④ 四面皆楚歌：四面八方响起以楚音唱的民歌。“四面楚歌”后比喻处于四面受敌、孤立无援的困境。 ⑤ 幸从：指因得宠而随从。 ⑥ 骓（zhuī）：毛色青白相间的马。 ⑦ 慷慨：情绪激昂。 ⑧ 逝：跑，指马儿向前奔驰。 ⑨ 奈若何：将拿你怎么办呢？若，你。 ⑩ 阕（què）：歌曲或词的一首叫一阕。 ⑪ 和（hè）：以声相应；跟着唱或跟着唱腔伴奏。《楚汉春秋》载：“汉兵已略地，四方楚歌声。大王意气尽，贱妾何聊生。”

于是项王乃上马骑①，麾下壮士骑从者八百余人，直夜溃围南出②，驰走。平明③，汉军乃觉之④，令骑将灌婴⑤以五千骑追之。项王渡淮⑥，骑能属⑦者百余人耳。项王至阴陵⑧，迷失道，问一田父⑨，田父绐⑩曰“左⑪”。左，乃陷大泽⑫中。以故汉追及之。项王乃复引兵而东，至东城⑬，乃有二十八骑。汉骑追者数千人。项王自度不得脱。谓其骑曰：“吾起兵至今八岁矣，身七十余战⑭，所当者破，所击者服，未尝败北，遂霸有天下。然今卒困于此，此天之亡我，非战之罪也。今日固决死⑮，愿为诸君快战⑯，必三胜之，为诸君溃围，斩将，刈旗⑰，令诸君知天亡我，非战之罪也。”乃分其骑以为四队，四向。汉军围之数重。项王谓其骑曰：“吾为公取彼一将。”令四面骑驰下，期山东为三处⑱。于是项王大呼驰下，汉军皆披靡⑲，遂斩汉一将。是时，赤泉侯⑳为骑将，追项王，项王瞋目而叱之㉑，赤泉侯人马俱惊，辟易㉒数里，与其骑会为三处。汉军不知项王所在，乃分军为三，复围之。项王乃驰，复斩汉一都尉，杀数十百人，复聚其骑，亡其两骑耳。乃谓其骑曰：“何如？”骑皆伏㉓曰：“如大王言。”

---

① 骑：一人一马，后同。 ② 直夜溃围南出：当夜突破包围向南而去。直夜，当夜。溃围，冲破重重包围。 ③ 平明：天亮的时候。 ④ 觉(jué)：发现，这里指发现突围的是项羽。 ⑤ 灌婴：(？—前176)，秦末至西汉初睢阳(今河南商丘南)人，汉开国功臣，官至太尉、丞相。此时参加垓下决战，穷追楚军，攻取江淮数郡。 ⑥ 淮：水名。即淮河，我国大河之一。 ⑦ 属(zhǔ)：跟随。 ⑧ 阴陵：楚邑，故城在今安徽定远西北。 ⑨ 田父(fǔ)：农夫。父，老年男性的尊称。 ⑩ 绐(dài)：欺骗。 ⑪ 左：向左边走。 ⑫ 大泽：指水草茂密的沼泽湖泊地带，低湿的地方。 ⑬ 东城：故城在今安徽定远东南。 ⑭ 身七十余战：亲身经历七十余次战斗。 ⑮ 决死：决一死战。 ⑯ 快战：痛快一战。 ⑰ 刈：砍倒，斩断。 ⑱ 期山东为三处：约定在山的东面分三处集合。期，名词作动词，约定。山东，指山的东面。 ⑲ 披靡：草木随风倒伏，喻军队溃败。 ⑳ 赤泉侯：杨喜，字幼罗，从刘邦起事，随之征战。垓下一战，项羽兵败自刎，杨喜、吕马童等五将因追杀项羽有功，后皆封列侯。 ㉑ 瞋目而叱之：瞪大眼睛呵叱。瞋目，睁大眼睛、瞪着眼睛。叱，责骂、呵斥。 ㉒ 辟易：退避，避开。 ㉓ 伏：通“服”，佩服、服气。

思考练习

1. 词语积累。

慷慨　　兵少食尽　　拔山盖世　　霸王别姬

披靡　　斩将刈旗　　瞋目而叱　　四面楚歌

2. 分析此篇项羽人物形象，并谈一谈司马迁是如何塑造此人物的。

3. 项羽总结自己战败的原因为“此天之亡我，非战之罪也”，司马迁则评价“五年卒亡其国，身死东城，尚不觉寤，而不自责，过矣。乃引‘天亡我，非用兵之罪也’，岂不谬哉！”你如何看待项羽的战败？

4. 扩展阅读《史记·高祖本纪》，比较刘邦与项羽二人的形象。

项羽本纪赞 朗诵

人间词话[1]（节选）*

王国维[2]

人间词话 微课

课文导读

中国古代很多文学理论批评家对文学作品的境界和意境问题都有过论述，王国维无疑是诸多意境理论家中论述得最全面、最充分、最深刻的一位。他认为，意境就是作者在作品中所描绘的生活场景与作者的思想感情有机结合而形成的一种艺术境界。

作品中前一则词话，是从作品中物我关系的角度，将意境分为“有我之境”和“无我之境”。后一则词话，则是借古诗词中名句来论述要成就大事业、大学问必须经历的三种境界。激励人们成就事业，不仅要有自己的渴望和追求，而且要能忍受得住孤独和寂寞，更要有坚持不懈、矢志不渝的执着精神。

有有我之境，有无我之境。

“泪眼问花花不语，乱红飞过秋千去”[3]“可堪孤馆闭春寒，杜鹃声里斜阳暮”[4]，有我之境也。

“采菊东篱下，悠然见南山”[5]“寒波澹澹起，白鸟悠悠下”[6]，无我之境也。

有我之境，以我观物，故物皆着我之色彩。无我之境，以物观物，故不知何者为我，何者为物。古人为词，写有我之境者为多，然未始不能写无我之境，此在豪杰之士能自树立耳。

古今之成大事业、大学问者，必经过三种之境界。

“昨夜西风凋碧树。独上高楼，望尽天涯路”[7]，此第一境也。

---

① 选自《人间词话》，王国维著、周兴泰注译，中国华侨出版社 2017 年版。 ② 王国维（1877—1927）：字静安，一字伯隅，号观堂，浙江海宁人，我国近代享有盛誉的学者，著有《宋元戏曲考》《红楼梦评论》等，所提出的“境界”理论是研究中国古典文艺美学集大成的理论思想。1925 年，王国维受聘于清华研究院，与梁启超、陈寅恪、赵元任并称“清华四大导师”。 ③ 引自欧阳修的《蝶恋花》：“庭院深深深几许？杨柳堆烟，帘幕无重数。玉勒雕鞍游冶处，楼高不见章台路。雨横风狂三月暮，门掩黄昏，无计留春住。泪眼问花花不语，乱红飞过秋千去。” ④ 引自秦观的《踏莎行》：“雾失楼台，月迷津渡。桃源望断无寻处。可堪孤馆闭春寒，杜鹃声里斜阳暮。驿寄梅花，鱼传尺素，砌成此恨无重数。郴江幸自绕郴山，为谁流下潇湘去！” ⑤ 引自陶潜的《饮酒（其五）》：“结庐在人境，而无车马喧。问君何能尔？心远地自偏。采菊东篱下，悠然见南山。山气日夕佳，飞鸟相与还。此中有真意，欲辨已忘言。”“采菊”句为千古佳句，历来被人传诵称许。 ⑥ 引自金代元好问的《颍亭留别》：“故人重分携，临流驻归驾。乾坤展清眺，万景若相借。北风三日雪，太素秉元化。九山郁峥嵘，了不受陵跨。寒波澹澹起，白鸟悠悠下。怀归人自急，物态本闲暇。壶觞负吟啸，尘土足悲咤。回首亭中人，平林淡如画。” ⑦ 引自晏殊《蝶恋花》：“槛菊愁烟兰泣露。罗幕轻寒，燕子双飞去。明月不谙离恨苦，斜光到晓穿朱户。昨夜西风凋碧树，独上高楼，望尽天涯路。欲寄彩笺兼尺素，山长水阔知何处。”第一境界说的是入门之前，心中茫然苦楚，不知从何开始。

"衣带渐宽终不悔,为伊消得人憔悴"①,此第二境也。

"众里寻他千百度,蓦然回首,那人却在灯火阑珊处"②,此第三境也。

此等语皆非大词人不能道。然遽以此意解释诸词,恐为晏、欧诸公所不许也。

思考练习

1. 词语积累。

乱红　　　憔悴　　　灯火阑珊　　　蓦然回首

2. 被认为导示未来的词论著作是(　　)。

A.《人间词话》　　B.《蕙风词话》　　C.《词选序》　　D.《清代词学》

3. 谈谈你对"有我之境"与"无我之境"的理解,并用学过的古诗词句加以阐述。

4. 有位学者在强调治学态度时说:"板凳宁坐十年冷,文章不著一字空。"请谈谈你对此话的理解。

---

① 引自柳永的《蝶恋花》:"伫倚危楼风细细。望极春愁,黯黯生天际。草色烟光残照里。无言谁会凭栏意?拟把疏狂图一醉,对酒当歌,强乐还无味。衣带渐宽终不悔,为伊消得人憔悴。" ② 引自辛弃疾的《青玉案·元夕》:"东风夜放花千树,更吹落,星如雨。宝马雕车香满路。凤箫声动,玉壶光转,一夜鱼龙舞。蛾儿雪柳黄金缕,笑语盈盈暗香去。众里寻他千百度,蓦然回首,那人却在,灯火阑珊处。"

朋　党　论[1]*

欧阳修[2]

课文导读

《朋党论》是欧阳修在庆历四年(1044)向宋仁宗上的一篇奏章,被评为是欧阳修最好的文章之一,在“文起八代之衰”的古文运动和传世的政论散文中,也是最好的文章之一。该文实践了欧阳修“事信、意新、理通、语工”的理论主张,提出了君子同道为朋、小人同利为朋的著名论断,通篇对比,具有深刻的揭露作用和强大的批判力量。而排偶(指对偶骈俪)句式的穿插运用,又增加了文章议论的气势。学习时,要特别注意辨析“朋党”“君子”“小人”的时代概念,批判、辩证地认识文章的一些观点。

臣闻朋党[3]之说,自古有之,惟幸[4]人君辨其君子小人而已。大凡君子与君子,以同道为朋[5]。小人与小人,以同利为朋。此自然之理也。

然臣谓小人无朋,惟君子则有之,其故何哉?小人之所好[6]者,利禄也。所贪者,货财也。当其同利之时,暂相党引[7]以为朋者,伪也。及其见利而争先,或利尽而交疏,则反相贼害[8]。虽其兄弟亲戚,不能相保。故臣谓小人无朋,其暂为朋者,伪也。君子则不然。所守[9]者道义,所行者忠信,所惜者名节[10]。以之修身[11],则同道而相益。以之事国,则同心而共济。终始如一,此君子之朋也。

故为人君者,但当退[12]小人之伪朋,用君子之真朋,则天下治矣。

尧[13]之时,小人共工、驩兜等四人[14]为一朋,君子八元、八恺[15]十六人为一朋。舜佐尧,退四凶小人之朋,而进元、恺君子之朋,尧之天下大治。及舜自为天子,而皋、夔、稷、契等二十

---

① 选自吴楚材、吴调侯编选《古文观止》(下册),中华书局1979年版。 ② 欧阳修(1007—1072),字永叔,号醉翁、六一居士,吉州吉水(今属江西)人,唐宋八大家之一。 ③ 朋党:人们因某种相通的目的而聚合在一起。 ④ 惟:只。幸:希望。 ⑤ 大凡:大体上。同道为朋:在道义一致的基础上结合成朋党。 ⑥ 好(hào):喜爱。 ⑦ 党引:勾结。 ⑧ 贼害:伤害。 ⑨ 守:信奉,坚持。 ⑩ 名节:名誉气节。 ⑪ 之:指代上文的“道义”“忠信”“名节”。修身:按一定的道德规范进行自我修养。 ⑫ 退:废斥不用。 ⑬ 尧:和下文中的舜、周武王都是儒家推崇的古代贤君。 ⑭ 共(gōng)工、驩兜(huān dōu)等四人:指共工、驩兜、鲧(gǔn)、三苗,即后文被舜放逐的“四凶”。 ⑮ 八元:指上古高辛氏的八个儿子。八恺:指上古高阳氏的八个才子。元、恺都是善良的意思。

二人并列于朝①，更相②称美，更相推让，凡二十二人为一朋。而舜皆用之，天下亦大治。《书》③曰：“纣有臣亿万④，惟⑤亿万心。周⑥有臣三千，惟一心。”纣之时，亿万人各异心，可谓不为朋矣，然纣以亡国。周武王之臣三千人为一大朋，而周用⑦以兴。后汉献帝⑧时，尽取天下名士囚禁之，目为党人⑨。及黄巾贼起⑩，汉室大乱，后方悔悟，尽解党人而释之，然已无救矣。唐之晚年，渐起朋党之论⑪。及昭宗时⑫，尽杀朝之名士，或投之黄河，曰：“此辈清流，可投浊流⑬。”而唐遂亡矣。

夫前世之主，能使人人异心不为朋，莫如纣。能禁绝善人为朋，莫如汉献帝。能诛戮清流之朋，莫如唐昭宗之世。然皆乱亡其国。更相称美推让而不自疑，莫如舜之二十二臣。舜亦不疑而皆用之。然而后世不诮⑭舜为二十二人朋党所欺，而称舜为聪明之圣者，以能辨君子与小人也。周武之世，举其国之臣三千人共为一朋，自古为朋之多且大莫如周，然周用此以兴者，善人虽多而不厌也⑮。

嗟呼，治乱兴亡之迹⑯，为人君者，可以鉴矣！

思考练习

1. 词语积累。

利禄　　党引　　交疏　　贼害　　名节

同心共济　　佐　　及　　诛戮　　诮

2. 下列各句对文章的阐述，不正确的一项是（　　）。

A. 文章先从社会发展的事实落笔，“朋党之说，自古有之”，证明朋党的存在有其历史的依据，并为下文征引历史事实打下伏笔，然后提出自己的观点：“惟幸人君辨其君子、小人而已。”

B. 文章第三节列举了从上古尧、舜之时直至唐代末年各个朝代盛衰的大量历史事实，紧扣国家兴亡治乱与朋党的密切关系，或正，或反，或正反对比，进行了反复的论证

C. 文章第四节阐述迫害君子之朋则国亡，信用君子之朋则国兴。对纣、汉献帝、唐昭宗等反面事实分析，得出“乱亡其国”的结论；对舜未被朋党所欺和周能够兴国的原因进行分析，说明善于用君子之朋的重要性

---

① 皋（gāo）、夔（kuí）、稷（jì）、契（xiè）：都是舜时的贤臣，皋掌管刑法，夔掌管音乐，稷掌管农业，契掌管教育。《史记·五帝本纪》载：“舜曰：‘嗟！汝二十有二人，敬哉，惟时相天事。’” ② 更（gēng）相：互相。 ③ 《书》：《尚书》，收录上古时代的政府文告。下引四句语见《尚书·周书·泰誓》，这是周武王伐纣，会师于孟津时发表的誓师词。 ④ 纣：商朝亡国之君帝辛。亿万：指人数众多。 ⑤ 惟：语气词，这里表判断语气。 ⑥ 周：指周武王，周朝开国君主。 ⑦ 用：因此。 ⑧ 献帝：刘协，东汉亡国之君。 ⑨ “尽取”二句：汉桓帝时，宦官专权，一些名仕如李膺、杜密、陈寔、范滂等都被诬为营私结党，逮捕入狱，后赦免，但终身不许做官。到了汉灵帝时，宦官曹节等，杀死窦武、陈蕃和李膺等一百多人。文中说是献帝时的事，当系作者误记。 ⑩ 黄巾：东汉末年农民起义军，用黄巾为标志。贼：封建统治者对农民起义军污蔑的说法。 ⑪ “唐之”二句：唐穆宗长庆初年（821），以牛僧孺、李宗闵为首和以李德裕为首的官僚集团，各树朋党，展开斗争。这次党争一直延续到文宗、武宗、宣宗时代，历时近四十年，史称“牛李党争”。 ⑫ 昭宗：唐昭宗李晔。 ⑬ 此辈清流，可投浊流：哀帝天祐二年（905），李振唆使权臣朱全忠诱杀当时士大夫裴枢等三十余人说：“此辈常自谓清流，宜投之黄河，使为浊流！”朱全忠竟然这样干了。文中说这是昭宗时的事，系作者误记。 ⑭ 诮（qiào）：责备。 ⑮ 厌：满足。 ⑯ 迹：事迹。

D. 本文是一篇富有战斗性的政论，其中有两个特点特别鲜明：一是层层对比，事理结合，深入浅出，以理服人；二是转折句和排比句的交相运用，行文既纡徐有致，又富有气势，充分体现了欧阳修政论的风格和特点

3. 翻译下列句子。

(1) 大凡君子与君子，以同道为朋；小人与小人，以同利为朋。

(2) 及其见利而争先，或利尽而交疏，则反相贼害。

(3) 所守者道义，所行者忠信，所惜者名节。

4. 按照儒家的传统观念，“君子群而不党”(《论语·卫灵公》)，意思是君子团结别人但是不结党营私。这不仅是朝政清明的标志，也成了衡量人际关系的尺度。而欧阳修则认为应该对朋党加以区别对待。请你联系现实，谈谈自己的看法，不少于150字。

单元综合实训

一、拓展阅读

吴隐之是东晋廉吏、名士。他少时家中贫困，却清高廉洁，从不非分妄取。在为父母守丧时，以孝著称，并由此得到当时有权势者的赏识，因而一出仕就担任士族所任的清官。以后，他在朝内外历任要职，但俸禄大部分给亲戚与族人，自己生活得与普通百姓一样。当时，历任广州刺史皆贪赃枉法，朝廷为矫正这一弊病，特任命吴隐之为龙骧将军、广州刺史。他在上任途中曾酌饮贪泉之水，并赋诗表达自己的清白之志。在广州时，他的清廉节操更为突出，每日只以蔬菜、干鱼为食。从广州返回京都时，一无所带。到京后，吴隐之拒绝接受执政者为他建造住宅，居住在茅屋小宅之中。以后，他又担任尚书、太常、中领军等要职，但廉洁俭朴的作风始终如一，在他言传身教的影响之下，其子孙也都保持着廉洁谨慎的家风。请认真阅读，完成后面的阅读理解题。

《晋书·吴隐之传》(节选)

吴隐之，字处默，濮阳鄄城人。美姿容，善谈论，博涉文史，以儒雅标名。弱冠而介立，有清操，虽儋石无储，不取非其道。事母孝谨，及其执丧，哀毁过礼。与太常韩康伯邻居，康伯母，贤明妇人也，每闻隐之哭声，辍餐投箸，为之悲泣。既而谓康伯曰：“汝若居铨衡，当举如此辈人。”及康伯为吏部尚书，隐之遂阶清级，累迁晋陵太守。在郡清俭，妻自负薪。迁左卫将军，虽居清显，禄赐皆班亲族，冬月无被，尝浣衣，乃披絮，勤苦同于贫庶。

广州包带山海，珍异所出，一箧之宝，可资数世，故前后刺史皆多黩货。朝廷欲革岭南之弊，以隐之为广州刺史。未至州二十里，地名石门，有水曰贪泉，饮者怀无厌之欲。隐之既至，语其亲人曰：“不见可欲，使心不乱。越岭丧清，吾知之矣。”乃至泉所，酌而饮之，因赋诗曰：“古人云此水，一歃怀千金。试使夷齐饮，终当不易心。”及在州，清操逾厉，常食不过菜及干鱼而已，帷帐器服，皆付外库。时人颇谓其矫然，亦始终不易。

及卢循寇南海，为循所得。刘裕与循书，令遣隐之还，久方得反。归舟之日，装无余资。及至，数亩小宅，篱垣仄陋，内外茅屋六间，不容妻子。刘裕赐车牛，更为起宅，固辞。后迁中领军，清俭不革，每月初得禄，裁留身粮，其余悉分赈亲族，家人绩纺以供朝夕。时有困绝，或并日而食，身恒布衣不完，妻子不沾寸禄。

义熙八年，请老致事，九年，卒。隐之清操不渝，屡被褒饰，致事及于身没，常蒙优赐显赠，廉士以为荣。子延之复厉清操，延之弟及子为郡县者，常以廉慎为门法，虽才学不逮隐之，而孝悌洁敬犹为不替。

(选自《晋书》，中华书局1974年版)

【阅读理解】

1. 把下列句子翻译成现代汉语。

(1) 不见可欲,使心不乱。越岭丧清,吾知之矣。

译文:____。

(2) 时有困绝,或并日而食,身恒布衣不完,妻子不沾寸禄。

译文:____。

(3) 虽才学不逮隐之,而孝悌洁敬犹为不替。

译文:____。

2. 通过上述材料的学习,联系当前现实,请具体阐述你得到的启示和产生的感想。

二、单元练笔:材料作文

(一) 写作指导

根据材料立意作文是各种考试中常用的文体。它对检查阅读者的阅读理解、感悟见识、思辨联想和语言表述等有不可替代的妙用,其核心是“师法”和“迁移”,就是学习前人、学以致用、推陈出新,联系实际解决现实中存在的和自己需要解决的问题。职业教育与普通教育是两种不同的教育类型,具有同等重要地位。今后,职业类院校学生也能参加公务员、事业单位的考试,这类写作乃至“申论”的写作,势必成为高职院校学生的基本功训练内容之一。因此,学文有所得,练习有所用,即使跨越古今,于理亦通,于势须行,于功必练。下面谨作几点提示性辅导:

(1) 材料作文审题立意十大方法:①提炼中心法;②抓关键句法;③由果溯因法;④由物及人法;⑤分析关系法;⑥明确褒贬法;⑦多向辐射法;⑧舍次求主法;⑨求异同法;⑩寻互补法。既要师法前人,又要“走自己的路”,可以综合、灵活运用,不拘陈法。

(2) 审题立意的过程:认真阅读,提炼观点,联想素材,列出提纲,撰写成文。注意事项:①立论合理,观点鲜明;②条理清晰,论说严谨;③结合材料写作,不能抛开、偏离材料内容;④语言平实,表述规范。

(二) 写作训练

运用本单元文中的某些你认为有价值的材料和观点,联系个人和社会现实,阐发自己真实的对立身处世、实现人生价值的主张和想法。自主选择,“立一论,写一文”。

论文 微课

参考思路:

1. 结合老子“利万物而不争”“不争故无尤”“贵以身为天下,若可寄天下;爱以身为天下,若可托天下”等观点,写一篇关于人生立德、做人、处世或看待个人得失的文章。

2. 习近平在韩国首尔大学演讲,化用了一句非常经典的话:“以利相交,利尽则散;以势相交,势去则倾;惟以心相交,方能成其久远。”结合欧阳修《朋党论》中“君子与君子,以同道为朋。小人与小人,以同利为朋”的观点,写一篇议论文,阐发自己对交友或合作的主张和看法。

【范例】

做人做事当如水

——由“上善若水”引发的思考

习近平总书记指出：“中国传统文化博大精深，学习和掌握其中的各种思想精华，对树立正确的世界观、人生观、价值观很有益处。”学习《道德经》“上善若水”篇，对立足中华优秀传统文化推进社会主义核心价值观的培育践行，有了更加深刻的理解。

一是仁爱利他的奉献精神。水的第一个品质是无私付出而不求回报。用老子的话说，就是“损而不竭，施不求报，善为仁也”。水无怨无悔、默默无闻地滋润大地，滋养自然界的生命，让世界充满绿意和生机，贡献之大，无可替代。在我们身边，有许多像水一样富有助人为乐美德的人，从不计较个人得失，总是热心帮助他人。每个人都应从水之“上善”中汲取养料，涵养助人为乐的优秀品德，弘扬利他奉献的志愿服务精神。

二是谦恭不争的操守精神。水的第二个品质是多才多能又甘于寂寞。老子评价它：“以载则浮，以鉴则清，以攻则坚强莫能敌，善用能也。”水无论蜿蜒山间，还是直奔江海，水只是依势而为、不懈而作，为人类默默造福。实现中华民族伟大复兴的中国梦，需要每个人以水为榜样，像水那样工作，像水那样助人，像水那样处世，内心就不会忧虑，外界就少了忧患。这就达到了老子所说的“夫唯不争，故无尤”的境界。

三是包容合作的海涵精神。水的第三个品质是胸怀博大与善于团结。水有填充低洼、汇积成渊的天性。老子认为它：“空处湛静，深不可测，善为渊也。”水汇聚成的千万条江河，裹挟着泥沙，最后都涌入了浩瀚大海。水还有一种天性，即水与水之间，有着天然的融合性。“海纳百川，有容乃大。”水，启迪我们要学会包容，善于与人合作，对人多一点宽容，方可干成事业。“河海不择细流，故能就其深”的道理，告诉我们“善行不分大小”，美好生活、高尚品德，来源于一点一滴爱心的积累。“学雷锋、当好人”，需从自己做起、从身边做起、从小事“积小善为大德”，才能汇成道德的海洋。

从“上善若水”中，我们能得到几点启发：一是中华优秀传统文化源远流长，蕴含着中国人自己的价值观，是中国文化的重要瑰宝。我们要加强学习和弘扬国学经典，才能更好地增强文化自信、文化自觉。二是培育和践行社会主义核心价值观，要善于运用中华优秀传统文化这一法宝，在去粗取精、去伪存真的基础上，做到古为今用、推陈出新，为培育和践行社会主义核心价值观提供源泉。三是开展社会主义核心价值观宣传教育，要多选取像“上善若水”这样人们耳熟能详的经典，紧密联系实际，在轻松愉悦的学习和实践中，知廉耻、懂荣辱、辨是非、讲道德，从而提高道德修养和文明素养。

三、课外阅读

1. 司马迁《史记·孔子世家》

简介：孔子是我国古代伟大的思想家和教育家，儒家学派的创始人。《史记·孔子世家》详细地记述了他的生平活动及各方面的成就，是研究孔子生平思想的一篇重要文章。

2. 诸葛亮《诫子书》

简介:《诫子书》是三国时期政治家诸葛亮临终前写给他儿子诸葛瞻的一封家书。从文中可以看出诸葛亮是一位品格高洁、才学渊博的父亲,对儿子的殷殷教诲与无限期望尽在此书中。全文通过智慧理性、简练谨严的文字,将普天下为人父者的爱子之情表达得非常深切,成为后世历代学子修身立志的名篇。

3. 韩愈《争臣论》

简介:《争臣论》是一篇从当时政治出发、有的放矢的重要论文,评论的人是真人,事是真事。作者直言不讳地发表意见,表现了敢于面对现实的勇气。后来的评论家多认为,本文所批评的谏议大夫阳城在此后三年,改变作风,伏阙上书,抨击奸臣,多少得力于韩愈这一击之功。可见本文是产生了积极的社会效果的。

4. 苏轼《前赤壁赋》

简介:通过月夜泛舟、饮酒赋诗引出主客对话的描写,既从客之口中说出了吊古伤今之情感,也从苏子所言中听到矢志不移之情怀。全赋情韵深致、理意透辟,实为文赋之佳作。作者并不着意写景,而是以阐明哲理、发表议论为主。借题发挥、借景立论的独特风格贯穿字里行间。

第三单元　诗词览胜

单元导语

中华古典诗词有其独特的文学样式和情思表达，凝结了中国传统文化的璀璨精华，兼容德、智、美等范畴，展示了中华文化的博大精深，具有不朽的艺术魅力。品味诗词，让人淡退幼稚和浮华，平添情趣和高雅；品味诗词，助人开启心智，净化灵魂，顿悟人生；品味诗词，有益于弘扬文化，提高文明素养，构建和谐社会。本单元以情感为线，精选抒情名品，珠串经典诗词，以资探骊览胜，旨在让学生情通古今，师法先贤，提升自身情怀和境界。

《黍离》通过描绘原来繁荣的宗庙宫室长满黍稷，从而引发诗人因时世变迁所产生的忧思，历来被视为是悲悼故国的代表作。《春江花月夜》描绘了春天夜晚江畔的景色，词句优美，意境超远，被称为是“孤篇盖全唐”的杰作。《江城子·乙卯正月二十日夜梦记》是中国文学史上第一首悼亡词，作者结合自己十年来政治生涯中的不幸遭遇和无限感慨，形象地反映出对亡妻永难忘怀的真挚情感和深沉的悼念。《月下独酌四首》是唐代诗人李白的组诗作品，本单元所选的这首描写了诗人在月夜花下独酌、无人亲近的冷落情景。《蒿里行》采用民歌形式，行批判之实，反映社会生活，展现时代精神，具有“慷慨悲凉”的独特风格。

本单元的教学，应重视情境气氛创设，意境体会和情感诵读，引发学生的个体体验，从而促进学生文学修养、审美情趣和综合的人文素质的提高。

黍离[1]

《诗经》[2]

课文导读

《诗小序》："黍离，闵宗周也。周大夫行役至于宗周，过故宗庙宫室，尽为禾黍。闵周室之颠覆，彷徨不忍去，而作是诗也。"此说影响极大，"黍离"一词已成为后世文人感慨亡国触景生情时常用的典故。此诗序于《诗经·王风》之首，确见其为编诗者之意旨。

此诗历代传颂，影响不绝。后世诗篇，写家国兴亡之感，或得其神，或效其形。虽然从诗文中无法确见其具体背景，但诗中所蕴含的那份因时世变迁所引起的忧思是无可争辩的，其显示的沧桑感带给读者的心灵震撼是值得细加体味的。

彼黍离离，彼稷之苗[3]。行迈靡靡[4]，中心摇摇[5]。知我者，谓我心忧；不知我者，谓我何求[6]。悠悠苍天[7]，此何人哉[8]！

彼黍离离，彼稷之穗。行迈靡靡，中心如醉[9]。知我者，谓我心忧；不知我者，谓我何求。悠悠苍天，此何人哉！

彼黍离离，彼稷之实。行迈靡靡，中心如噎[10]。知我者，谓我心忧；不知我者，谓我何求。悠悠苍天，此何人哉！

---

① 选自《诗经注析》，程俊英、蒋见元著，中华书局2017年版。 ② 《诗经》是我国最早的诗歌总集，大抵是西周初年至春秋中叶的作品，分为风、雅、颂三类，共305篇，又称"诗"或"诗三百"。本只称《诗》，西汉时被尊为儒家经典，始称《诗经》，并沿用至今。《诗大序》中称"诗有六义焉：一曰风，二曰赋，三曰比，四曰兴，五曰雅，六曰颂。"《黍离》是《诗经·王风》的第一篇。 ③ 黍(shǔ)：黍子，古代重要的粮食作物之一。离离：庄稼排列整齐貌。稷(jì)：古代的一种粮食作物，有谷子、高粱、不黏的黍三种说法。 ④ 行迈：远行。靡(mǐ)靡：行路迟缓貌。 ⑤ 中心：即心中。摇摇：心神不定的样子。这句意为：忧思郁积在心中无人可以述说。 ⑥ "知我"四句：了解我的人见我在这里徘徊，晓得我心里忧愁，不了解我的人还当我在寻找什么呢。谓我何求，指诗人眷念家乡故土，徘徊不忍离去，似乎还在寻求什么。 ⑦ 悠悠：遥远的样子。苍天：青天。 ⑧ 此何人哉：这是什么人造成啊，使我陷入如此悲惨的境地。 ⑨ 中心如醉：心中忧闷，像喝醉酒一样恍惚。 ⑩ 噎(yē)：堵塞。此处以食物卡在食管比喻忧深气逆难以呼吸。

思考练习

1. 词语积累。

离离　　靡靡　　摇摇　　悠悠

2. 熟读全诗,试分析本诗的艺术手法。

3. 查阅相关资料,理解本诗中所描写的黍离之悲,谈谈文中爱国思想的现实意义。

4.《诗经》的精华,主要体现在“风”部分,课外阅读《诗经》,深入体会“风”的现实主义意义。

春江花月夜①

张若虚②

课文导读

《春江花月夜》借乐府旧题写新声，以富有生活气息的清丽之笔，创造性地再现了江南春夜的景色，如同月光照耀下的万里长江画卷。诗篇意境空明，缠绵悱恻，洗去六朝宫体的浓脂粉腻，脍炙人口。

良辰美景烘托离愁之苦，江月之常有与人生之代换，提出宇宙无穷人生有限的永恒矛盾，把离愁放到短暂人生中观照。青春惆怅的抒发，表面上不脱感伤情调，实则表现了对青春年华的珍惜，对生活美的依恋及对人生哲理的探求。全篇收放皆关花月，景语情语如歌，语言流畅，韵调悠扬。

春江潮水连海平③，海上明月共潮生。滟滟④随波千万里，何处春江无月明。
江流宛转绕芳甸⑤，月照花林皆似霰⑥。空里流霜⑦不觉飞，汀⑧上白沙看不见。
江天一色无纤尘⑨，皎皎空中孤月轮⑩。江畔何人初见月，江月何年初照人？
人生代代无穷已，江月年年望相似⑪。不知江月待何人，但见长江送流水⑫。
白云一片去悠悠⑬，青枫浦⑭上不胜愁。谁家今夜扁舟子⑮，何处相思明月楼？
可怜楼上月徘徊⑯，应照离人妆镜台⑰。玉户帘中卷不去，捣衣砧⑱上拂还来。

---

① 选自《全唐诗》，彭定求等编纂，上海古籍出版社1986年版。春江花月夜：乐府《清商曲辞·吴声歌曲》旧题，相传创自陈后主。 ② 张若虚，扬州人，曾官兖州兵曹，生卒年、字号均不祥。中宗神龙（705—707）中，与贺知章等以文词俊秀驰名于京都，又和贺知章、张旭、包融并称“吴中四士”。《全唐诗》存其诗二首。《春江花月夜》是他的代表作，奠定了他在唐诗史上的地位，清人王闿运赞其“孤篇横绝，竟为大家”。 ③ 江：指长江。连海平：江湖浩瀚无垠，仿佛与大海连成一片。 ④ 滟（yàn）滟：波光闪烁的样子。 ⑤ 宛转：曲折。芳甸（diàn）：遍生花草的原野。 ⑥ 霰（xiàn）：细密的雪珠。形容洁白月光照耀下的花朵。 ⑦ 空里流霜：古人以为霜像雪一样从空中落下，所以常说“飞霜”，这里将月色比喻成霜。 ⑧ 汀（tīng）：水中或水边平地。 ⑨ 纤尘：微细的灰尘。 ⑩ 皎皎：洁白明亮。月轮：指月亮，因为月圆时像车轮，所以称为月轮。孤月轮指一轮孤月。 ⑪ “人生”二句：人生易老，代代递变；江月长新，岁岁相似。这是对“宇宙无穷，人生有限”的具体感受。 ⑫ “不知”二句：明月长悬，如在等人，而长江不停，只送去流水。 ⑬ 悠悠：渺茫、深远，这里指白云缓缓飘逝的样子。 ⑭ 青枫浦：地名，在今湖南浏阳境内，此处泛指分别的地点。浦，水边。《九歌·河伯》：“送美人兮南浦。”因而此句隐含离别之意。 ⑮ 扁舟子：飘荡江湖的游子。扁舟，小舟。 ⑯ 月徘徊：指月光偏照闺楼，徘徊不去，令人不胜其相思之苦。 ⑰ 离人：此处指思妇。妆镜台：梳妆台。 ⑱ 捣衣砧（zhēn）：捣衣石、捶布石。

此时相望不相闻①，愿逐月华流照君②。鸿雁长飞光不度③，鱼龙潜跃水成文④。
昨夜闲潭梦落花⑤，可怜⑥春半不还家。江水流春去欲尽，江潭落月复西斜⑦。
斜月沉沉藏海雾，碣石潇湘无限路⑧。不知乘月⑨几人归，落月摇情⑩满江树。

思考练习

1. 词语积累。

滟滟　芳甸　纤尘　月轮　月徘徊
碣石　潇湘　摇情　梦落花

2. 下列加点词解释不正确的一项是(　　)。

A. 愿逐月华流照君　逐：追随
B. 月照花林皆似霰　霰：雪珠
C. 青枫浦上不胜愁　胜：承受
D. 应照离人妆镜台　离人：离家在外的人

3. 阅读课内文字，解答问题。

春江潮水连海平，海上明月共潮生。
滟滟随波千万里，何处春江无月明。
江流宛转绕芳甸，月照花林皆似霰。
空里流霜不觉飞，汀上白沙看不见。
江天一色无纤尘，皎皎空中孤月轮。
江畔何人初见月，江月何年初照人？
人生代代无穷已，江月年年望相似。

(1) 这段诗歌共描述了哪几种景物？
(2)“江畔何人初见月……江月年年望相似”四句体现了诗人怎样的思想感情？

4.《春江花月夜》立意新颖，诗情哲理融为一体。诗评家认为，月是全诗的灵魂。为什么这样说？

---

① 相闻：互通音信。 ② 逐：跟、追随。月华：月光。君：指游子。 ③ 鸿雁：指信使，《汉书·苏武传》记有鸿雁传书的故事。光不度：鸿雁善于远飞仍然不能逾越月光。度，通“渡”。 ④ 鱼龙潜跃：鱼在水里翻腾。古人有鱼雁传书之说。这里是说鱼儿也无法传递对游子的思念之情。文：通“纹”。 ⑤ 闲潭梦落花：即梦见花落闲潭，意味着春天即将逝去。闲潭，平和、幽静的水潭。 ⑥ 可怜：可惜。 ⑦ 江潭落月：月落江潭。复西斜：指夜将尽。 ⑧ 碣石潇湘无限路：碣石在北，潇湘在南，此句暗指距离很远，相聚无望。 ⑨ 乘月：趁着月光。 ⑩ 落月：江边树林洒满了落月的月辉，轻轻摇曳，牵系着思妇的离情别绪。摇情：激荡情思，犹言牵情。

江城子 乙卯正月二十日夜梦记①

苏　轼②

辑评-苏轼及其诗词

课文导读

中国文学史上，从《诗经》开始，就已有“悼亡诗”。从悼亡诗出现一直到北宋苏轼这期间，写得最有名的有西晋的潘岳和中唐的元稹，晚唐的李商隐亦曾有悼亡之作。而用词写悼亡，是苏轼的首创。苏轼此词境界开阔，感情纯真，品格高尚，读来使人耳目一新。在扩大词的题材、丰富词的表现力方面，本篇着实占有一定的地位。

这首词运用分合顿挫、虚实结合以及叙述白描等多种艺术综合表现的方法，表达作者怀念亡妻的思想感情，在对亡妻的哀思中又糅进自己的身世感慨，因而将夫妻之间的情感表达得深婉而真挚，使人读后无不为之动情而叹惋。

十年生死两茫茫③，不思量④，自难忘。千里孤坟⑤，无处话凄凉。纵使相逢应不识，尘满面，鬓如霜⑥。

夜来幽梦⑦忽还乡。小轩窗⑧，正梳妆。相顾⑨无言，惟有泪千行。料得年年肠断处，明月夜，短松冈⑩。

---

① 选自《中国历代文学作品选》，朱东润主编，上海古籍出版社2002年版。江城子，词牌，首见于《花间集》韦庄所作。宋人增为双调，一名《江神子》。此词为悼亡之作，作于宋神宗熙宁八年（1075，岁次乙卯），时苏轼知密州。《亡妻王氏墓志铭》云：“治平二年（1065）五月丁亥，赵郡苏轼之妻王氏（名弗），卒于京师。” ② 苏轼（1037—1101），字子瞻，号东坡居士，眉州眉山（今属四川）人。宋仁宗嘉祐二年（1057）进士。官至中书舍人、翰林学士。神宗时因作诗谤讪朝廷，贬谪黄州，哲宗时召任翰林学士，后又被远谪惠州等地；徽宗时，赦还，死于常州，南宋时追谥文忠。苏轼在诗词、文章、书画等方面成就卓著。其词作视野广阔，风格豪迈，个性鲜明，妙趣横生，一扫当时绮艳柔靡风尚，开豪放派之始。其散文与欧阳修并称“欧苏”，为“唐宋八大家”之一；诗与黄庭坚并称“苏黄”。苏轼善书，“宋四家”之一；擅长文人画，尤擅墨竹、怪石、枯木等。作品有《苏东坡集》《东坡乐府》《潇湘竹石图卷》《古木怪石图卷》等。 ③ 十年生死两茫茫：此句谓死别十年，双方隔绝，什么也不知道。这时苏轼妻子王弗去世恰恰十年。 ④ 思量：想念。 ⑤ 千里：王弗葬地四川眉山与苏轼任所山东密州，相隔遥远，故称“千里”。孤坟：其妻王氏之墓。 ⑥ 尘满面，鬓（bìn）如霜：作者自伤奔走劳碌与衰老。霜，比喻头发白。 ⑦ 幽梦：梦境隐约，故云幽梦。 ⑧ 小轩窗：指小室的窗前。轩，门窗。 ⑨ 顾：看。 ⑩ 料得年年肠断处，明月夜，短松冈：这三句是设想死者的痛苦，以寓自己的悼念之情。短松冈，苏轼葬妻之地。

思考练习

1. 词语积累。

茫茫　　思量　　尘满面　　鬓如霜

幽梦　　轩窗　　相顾无言

2. 本词的感情基调是什么？从哪些字词中可以体现出来？

3. 这首词采用的最主要的表现手法是什么？请结合全词具体说明。

4. 这首词主要抒发词人什么样的感情？

蒿里行[①]*

曹　操[②]

课文导读

建安时代，“三曹”“七子”并世而出，为中国诗歌打开了一个新的局面，并确立了“建安风骨”这一诗歌美学的典范。《蒿里行》是曹操的诗作。本诗借乐府旧题写时事，内容记述了汉末军阀混战的现实，真实、深刻地揭示了人民的苦难，堪称“汉末实录”的“诗史”。诗人运用民歌的形式，对当时的社会现实进行了批判，不仅对因战乱而陷于水深火热之中的苦难人民表示了极大的同情，而且对造成人民疾苦的首恶元凶给予了无情的揭露和鞭挞。全诗风格质朴，沉郁悲壮，体现了一个政治家、军事家的豪迈气魄和忧患意识，诗中集典故、事例、描述于一身，既形象具体，又内蕴深厚，体现了曹操独特的文风。

① 选自《曹操集》，中华书局编辑部编，中华书局2013年版。《蒿里行》是挽歌，清人方东树说：“此用乐府题，叙汉末时事。所以然者，以所咏丧亡之哀，足当哀歌也。” ② 曹操（155—220），字孟德，沛国谯县人，三国时期的军事家、政治家。

关东有义士①，兴兵讨群凶。
初期会盟津，乃心在咸阳②。
军合力不齐③，踌躇而雁行。
势利使人争，嗣还自相戕④。
淮南弟称号⑤，刻玺⑥于北方。
铠甲生虮虱⑦，万姓以⑧死亡。
白骨露于野，千里无鸡鸣。
生民百遗一⑨，念之断人肠。

思考练习

1. 词语积累。

盟津　　踌躇　　雁行　　自相戕
刻玺　　虮虱　　生民　　断人肠

2. 曹操的作品深刻真实地反映了汉末战乱的现实和人民遭受的苦难，而被后人称为"汉末实录"的诗歌是（　　）。

A.《短歌行》　　B.《蒿里行》　　C.《龟虽寿》　　D.《苦寒行》

3. 对本首诗的解说，不恰当的一项是（　　）。

A. "关东义士"指讨伐董卓的诸军首领，"群凶"指董卓等军阀
B. "初期……"两句借历史典故对"关东义士"寄予厚望，希望他们能灭掉董卓
C. "军合……"两句是说诸军在讨伐中貌合神离，各自观望不前
D. "白骨……"句表现了战争的残酷，"千里无鸡鸣"表明连鸡都害怕战争

4. 谈谈曹操诗文的地位和贡献。

---

① 关东：指函谷关以东。义士：指起兵讨伐董卓的诸将领。初平元年（190）春关东州郡起兵讨卓，推渤海太守袁绍为盟主。② 盟津：地名，就是孟津，相传周武王伐纣时和诸侯在此地会盟。咸阳：地名，秦的都城。以上两句是说本来期望团结群雄，像周武王会和诸侯，吊民伐罪；初心是要直捣洛阳，像刘邦、项籍之攻入洛阳。两句都是用典，非实叙。③ 齐：一致。当时诸将各怀心思、持观望态度，力量不能合一。④ 嗣还：其后不久。自相戕：指讨伐诸侯互相兼并。⑤ "淮南弟"句：袁术（袁绍的异母弟）改九江为淮南，治所在寿春。建安二年（197），袁术称帝于寿春。⑥ 玺：天子所用的印。初平二年（191），袁绍谋立刘虞为天子，刻作金印。⑦ "铠甲"句：由于长年战争，战士们不脱战服，铠甲上都生了虱子。铠甲，古代的护身战服。铠，就是甲。虮，虱卵。⑧ 万姓：百姓。以：因此。⑨ 生民：在战乱中活下来的百姓。遗：剩下。

月下独酌四首[①]（选一）*

李　白[②]

辑评-李白及其诗歌

课文导读

《月下独酌四首》是唐代诗人李白的组诗作品，这里选的是第一首。这是一首饶有情趣的饮酒诗，全诗以热闹欢愉的曲笔反衬出诗人的孤独寂寞之感。本组诗其三曰："三月咸阳城，千花昼如锦。谁能春独愁？对此径须饮……醉后失天地，兀然就孤枕。不知有吾身，此乐最为甚。"与第一首的立意一致，形象地再现了诗人孤高傲世、飘洒不群、善于自嘲自解的谪仙本性。

诗人在月夜花下独酌、无人亲近的冷落情景，表明诗人心中愁闷，遂以月、以影为友，对酒当歌，及时行乐。作品运用丰富的想象，表达出诗人因政治失意而产生的孤寂忧愁的复杂感情。

花间一壶酒，独酌无相亲[③]。
举杯邀明月，对影成三人[④]。
月既不解饮[⑤]，影徒[⑥]随我身。
暂伴月将[⑦]影，行乐须及春[⑧]。
我歌月徘徊[⑨]，我舞影零乱。
醒时同交欢，醉后各分散。
永结无情游[⑩]，相期邈云汉[⑪]。

---

① 选自《全唐诗》，彭定求等编纂，上海古籍出版社1986年版。独酌：指独自饮酒。酌，饮酒。 ② 李白（701—762），字太白，号青莲居士，自称祖籍陇西成纪（今甘肃天水附近）。李白是我国历史上杰出的浪漫主义诗人，被后世尊称为"诗仙"。他的诗想象奇特，感情饱满，内容丰富，形式多样，千百年来深受人们喜爱。 ③ 无相亲：没有亲近的人。 ④ "举杯"两句：这两句说，我举起酒杯招引明月共饮，明月和我以及我的影子恰恰合成三人。一说月下人影、酒中人影和我为三人。成三人：明月和我以及我的影子恰好合成三人。 ⑤ 不解饮：不会喝酒。 ⑥ 徒：徒然，白白地。 ⑦ 将：和。 ⑧ 行乐须及春：意谓趁着春天好时光及时行乐。 ⑨ 月徘徊：月亮因我歌而徘徊不进。 ⑩ 无情游：指忘却世情的交游。 ⑪ 相期：相约会。邈（miǎo）：远。云汉：银河。

思考练习

1. 词语积累。

独酌　举杯　徘徊　零乱　分散

无情游　相期　云汉　邈

2. 诗人在怎样的环境里喝酒？在这样的环境里，诗人喝酒的心情怎样？又是如何排遣孤独的呢？

3. 诵读《月下独酌》和《将进酒》，体会李白旷达不羁的个性和飘逸豪放的诗风。

单元综合实训

一、拓展阅读

《长恨歌》是中国唐朝诗人白居易的一首长篇叙事诗，作于元和元年(806)。白居易自称“一篇‘长恨’有风情”，他成功地将历史政治悲剧转化为人们对爱情的深层思考并以婉转流畅、和谐流美的韵律节奏使之成为古典叙事诗中划时代的杰作。全诗形象地叙述了唐玄宗与杨贵妃的爱情悲剧。诗人借历史人物和传说，创造了一个回旋婉转的动人故事，并通过塑造的艺术形象，再现了现实生活的真实，感染了千百年来的读者。

长　恨　歌

白居易①

汉皇重色思倾国，御宇多年求不得。
杨家有女初长成，养在深闺人未识。
天生丽质难自弃，一朝选在君王侧。
回眸一笑百媚生，六宫粉黛无颜色。
春寒赐浴华清池，温泉水滑洗凝脂。
侍儿扶起娇无力，始是新承恩泽时。
云鬓花颜金步摇，芙蓉帐暖度春宵。
春宵苦短日高起，从此君王不早朝。
承欢侍宴无闲暇，春从春游夜专夜。
后宫佳丽三千人，三千宠爱在一身。
金屋妆成娇侍夜，玉楼宴罢醉和春。
姊妹弟兄皆列土，可怜光彩生门户。
遂令天下父母心，不重生男重生女。
骊宫高处入青云，仙乐风飘处处闻。
缓歌慢舞凝丝竹，尽日君王看不足。

渔阳鼙鼓动地来，惊破霓裳羽衣曲。
九重城阙烟尘生，千乘万骑西南行。

① 白居易(772—846)，字乐天，晚年号香山居士，祖籍太原。贞元十六年(800)登进士第，官至翰林学士、左赞善大夫，因得罪权贵，贬为江州司马。长庆时，累迁杭、苏二州刺史，官至刑部尚书。倡导写实的“新乐府”运动。一生作诗很多，讽喻诗最为著名。

翠华摇摇行复止，西出都门百余里。
六军不发无奈何，宛转蛾眉马前死。
花钿委地无人收，翠翘金雀玉搔头。
君王掩面救不得，回看血泪相和流。
黄埃散漫风萧索，云栈萦纡登剑阁。
峨眉山下少人行，旌旗无光日色薄。
蜀江水碧蜀山青，圣主朝朝暮暮情。
行宫见月伤心色，夜雨闻铃肠断声。
天旋地转回龙驭，到此踌躇不能去。
马嵬坡下泥土中，不见玉颜空死处。
君臣相顾尽沾衣，东望都门信马归。
归来池苑皆依旧，太液芙蓉未央柳。
芙蓉如面柳如眉，对此如何不泪垂。
春风桃李花开日，秋雨梧桐叶落时。
西宫南苑多秋草，落叶满阶红不扫。
梨园弟子白发新，椒房阿监青娥老。
夕殿萤飞思悄然，孤灯挑尽未成眠。
迟迟钟鼓初长夜，耿耿星河欲曙天。
鸳鸯瓦冷霜华重，翡翠衾寒谁与共。
悠悠生死别经年，魂魄不曾来入梦。

临邛道士鸿都客，能以精诚致魂魄。
为感君王辗转思，遂教方士殷勤觅。
排空驭气奔如电，升天入地求之遍。
上穷碧落下黄泉，两处茫茫皆不见。
忽闻海上有仙山，山在虚无缥缈间。
楼阁玲珑五云起，其中绰约多仙子。
中有一人字太真，雪肤花貌参差是。
金阙西厢叩玉扃，转教小玉报双成。
闻道汉家天子使，九华帐里梦魂惊。
揽衣推枕起徘徊，珠箔银屏迤逦开。
云鬓半偏新睡觉，花冠不整下堂来。

风吹仙袂飘飖举，犹似《霓裳羽衣》舞。
玉容寂寞泪阑干，梨花一枝春带雨。
含情凝睇谢君王，一别音容两渺茫。
昭阳殿里恩爱绝，蓬莱宫中日月长。

回头下望人寰处，不见长安见尘雾。
惟将旧物表深情，钿合金钗寄将去。
钗留一股合一扇，钗擘黄金合分钿。
但教心似金钿坚，天上人间会相见。

临别殷勤重寄词，词中有誓两心知。
七月七日长生殿，夜半无人私语时。
在天愿作比翼鸟，在地愿为连理枝。
天长地久有时尽，此恨绵绵无绝期。

（选自《全唐诗》，彭定求等编纂，上海古籍出版社 1986 年版）

【阅读理解】

1. 浅析白居易《长恨歌》的主题思想，并谈谈白居易是如何将写景、叙事、抒情结合起来表达特定情思的。

2. 李杨爱情悲剧的价值何在，作者的态度如何？新时代的我们应该用怎样的爱情观看待它？

二、单元练笔：写说明文

（一）写作指导

说明文是一种常用文体，应用范围十分广泛，特别是在科学技术迅速发展的现代社会，说明文已成为人们传播、掌握科学文化知识，交流介绍学习、工作，交流日常生活经验与方法的重要文章体裁。

说明文，就是以说明为主要表达方式来解说事物、阐明事理而给人以知识的文章体裁。它通过对实体事物的解说，或对抽象事理的阐释，使人们对事物的形态、构造、性质、种类和成因、功能、关系或对事理的概念、特点、来源、演变、异同等有所认识，从而获得有关知识。以说明为主是说明文与其他文体从表达方式上相区别的标志。说明文的中心鲜明突出，文章具有科学性、条理性，语言确切生动。它通过揭示概念来说明事物的特征、本质及其规律性。

说明文的写作有以下三点要求：

第一，确定说明顺序。

合理安排说明文的顺序是写好一篇说明文的重要一环。说明顺序主要有三种：时间顺序、空间顺序、逻辑顺序。

说明文要反映事物一定的规律，就必须用心安排好说明材料的顺序。说明运动、变化、发展的事物，多按时间先后、事物发生发展的过程安排材料。说明静止的事物，多以空间方位为序，或由上而下、由下而上，或由左至右、由右至左来安排材料。说明事理的文章，则多由具体到抽象，或按事物的逻辑关系来安排材料。

第二，选择合适的说明方法。

写作说明文还应依据说明的目的及提示事物本质特征的需要，选择适当的说明方法。常用的说明方法有以下六种：定义说明法、诠释说明法、比喻说明法、比较说明法、举例说明法、引用说明法。

此外，还有图表说明法、数据说明法等。我们应该练习、掌握这些方法，以便在写作说明文时加以灵活选用或综合运用。

第三，注意说明文的语言特色。

说明文的语言特色是：准确、通俗、简洁，这是由说明文的知识性、科学性的特点决定的。说明文要介绍科学知识，解说客观事物，所以语言一定要准确。如果表述不确切，就会带来不良后果。说明文使用广泛，读者层次不同，所以语言一定要通俗。如果文字晦涩难懂，就不能将有关知识告知读者，真正做到“给人以知”“教人以用”。说明文要求对事物的说明必须具体，但要避免琐细，而以“说明白了”为成功。有时，说明需要详尽一些，但要防止拖沓冗长，务求文句简明干净。

【范例】

多依果：热带雨林里的“酸苹果”

提起祖国西南边陲的西双版纳，人们马上就会想到那自然清新的空气、极富特色的傣式建筑、酸辣爽口的特色美食以及各民族神秘而又多彩的民风民俗。西双版纳最值得深度探究的，还是那素有“植物王国”之称的热带雨林，以及生长在雨林中形形色色的新奇植物。比如本文将要介绍的多依果，就是西双版纳雨林中很有代表性的一种野生水果。

说起云南移，大家可能会感觉非常陌生；但是如果提到它的另一个俗称“多依果”，很多云南人就比较熟悉了。这是一种长在热带雨林中的野生水果，果实的外形长得非常像小一号的苹果，味道却酸得叫人难以忘怀，因此西双版纳、普洱一带的百姓习惯称它为“酸苹果”。作为云南特有的野生果树之一，云南移在省内各地州均有分布，尤以腾冲、西双版纳一带较多。一般在海拔 1 000～3 000 米的山野河沟、小溪灌丛旁比较常见，而且野生植株数量众多。

云南移是蔷薇科苹果亚科移属的一种常绿乔木，树冠高达 3～10 米，枝条相对稀疏，小枝粗壮，呈圆柱形分布；其叶片为披针形或卵状披针形，先端急尖或渐尖，基部宽楔形或近圆形，叶缘稍有浅钝齿，叶面无毛，深绿色，革质，有光泽，叶底密布黄白色绒毛；花期在三四月份，每枝开 3～5 朵白花，花朵丛生于小枝顶端；果期在五六月份，果实就是多依果，又名酸多依、移依果、酸苹果、楂子。

据《中国植物志》记载，世界上总共有五种移属植物，我国占两种，分别是云南移和移。云南移又是两种中唯一得到开发利用的，但也只局限于简单的初加工，当地人除了采摘食用其果实外，也会把果树移栽到庭院中用来观赏。

云南移和苹果都是蔷薇科苹果亚科的常绿或半常绿乔木，因此在植物形态上确实有很多相似之处，比如，它们的植株都非常高大，都开白花，在每年的夏季成熟，成熟后果实的大小与形状也比较接近，所以很容易混淆。但是，二者毕竟不同属，一个是移属，另一个是苹果属，完全是两种不同的植物，最多也只能算得上是远亲。相对于苹果而言，多依果的形状更接近椭圆，且有不规则的钝棱，成熟后多为青黄色。当然，嫁接后的多依果也会出现红色，看起来更像苹果，所以当地人把多依果叫成酸苹果，也就不足为奇了。

多依果营养丰富，食药两用，长在乡野，纯天然，无污染，产量高，可以说是热带雨林带给人类最宝贵的馈赠。在西双版纳一带的傣族聚居区，还有一道名为“舂多依”的凉菜颇受欢迎。人们把多依果放在木头舂器里，加上盐巴、辣椒、味精等调味品反复捣碎就做成了。这也是当地群众非常喜爱的一道开胃小菜。此外，多依果还会被制成果干或者酿制成果酒，但规模都不大。未来，如果得到更深层次的开发利用，无论是对改善人们膳食结构、促进身体健康，还是发展地方经济、帮助农民增收都很有意义。

（二）写作训练

阅读材料，写一篇不少于500字的说明文。

北京时间2016年3月9日下午，谷歌人工智能AlphaGo与韩国棋手李世石的第一场比赛结束，AlphaGo获得今日比赛的胜利。双方在较量3个半小时后，李世石宣布认输。

谷歌人工智能AlphaGo在第一次与世界顶尖围棋手的较量中取得胜利，这是人工智能发展史上重要的里程碑，代表人工智能已经能在诸如围棋等高度复杂的项目中发挥出超过人类的作用。

参考思路：

1. 写作要求：一求正确无误，以没有语病为底线；二求思路通顺，便于顺利下笔；三求个性出彩，最好写出不同于他人的独特感悟和体验，人无我有，人有我新，人新我变。

2. 可以从人工智能与人脑孰劣孰优的角度入手；可以从人工智能发展会不会在未来威胁人类的生存的角度入手；可以从科技与人类的关系的角度入手；甚至还可以从选择与放弃的角度来展开写作。

三、课外阅读

1.《诗经》

简介：《诗经》是我国第一部诗歌总集，收入自西周初年至春秋中叶的诗歌305篇，又称《诗三百》。《诗经》所反映的社会生活内容十分丰富，其信息量之大、文献价值之高、影响之深远令人惊叹。

2. 王维《终南山》

简介：艺术创作，贵在以个别显示一般，以不全求全，刘勰所谓“以少总多”，古代画论家所谓“意余于象”，都是这个意思。作为诗人兼画家的王维，很懂得此中奥秘，因而能用只有四十个字的一首五言律诗，为偌大一座终南山传神写照。

3. 杜甫《阁夜》

简介：大历元年(766)冬杜甫寓居夔州西阁时，感时忆旧，写下了这首诗。诗人从几个侧面抒写了西阁的所见所闻所感，上天下地，俯古仰今，抒发了忧国忧民的情怀。全诗激越悲凉，感情真挚。

4. 辛弃疾《永遇乐·京口北固亭怀古》

简介:《永遇乐·京口北固亭怀古》是南宋词人辛弃疾于1205年所作。作者是怀着深重的忧虑和一腔悲愤写这首词的。抒发感慨,连连用典,中间稍加几句抒情性议论己见,不仅体现了辛弃疾词好用典的特点,也可窥见“词论”的风格。

5. 纳兰性德《木兰词·拟古决绝词柬友》

简介:“人生若只如初见,何事秋风悲画扇?”纳兰性德的这句词,极尽婉转伤感之韵味,短短一句胜过千言万语,人生种种不可言说的复杂滋味都仿佛因这一句而涌上心头,叫人感慨万千。

第四单元

名剧寻根

单元导语

本单元从浩瀚的影视作品中追踪溯源，寻其母本，选取了《诸葛亮舌战群儒》《游幻境指迷十二钗 饮仙醪曲演红楼梦》《关云长单刀赴会》《草原上的一课》和《生存还是毁灭》五篇作品。其原作都是文学巨著，后经改编，拍成的影视作品也都引起很大反响。剧作从不同角度充分诠释了人在面对大是大非、大起大落之时，应该怎样去实现人生价值的命题。此外，部分古典文学作品用词与现代汉语有所不同，为保持原作风貌不作修改，请注意区分。

在本单元的学习中，教师可让学生提前阅读原文和观看影视作品，激发学生兴趣；课堂教学的重点宜放在组织学生联系社会和个人实际，讨论“境遇与人生价值实现”的命题，从而达到师法前人、提升道德品质的目的；另外，还要引导学生师法经典作家的写作技巧，并自觉运用到自己的写作中去。

诸葛亮舌战群儒[①]

罗贯中[②]

课文导读

《诸葛亮舌战群儒》是《三国演义》中至关重要的故事情节，影响深远。诸葛亮面对群儒的轮番围攻，镇定自若，见机而作，于嬉笑怒骂中将对方的观点逐一驳倒，令群儒尽皆失色，被传为千古佳话。诸葛亮的胜利不仅为说服孙权联刘抗曹扫清了障碍，他的处乱不惊和藐视强敌、战而必胜的信心，还直接影响了孙权的战略决策。可以说，"舌战群儒"奠定了孙刘联盟的基础，贯彻了诸葛亮的隆中对策，结束了刘备颠沛流亡的局面，真正拉开了"三足鼎立"的序幕。从结构上说，"舌战群儒"是整部小说由开端向发展和高潮过渡的标志性情节，《三国演义》也由此向读者展开了更加震撼人心、雄伟波澜的画卷。

却说鲁肃、孔明辞了玄德、刘琦[③]，登舟望柴桑郡[④]来。二人在舟中共议。鲁肃谓孔明曰："先生见孙将军，切不可实言曹操兵多将广。"孔明曰："不须子敬叮咛，亮自有对答之语。"及船到岸，肃请孔明于馆驿中暂歇，先自往见孙权。权正聚文武于堂上议事，闻鲁肃回，急召入问曰："子敬往江夏，体探[⑤]虚实若何？"肃曰："已知其略，尚容徐禀。"权将曹操檄文[⑥]示肃曰："操昨遣使赍[⑦]文至此，孤先发遣来使，现今会众商议未定。"肃接檄文观看。其略曰：

孤近承帝命，奉词伐罪[⑧]。旄麾[⑨]南指，刘琮束手[⑩]；荆襄[⑪]之民，望风归顺。今统雄兵百万，上将千员，欲与将军会猎于江夏[⑫]，共伐刘备，同分土地，永结盟好。幸勿观望，速赐回音。

---

① 选自《三国演义》第四十三回，人民文学出版社 1953 年版。《三国演义》全称《三国志通俗演义》，主要根据陈寿《三国志》和裴松之注、元代《三国志平话》以及民间传说，经过作者综合熔裁和一定程度的虚构再创作而成。《三国演义》是我国第一部章回体小说，也是我国最有代表性的长篇历史演义小说。 ② 罗贯中（约 1330—约 1400），名本，字贯中，号湖海散人，山西太原人，一说钱塘（今浙江杭州）或庐陵（今江西吉安）人。元末明初小说家、戏曲作家。著有长篇历史小说《三国演义》，另著有《隋唐两朝志传》《残唐五代史演义》和杂剧《风云会》等。 ③ 鲁肃：字子敬，孙权的重要谋士。孔明：诸葛亮字孔明，刘备的谋士。玄德：刘备字玄德。刘琦：刘表的儿子，与下文的刘琮是兄弟。 ④ 柴桑：古地名，在今江西九江市。 ⑤ 体探：亲自打探。体，亲身。 ⑥ 檄（xí）文：古代官方用于征召、晓谕、申讨等的文书。 ⑦ 赍（jī）：怀着，抱着。 ⑧ 奉词伐罪：奉（皇帝的）命令讨伐有罪（的人）。 ⑨ 旄麾（máo huī）：军旗，这里指军队。 ⑩ 束手：捆起手来，意思是投降。 ⑪ 荆襄：古地名。荆，指荆州。襄，指襄阳。 ⑫ 会猎：一同打猎。这里是会战的委婉说法。江夏：古代郡名，指荆州。

鲁肃看毕曰："主公尊意若何？"权曰："未有定论。"张昭曰："曹操拥百万之众，借天子之名，以征四方，拒之不顺。且主公大势可以拒操者，长江也。今操既得荆州，长江之险，已与我共之矣，势不可敌。以愚之计，不如纳降，为万安之策。"众谋士皆曰："子布之言，正合天意。"孙权沉吟不语。张昭又曰："主公不必多疑。如降操，则东吴民安，江南六郡可保矣。"孙权低头不语。须臾，权起更衣①，鲁肃随于权后。权知肃意，乃执肃手而言曰："卿欲如何？"肃曰："恰才众人所言，深误将军。众人皆可降曹操，惟将军不可降曹操。"权曰："何以言之？"肃曰："如肃等降操，当以肃还乡党②，累官③故不失州郡也；将军降操，欲安所归乎？位不过封侯，车不过一乘，骑不过一匹，从不过数人，岂得南面称孤④哉！众人之意，各自为己，不可听也。将军宜早定大计。"权叹曰："诸人议论，大失孤望。子敬开说大计，正与吾见相同。此天以子敬赐我也！但操新得袁绍之众，近又得荆州之兵，恐势大难以抵敌。"肃曰："肃至江夏，引诸葛瑾之弟诸葛亮在此，主公可问之，便知虚实。"权曰："卧龙先生在此乎？"肃曰："现在馆驿中安歇。"权曰："今日天晚，且未相见。来日聚文武于帐下，先教见我江东英俊，然后升堂议事。"

肃领命而去。次日至馆驿中见孔明，又嘱曰："今见我主，且不可言曹操兵多。"孔明笑曰："亮自见机而变，决不有误。"肃乃引孔明至幕下。早见张昭、顾雍等一班文武二十余人，峨冠博带⑤，整衣端坐。孔明逐一相见，各问姓名。施礼已毕，坐于客位。张昭等见孔明丰神飘洒，器宇轩昂，料到此人必来游说。张昭先以言挑之曰："昭乃江东微末之士⑥，久闻先生高卧隆中，自比管、乐⑦。此语果有之乎？"孔明曰："此亮平生小可⑧之比也。"昭曰："近闻刘豫州三顾先生于草庐之中，幸得先生，以为'如鱼得水'，思欲席卷荆襄。今一旦以属曹操，未审⑨是何主见？"孔明自思张昭乃孙权手下第一个谋士，若不先难倒他，如何说得孙权，遂答曰："吾观取汉上之地，易如反掌。我主刘豫州躬行⑩仁义，不忍夺同宗之基业，故力辞之。刘琮孺子，听信佞言⑪，暗自投降，致使曹操得以猖獗。今我主屯兵江夏，别有良图，非等闲可知也。"昭曰："若此，是先生言行相违也。先生自比管、乐——管仲相桓公，霸诸侯，一匡⑫天下；乐毅扶持微弱之燕，下⑬齐七十余城：此二人者，真济世之才也。先生在草庐之中，但笑傲风月，抱膝危坐。今既从事刘豫州，当为生灵⑭兴利除害，剿灭乱贼。且刘豫州未得先生之前，尚且纵横寰宇，割据城池；今得先生，人皆仰望。虽三尺童蒙，亦谓彪虎生翼，将见汉室复兴，曹氏即灭矣。朝廷旧臣，山林隐士，无不拭目而待：以为拂高天之云翳⑮，仰日月之光辉，拯民于水火之中，措天下于衽席之上⑯，在此时也。何先生自归豫州，曹兵一出，弃甲抛戈，望风而窜；上不能报刘表以安庶民，下不能辅孤子⑰而据疆土；乃弃新野，走樊城，败当阳，奔夏口，无容身之地：是豫州既得先生之后，反不如其初也。管仲、乐毅，果如是乎？愚直⑱之言，幸勿见怪！"孔明听罢，哑然而笑曰："鹏飞万里，其志岂群鸟能识哉？譬如人染沉疴⑲，当先用糜粥以饮之，和药⑳以服之；待其腑脏调和，形体渐安，然后用肉食以补之，猛药以治之：则病根尽去，人得全生也。若不待气脉和缓，便投以猛药厚味，欲求安保，诚为难矣。吾

---

① 更衣：上厕所的委婉说法。 ② 当：如果。还乡党：送回乡里。乡党，乡里。 ③ 累官：逐步升官。累，积累。 ④ 南面称孤：称帝称王。古代帝王面南而坐，故有此说。 ⑤ 峨冠博带：这里指戴着高帽子，束着阔衣带。 ⑥ 微末之士：不重要的人士。微末，不重要的，细小的。 ⑦ 管、乐（yuè）：指管仲、乐毅。管仲，名夷吾，曾相齐桓公。乐毅，战国燕将。 ⑧ 小可：平常，简单。 ⑨ 审：知道。 ⑩ 躬行：亲自实践，身体力行。 ⑪ 佞（nìng）言：花言巧语。 ⑫ 匡：纠正。《论语·宪问》："管仲相桓公，霸诸侯，一匡天下"。 ⑬ 下：攻取。 ⑭ 生灵：指人民。 ⑮ 云翳（yì）：阴暗的云。 ⑯ 衽（rèn）席之上：比喻安全舒适的地方。衽、席同义，都是坐卧的铺垫物。 ⑰ 孤子：指刘琮。 ⑱ 愚直：愚笨而耿直，谦辞。 ⑲ 沉疴（kē）：重病。 ⑳ 和药：性味平和的药物。

主刘豫州，向日①军败于汝南，寄迹②刘表，兵不满千，将止关、张、赵云而已：此正如病势尫羸③已极之时也。新野山僻小县，人民稀少，粮食鲜薄，豫州不过暂借以容身，岂真将坐守于此耶？夫以甲兵不完④，城郭不固，军不经练，粮不继日，然而博望烧屯，白河用水，使夏侯惇、曹仁辈心惊胆裂：窃谓管仲、乐毅之用兵，未必过此。至于刘琮降操，豫州实出不知；且又不忍乘乱夺同宗之基业，此真大仁大义也。当阳之败，豫州见有数十万赴义之民⑤，扶老携幼相随，不忍弃之，日行十里，不思进取江陵，甘与同败，此亦大仁大义也。寡不敌众，胜负乃其常事。昔高皇⑥数败于项羽，而垓下一战成功，此非韩信⑦之良谋乎？夫信久事高皇，未尝累胜。盖国家大计，社稷安危，是有主谋⑧。非比夸辩之徒⑨，虚誉欺人：坐议立谈，无人可及；临机应变，百无一能。——诚为天下笑耳！”这一篇言语，说得张昭并无一言回答。

坐上忽一人抗声问曰：“今曹公兵屯百万，将列千员，龙骧虎视⑩，平吞江夏，公以为何如？”孔明视之，乃虞翻也。孔明曰：“曹操收袁绍蚁聚之兵，劫刘表乌合之众，虽数百万不足惧也。”虞翻冷笑曰：“军败于当阳，计穷于夏口，区区⑪求救于人，而犹言‘不惧’，此真大言欺人也！”孔明曰：“刘豫州以数千仁义之师，安能敌百万残暴之众？退守夏口，所以待时也。今江东兵精粮足，且有长江之险，犹欲使其主屈膝降贼，不顾天下耻笑。——由此论之，刘豫州真不惧操贼者矣！”虞翻不能对。

座间又一人问曰：“孔明欲效仪、秦⑫之舌，游说东吴耶？”孔明视之，乃步骘⑬也。孔明曰：“步子山以苏秦、张仪为辩士，不知苏秦、张仪亦豪杰也：苏秦佩六国相印，张仪两次相秦，皆有匡扶人国之谋，非比畏强凌弱、惧刀避剑之人也。君等闻曹操虚发诈伪之词，便畏惧请降，敢笑苏秦、张仪乎？”步骘默然无语。

忽一人问曰：“孔明以曹操何如人也？”孔明视其人，乃薛综也。孔明答曰：“曹操乃汉贼也，又何必问？”综曰：“公言差矣。汉传世至今，天数将终⑭。今曹公已有天下三分之二，人皆归心。刘豫州不识天时，强欲与争，正如以卵击石，安得不败乎？”孔明厉声曰：“薛敬文安得出此无父无君之言乎！夫人生天地间，以忠孝为立身之本。公既为汉臣，则见有不臣之人，当誓共戮之：臣之道也。今曹操祖宗叨食汉禄，不思报效，反怀篡逆之心，天下之所共愤；公乃以天数归之，真无父无君之人也！不足与语！请勿复言！”薛综满面羞惭，不能对答。

座上又一人应声问曰：“曹操虽挟天子以令诸侯，犹是相国曹参⑮之后。刘豫州虽云中山靖王苗裔⑯，却无可稽考，眼见只是织席贩屦之夫⑰耳，何足与曹操抗衡哉！”孔明视之，乃陆绩也。孔明笑曰：“公非袁术座间怀桔之陆郎乎⑱？请安坐，听吾一言：曹操既为曹相国之后，则世为汉臣矣；今乃专权肆横，欺凌君父，是不惟无君，亦且蔑祖，不惟汉室之乱臣，亦曹

---

① 向日：当初。 ② 寄迹：寄托踪迹，立足安身的意思。 ③ 尫羸（wāng léi）：瘦瘠，衰弱。 ④ 甲兵不完：武器装备不全。 ⑤ 赴义之民：向往正义的老百姓。 ⑥ 高皇：指汉高祖刘邦。 ⑦ 韩信：刘邦的重臣、将领。 ⑧ 主谋：主见。 ⑨ 夸辩之徒：喜欢诡辩的人。 ⑩ 龙骧（xiāng）虎视：像龙一样高昂着头，像老虎一样注视着猎物。形容人的气概威武，亦比喻雄才大略。 ⑪ 区区：小、少。这里引申为愚、傻。 ⑫ 仪、秦：指张仪、苏秦。两人都是战国时以雄辩著称的说客。 ⑬ 骘（zhì）：人名。 ⑭ 天数将终：命中注定将要完蛋。天数，迷信的人把一切不了解的事、不能抗御的灾难都归于上天安排的命运，称为天数。 ⑮ 曹参：刘邦的重臣。 ⑯ 中山靖王苗裔：中山靖王的后代。中山靖王，汉孝景皇帝第七子刘胜的封号。苗裔，后代。 ⑰ 织席贩屦（jù）之夫：织草席、卖草鞋的人。《三国演义》第一回中写道：“玄德幼孤，事母至孝；家贫，贩屦织席为业。”陆绩以此讽刺刘备出身低微。 ⑱ 袁术：字公路，东汉末年军阀。座间怀桔：陆绩六岁时，曾在袁术座间把三个待客的橘子藏在怀中，临走时不小心掉了出来。袁术问他时，他回答说是要带回去孝敬母亲的，这事被传为美谈。这里诸葛亮以此事来称问陆绩，暗含调侃、揶揄之意。

氏之贼子也。刘豫州堂堂帝胄①，当今皇帝，按谱赐爵②，何云‘无可稽考’？且高祖起身亭长，而终有天下；织席贩屦，又何足为辱乎？公小儿之见，不足与高士共语！”陆绩语塞。

座上一人忽曰：“孔明所言，皆强词夺理，均非正论，不必再言。且请问孔明治何经典？”孔明视之，乃严畯③也。孔明曰：“寻章摘句④，世之腐儒也，何能兴邦立事？且古耕莘伊尹⑤，钓渭子牙⑥，张良、陈平之流，邓禹、耿弇⑦之辈，皆有匡扶宇宙之才，未审其生平治何经典。——岂亦效书生，区区⑧于笔砚之间，数黑论黄⑨，舞文弄墨而已乎？”严畯低头丧气而不能对。

忽又一人大声曰：“公好为大言，未必真有实学，恐适为儒者所笑耳。”孔明视其人，乃汝阳程德枢也。孔明答曰：“儒有君子小人之别。君子之儒，忠君爱国，守正恶邪⑩，务使泽及当时⑪，名留后世。——若夫小人之儒，惟务雕虫⑫，专工翰墨⑬；青春作赋，皓首穷经⑭；笔下虽有千言，胸中实无一策。且如扬雄⑮以文章名世，而屈身事莽，不免投阁而死，此所谓小人之儒也；虽日赋万言，亦何取哉！”程德枢不能对。众人见孔明对答如流，尽皆失色。

思考练习

1. 词语积累。

旄麾　躬行　云翳　衽席之上　龙骧虎视

尪羸　佞言　哑然　数黑论黄　皓首穷经

2. 分析诸葛亮与东吴儒士争论的焦点有哪些。

3. 思考：诸葛亮如何逐一驳倒东吴群儒的围攻，分别运用了哪些辩驳的方法和技巧？

4. 通读《三国演义》，讨论诸葛亮的性格特征。

---

① 帝胄（zhòu）：古代称帝王或贵族的子孙。 ② 按谱赐爵：根据宗谱，赐给爵位。事见《三国演义》第二十回。 ③ 畯（jùn）：人名。 ④ 寻章摘句：读书时只摘录一些漂亮词句，不深入研究。寻，找。章，篇章，摘，摘录。 ⑤ 耕莘伊尹：在有莘（今河南开封东，一说山东曹县）耕田的伊尹。伊尹，名挚，商汤臣子。曾佐商汤伐夏桀。 ⑥ 钓渭子牙：在渭水边上垂钓的姜子牙。 ⑦ 邓禹、耿弇（yǎn）：两人都是汉光武帝刘秀的功臣。 ⑧ 区区：这里指自得的样子。 ⑨ 数黑论黄：背后妄加评论，肆意诽谤别人。数，数落。 ⑩ 守正恶（wù）邪：坚守正道，厌弃邪恶。 ⑪ 泽及当时：给当时带来好处。泽，恩惠。 ⑫ 雕虫：指辞赋的雕琢词句，不切实用，有鄙薄之意。 ⑬ 翰墨：笔墨，借指诗文书画之类。 ⑭ 皓（hào）首穷经：年老发白还在苦苦地钻研经典。皓首，年老白头。穷经，深入研究经籍。 ⑮ 扬雄：西汉时辞赋家。

游幻境指迷十二钗 饮仙醪曲演红楼梦①

曹雪芹②

课文导读

《红楼梦》第五回是全书总纲，也是作者深藏寓意的重要回目。通过贾宝玉梦游太虚幻境，利用画册、判词及歌曲的形式，隐喻含蓄地暗示了《红楼梦》众多主要人物和次要人物命运的发展和结局以及全书宗旨。

贾宝玉在太虚幻境观看十二钗“簿册”、聆听《红楼梦曲》，从纵横两方面强化了全书结构的整体性。就“横”的方面而言，它扩展了前几回介绍的主要人物范围，补充了湘云、妙玉、巧姐等人物，并突出了这些人物的性格、身世、命运，形成一份主要人物表。“纵”的方面，以宝、黛、钗悲剧和贾府衰亡这两条全书的基本线索，强烈暗示揭开了悲剧的序幕，并与书中人物命运的隐喻征兆互相映照，成了整部作品悲剧主题的基本旋律。

《红楼梦曲》在表现人物形象方面，也是颇具匠心的，可谓是一组极具特色的悲剧抒情诗。它以十四首曲组成一套完整的传奇套曲，曲谱不袭旧调，格调灵活、曲目醒豁，感情饱满酣畅，叙述的角度变换自如，可见曹雪芹多方面的造诣。

第四回中既将薛家母子在荣府内寄居等事略已表明，此回则暂不能写矣。

如今且说林黛玉自在荣府以来，贾母万般怜爱，寝食起居，一如宝玉，迎春、探春、惜春三个亲孙女倒且靠后；便是宝玉和黛玉二人之亲密友爱处，亦自较别个不同，日则同行同坐，夜则同息同止，真是言和意顺，略无参商③。不想如今忽然来了一个薛宝钗，年岁虽大不多，然

---

① 选自《红楼梦》第五回，曹雪芹著，人民文学出版社 2008 年版。仙醪（láo）：仙酒。醪，本指发酵后未经过滤的原酿，是一种带滓酒，后用以指醇酒。 ② 曹雪芹（？—1763 或 1764），名霑，字梦阮，号雪芹、芹溪、芹圃，清代杰出的小说家。 ③ 略无参（shēn）商：指彼此感情融洽，没有一点隔阂、矛盾。“参”和“商”都是星宿名，属二十八宿。因两星此出彼没，故常用来比喻两人分离不得见面。又据《左传·昭公元年》：传说帝喾高辛氏二子阏伯与实沈不和，常争斗，帝遂命阏伯去商丘管商星，实沈去大夏掌管参星。故参商也用以比喻人与人之间感情不和。

品格端方，容貌丰美，人多谓黛玉所不及。而且宝钗行为豁达，随分从时[①]，不比黛玉孤高自许，目无下尘，故比黛玉大得下人之心。便是那些小丫头子们，亦多喜与宝钗去顽。因此黛玉心中便有些悒郁不忿之意，宝钗却浑然不觉。那宝玉亦在孩提之间，况自天性所禀来的一片愚拙偏僻，视姊妹弟兄皆出一意，并无亲疏远近之别。其中因与黛玉同随贾母一处坐卧，故略比别个姊妹熟惯些。既熟惯，则更觉亲密；既亲密，则不免一时有求全之毁，不虞之隙[②]。这日不知为何，他二人言语有些不合起来，黛玉又气的独在房中垂泪，宝玉又自悔言语冒撞，前去俯就，那黛玉方渐渐的回转来。

因东边宁府中花园内梅花盛开，贾珍之妻尤氏乃治酒，请贾母、邢夫人、王夫人等赏花。是日先携了贾蓉之妻，二人来面请。贾母等于早饭后过来，就在会芳园游顽，先茶后酒，不过皆是宁荣二府女眷家宴小集，并无别样新文趣事可记。

一时宝玉倦怠，欲睡中觉，贾母命人好生哄着，歇一回再来。贾蓉之妻秦氏便忙笑回道："我们这里有给宝叔收拾下的屋子，老祖宗放心，只管交与我就是了。"又向宝玉的奶娘、丫鬟等道："嬷嬷、姐姐们，请宝叔随我这里来！"贾母素知秦氏是个极妥当的人，生的袅娜纤巧，行事又温柔和平，乃重孙媳中第一个得意之人，见他去安置宝玉，自是安稳的。

当下秦氏引了一簇人来至上房内间。宝玉抬头看见一幅画贴在上面，画的人物固好，其故事乃是《燃藜图》[③]，也不看系何人所画，心中便有些不快。又有一副对联，写的是：

世事洞明皆学问，人情练达即文章。

及看了这两句，纵然室宇精美，铺陈华丽，亦断断不肯在这里了。忙说："快出去！快出去！"秦氏听了笑道："这里还不好，可往那里去呢？不然往我屋里去吧。"宝玉点头微笑。有一个嬷嬷说道："那里有个叔叔往侄儿房里睡觉的理？"秦氏笑道："嗳哟哟，不怕他恼。他能多大呢，就忌讳这些个！上月你没看见我那个兄弟来了，虽然与宝叔同年，两个人若站在一处，只怕那个还高些呢。"宝玉道："我怎么没见过，你带他来我瞧瞧。"众人笑道："隔着二三十里，往那里带去，见的日子有呢。"说着大家来至秦氏房中。刚至房门，便有一股细细的甜香袭人而来。宝玉觉得眼饧[④]骨软，连说"好香！"入房向壁上看时，有唐伯虎画的《海棠春睡图》[⑤]，两边有宋学士秦太虚写的一副对联[⑥]，其联云：

嫩寒锁梦因春冷，芳气笼人是酒香。

---

① 随分从时：安于本分、顺应环境。 ② 求全之毁，不虞之隙：因为要求完美反而常有责难，因相处亲密而会有料不到的矛盾。毁，诋毁、责难。不虞，没料到。隙，嫌隙、裂痕。从《孟子·离娄上》"有不虞之誉，有求全之毁"句延伸而来，含义亦有所不同。 ③ 《燃藜图》：这是劝人勤学苦读的画，取材于六朝无名氏《三辅黄图·阁部》所载故事。藜，一年生草本植物，茎高数尺，老可为杖；燃时光亮耐久，可以当烛。 ④ 眼饧（xíng）：眼睛上像黏着糖稀似的睁不开。饧，古"糖"字，《本草纲目·谷部》："饴即饮糖也，北人谓之饧。" ⑤ 《海棠春睡图》：喻杨贵妃醉态图。此图是否实有，未能确知。⑥ 宋学士秦太虚写的一副对联：北宋词人秦观，一字太虚，乃苏门四学士之一。词风婉约媚丽，多写男女情爱。这副对联不见于其《淮海集》。

案上设着武则天当日镜室中设的宝镜[1]，一边摆着飞燕[2]立着舞过的金盘，盘内盛着安禄山掷过伤了太真[3]乳的木瓜。上面设着寿阳公主[4]于含章殿下卧的榻，悬的是同昌公主制的联珠帐。宝玉含笑连说："这里好！"秦氏笑道："我这屋子大约神仙也可以住得了。"说着亲自展开了西子浣过的纱衾[5]，移了红娘抱过的鸳枕[6]。于是众奶母服侍宝玉卧好，款款散了，只留袭人、媚人、晴雯、麝月四个丫鬟为伴。秦氏便分咐小丫鬟们，好生在廊檐下看着猫儿狗儿打架。

那宝玉刚合上眼，便惚惚的睡去，犹似秦氏在前，遂悠悠荡荡，随了秦氏，至一所在。但见朱栏白石，绿树清溪，真是人迹希逢，飞尘不到。宝玉在梦中欢喜，想道："这个去处有趣，我就在这里过一生，纵然失了家也愿意，强如天天被父母师傅打呢。"正胡思之间，忽听山后有人作歌曰：

春梦随云散，飞花逐水流；
寄言众儿女，何必觅闲愁。

宝玉听了是女子的声音。歌音未息，早见那边走出一个人来，蹁跹袅娜，端的与人不同。有赋[7]为证：

方离柳坞[8]，乍出花房。但行处，鸟惊庭树[9]；将到时，影度回廊[10]。仙袂乍飘兮，闻麝兰[11]之馥郁；荷衣[12]欲动兮，听环佩之铿锵。靥笑春桃兮，云堆翠髻；唇绽樱颗兮[13]，榴齿[14]含香。纤腰之楚楚[15]兮，回风舞雪[16]；珠翠之辉辉兮，满额鹅黄[17]。出没花间兮，宜嗔宜喜[18]；徘徊池上兮，若飞若扬。蛾眉颦笑兮，将言而未语；莲步[19]乍移兮，待止而欲行。羡彼之良质兮，冰清玉润；慕彼之华服兮，闪灼文章[20]。爱彼之貌容兮，香培玉琢[21]；美彼之态度兮，凤翥龙翔[22]。其素若何，春梅绽雪。其洁若何，秋菊被霜。其静若何，松生空谷。其艳若何，霞映澄塘。其文若何，龙游曲沼。其神若何，月射寒江。应惭西子，实愧王嫱[23]。奇矣哉，生于孰地，来自何方；信矣乎，瑶池不二，紫府[24]无双。果何人哉？如斯之美也！

---

① 武则天当日镜室中设的宝镜：据说武则天曾造了一座镜殿，四壁都安着镜子（见清朱鹤龄注李商隐《镜槛》诗）。这里及以下几句用了一系列与古代风流韵事有关的器物，渲染秦氏房中陈设的华丽。 ② 飞燕，赵飞燕，汉成帝的皇后，身轻善舞。 ③ 太真：即杨玉环，道号太真，受宠于唐玄宗，封为贵妃。 ④ 寿阳公主：南朝宋武帝刘裕的女儿。 ⑤ 西子浣（huàn）过的纱衾：传说中有西子浣纱的故事，明代柔辰鱼著传奇《浣纱记》即本此。西子，即西施。衾，被子。 ⑥ 红娘抱过的鸳枕：这里是指莺莺到西厢与张生幽会时，红娘送衾枕事，见《西厢记》第四本第一折。红娘，崔莺莺的丫鬟。 ⑦ 赋：文体名。起于战国，盛于两汉。赋有骈体的，也有散体的。 ⑧ 柳坞：种植柳树作为屏障的地方。 ⑨ 鸟惊庭树：极言仙姑之美。典出《庄子·齐物论》，后因以"鱼入鸟惊"形容女子的美貌，与"沉鱼落雁"义同。 ⑩ 影度回廊：身影在回廊上移动。形容仙姑身姿之美。回廊，曲折回环的走廊。 ⑪ 麝兰：麝香和兰草，为古代贵族妇女常佩之香料。亦用以代指香气。 ⑫ 荷衣：用荷花、荷叶制成的衣裳，神仙的一种服饰。屈原《九歌·少司命》："荷衣兮蕙带。" ⑬ 唇绽樱颗兮：形容双唇似刚成熟的樱桃那样鲜红饱满。 ⑭ 榴齿：形容牙齿整齐如一排石榴籽。 ⑮ 楚楚：原意为鲜明整洁的样子，这里作纤细秀美解。 ⑯ 回风舞雪：形容仙子体态轻盈飘忽。 ⑰ 满额鹅黄：妇女在额上涂嫩黄色作妆饰的习俗。鹅黄，嫩黄，黄色之娇美者，如幼鹅的毛色。 ⑱ 宜嗔宜喜：无论是生气还是高兴，都使人感到美。《西厢记》第一折："我见他宜嗔宜喜春风面。" ⑲ 莲步：旧时对美女脚步的称谓。有步步生莲一说。 ⑳ 闪灼文章：花纹鲜明灿烂。文章，这里指花纹错杂相间。 ㉑ 香培玉琢：用香料造就，用美玉雕成。 ㉒ 凤翥（zhù）龙翔：意即龙飞凤舞，形容仙子体态风度的飘逸。翥，鸟向上飞。 ㉓ 王嫱：即王昭君，汉元帝时宫人，貌美。 ㉔ 瑶池、紫府：均指古代传说中的仙境。瑶池在昆仑山上，西王母所居之处。紫府在青丘凤山，天真仙女曾游此地。

宝玉见是一个仙姑，喜的忙来作揖问道："神仙姐姐不知从那里来，如今要往那里去？也不知这是何处，望乞携带携带。"那仙姑笑道："吾居离恨天之上，灌愁海之中，乃放春山遣香洞太虚幻境警幻仙姑是也：司人间之风情月债，掌尘世之女怨男痴。因近来风流冤孽，缠绵于此处，是以前来访察机会，布散相思。今忽与尔相逢，亦非偶然。此离吾境不远，别无他物，仅有自采仙茗一盏，亲酿美酒一瓮，素练魔舞歌姬数人，新填《红楼梦》仙曲十二支，试随吾一游否？"宝玉听说，便忘了秦氏在何处，竟随了仙姑，至一所在，有石牌横建，上书"太虚幻境"四个大字，两边一副对联，乃是：

假作真时真亦假，无为有处有还无。

转过牌坊，便是一座宫门，上面横书四个大字，道是："孽海情天"。又有一副对联，大书云：

厚地高天，堪叹古今情不尽；
痴男怨女，可怜风月债难偿。

宝玉看了，心下自思道："原来如此。但不知何为'古今之情'，何为'风月之债'？从今倒要领略领略。"宝玉只顾如此一想，不料早把些邪魔招入膏肓①了。当下随了仙姑进入二层门内，至两边配殿，皆有匾额对联，一时看不尽许多，惟见有几处写的是："痴情司""结怨司""朝啼司""夜怨司""春感司""秋悲司"。看了，因向仙姑道："敢烦仙姑引我到那各司中游玩游玩，不知可使得？"仙姑道："此各司中皆贮的是普天之下所有的女子过去未来的簿册，尔凡眼尘躯，未便先知的。"宝玉听了，那里肯依，复央之再四。仙姑无奈，说："也罢，就在此司内略随喜随喜②罢了。"宝玉喜不自胜，抬头看这司的匾上，乃是"薄命司"三字，两边对联写的是：

春恨秋悲皆自惹，花容月貌为谁妍。

宝玉看了，便知感叹。进入门来，只见有十数个大厨，皆用封条封着。看那封条上，皆是各省的地名。宝玉一心只拣自己的家乡封条看，遂无心看别省的了。只见那边厨上封条上大书七字云："金陵十二钗正册"。宝玉问道："何为'金陵十二钗正册'？"警幻道："即贵省中十二冠首女子之册，故为'正册'。"宝玉道："常听人说，金陵极大，怎么只十二个女子？如今单我家里，上上下下，就有几百女孩子呢。"警幻冷笑道："贵省女子固多，不过择其紧要者录之。下边二厨则又次之。馀者庸常之辈，则无册可录矣。"宝玉听说，再看下首二厨上，果然写着"金陵十二钗副册"，又一个写着"金陵十二钗又副册"。宝玉便伸手先将"又副册"厨开了，拿出一本册来，揭开一看，只见这首页上画着一幅画，又非人物，也无山水，不过是水墨滃染的满纸乌云浊雾而已。后有几行字迹，写的是：

---

① 膏肓（huāng）：古代中医称心脏与横膈膜之间的部位叫膏肓。膏，心之下。肓，横膈膜。病重垂危、不可救药叫病入膏肓。 ② 随喜：佛教用语。谓见人作善事而随之心生喜欢，后游览参观寺庙，宜称随喜。

霁月难逢，彩云易散。心比天高，身为下贱。
风流灵巧招人怨。寿夭多因毁谤生，多情公子空牵念。

宝玉看了，又见后面画着一簇鲜花，一床破席，也有几句言词，写道是：

枉自温柔和顺，空云似桂如兰；
堪羡优伶有福，谁知公子无缘。

宝玉看了不解。遂掷下这个，又去开了副册厨门，拿起一本册来，揭开看时，只见画着一株桂花，下面有一池沼，其中水涸泥干，莲枯藕败，后面书云：

根并荷花一茎香，平生遭际实堪伤。
自从两地生孤木，致使香魂返故乡。

宝玉看了仍不解。便又掷了，再去取“正册”看，只见头一页上便画着两株枯木，木上悬着一围玉带；又有一堆雪，雪下一股金簪。也有四句言词，道是：

可叹停机德，堪怜咏絮才。
玉带林中挂，金簪雪里埋。

宝玉看了仍不解。待要问时，情知他必不肯泄漏；待要丢下，又不舍。遂又往后看时，只见画着一张弓，弓上挂着香橼。也有一首歌词云：

二十年来辨是非，榴花开处照宫闱。
三春争及初春景，虎兕相逢大梦归。

后面又画着两人放风筝，一片大海，一只大船，船中有一女子掩面泣涕之状。也有四句写云：

才自精明志自高，生于末世运偏消。
清明涕送江边望，千里东风一梦遥。

后面又画几缕飞云，一湾逝水。其词曰：

富贵又何为，襁褓之间父母违。
展眼吊斜晖，湘江水逝楚云飞。

后面又画着一块美玉，落在泥垢之中。其断语云：

欲洁何曾洁，云空未必空。
可怜金玉质，终陷淖泥中。

后面忽见画着个恶狼，追扑一美女，欲啖之意。其书云：

子系中山狼，得志便猖狂。
金闺花柳质，一载赴黄粱。

后面便是一所古庙，里面有一美人在内看经独坐。其判云：

勘破三春景不长，缁衣顿改昔年妆。
可怜绣户侯门女，独卧青灯古佛旁。

后面便是一片冰山，上面有一只雌凤。其判曰：

凡鸟偏从末世来，都知爱慕此生才。
一从二令三人木，哭向金陵事更哀。

后面又是一座荒村野店，有一美人在那里纺绩。其判云：

事败休云贵，家亡莫论亲。
偶因济刘氏，巧得遇恩人。

后面又画着一盆茂兰，旁有一位凤冠霞帔的美人。也有判云：

桃李春风结子完，到头谁似一盆兰。
如冰水好空相妒，枉与他人作笑谈。

后面又画着高楼大厦，有一美人悬梁自缢。其判云：

情天情海幻情身，情既相逢必主淫。
漫言不肖皆荣出，造衅开端实在宁。

宝玉还欲看时，那仙姑知他天分高明，性情颖慧，恐把仙机泄漏，遂掩了卷册，笑向宝玉道："且随我去游玩奇景，何必在此打这闷葫芦！"

宝玉恍恍惚惚，不觉弃了卷册，又随了警幻来至后面。但见珠帘绣幕，画栋雕檐，说不尽那光摇朱户金铺地，雪照琼窗玉作宫。更见仙花馥郁，异草芬芳，真好个所在。又听警幻笑道："你们快出来迎接贵客！"一语未了，只见房中又走出几个仙子来，皆是荷袂蹁跹，羽衣飘舞，姣若春花，媚如秋月。一见了宝玉，都怨谤警幻道："我们不知系何'贵客'，忙的接了出来！姐姐曾说今日今时必有绛珠妹子的生魂前来游玩，故我等久待。何故反引这浊物来污染这清净女儿之境？"

宝玉听如此说，便吓得欲退不能退，果觉自形污秽不堪。警幻忙携住宝玉的手，向众姊妹道："你等不知原委：今日原欲往荣府去接绛珠，适从宁府所过，偶遇宁荣二公之灵，嘱吾云：'吾家自国朝定鼎①以来，功名奕世②，富贵传流，虽历百年，奈运终数尽，不可挽回者。故遗之子孙虽多，竟无可以继业。其中惟嫡孙宝玉一人，禀性乖张，性情怪谲，虽聪明灵慧，略可望成，无奈吾家运数合终，恐无人规引入正。幸仙姑偶来，万望先以情欲声色等事警其痴顽，或能使彼跳出迷人圈子，然后入于正路，亦吾兄弟之幸矣。'如此嘱吾，故发慈心，引彼至此。先以彼家上中下三等女子之终身册籍，令彼熟玩，尚未觉悟；故引彼再至此处，令其再历饮馔声色之幻，或冀将来一悟，亦未可知也。"

说毕，携了宝玉入室。但闻一缕幽香，竟不知其所焚何物。宝玉遂不禁相问。警幻冷笑道："此香尘世中既无，尔何能知！此香乃系诸名山胜境内初生异卉之精，合各种宝林珠树之油所制，名'群芳髓'。"宝玉听了，自是羡慕而已。大家入座，小丫鬟捧上茶来。宝玉自觉清香异味，纯美非常，因又问何名。警幻道："此茶出在放春山遣香洞，又以仙花灵叶上所带之宿露而烹，此茶名曰'千红一窟'。"宝玉听了，点头称赏。因看房内，瑶琴、宝鼎、古画、新诗，无所不有，更喜窗下亦有唾绒③，奁间时渍粉污。壁上也见悬着一副对联，书云：

幽微灵秀地，无可奈何天。

宝玉看毕，无不羡慕。因又请问众仙姑姓名：一名痴梦仙姑，一名钟情大士④，一名引愁金女，一名度恨菩提⑤，各各道号不一。少刻，有小丫鬟来调桌安椅，设摆酒馔。真是：琼浆满泛玻璃盏，玉液浓斟琥珀杯。更不用再说那肴馔之盛。宝玉因闻得此酒清香甘冽，异乎寻常，又不禁相问。警幻道："此酒乃以百花之蕊，万木之汁，加以麟髓之醅、凤乳之麯⑥酿成，因名为'万艳同杯'。"宝玉称赏不迭。

饮酒间，又有十二个舞女上来，请问演何词曲。警幻道："就将新制《红楼梦》十二支演上来。"舞女们答应了，便轻敲檀板，款按银筝，听他歌道是：

开辟鸿蒙……

方歌了一句，警幻便说道："此曲不比尘世中所填传奇之曲⑦，必有生旦净末之则，又有南北九宫⑧之限。此或咏叹一人，或感怀一事，偶成一曲，即可谱入管弦。若非个中人⑨，不

---

① 国朝定鼎：古时人们称本朝为"国朝"。定鼎，指建国定都。传说夏禹铸九鼎以象征九州，夏商周三朝把鼎作为传国宝器，置于国都。 ② 奕世：代代相传。奕，连绵不断。 ③ 唾绒：古代刺绣时，每当换线停针，习惯用牙咬断绣线，口中粘留的线头则随口吐出，即"唾绒"。 ④ 大士：佛教称佛和菩萨为大士。 ⑤ 菩提：佛教名词。梵文音译，意译为觉悟、成佛。 ⑥ 麟髓之醅（pēi）、凤乳之麯（qū）：两句极言酿造仙酒的原料珍异。醅，未经过滤的酒。麯，即"曲"，酿酒用的发酵物。 ⑦ 传奇之曲：明代以后通称南戏为传奇。曲，曲词。 ⑧ 南北九宫：指古代戏曲的宫调（即调式）。南，指南曲（传奇）；北，指北曲（杂剧）；九宫，即九个宫调（正宫、中吕、南吕、仙吕、黄钟五宫、大石调、双调、商调、越调四调，合为九宫调）。 ⑨ 个中人：指处在局中，洞悉内情的人。在这里作"行家"解。

知其中之妙。料尔亦未必深明此调。若不先阅其稿，后听其歌，翻成嚼蜡矣。”说毕，回头命小丫鬟取了《红楼梦》原稿来，递与宝玉。宝玉接来，一面目视其文，一面耳聆其歌曰：

【红楼梦引子】开辟鸿蒙，谁为情种？都只为风月情浓。趁着这奈何天，伤怀日，寂寥时，试遣愚衷。因此上，演出这怀金悼玉的《红楼梦》。

【终身误】都道是金玉良姻，俺只念木石前盟。空对着，山中高士晶莹雪；终不忘，世外仙姝寂寞林。叹人间，美中不足今方信。纵然是齐眉举案，到底意难平。

【枉凝眉】一个是阆苑仙葩，一个是美玉无瑕。若说没奇缘，今生偏又遇着他；若说有奇缘，如何心事终虚化？一个枉自嗟呀，一个空劳牵挂。一个是水中月，一个是镜中花。想眼中能有多少泪珠儿，怎经得秋流到冬尽，春流到夏！

宝玉听了此曲，散漫无稽，不见得好处；但其声韵凄惋，竟能销魂醉魄。因此也不察其原委，问其来历，就暂以此释闷而已。因又看下面唱道：

【恨无常】喜荣华正好，恨无常又到。眼睁睁，把万事全抛。荡悠悠，把芳魂消耗。望家乡，路远山高。故向爹娘梦里相寻告：儿命已入黄泉，天伦呵，须要退步抽身早！

【分骨肉】一帆风雨路三千，把骨肉家园齐来抛闪。恐哭损残年，告爹娘，休把儿悬念。自古穷通皆有定，离合岂无缘？从今分两地，各自保平安。奴去也，莫牵连。

【乐中悲】襁褓中，父母叹双亡。纵居那绮罗丛，谁知娇养？幸生来，英豪阔大宽宏量，从未将儿女私情略萦心上。好一似，霁月光风耀玉堂。厮配得才貌仙郎，博得个地久天长，准折得幼年时坎坷形状。终久是云散高唐，水涸湘江。这是尘寰中消长数应当，何必枉悲伤！

【世难容】气质美如兰，才华阜比仙。天生成孤癖人皆罕。你道是啖肉食腥膻，视绮罗俗厌；却不知太高人愈妒，过洁世同嫌。可叹这，青灯古殿人将老；辜负了，红粉朱楼春色阑。到头来，依旧是风尘肮脏违心愿。好一似，无瑕白玉遭泥陷；又何须，王孙公子叹无缘。

【喜冤家】中山狼，无情兽，全不念当日根由。一味的骄奢淫荡贪欢媾。觑着那，侯门艳质同蒲柳；作践的，公府千金似下流。叹芳魂艳魄，一载荡悠悠。

【虚花悟】将那三春看破，桃红柳绿待如何？把这韶华打灭，觅那清淡天和。说什么，天上夭桃盛，云中杏蕊多。到头来，谁把秋捱过？则看那，白杨村里人呜咽，青枫林下鬼吟哦。更兼着，连天衰草遮坟墓。这的是，昨贫今富人劳碌，春荣秋谢花折磨。似这般，生关死劫谁能躲？闻说道，西方宝树唤婆娑，上结着长生果。

【聪明累】机关算尽太聪明，反误了卿卿性命。生前心已碎，死后性空灵。家富人宁，终有个，家亡人散各奔腾。枉费了意悬悬半世心；好一似，荡悠悠三更梦。忽喇喇似大厦倾，昏惨惨似灯将尽。呀！一场欢喜忽悲辛。叹人世，终难定！

【留馀庆】留馀庆，留馀庆，忽遇恩人；幸娘亲，幸娘亲，积得阴功。劝人生，济困扶穷，休似俺那爱银钱忘骨肉的狠舅奸兄！正是乘除加减，上有苍穹。

【晚韶华】镜里恩情，更那堪梦里功名！那美韶华去之何迅！再休提绣帐鸳衾。只这带珠冠，披凤袄，也抵不了无常性命。虽说是，人生莫受老来贫，也须要阴骘积儿孙。气昂昂，头戴簪缨；光灿灿，胸悬金印；威赫赫，爵禄高登，——昏惨惨，黄泉路近。问古来将相可还存？也只是虚名儿与后人钦敬。

【好事终】画梁春尽落香尘。擅风情，秉月貌，便是败家的根本。箕裘颓堕皆从敬，家事消亡首罪宁。宿孽总因情。

【收尾・飞鸟各投林】为官的，家业凋零；富贵的，金银散尽；有恩的，死里逃生；无情的，分明报应。欠命的，命已还；欠泪的，泪已尽。冤冤相报实非轻，分离聚合皆前定。欲知命短问前生，老来富贵也真侥幸。看破的，遁入空门；痴迷的，枉送了性命。好一似食尽鸟投林，落了片白茫茫大地真干净！

歌毕，还要歌副曲。警幻见宝玉甚无趣味，因叹：“痴儿竟尚未悟！”那宝玉忙止歌姬不必再唱，自觉朦胧恍惚，告醉求卧。警幻便命撤去残席，送宝玉至一香闺绣阁之中，其间铺陈之盛，乃素所未见之物。更可骇者，早有一位女子在内，其鲜艳妩媚，有似乎宝钗，风流袅娜，则又如黛玉。正不知何意，忽警幻道：“尘世中多少富贵之家，那些绿窗风月，绣阁烟霞，皆被淫污纨袴与那些流荡女子悉皆玷辱。更可恨者，自古来多少轻薄浪子，皆以‘好色不淫’为饰，又以‘情而不淫’①作案，此皆饰非掩丑之语也。好色即淫，知情更淫。是以巫山之会，云雨之欢，皆由既悦其色、复恋其情所致也。吾所爱汝者，乃天下古今第一淫人也！”

宝玉听了，唬的忙答道：“仙姑差了。我因懒于读书，家父母尚每垂训饬，岂敢再冒‘淫’字。况且年纪尚小，不知‘淫’字为何物。”警幻道：“非也。淫虽一理，意则有别。如世之好淫者，不过悦容貌，喜歌舞，调笑无厌，云雨无时，恨不能尽天下之美女供我片时之趣兴，此皆皮肤滥淫之蠢物耳。如尔则天分中生成一段痴情，吾辈推之为‘意淫’。‘意淫’二字，惟心会而不可口传，可神通而不可语达。汝今独得此二字，在闺阁中，固可为良友；然于世道中未免迂阔怪诡，百口嘲谤，万目睚眦。今既遇令祖宁荣二公剖腹深嘱，吾不忍君独为我闺阁增光，见弃于世道，是以特引前来，醉以灵酒，沁以仙茗，警以妙曲，再将吾妹一人，乳名兼美字可卿者，许配于汝。今夕良时，即可成姻。不过令汝领略此仙闺幻境之风光尚如此，何况尘境之情景哉？而今后万万解释②，改悟前情，留意于孔孟之间，委身于经济之道③。”说毕便秘授以云雨之事，推宝玉入房，将门掩上自去。

那宝玉恍恍惚惚，依警幻所嘱之言，未免有儿女之事，难以尽述。至次日，便柔情缱绻④，软语温存，与可卿难解难分。因二人携手出去游顽之时，忽至一个所在，但见荆榛遍地，狼虎同群，迎面一道黑溪阻路，并无桥梁可通。正在犹豫之间，忽见警幻后面追来，告道：“快休前进，作速回头要紧！”宝玉忙止步问道：“此系何处？”警幻道：“此即迷津⑤也。深有万丈，遥亘千里，中无舟楫可通，只有一个木筏，乃木居士掌舵，灰侍者撑篙，不受金银之谢，但遇有缘者渡之。尔今偶游至此，设如堕落其中，则深负我从前谆谆警戒之语矣。”话犹未了，只听迷津内水响如雷，竟有许多夜叉海鬼将宝玉拖将下去。吓得宝玉汗下如雨，一面失声喊叫：“可卿救我！”吓得袭人辈众丫鬟忙上来搂住，叫：“宝玉别怕，我们在这里！”

---

① 情而不淫：意思是感情志趣相投，却不至于没有节制。见《论语・八佾》 ② 解释：这里是领悟、不受困惑的意思。 ③ 经济之道：指封建社会的治国理民、经邦济世之道。 ④ 缱绻：缠绵，情投意合，难分难舍。 ⑤ 迷津：佛家谓三界六道都是迷误虚妄的境界，故称迷津。后用“迷津”比喻人沉溺于迷途之中。津，江河的渡口。

却说秦氏正在房外嘱咐小丫头们好生看着猫儿狗儿打架，忽听宝玉在梦中唤他的小名儿，因纳闷道："我的小名儿这里从无人知道，他如何得知，在梦中叫出来？"正是：

一场幽梦同谁近，千古情人独我痴。

思考练习

1. 词语积累。

仙醪　眼饧　袅娜　孤癖　悠悠荡荡　柔情缱绻

柳坞　麝兰　凤翥　簪缨　香培玉琢　万目睚眦

2. 填空题。

(1)"一个是阆苑仙葩，一个是美玉无瑕。若说没奇缘，今生偏又遇着他；若说有奇缘，如何心事终虚化？"这首诗揭示了《红楼梦》中一对青年男女的爱情悲剧。其中"阆苑仙葩"指的是________，"美玉无瑕"指的是________。

(2)《红楼梦》原名________，该书以________、________、________三人的爱情婚姻悲剧为核心，以________四大家族的兴衰史为轴线，浓缩了整个封建社会的时代内容。

(3) 宝玉梦游太虚幻境时，饮的仙茶叫________，品的酒叫________，听的歌曲名叫________。

(4)《红楼梦》中，有"小宝钗""小黛玉"之称的两个人分别是________、________。

(5) 贾府姐妹中，迎春的父亲是________，探春的父亲是________，惜春的父亲是________。

(6)《红楼梦》中不止一次地出现在大观园中的一个平凡劳苦的农家老妇，经常被大家取笑、戏弄的人是________。

(7) 请写出"金陵十二钗"其中三位________、________、________。

(8)"女儿是水作的骨肉，男人是泥作的骨肉。我见了女儿便清爽；见了男子便觉浊臭逼人。"这句话是________说的。

(9)"两弯似蹙非蹙笼烟眉，一双似泣非泣含露目。态生两靥之愁，娇袭一身之病，泪光点点，娇喘微微。闲静时如娇花照水，行动处如弱柳扶风。心较比干多一窍，病如西子胜三分。"这段话描述的人物是________。

(10) 贾雨村正欲下令捉拿薛蟠时，当时葫芦庙里的小沙弥而今的门子暗中递给他一张________。

(11) 姓名的含义：甄士隐取________之意；贾雨村取________之意。

(12) 甄士隐书房闲坐，偶做一梦，最后来到"太虚幻境"，两边的对联是"假作真时真亦假，________"；贾宝玉到秦可卿房中，看到有一联"________，人情练达即文章"。

3. 请指出下列这些判词分别预示了《红楼梦》中哪个女子的命运。

(1) 可叹停机德，堪怜咏絮才。玉带林中挂，金簪雪里埋。 ( )

(2) 二十年来辨是非，榴花开处照宫闱。三春争及初春景。虎兕相逢大梦归。 ( )

(3) 才自精明志自高，生于末世运偏消。清明涕泣江边望，千里东风一梦遥。 ( )

(4) 富贵又何为，襁褓之间父母违。展眼吊斜辉，湘江水逝楚云飞。 ( )

(5) 欲洁何曾洁，云空未必空。可怜金玉质，终陷淖泥中。 ( )

(6) 子系中山狼，得志便猖狂。金闺花柳质，一载赴黄粱。 ( )

(7) 勘破三春景不长，缁衣顿改昔年妆。可怜绣户侯门女，独卧青灯古佛旁。 ( )

(8) 凡鸟偏从末世来，都知爱慕此生才。一从二令三人木，哭向金陵事更哀。 ( )

(9) 势败休云贵，家亡莫论亲。偶因济刘氏，巧得遇恩人。 ( )

(10) 桃李春风结子完，到头谁似一盆兰。如冰水好空相妒，枉与他人作笑谈。 ( )

(11) 情天情海幻情身，情既相逢必主淫。漫言不肖皆荣出，造衅开端实在宁。 ( )

(12) 霁月难逢，彩云易散。心比天高，身为下贱。风流灵巧招人怨。寿夭多因诽谤生，多情公子空牵念。 ( )

(13) 枉自温柔和顺，空云似桂如兰。堪羡优伶有福，谁知公子无缘。 ( )

(14) 根并荷花一茎香，平生遭际实堪伤。自从两地生孤木，致使香魂返故乡。 ( )

4. 简答题。

《红楼梦》常通过梦境来表现人物心理，塑造人物形象，暗示情节主题的场景描写，请复述其中的一个梦境，并简要说明这个梦境描写在小说中的作用。

关云长单刀赴会[①]

关汉卿[②]

课文导读

《单刀会》原是一部假借历史题材的杂剧。剧情主要讲述了三国鼎立时代吴蜀间激烈的利害冲突，东吴大将鲁肃为索取荆州，伏下甲兵邀请关羽赴宴，意图劫持。关羽明知对方不怀好意，却凭借超群的胆识，单刀赴会。席间，他严正地驳斥了对方的无理要求，不失时机地运用巧智迫使吴军不敢轻举妄动，而后从容胜利返回。作品成功地塑造了一位人民喜爱的英雄形象，在舞台上影响深远。

本文选的是第四折，题目为编者所加。这一折里，作者写出关羽在和鲁肃会面的时候，理直气壮地驳斥了鲁肃索取荆州的无理要求。剧情发展到高潮时，全剧戛然而止，结尾干净而有力。

(鲁肃上，云)欢来不似今朝，喜来那逢今日。小官鲁子敬是也。我使黄文持书去请关公，欣喜许今日赴会，荆襄地合归还俺江东。英雄甲士已暗藏壁衣之后，令人江上相候，见船到便来报我知道。(正末关公引周仓上，云)周仓，将到那里也？(周云)来到大江中流也。(正云)看了这大江，是一派好水呵！(唱)

【双调新水令】大江东去浪千叠[③]，引着这数十人，驾着这小舟一叶。又不比九重龙凤阙[④]，可正是千丈虎狼穴，大丈夫心别[⑤]。我觑这单刀会似赛村社[⑥]。

---

① 选自《中国历代文学作品选》，朱东润主编，上海古籍出版社1980年版。 ② 关汉卿：号已斋叟，一说名一斋，字汉卿。元戏剧、散曲作家，与马致远、郑光祖、白朴并称为“元曲四大家”。王国维评他：“一空依傍，自铸伟词，而其言曲尽人情，字字本色，故当为元人第一。”(《宋元戏曲考》)作有杂剧六十多种，今存《窦娥冤》《救风尘》《拜月亭》《单刀会》等。 ③ 大江东去：语出苏轼《念奴娇·赤壁怀古》首句。此处表喟叹之意。 ④ 九重龙凤阙：封建时代帝王住的宫殿。 ⑤ 大丈夫心别：谓豪杰心情不同于一般人。 ⑥ 赛村社：社指“社火”，民间自行组织表演技艺的团体，每个节日进行演出竞赛，谓之“赛社”。此句是关羽轻视对方本领的一种比喻，意为自己在此这番较量中必能取胜。

(云)好一派江景也呵!(唱)

【驻马听】水涌山叠,年少周郎何处也?不觉的灰飞烟灭!可怜黄盖转伤嗟,破曹的樯橹[①]一时绝,鏖兵的江水由然[②]热,好教我情惨切!(云)这也不是江水,(唱)二十年流不尽的英雄血!

(云)却早来到也,报伏[③]去。(卒报科,做相见科)(鲁云)江下小会,酒非洞里之长春,乐乃尘中之菲艺。猥劳君侯屈高就下[④],降尊临卑,实乃鲁肃之万幸也!(正云)量某有何德能,着大夫置酒张筵?既请必至。(鲁云)黄文,将酒来。二公子满饮一杯。(正云)大夫饮此杯。(把盏科)(正云)想古今咱这人过日月是好疾也呵!(鲁云)过日月是好疾也:光阴似骏马加鞭,浮世似落花流水。(正唱)

【胡十八】想古今立勋业,那里也舜五人、汉三杰[⑤],两朝相隔数年别。不付能[⑥]见者,却又早老也!开怀的饮数杯。(云)将酒来。(唱)尽心儿待醉一夜。(把盏科)

(正云)你知以德报德,以直报怨么[⑦]?(鲁云)既然将军言以德报德,以直报怨;借物不还者谓为之"怨"。想君侯文武全材,通练兵书,习《春秋》《左传》,济拔颠危,匡扶社稷,可不谓之仁乎?待玄德如骨肉,觑曹操若仇雠,可不谓之义乎?辞曹归汉,弃印封金[⑧],可不谓之礼乎?坐服于禁,水淹七军,可不谓之智乎?且将军仁、义、礼、智俱足,惜乎止少个"信"字,欠缺未完。再若得全个"信"字,无出君侯之右也。(正云)我怎生失信?(鲁云)非将军失信,皆因令兄玄德公失信。(正云)我哥哥怎生失信来?(鲁云)想昔日玄德公败于当阳之上,身无所归,因鲁肃之故,屯军三江夏口。鲁肃又与孔明同见我主公,即日兴师拜将,破曹兵于赤壁之间。江东所费巨万,又折了首将黄盖。因将军贤昆玉无尺寸地,暂借荆州,以为养军之资。数年不还。今日鲁肃低情曲意,暂取荆州,以为救民之急;待仓廪丰盈,然后再献与将军掌领。鲁肃不敢自专、君侯台鉴不错[⑨]。(正云)你请我吃筵席来,那是索荆州来?(鲁云)没、没、没,我则这般道。孙、刘结亲,以为唇齿,两国正好和谐。(正唱)

【庆东原】你把我真心儿待,将筵宴设,你这般攀今揽古,分甚枝叶[⑩]?我根前使不着你

---

① 樯(qiáng)橹:此处联用借指船只。樯,桅杆。橹,行舟的工具。 ② 由然:同"犹然"。 ③ 报伏:同"报复",回报的意思。 ④ 此句意谓,有劳大驾光临我们这小地方。 ⑤ 舜五人:相传帝舜手下有五位贤臣。汉三杰:指辅佐刘邦定天下之张良、萧何、韩信。 ⑥ 不付能:同"不甫能",即好容易。 ⑦ "你知"二句:语出《论语·宪问》。意谓有恩德施于我的,当以恩德报答他;与我有仇怨的,我也该用公正的态度对待他。鲁肃引这两句话,是指东吴曾经借荆州给刘备暂住,而西蜀现在拒绝归还,是忘恩负义,不符合古人行事的道德。 ⑧ 弃印封金:关羽在许昌得到刘备的消息后,把曹操所授"汉寿亭侯"之印留在原处,封存曹操所赠金银,而后离去,以示清白。 ⑨ 台鉴:致对方的客气话。台,旧时对人的敬称。鉴,考察。"台鉴不错"谓"您裁定得很对"。 ⑩ 枝叶:枝、叶都是树木的一部分,此处比喻吴蜀两国的关系,意思是像鲁肃那样琐细计较,对原来密切的吴蜀都很不利。后文中"枝叶"作"关系"解,"甚枝叶",犹"有什么关系?"

“之乎者也”“诗云子曰”，早该豁口截舌[①]。有意说孙、刘，你休目下翻成吴、越[②]。

（鲁云）将军原来傲物轻信。（正云）我怎么“傲物轻信”？（鲁云）当日孔明亲言：破曹之后，荆州即还江东。鲁肃亲为代保。不思旧日之恩，今日恩变为仇；犹自说“以德报德，以直报怨”。圣人道：“信近于义，言可复也”[③]。去食去兵，不可去信[④]。“大车无輗，小车无軏，其何以行之哉？”[⑤]今将军全无仁义之心，枉作英雄之辈。荆州久借不还，却不道“人无信不立”！（正云）鲁子敬，你听的这剑界么？（鲁云）剑界怎么？（正云）我这剑界，头一遭诛了文丑，第二遭斩了蔡阳[⑥]。鲁肃呵，莫不第三遭到你也？（鲁云）没、没，我则这般道来。（正云）这荆州是谁的？（鲁云）这荆州是俺的。（正云）你不知，听我说。（唱）

【沉醉东风】想着俺汉高皇图王霸业，汉光武秉正除邪，汉献帝将董卓诛，汉皇叔把温侯灭[⑦]。俺哥哥合情受汉家基业。则你这东吴国的孙权，和俺刘家却是甚枝叶？请你个不克己先生自说[⑧]。

（鲁云）那里甚么响？（正末云）这剑戒二次也！（鲁云）却怎么说？（正云）这剑按天地之灵，金火之精，阴阳之气，日月之形；藏之则鬼道遁迹，出之则魑魅[⑨]潜踪；喜则恋鞘沉沉而不动，怒则跃匣铮铮而有声。今朝席上，倘有争锋，恐君不信，拔剑施呈。吾当摄剑[⑩]，鲁肃休惊。这剑果有神威不可当，庙堂之器岂寻常；今朝索取荆州事，一剑先交[⑪]鲁肃亡。（唱）

【雁儿落】则为你三寸不烂舌，恼犯我三尺无情铁。这剑饥餐上将头，渴饮仇人血。

【得胜令】则是条龙向鞘中蛰，虎在座间踅[⑫]。今日故友每才相见，休着俺弟兄每相间别[⑬]。鲁子敬听者：你心内休乔怯，畅好是随邪[⑭]，吾当酒醉也。

（鲁云）臧宫动乐。（臧宫上，云）天有五星，地攒五岳，人有五德，乐按五音。五星者：金、木、水、火、土。五岳者：常、恒、泰、华、嵩。五德者：温、良、恭、俭、让。五音者：宫、商、角、征、羽。（甲士拥上科）（鲁云）埋伏了者。（正击案，怒云）有埋伏也无埋伏？（鲁云）并无埋伏。（正云）若有埋伏，一剑挥之两断。（做击案科）（鲁云）你击碎菱花[⑮]。（正末云）我特来破镜[⑯]。（唱）

---

① 豁口截舌：割开嘴，截断舌头。意谓说这些不该说的话，真当割嘴断舌。 ② 吴、越：春秋时，吴越世为敌国，后人用之以喻敌对关系。 ③ 信近于义，言可复也：语见《论语·学而》。集注：“信，约信也；义者，事之宜也；复，践言也。言约信而合其宜，则言必可践矣。” ④ “去食去兵”二句：语出《论语·颜渊》篇，意思是信用最重要。 ⑤ “大车无輗（ní）”三句：语出《论语·为政》：“子曰：人而无信，不知其可也。大车无輗，小车无軏，其何以行之哉？”此处比喻人无信用就难以在社会上生存下去。 ⑥ “头一遭”二句：文丑，袁绍名将。蔡阳，《三国志·魏书》作蔡扬，曹操部下武将。关羽杀文丑、蔡阳事，与史书记载不符，而与元代新安虞氏刊印的《全相三国志平话》相合；故事来源可能出自宋元民间艺人的“讲史”。 ⑦ 温侯：指吕布，官奋威将军，进封温侯。据史书记载为曹操所杀。 ⑧ 不克己：不肯吃亏。 ⑨ 魑（chī）魅（mèi）：古代传说中害人的山林精怪。此处谓宝剑可以辟邪。 ⑩ 摄剑：拔剑。 ⑪ 先交：同“先教”。 ⑫ 踅（xué）：往返盘旋。 ⑬ 间别：分离阻绝。 ⑭ 随邪：不正经。 ⑮ 菱花：古代镜子的代称，以铜镜背面的装饰图案多用菱花之故。 ⑯ 破镜：象征决裂与分离，镜与“子敬”的“敬”谐音，语意双关。

【搅筝琶】却怎生闹炒炒军兵列，休把我拦当者。(云)当着我的，呵呵！(唱)我着他剑下身亡，目前流血。便有那张仪口、蒯通舌①，休那里躲闪藏遮。好生的送我到船上者，我和你慢慢的相别。

(鲁云)你去了，倒是一场伶俐②。(黄文云)将军，有埋伏里！(鲁云)迟了我的也！(关平领众将上，云)请父亲上船，孩儿每来迎接哩。(正云)鲁肃，休惜殿后。(唱)

【离亭宴带歇指煞】我则见紫袍银带公人列③，晚天凉风冷芦花谢，我心中喜悦。昏惨惨晚霞收，冷飕飕江风起，急飐飐④云招惹。承管待，承管待。多承谢，多承谢。唤梢公⑤慢者，缆解开岸边龙，船分开波中浪，棹⑥搅碎江心月。正欢娱有甚进退？且谈笑不分明夜⑦。说与你两件事先生记者：百忙里趁不了老兄心⑧，急且里⑨倒不了俺汉家节！(下)

思考练习

1. 词语积累。

山叠	魑魅	冷飕飕	济拔颠危	匡扶社稷
遁迹	缆解	急飐飐	降尊临卑	铮铮有声

2. 简述元杂剧体例。

3. 简述本文中关羽的形象。

4. 搜集资料，评价关汉卿杂剧的艺术成就。

---

① 张仪：战国时魏人，相于秦，曾游说六国连横事秦，后封武信君。蒯通：楚汉相争时辩士，武臣用其计，降燕赵三十余城；韩信从其策，得平齐地。二人皆辩士之佼佼者。 ② 伶俐：作干净利落解。 ③ 紫袍银带：均古代官员服饰，此处比喻高级官员。公人：指官员。 ④ 急飐飐：船只顺风疾行貌。 ⑤ 梢公：在船尾掌舵的人称“梢公”。梢，船尾。 ⑥ 棹：桨。 ⑦ 不分明夜：不分白天和夜晚。 ⑧ 趁：此处同“称”。趁心即称心。 ⑨ 急且里：匆忙急切之间的意思。

草原上的一课[1] *

姜　戎[2]

课文导读

《狼图腾》是一部以狼为叙事主体的小说，作者以自己 11 年的草原生活感悟，以近乎自传体的叙事视角，倾其半生心血著成。狼在这部小说中一改过去我们所熟知的狡诈、残暴、歹毒、忘恩负义的形象，而被赋予了一种全新的地位和解读。它们伏击马群和羊群所表现出来的超乎寻常的侦察、布阵、奇袭的高超战术，它们对气象、地形的巧妙利用，它们对于小狼的感情及保护，都彻底颠覆了我们对狼的所有感觉和认识。

本文所选内容主要描述了主人公陈阵跟随草原人寻找新草场的过程中遭遇旱獭的感悟及发现天鹅湖的惊喜，表达了他对美丽的草原风光的由衷热爱，对自然规则、游牧传统的推崇，以及对反自然、反传统带来的环境日益恶化的担忧，充满了环境保护意识及对自然的敬畏之情。

一场春雨过后，接羔营盘附近的山坡草甸，在温热的阳光下，弥散着浓浓的臭气。在漫长冬季冻毙的弱畜，被狼群咬死肢解吃剩的牲畜都在腐烂，黑色的尸液和血水流入草地。倒伏的秋草枯茎败叶渗出黄黑色的腐水，遍地的羊粪牛粪、狗粪狼粪、兔粪鼠粪也渗出棕黑的粪水浸润着草原。

陈阵丝毫没有被草原阳春的臭气败坏了自己的兴致，古老的草原需要臭水。人畜一冬的排泄物、人与狼残酷战争留下的腐肉、臭血和碎骨，给薄薄的草皮添加了一层宝贵的腐殖质，有机质和钙磷质。乌力吉说，城里下来视察的干部和诗人都喜欢闻草原春天的花香，可我最爱闻草原春天的臭气。一只羊一年拉屎撒尿差不多有 1 500 斤，撒到草地上，能长多少草。“牛粪冷，马粪热，羊粪能顶两年力”。要是载畜量控制得好，牛羊不会毁草场，还能养草场。从前部落的好头人还能把沙草场养成肥草场呐。

春天的额仑草场水肥充足，血沃草原，劲草疯长。连续半个多月的暖日，绿草已覆盖了陈腐的旧草。草甸草坡全绿了。春草春花的根茎也在肥土中穿插伸展，把草原薄薄的土层加密加固，使草下的沙漠和戈壁永无翻身之日。陈阵骑着毕利格老人的大黄马轻快地小跑，

---

① 选自《狼图腾》，姜戎著，长江文艺出版社 2004 年版。题目为编者所加。 ② 姜戎（1946— ），原名吕嘉民，笔名姜戎，籍贯上海，生于北京。其作品《狼图腾》于 2019 年入选“新中国 70 年 70 部长篇小说典藏”。

一路欣赏着新绿的草原，他感到广袤①的草原舞台上，人与狼残酷的竞争，最后都能转化为对草原母亲的脉脉温情。

母羊的乳房鼓了，羊羔的毛色白了，牛的吼声底气足了，马的厚毛开始脱了。草原的牲畜都由于牧草及时返青而熬出了头。额仑草原又遇上了一个难得的丰收年。这年早春寒流虽然冻死不少羊羔，可大队的接羔成活率却有可能超过百分之一百零一。谁也没想到这年一胎下双羔的母羊出奇的多，每群羊至少增加了一千多只羊羔，原来还算富余的草场一下子就紧张起来了。

羊羔激增，额仑宝力格牧场原有的四季草场眼看就要超载。如果为了维持草场与载畜量的平衡而大批出售或上交牲畜，牧场将完不成上级下达的数量死任务。队里几次开会商议，乌力吉认为唯一的出路，就是在牧场境内开辟新草场。

陈阵跟随乌力吉和毕利格老人去实地考察新草场。老人特地把自己的一匹又快又有长劲的好马给他骑。乌力吉背着半自动步枪，毕利格老人带上了巴勒，陈阵则带上了二郎，让黄黄留着看家。游猎游牧民族但凡出远门，都不会忘记携带武器和猎狗。两条猛犬猎兴十足，一路上东闻西看，跑得很轻松，和陈阵一样愉快。老人笑道："羊倌和看羊狗被羊群拴住了一个多月，都憋闷坏了。"陈阵说："谢谢阿爸带我出来散散心。"老人说："我也怕你总看书看坏了眼睛。"

在场部东北部的尽头，有一片方圆七八十里的荒山，据乌力吉说那片荒山自古以来还未有过人烟，那里的草原肥沃，有小河有大水泡子，山草疯长一米多高，年年积下的陈草一尺多厚。水多草厚，那里的蚊子也就多得吓人，一到夏秋，蚊子多得能吃牛。上了山一脚踩下去，陈草团里能轰出成千上万的蚊子，像踩了地雷一样可怕。那片山人畜都害怕，谁也不敢进去，陈草太厚，每年长出的新草就得拼命窜高，才能见着阳光，新草长得又细又长，牲畜不爱吃，吃了也不上膘。

作为老场长的乌力吉，一直都想开辟这片草场，他早就料到在重数量不重质量的政策下，额仑草场早晚要超载。许多年来他一直惦念着那片荒山，盼望来一场秋季野火，彻底烧掉那里的腐草，然后在来年春天，再驱赶一个大队的牲畜进场，用千千万万的马蹄牛蹄羊蹄踩实松土，吃掉新草，控制草的长势。那样的话，地实了，土肥了，草矮了，蚊子也就少了。再过几年，那片荒山就能改造成优良的夏季草场，为全场牲畜增加整整一季的草场，然后把原来的夏季草场改为春秋季草场。里外算下来，牧场的牲畜可以增加一倍多，草场还不超载。

前几年野火多次光顾额仑草原，可惜的是没有一次烧到那儿。直到去年秋末，才有一场大火烧过了那片荒山，后来又下了雨，荒山黑得流油。乌力吉终于决心实施他的计划，他得到了包顺贵的全力支持，但是却遭到了多数牧民的反对，谁都怕那里的蚊子。乌力吉只好请毕利格老友帮忙，请他一同去荒山实地考察，只要毕利格老人认可，就可以让老人带二大队进驻新草场。

三人穿过邻队的冬季草场，陈阵感到马蹄拖沓②起来，他低头一看，发现这里的秋草依然茂密，足有四指高。陈阵问乌力吉："您总说草场不够，您看，羊群马群刨吃了一冬天了，草

---

① 广袤（mào）：广阔、宽广。古代以东西的长度叫广，南北的长度叫袤。 ② 拖沓（tà）：不爽利，不简洁，形容做事拖拉。也有连绵不断之意。

场还剩下这么多的草呢。”

乌力吉低头看了看说:“这些都是草茬,草茬太硬,牲畜咬不断,再啃就得使劲,一用劲就把草根拔出来了。草茬又没有营养,牲畜吃了也不长膘,吃到这个份上就不能再啃了,再啃,草场准退化……内地汉人生得太多了,全国都缺肉,缺油水,全国都跟内蒙古要牛羊肉。可是,一吨牛羊肉是用七八十吨草换来的,内地一个劲地来要肉,实际上就是跟草原要草啊,再要下去,就要了草原的命。上面又给咱们牧场压下了指标,东南边的几个旗都快压成沙地了……”

陈阵说:“我觉得搞牧业要比搞农业难多了。”

乌力吉说:“我也真怕把这片草原搞成沙地。草原太薄太虚,怕的东西太多:怕踩、怕啃、怕旱、怕山羊、怕马群、怕蝗虫、怕老鼠、怕野兔、怕獭子、怕黄羊、怕农民、怕开垦、怕人多、怕人太贪心、怕草场超载,最怕的是不懂草原的人来管草原……”

毕利格点头说:“草原是大命,可它的命比人的眼皮子还薄,草皮一破,草原就瞎了,黄沙刮起来可比白毛风还厉害。草原完了,牛羊马,狼和人的小命都得完,连长城,北京城也保不住啊。”

乌力吉忧心忡忡地说:“从前,我隔几年都要去呼和浩特开会,那边的草场退化得更厉害,西边几百里长城已经让沙给埋了。上面再给东边草原压任务的话,东边的长城真就危险了。听说,国外的政府,管理草原都有严格的法律,什么样的草场只能放什么样的牲畜,连一公顷草场放多少头牲畜都定得死死的,谁敢超载就狠罚狠判。但那也只能保护剩下的草原不再退化,以前退化的草原就很难恢复了。等到草原变成了沙漠以后人才开始懂草原,到那时就太晚了。”

毕利格说:“人心太贪,外行太多,跟这些笨羊蠢人说一百条理也没用。还是腾格里明白,对付那些蠢人贪人还得用狼,让狼来管载畜量,才能保住草原。”

乌力吉摇头说:“腾格里的老法子不管用了,现在卫星都上了天,上面真想消灭狼也费不了多大事。”

陈阵心里像堵满黄沙。他说:“我已经有好几夜没听到狼嗥狗叫了。阿爸,您把狼打怕了,它们不敢来了。草原一没狼,就像哪儿不对劲似的。”

老人说:“打了 30 多条,也就合四五窝狼崽的数,额仑的狼还多着呐。狼不是打怕了才不来了,这个月份,它们去忙别的事了。”

陈阵顿时提起了精神问:“狼又玩什么花样呢?”

老人指了指远处的一片山丘说:“跟我上那边去看看。”然后,给了陈阵的马一鞭子,又说:“快跑起来,春天要让马多出汗,汗出多了,脱毛快,上膘也快。”

三匹马像三匹赛马向山丘狂奔,马蹄刨起无数块带草根的泥土,千百根嫩草被踏断,染绿了马蹄。好在这条道几个月内不会再有马来。陈阵跑在最后,他开始意识到“草原怕马群”这句话的分量,蒙古人真是生活在矛盾的旋涡里。

三匹马登上了坡顶,到处都响着“笛笛”“嘎嘎”的旱獭的叫声。旱獭是原始草原的常见动物,在额仑草原近一半的山坡都有獭洞和獭子。每年秋季陈阵都能见到老人打的獭子,吃到又肥又香的獭子肉。旱獭是像森林熊一样靠脂肪越冬的冬眠动物,獭肉与草原上所有动物的肉都不同,它有一层像猪肉一样的肥膘白肉,与瘦肉红白分明,是草原上著名的美味,鲜肥无膻味[①]，比牛羊肉更好吃。一只大獭子比大号重磅暖壶还要粗壮，可出一大脸盆的肉，够一家人吃一顿。

陈阵被眼前旱獭的阵势吓了一跳：十几个连环山包的坡顶和坡面上站着至少六七十只大小旱獭，远看像一片采伐过的树林的一段一段树桩。獭洞更多，洞前鲜黄色的沙土平台，多得像内地山坡的鱼鳞坑。平台三面是沙石坡，如同矿山坑口前倒卸的碎石，压盖了大片草坡。陈阵仿佛来到了陕北的窑洞坡，山体千疮百孔，可能都被掏空了。每个沙土平台大如一张炕桌，几乎都站着或趴着一只或几只獭子。规格较大的独洞平台上，站立的是毛色深棕的大雄獭子，那些群洞或散洞的平台上，立着的都是个头较小的母獭子，灰黄的毛色有点像狼皮。母獭身旁有许多小獭子，个头如兔，有的平台上竟趴着七八只小獭子。所有的獭子见到人都不忙着进洞，大多只用后腿站立，抱拳在胸，“笛笛”乱叫，每叫一声，像奶瓶刷似的小尾巴，就会随声向上一翘，像示威，像抗议，又像招惹挑逗。

两条大狗见到一只离洞较远的大獭子便急冲过去，可獭子马上就跑到一个最近的洞口，站在洞口平台上，瞪着兔子似的圆眼看着狗，等狗追到离洞只有五六米的时候，才不慌不忙地一头扎进陡深的洞里。等狗悻悻[②]走开几十米，它又钻出洞，冲狗乱叫。

毕利格老人说：“这儿就是额仑有名的獭子山，獭子多得数不清。北边边防公路南面还有一处，比这儿的獭子还多。这山从前可是草原穷人的救命山，到了秋天，旱獭上足了膘[③]，穷人上山套獭子，吃獭肉，卖獭皮獭油，换银子，换羊肉。你们汉人最喜欢獭皮大衣了，每年秋天张家口的皮货商，都到草原上来收蘑菇和獭皮。獭皮比羔皮要贵三倍呐，旱獭救了多少穷人啊，连成吉思汗一家人在最穷的时候，也靠打獭子活命。”

乌力吉说：“旱獭好吃就仗着它的肥油。草原上钻洞过冬的黄鼠田鼠大眼贼，全得叼草进洞储备冬粮。可旱獭就不储粮，它就靠这一身肥膘过冬。”

老人说：“獭子在洞里憋屈了一冬了，这会儿剩不下多少肥膘了，可肉还不少。你看獭子

① 膻(shān)味：一般指羊身上的臭味，文中泛指臊气。 ② 悻(xìng)悻：形容怨恨失落的样子。悻，怨恨，恼怒。
③ 膘(biāo)：多指牲畜的肥肉。

个头还不小吧，今年春天的草好，獭子吃些日子又上膘了。”

陈阵恍然大悟，说：“怪不得这些日子狼不来捣乱，狼也想换换口味了。可獭洞那么深，獭子就在洞边活动，狼用什么法子抓它？”

老人笑道：“狼抓獭子的本事大着呐。大狼能把獭洞刨宽掏大，又让几条狼把住别的洞口，再钻进去把一窝獭子全赶出来咬死吃光。要不就派半大的小狼，钻进洞把小獭子叼出来吃掉。沙狐也会钻獭洞打獭子吃，我年年打獭子都得套着六七只沙狐，有一回还套着一条小狼呢。蒙古人让小孩钻狼洞掏狼崽，也是跟狼和沙狐子学来的。獭子洞要是浅了过冬就冷，所以獭子打洞就得往深里打，要打几丈深呢。”老人突然问：“你说，狼不在洞里过冬，为啥狼洞也那老深？”陈阵摇了摇头。老人说：“好多狼洞是用獭洞改的，母狼把獭洞掏宽，就变成了下崽的狼洞啦。”

陈阵吃了一惊说：“狼可真够毒的，吃了獭子一家不够，还要霸占人家的窝。”

乌力吉笑得很由衷，仿佛很欣赏狼的毒辣，他侧头对陈阵说：“狼不毒就治不住旱獭。狼吃旱獭，可给草原立了大功啊。旱獭是草原的一个大害，山坡上到处都有它的洞，你看看这一大片山让旱獭挖成啥样了。旱獭能生，一年一窝，一窝六七只，洞小了就住不下，可是洞大了要挖出多少沙石，毁坏多少草场？草原野物四大害：老鼠、野兔、旱獭和黄羊。旱獭数第三。旱獭跑得慢，人都能追上，可为啥还得下套抓？旱獭就是仗着洞多，洞和洞还连着地道，人一走近它就钻进洞了。旱獭吃起草来也厉害，到秋天专吃草籽，那一身肥膘得用几亩地的草和草籽才能养出来。旱獭洞的害处更大，马倌最怕獭洞，每年獭洞要别断不少马蹄，摔伤不少马倌。”

陈阵说：“那狼杀獭子还真为草原立了大功了。”

乌力吉接着说：“草原上獭洞最可恶，它还给蚊子过冬提供了地方。蒙古东部草原的蚊子，是在世界上出了名的。东北森林的蚊子能吃人，东蒙草原的蚊子能吃牛。草原上白灾黑灾①不一定年年有，可是蚊子年年来。牧民和牲畜怕蚊子比怕狼还要厉害。一年下来，蚊子能吃掉牛羊马三四成的膘。按道理，蒙古草原冬季零下三四十度，连病牛都能冻成冰坨子，怎么就冻不死蚊子呢？蒙古包里也藏不住蚊子，可为啥草原上的蚊子就能安全过冬？原因就在旱獭洞。一到天冷旱獭钻洞，蚊子也跟着进洞了。旱獭洞几丈深，旱獭一封洞，外面冰天雪地，可洞里像个暖窖。旱獭躲在洞里不吃不喝，蚊子叮在旱獭的身上有吃有喝，就可以舒舒服服过冬了。等到来年开春，旱獭出洞，蚊子也跟了出来，额仑草原水多泡子多，蚊子在水里经过一代又一代的繁殖，一到夏天，草原就是蚊群的天下了……你说旱獭是不是草原牧业一个大害？在草原上，狼喜欢吃獭肉，狼是杀旱獭的主力，草原老话说，‘獭子出洞，狼群上山’，旱獭一出来，牲畜就能消停一段日子。”

陈阵被蚊群叮咬过两个夏季，一听到蚊群就全身发毛发痒发疼，就有皮开肉绽的感觉，知青怕蚊子真比怕狼还厉害。后来紧急让家人从北京寄来蚊帐，才能睡着觉。牧民见到蚊帐喜欢得不行，过了一个夏天，北京的蚊帐立刻在草原牧民蒙古包里普及，牧民给这种新东西起了个名字：依拉格勒，直译为“蚊房子”。

陈阵真没想到草原上恐怖的蚊群，竟是从旱獭洞里冒出来的，他对乌力吉说：“您俩真是

---

① 白灾：指雪灾。黑灾：指冬季无雪的旱灾。

草原专家，原来草原的蚊灾跟旱獭有这么大的关系，獭洞简直成了蚊子的贼窝了，而狼又是獭子的克星。我在书上可读不到这么多的知识……”

乌力吉说：“草原太复杂，事事一环套一环，狼是个大环，跟草原上哪个环都套着，弄坏了这个大环，草原牧业就维持不下去。狼对草原对牧业的好处数也数不清，总的来说，应该是功大于过吧。”

毕利格老人笑着说：“可旱獭也不全坏，它的皮、肉和油都是金贵东西，獭子皮是牧民的一项重要的副业收入，国家用它跟外国人换汽车大炮呢。狼最聪明，杀旱獭从不杀光，留着年年都有得吃。牧民也不把獭子打绝，只打大的不打小的。”

三匹马在山里急行，有恃无恐的旱獭，继续欢叫。草原雕常常俯冲，可是十扑九空。越往东北方向走，人迹越少，井台土圈已消失，最后连马粪也见不到了。

三人登上一片高坡，远处突然出现几座绿得发假的大山。三人路过的山，虽然都换上了春天的新绿，却是绿中带黄，夹杂着秋草的陈黄色。可远处的绿山，却绿得像是话剧舞台上用纯绿色染出的布景，绿得像是动画片中的童话仙境。乌力吉扬鞭遥指绿山说：“要是去年秋天来，走到这儿看到的是一座黑山，这会儿黑灰没了，全是一色儿的新草，像不像整座山都穿上绿缎子夹袍？”三匹马望见绿山全都加速快跑起来。乌力吉挑了一面坡势较缓的草坡，带两人直插过去。三匹马翻过两道山梁，踏上了全绿的山坡。满坡的新草像是一大片绿苗麦地，纯净得没有一根黄草，没有一丝异味，草香也越来越浓。闻着闻着，毕利格老人觉得有点不对头，低头仔细察看。两条狗好像发现猎情，低头闻，小步跑，到处乱转。老人弯下腰，低下头，瞪眼细看马蹄旁半尺多高的嫩草。老人抬起头说：“你们再仔细闻闻。”陈阵深深地吸了一口气，竟然直接闻到了嫩草草汁的清香，好像是在秋天坐在马拉打草机上，闻到的刀割青草流出的草汁的香气。陈阵问道：“难道有人刚刚在这儿打过草？可谁会上这儿来打草呢？”

老人下了马，用长马棒扒拉青草，细心查找。不一会儿，便从草丛下找出一团黄绿色的东西，他用手捻了一下，又放到鼻子下面闻了闻说：“这是黄羊粪，黄羊刚才还来过这儿。”乌力吉和陈阵也下了马，看了看老人手中的黄羊粪，春天的黄羊粪很湿，不分颗粒，挤成一段。两人都吃了一惊，又走了几步，眼前一大片嫩草像是被镰刀割过一样，东一块，西一片，高矮不齐。

陈阵说：“我说今年春天在接羔草场没见着几只黄羊，原来都跑这儿来吃好草了。黄羊吃草真够狠的，比打草机还厉害。”

乌力吉给枪膛推上子弹，又关上保险，轻声说：“每年春天黄羊都到接羔草场跟下羔羊群抢草吃，今年不来了，就是说这片新草场的草，要比接羔草场的草还要好。黄羊跟我想到一块儿去了。”

毕利格老人笑眯了眼，对乌力吉说："黄羊最会挑草，黄羊挑上的草场，人畜不来那就太可惜了，看来这次又是你对了。"

乌力吉说："先别定，等你看了那边的水再说。"

陈阵担心地说："可这会儿羊羔还小，还走不了这么远的道。要是等到羔子能上路迁场，起码还得一个月，到那时候，这片草场早就让黄羊啃光了。"

老人说："甭着慌，狼比人精。黄羊群过来了，狼群还能不过来吗？这季节母黄羊下羔还没下完呢，大羊小羔都跑不快，正是一年中狼抓黄羊的最好时候，用不了几天，狼群准把黄羊群全赶跑。"

乌力吉说："怪不得今年牧场羊群接羔的成活率比往年高，原来青草一出来，黄羊群和狼群全来这儿了。没黄羊抢草，又没多少狼来偷羔子，成活率自然就高了。"

陈阵一听有狼，急忙催两人上马。三匹马又翻过一道小山梁，乌力吉提醒他留神，翻过前面那道大梁，就是大草场。他估摸狼和黄羊这会儿都在那里呢。

快到山梁顶部的时候，三人全下了马，躬着腰，牵着马，搂着狗的脖子，轻步轻脚地向山顶上几礅巨石靠过去。两条大狗知道有猎情，紧紧贴着主人蹲步低行。接近岩石，三人都用缰绳拴住马前腿，躬身走到巨石后面，趴在草丛中，用望远镜观察新草场的全景。

陈阵终于看清了这片边境草原美丽的处女地，这可能是中国最后一片处女草原了，美得让他几乎窒息，美得让他不忍再往前踏进一步，连使他魂牵梦绕的哥萨克顿河草原都忘了。陈阵久久地拜伏在它的面前，也忘记了狼。

眼前是一大片人迹未至、方圆几十里的碧绿大盆地。盆地的东方是重重叠叠，一层一波的山浪，一直向大兴安岭的余脉涌去。绿山青山、褐山赭山①、蓝山紫山，推着青绿褐赭蓝紫色的彩波向茫茫的远山泛去，与粉红色的天际云海相汇。盆地的北西南三面，是浅碟状的宽广大缓坡，从三面的山梁缓缓而下。草坡像是被腾格里修剪过的草毯，整齐的草毯上还有一条条一片片蓝色、白色、黄色、粉色的山花图案，色条之间散点着其他各色野花，将大片色块色条，衔接过渡得浑然天成。

一条标准的蒙古草原小河，从盆地东南山谷里流出。小河一流到盆地底部的平地上，立即大幅度地扭捏起来，每一曲河弯河套，都弯成了马蹄形的小半圆或大半圆，犹如一个个开口的银圈。整条闪着银光的小河宛若一个个银耳环、银手镯和银项圈串起来的银嫁妆；又像是远嫁到草原的森林蒙古姑娘，在欣赏草原美景，她忘掉了自己新嫁娘的身份，变成了一个贪玩的小姑娘，在最短的距离内绕行出最长的观光采花路线。河弯河套越绕越圆，越绕越长，最后注入盆地中央的一汪蓝湖。泉河清清，水面上流淌着朵朵白云。

盆地中央竟是陈阵在梦中都没有见过的天鹅湖。望远镜镜头里，宽阔的湖面出现了十几只白得耀眼的天鹅，在茂密绿苇环绕的湖中幽幽滑行，享受着世外天国的宁静和安乐。天鹅四周是成百上千的大雁、野鸭和各种不知名的水鸟。五六只大天鹅忽地飞起来，带起了大群水鸟，在湖与河的上空低低盘旋欢叫，好像隆重的迎新彩队乐团。泉湖静静，湖面上漂着朵朵白羽。

在天鹅湖的西北边还有一个天然出口，将湖中满溢的泉水，输引到远处上万亩密密的苇

① 赭(zhě)山：红褐色的山。

塘湿地里去了。

这也许是中国最后一个从未受人惊扰过的原始天鹅湖，也是中国北部草原边境最后一处原始美景了。陈阵看得痴迷，心里不由一阵阵惊叹，又掠过一丝担忧。一旦人马进驻，它的原始美很快就会消失，以后的中国人再也没有机会欣赏这样天然原始的处子之美了。陈阵想如果边防公路通过他趴伏的地方就好了，这才是真正应该划为禁区的地方。

思考练习

1. 词语积累。

根茎　　戈壁　　广袤　　草茬　　忧心忡忡

旋涡　　膻味　　悻悻　　窒息　　赭山

2. 文中描写美丽的天鹅湖时运用了哪些修辞手法？

3. 你如何理解乌力吉"等到草原变成了沙漠以后人才开始懂草原，到那时就太晚了"这句话？

4. 人类能从狼的身上获得什么启示？

生存还是毁灭[①]*

莎士比亚[②]

课文导读

本文是《哈姆雷特》中的一段著名独白，它表达了王子哈姆雷特复杂的心理困境：悲愤、苦闷、忧郁、彷徨。哈姆雷特对生存与死亡这个古老的哲学命题的思考，反映了其内心激烈的矛盾与冲突。在他看来，人的选择有两种：一种是“默然忍受命运的暴虐的毒箭”；另一种是“挺身反抗人世的无涯的苦难，在奋斗中扫清那一切”。前者表现为否定现实生活的人生态度，后者则表现为人文主义者积极的人生态度。

生存还是毁灭，这是一个值得考虑的问题；默然忍受命运的暴虐的毒箭，或是挺身反抗人世的无涯的苦难，在奋斗中扫清那一切，这两种行为，哪一种更高贵？死了，睡去了，什么都完了；要是在这一种睡眠之中，我们心头的创痛，以及其他无数血肉之躯所不能避免的打击，都可以从此消失，那正是我们求之不得的结局。死了，睡去了；睡去了也许还会做梦。嗯，阻碍就在这儿：因为当我们摆脱了这一具腐朽的皮囊以后，在那死的睡眠里，究竟将要做些什么梦，那不能不使我们踌躇顾虑。人们甘心久困于患难之中，也就是为了这一个缘故。谁愿意忍受人世的鞭挞和讥嘲、压迫者的凌辱、傲慢者的冷眼、被轻蔑的爱情的惨痛、法律的迁延、官吏的横暴和俊杰大才费尽辛勤所换来的得势小人的鄙视，要是他只要用一柄小小的刀子，就可以清算他自己的一生？谁愿意负着这样的重担，在烦劳的生命的压迫下呻吟流汗，倘不是因为惧怕不可知的死后，惧怕那从来不曾有一个旅人回来过的神秘之国，是它迷惑了我们的意志，使我们宁愿忍受目前的折磨，不敢向我们所不知道的痛苦飞去？这样，重重的顾虑使我们全变成了懦夫，决心的赤热的光彩，被审慎的思维盖上了一层灰色，伟大的事业在这一种考虑之下，也会逆流而退，失去了行动的意义。且慢！美丽的奥菲利娅！——女神，在你的祈祷之中，不要忘记替我忏悔我的罪孽。

---

① 选自《哈姆雷特：莎士比亚戏剧选》，莎士比亚著，朱生豪译，译林出版社2017年版。 ② 莎士比亚（1564—1616），英国戏剧家、诗人。代表作品有悲剧：《哈姆雷特》《奥赛罗》《李尔王》《麦克白》和《罗密欧与朱丽叶》；喜剧：《威尼斯商人》《仲夏夜之梦》《无事生非》等。

思考练习

1. 词语积累。

暴虐　　皮囊　　踌躇　　鞭挞　　迁延

凌辱　　呻吟　　罪孽　　顾虑　　审慎

2. 哈姆雷特关于“生存还是毁灭”的内心独白是整个悲剧的核心，反映了他内心的矛盾冲突。请同学们再次诵读这部分内容，同时讨论以下问题：

(1) 哈姆雷特怎样看待生死？

(2) 在做出选择的时候，他考虑到了哪些问题？

3. 在思考与行动的抉择中，哈姆雷特选择了什么？

4. 试分析造成哈姆雷特性格复杂、矛盾的原因。

单元综合实训

一、拓展阅读

《射雕英雄传》①是金庸②中期武侠小说创作的代表作品。这部小说历史背景突出，场景纷繁，气势宏伟，具有鲜明的“英雄史诗”风格。在人物创造与情节安排上，它打破了传统武侠小说一味追求传奇，将人物作为情节附庸的模式，坚持以创造个性化的人物形象为中心，按照人物性格的发展需要及其内在可能性、必然性来设置情节，从而使这部小说达到了“事虽奇，人却真”的妙境。

小说以宋、金、蒙古三国对峙为背景，围绕郭靖、黄蓉、杨康、穆念慈等人的故事展开，讲述了郭靖在经历各种磨难后成为一代大侠以及他与黄蓉之间的爱情故事。小说中许多情节的处理，是戏剧体的。下面的内容节选自《射雕英雄传》第五回，请仔细阅读，并回答文后的阅读理解题。

弯弓射雕(节选)

郭靖与拖雷、华筝常在悬崖下游玩，几乎日日见到这对白雕飞来飞去，有时观看双雕捕捉鸟兽为食，有时将大块牛羊肉拖上空中，白雕飞下接去，百不失一，是以对之已生感情，又见白雕以寡敌众，三个人不住口的为白雕呐喊助威：“白雕啄啊，左边敌人来啦，快转身，好好，追上去，追上去！”

酣斗良久，黑雕又死了两头，两头白雕身上也伤痕累累，白羽上染满了鲜血。一头身形特大的黑雕忽然高叫几声，十多头黑雕转身逃去，没入云中，尚有四头黑雕兀自苦斗。众人见白雕获胜，都欢呼起来。过了一会，又有三头黑雕也掉头急向东方飞逃，一头白雕不舍，随后赶去，片刻间都已飞得影踪不见。只剩下一头黑雕，高低逃窜，被余下那头白雕逼得狼狈不堪。眼见那黑雕难逃性命，忽然空中怪声急唳，十多头黑雕从云中猛扑下来，齐向白雕啄去。铁木真大声喝彩：“好兵法！”

这时白雕落单，不敌十多头黑雕的围攻，虽然又啄死了一头黑雕，终于身受重伤，堕在崖上，众黑雕扑上去乱抓乱啄。郭靖与拖雷、华筝都十分着急，华筝甚至哭了出来，连叫：“爹爹，快射黑雕。”

铁木真却只是想着黑雕出奇制胜的道理，对窝阔台与拖雷道：“黑雕打了胜仗，这是很高明的用兵之道，你们要记住了。”两人点头答应。

---

① 《射雕英雄传》，又名《大漠英雄传》，金庸著，是“射雕三部曲”的第一部。 ② 金庸(1924—2018)，原名查良镛，生于浙江省海宁市，武侠小说作家，与古龙、梁羽生、温瑞安并称为“新武侠四大家”。

众黑雕啄死了白雕，又向悬崖的一个洞中扑去，只见洞中伸出了两只小白雕的头来，眼见立时要给黑雕啄死。华筝大叫："爹爹，你还不射？"又叫："郭靖，郭靖，你瞧，白雕生了一对小雕儿，咱们怎地不知道？啊哟，爹爹，你快射死黑雕！"

铁木真微微一笑，弯硬弓，搭铁箭，嗖的一声，飞箭如电，正穿入一头黑雕的身中，众人齐声喝彩。铁木真把弓箭交给窝阔台道："你来射。"窝阔台一箭也射死了一头。待拖雷又射中一头时，众黑雕见势头不对，纷纷飞逃。

蒙古诸将也都弯弓相射，但众黑雕振翅高飞之后，就极难射落，强弩之末劲力已衰，未能触及雕身便已掉下。铁木真叫道："射中的有赏。"

神箭手哲别有意要郭靖一显身手，拿起自己的强弓硬弩，交在郭靖手里，低声道："跪下，射项颈。"

郭靖接过弓箭，右膝跪地，左手稳稳托住铁弓，更无丝毫颤动，右手运劲，将一张二百来斤的硬弓拉了开来。他跟江南六怪练了十年武艺，上乘武功虽然未窥堂奥，但双臂之劲，眼力之准，却已非比寻常，眼见两头黑雕比翼从左首飞过，左臂微挪，瞄准了黑雕项颈，右手五指松开，正是：弓弯有若满月，箭去恰如流星。黑雕待要闪避，箭杆已从颈对穿而过。这一箭劲力未衰，接着又射进了第二头黑雕腹内，一箭贯着双雕，自空急堕。众人齐声喝彩。余下的黑雕再也不敢停留，四散高飞而逃。

华筝对郭靖悄声道："把双雕献给我爹爹。"郭靖依言捧起双雕，奔到铁木真马前，一膝半跪，高举过顶。

铁木真生平最爱的是良将勇士，见郭靖一箭力贯双雕，心中甚喜。要知北国大雕非比寻常，双翅展开来足有一丈多长，羽毛坚硬如铁，扑击而下，能把整头小马大羊攫到空中，端的厉害之极，连虎豹遇到大雕时也要迅速躲避。一箭双雕，殊属难能。

铁木真命亲兵收起双雕，笑道："好孩子，你的箭法好得很啊！"郭靖不掩哲别之功，道："是哲别师父教我的。"铁木真笑道："师父是哲别，徒弟也是哲别。"在蒙古语中，哲别是神箭手之意。

拖雷相帮义弟，对铁木真道："爹爹，你说射中的有赏。我安答一箭双雕，你赏甚么给他？"铁木真道："赏甚么都行。"问郭靖道："你要甚么？"拖雷喜道："真的赏甚么都行？"铁木真笑道："难道我还能欺骗孩子？"

郭靖这些年来依铁木真而居。诸将都喜他朴实和善，这时见大汗神色甚喜，大家望着郭靖，都盼他能得到重赏。

郭靖道："大汗待我这么好，我妈妈甚么都有了，不用再给我啦。"铁木真笑道："你这孩子倒有孝心，总是先记着妈妈。那么你自己要甚么？随便说罢，不用怕。"

郭靖微一沉吟，双膝跪在铁木真马前，道："我自己不要甚么，我是代别人求大汗一件事。"铁木真道："甚么？"郭靖道："王罕的孙子都史又恶又坏，华筝嫁给他后一定要吃苦。求求大汗别把华筝许配给他。"

（选自《射雕英雄传》，金庸著，广州出版社 2013 年版）

【阅读理解】

1. 文中描写郭靖射雕时用了几个连贯的动词"接过""跪地""托住""运劲""拉开""微

挪”“瞄准”“松开”，从而使郭靖的射雕英雄形象跃然纸上。试分析其形象特点。

2. 根据下面的内容，分析蕴藏在郭靖身上的传统美德。

(1) 铁木真命亲兵收起双雕，笑道：“好孩子，你的箭法好得很啊！”郭靖不掩哲别之功，道：“是哲别师父教我的。”

(2) 郭靖道：“大汗待我这么好，我妈妈甚么都有了，不用再给我啦。”

(3) 郭靖微一沉吟，双膝跪在铁木真马前，道：“我自己不要甚么，我是代别人求大汗一件事。”

二、单元练笔：改编剧本

(一) 写作指导

1. 戏剧的语言梳理

(1) 人物语言——台词。

对白：人物与人物之间的对话。

独白：无人应答的一个人独自说的话。

自白：人物的自言自语或内心想法。

旁白：戏外人插说的话。

唱词：由戏中人物或戏外人吟唱的用于抒发内心感情或表达作者对人物感情态度的歌曲。

(2) 舞台说明。

场景介绍：场地、景物、摆设、装饰等。

动作说明：人物上下场、人物手势、打斗等。

神情点示：喜、怒、哀、乐、哭、笑等。

话外音：时代背景、时间推移、不便表演的结局、点睛评语等。

穿戴肖像：脸色、神态、身材、相貌、服饰、打扮等。

配乐：用于烘托气氛的音乐。

2. 改编剧本的操作步骤

(1) 细读原作，初步理解作品的内容。

(2) 再读原作，用不同的符号或颜色把小说中的说话人、对话、心理活动、动作、外貌、用具、环境等描写语句，背景、情节发展、时间地点转换等叙述语句，以及议论插说补叙的语句都标示出来。

(3) 先把说话人及其语言按一定的顺序分段排列出来，并在人物与人物对话间空行，转场处或有非人物语言描写处多空几行。

(4) 在首尾及中间的空行处添加时间、地点、人物简介、场景(布景)说明以及人物上下场、动作、道具使用、外貌、气氛、神情、画外音等舞台说明。

(5) 区分并注明属于对白、旁白、独白等不同类型的台词。

(6) 根据原作情节和长度，确定场次。在每一场前面标清“第一场”“第二场”等。记住，每场戏都应有一个相对完整的情节。可根据小说情节结构的开端、发展、高潮、结局去确定。

(7) 回读初稿，对不够连贯、对话不切合人物身份的台词和不够简明的舞台说明作增改。

(8) 打印：人物语言用大号字，舞台说明用小号字，插在正文中的舞台说明用括号括起来。

（二）写作训练

《项链》是法国作家莫泊桑的代表作，小说以“项链”为线索为我们讲述了一个耐人寻味的故事，整个故事波澜起伏，跌宕多姿，引人入胜。请同学们仔细阅读原文，大胆想象，合理发挥，将小说《项链》改编成剧本。

三、佳片欣赏

1.《阿甘正传》

简介：电影改编自作家温斯顿·格卢姆的同名小说，讲述了先天智障的小镇男孩福瑞斯特·甘自强不息，最终“傻人有傻福”，得到上天眷顾，在多个领域创造奇迹的励志故事。

2.《可可西里》

简介：影片由陆川执导，讲述了假扮记者身份的警察尕玉和巡山队员为了保护可可西里的藏羚羊和生态环境，与盗猎分子顽强抗争甚至不惜牺牲生命的故事。

3.《心灵捕手》

简介：麻省理工学院的清洁工威尔，在数学方面有着过人天赋，却是个叛逆的问题少年。影片讲述了他如何在朋友的帮助下打开心灵，并找回自己的人生目标的故事。

4.《三傻大闹宝莱坞》

简介：影片改编自印度作家的小说《五点人》。在以严格著称的皇家工程学院中，兰乔是个非常与众不同的学生，他不死记硬背，甚至敢于公然质疑校长的教学方法，鼓励好友们勇敢追寻梦想和爱情。影片直面印度教育之痛，引起了很多学生以及教育工作者的共鸣。

5.《亮剑》

简介：这是一部战争类电视连续剧，改编自都梁的同名小说。该剧讲述了革命军人李云龙经历了抗日战争、解放战争、抗美援朝等历史时期而军人本色始终不改的故事。

第五单元

时代泛舟

单元导语

本单元选取了富有时代气息、题材各异的几篇诗文，通过学习（也是参与作品的再创造过程），同学们可以开阔知识视野，激扬创造思维，加深文化底蕴，塑造健康人格，陶冶美好情操。《雪花的快乐》表达了诗人对自由理想的追求。《飞鸟集（十二首）》是只言片语却蕴涵丰富思想、深奥哲理的小诗。《布利丹毛驴的选择》用通俗的语言解释了看似远离生活的经济学原理。《十八岁出门远行》向我们揭示了理想与现实的距离以及成长过程中的艰辛。《跑警报》在谐趣中揭示了我们民族在灾难面前顽强不屈的精神。《“江南”是怎样炼成的》探寻了江南这个概念是怎么从一个普通名词演变成一个专有名词、从一个抽象空间演变成一个有着丰富内容和意义的地方的，揭示了自然、文明、行政区划以及文学作品在这个名词形成过程中的作用。本单元部分现当代文学作品以及译作的用词与现代汉语略有不同，尊重原作风貌，选入课文时不作修改，请注意区分。

本单元要本着“师法”的原则，通过整体阅读的方法进行学习。整体阅读法是指按照一定的程序对文章从整体上加以快速理解的阅读方法。

现代诗二首

课文导读

《雪花的快乐》是徐志摩的名篇之一，诗人通过对“雪花”的描写，表达了自己对自由理想的追求。全诗有流动感，韵律和谐，富于音乐美；四小节句式齐整，起承转合，富于结构美；诗中以雪花自喻，营造出无穷的意境，富于绘画美。

泰戈尔认为人类与自然密不可分，人类情感与自然力之间有着内在的联系。《飞鸟集》就是从自然中获取灵感，用短小的诗句道出人生哲理，引领读者探寻真理和智慧的源泉。

雪花的快乐①

徐志摩②

假如我是一朵雪花，
翩翩的在半空里潇洒，
　我一定认清我的方向——
　飞飏③，飞飏，飞飏，——
这地面上有我的方向。

不去那冷寞的幽谷，
不去那凄清的山麓，
　也不上荒街去惆怅——
　飞飏，飞飏，飞飏，——
你看，我有我的方向。

在半空里娟娟的飞舞，
认明了那清幽的住处，

① 选自《志摩的诗》，河南文艺出版社2013年版。本诗写于1924年12月30日，最初发表于1925年1月17日《现代评论》第1卷第6期。 ② 徐志摩（1897—1931），浙江海宁人，现代诗人、散文家。名章垿，初字槱森，后改字志摩，曾经用过的笔名有南湖、诗哲、海谷等。徐志摩是新月派代表诗人，著有诗集《志摩的诗》《猛虎集》等。 ③ 飞飏：向上飘起。现也作飞扬。

等着她来花园里探望——
飞飏，飞飏，飞飏，——
啊，她身上有朱砂梅的清香！

那时我凭借我的身轻，
盈盈的，沾住了她的衣襟，
贴近她柔波似的心胸——
消溶，消溶，消溶，——
溶入了她柔波似的心胸！

飞鸟集(十二首)[①]

泰戈尔[②]

如果错过了太阳时你流了泪，那末你也要错过群星了。

鸟儿愿为一朵云。云儿愿为一只鸟。

瀑布歌唱道："我得到自由时便有歌声了。"

当我们是大为谦卑的时候，便是我们最近于伟大的时候。

谢谢火焰给你光明，但是不要忘了那执灯的人，他是坚忍地站在黑暗当中呢。

我们把世界看错了，反说它欺骗我们。

使生如夏花之绚烂，死如秋叶之静美。

不是槌的打击，乃是水的载歌载舞，使鹅卵石臻于完美。

采着花瓣时，得不到花的美丽。

---

① 选自《泰戈尔散文诗全集》，郑振铎译，浙江文艺出版社1990年版。 ② 泰戈尔（1861—1941），印度诗人、文学家、社会活动家，代表作有《吉檀迦利》《飞鸟集》《园丁集》《新月集》《最后的诗篇》《戈拉》《文明的危机》等。

世界以它的痛苦同我接吻，而要求歌声作报酬。

燃烧着的木块，熊熊地生出火光，叫道——“这是我的花朵，我的死亡。”

鸟翼上系上了黄金，这鸟便永不能再在天上翱翔了。

思考练习

1. 词语积累。

飞飏　山麓　惆怅　凭借　谦卑　绚烂　槌　臻于完美

2.《雪花的快乐》这首诗中的“雪花”具有怎样的特点？

3. 分析《雪花的快乐》中反复修辞手法的运用。

4. 从《飞鸟集（十二首）》中任选一首为主题，写一篇作文，阐述你对诗中哲理的理解和心得，500 字左右。

布利丹毛驴的选择[①]

梁小民

课文导读

本文以寓言引入，向我们阐释了深入浅出的经济学思想，使那些看似远离生活的经济学原理变得浅显易懂。寓言讲的是动物或人，反映的是人性以及做人的道理。经济学用的是逻辑推理或数学工具，分析的是人类行为。无论在寓言中还是经济学中，人性是共同的，做人做事的道理也是相同的。

《拉封丹寓言》[②]中有一头著名的布利丹毛驴，它面对两捆干草不知该吃哪一捆好，最后竟然饿死了。

布利丹毛驴面临的是经济学家所说的选择问题。经济学家所说的选择，说明人的欲望是无限的，但用于满足欲望的资源是有限的。所以，要决定用什么资源去满足哪些欲望，这就是资源配置问题。经济学的目标，正是要实现资源配置的最优化。其实，每个人也和布利丹毛驴一样，面临在两捆干草之间作出选择的问题。

布利丹毛驴作不出选择而饿死，说明选择并不是一件容易的事。其根源在于在资源有限的情况下，有所得必有所失。为了得而失去的东西称为机会成本。就布利丹毛驴而言，它选择一捆干草，必须放弃另一捆干草。放弃的那捆干草，就是得到另一捆干草的机会成本。经济学家常说，世界上没有免费的午餐，就是指任何选择行为都有机会成本。

经济学家在谈资源的稀缺性时，往往指客观存在的物质资源，如劳动、资本、自然资源，等等。因此，选择就是要实现在有限资源下的最大化。在按照这种思路作出选择时，人们往往把收入最大化、利润最大化或其他物质利益的最大化作为目标，忘记了个人的能力——包括创造财富的能力和享受财富的能力——也是有限的。布利丹毛驴犯的正是这个错误。这头驴子的消费能力（能吃的干草）是有限的，在两捆干草中，吃一捆就足够了。但它觉得哪一捆都好，都舍不得放弃，最后哪一捆都没吃，饿死了。

---

① 选自《寓言中的经济学》，梁小民著，北京大学出版社 2005 年版。选入时有删减。 ② 《拉封丹寓言》，法国人让·德·拉封丹的作品，大都取材于古代希腊、罗马和印度的寓言及中世纪的民间故事，这些寓言涉及各个阶层和行业，生动反映了 17 世纪法国的社会生活。

驴子毕竟是驴子。在寓言中，驴子都是愚蠢的，所以才有蠢驴之说。但人们在嘲笑驴子时却往往忘记了，他们有时也会像驴子那么蠢。

每个人都面临类似的困境，每个人都面临从事什么职业的选择。从政当官，有地位有权力，但不能发财；从商当企业家，有钱，但无权无地位；从文当学者，有地位，但无钱。这是摆在每个人面前的三捆干草，每捆都很诱人。但人的能力有限，只能从事一种职业。只选一种者可以成为成功的政治家、企业家或学者。类似布利丹毛驴者，往往一事无成。但世界上的布利丹毛驴真还不少。一些当官者还想发财，利用职权戴一顶教授博导，甚至院士的帽子，结果成了贪官或沽名钓誉者，为世人所不齿。一些从商者一心想当官，花钱买官，犯了行贿罪。至于那些一心要钻入官场或发财的文人，结局也是不伦不类，没学问只好去剽窃。这些人不都成了饿死的布利丹毛驴吗？

每个人面临的另一个重要选择，是事业与家庭生活幸福。这种选择不同于布利丹毛驴在两捆干草之中选一捆的选择，而是要在两捆干草中求得一种平衡。这就是说，布利丹毛驴觉得两捆干草都好，可以每捆干草都吃一半，不至于饿死，或两捆都吃掉撑死。人的时间和精力都是有限的（资源稀缺），对事业与家庭幸福的期望是无限的（欲望无限）。正确的原则不是为了一个放弃另一个，而是在两者之间选择一种平衡。那种为了事业（赚钱或当官）而放弃家庭幸福，或者满足于过一种小日子而没有追求的人，都是布利丹毛驴，因为在这两者之中完全放弃了另一个，实际上仍是一事无成。你见过家庭后院起火而事业成功的人，或者一事无成仍家庭幸福的人吗？《笑傲江湖》中的岳不群选择了当五岳盟主而放弃其他一切，最后不就是布利丹毛驴饿死的下场吗？

经济学所说的最大化并不是物质的最大化。对一个社会而言，最大化并不是GDP最大化；对一个人而言，最大化也不是财富最大化。社会的最大化是社会福利最大化，GDP之所以重要在于它是社会福利提高的基础，不能把GDP最大化作为唯一目标是因为GDP并不等于幸福。个人的最大化是幸福的最大化，财富之所以重要在于它是幸福的物质基础，不能把财富作为唯一目标是因为财富并不等于幸福。社会应该协调发展，人也要追求全面的幸福。这才是选择的真正目标，也才是经济学的真谛。

许多人都把经济学作为一门赚钱的学问，认为它能使一个国家GDP增长或使一个人发财，这是一种误解。布利丹毛驴式的错误正由此而来。在学习经济学时，要记住英国文豪萧伯纳的一句话：经济学是一门使人生幸福的艺术。

思考练习

1. 词语积累。

欲望	稀缺	资源配置	真谛	不伦不类
利润	剽窃	机会成本	沽名钓誉	一事无成

2. 文章开头用寓言引入，实际介绍的是经济学原理，这样写有什么好处？

3. 请谈谈对“经济学是一门使人生幸福的艺术”这句话的理解。

4. 人生难免会遇到在“两捆干草”之间作出选择的问题，读了这篇文章你获得了哪些启示？

十八岁出门远行[①]

余　华[②]

课文导读

小说用荒诞的手法讲述了一个十八岁的男孩初次出门远行的经历，写出了青年人走向生活的单纯与困惑、挫折与收获，揭示了生活中理想与现实的距离以及成长的艰辛。文章用纯净的语言、精巧的叙述，表达作者对现实世界的一种感受，反映其对生活的冷峻思考。余华的小说中有一些令人难以捉摸的情境，虚实结合，象征意味明显。

柏油马路起伏不止，马路像是贴在海浪上。我走在这条山区公路上，我像一条船。这年我十八岁，我下巴上那几根黄色的胡须迎风飘飘，那是第一批来这里定居的胡须，所以我格外珍重它们，我在这条路上走了整整一天，已经看了很多山和很多云。所有的山所有的云，都让我联想起了熟悉的人。我就朝着它们呼唤他们的绰号。所以尽管走了一天，可我一点也不累。我就这样从早晨里穿过，现在走进了下午的尾声，而且还看到了黄昏的头发。但是

① 选自《十八岁出门远行》，余华著，作家出版社1989年版。本文是余华的成名作，最初发表在1987年第1期的《北京文学》。② 余华（1960— ），浙江海盐人，当代作家。1984年开始文学创作，代表作有短中篇小说《十八岁出门远行》《世事如烟》，小说集《偶然事件》，长篇小说《在细雨中呼喊》《许三观卖血记》《活着》《文城》等。

我还没走进一家旅店。

我在路上遇到不少人，可他们都不知道前面是何处，前面是否有旅店。他们都这样告诉我：“你走过去看吧。”我觉得他们说的太好了，我确实是在走过去看。可是我还没走进一家旅店。我觉得自己应该为旅店操心。

我奇怪自己走了一天竟只遇到一次汽车。那时是中午，那时我刚刚想搭车，但那时仅仅只是想搭车，那时我还没为旅店操心，那时我只是觉得搭一下车非常了不起。我站在路旁朝那辆汽车挥手，我努力挥得很潇洒。可那个司机看也没看我，汽车和司机一样，也是看也没看，在我眼前一闪就过去了。我就在汽车后面拼命地追了一阵，我这样做只是为了高兴，因为那时我还没有为旅店操心。我一直追到汽车消失之后，然后我对着自己哈哈大笑，但是我马上发现笑得太厉害会影响呼吸，于是我立刻不笑。接着我就兴致勃勃地继续走路，但心里却开始后悔起来，后悔刚才没在潇洒地挥着的手里放一块大石子。

现在我真想搭车，因为黄昏就要来了，可旅店还没影呢，但是整个下午竟没再看到一辆汽车。要是现在再拦车，我想我准能拦住。我会躺到公路中央去，我敢肯定所有的汽车都会在我耳边来个急刹车。然而现在连汽车的马达声都听不到。现在我只能走过去看了，这话不错，走过去看。

公路高低起伏，那高处总在诱惑我，诱惑我没命奔上去看旅店，可每次都只看到另一个高处，中间是一个叫人沮丧的弧度。尽管这样我还是一次一次地往高处奔，次次都是没命地奔。眼下我又往高处奔去。这一次我看到了，看到的不是旅店而是汽车。汽车是朝我这个方向停着的，停在公路的低处。我看到那个司机高高翘起的屁股，屁股上有晚霞。司机的脑袋我看不见，他的脑袋正塞在车头里。那车头的盖子斜斜翘起，像是翻起的嘴唇。车厢里高高堆着箩筐，我想着箩筐里装的肯定是水果。当然最好是香蕉。我想他的驾驶室里应该也有，那么我一坐进去就可以拿起来吃了，虽然汽车将要朝我走来的方向开去，但我已经不在乎方向。我现在需要旅店，旅店没有就需要汽车，汽车就在眼前。

我兴致勃勃地跑了过去，向司机打招呼：“老乡，你好。”

司机好像没有听到，仍在弄着什么。

“老乡，抽烟。”

这时他才使了使劲，将头从里面拔出来，并伸过来一只黑乎乎的手，夹住我递过去的烟。我赶紧给他点火。他将烟叼在嘴上吸了几口后，又把头塞了进去。

于是我心安理得了，他只要接过我的烟，他就得让我坐他的车。我就绕着汽车转悠起来，转悠是为了侦察箩筐的内容。可是我看不清，便用鼻子闻，闻到了苹果味。苹果也不错，我这样想。

不一会他修好了车，就盖上车盖跳了下来。我赶紧走上去说：“老乡，我想搭车。”不料他用黑乎乎的手推了我一把，粗暴地说：“滚开。”

我气得无话可说，他却慢悠悠地打开车门钻了进去，然后发动机响了起来。我知道要是错过这次机会，将不再有机会。我知道现在应该豁出去了。于是我跑到另一侧，也拉开车门钻了进去。我准备与他在驾驶室里大打一场。我进去时首先是冲着他吼了一声：“你嘴里还叼着我的烟。”这时汽车已经活动了。

然而他却笑嘻嘻地十分友好地看起我来，这让我大惑不解。他问：“你上哪？”

我说:“随便上哪。”

他又亲切地问:“想吃苹果吗?”他仍然看着我。

“那还用问。”

“到后面去拿吧。”

他把汽车开得那么快,我敢爬出驾驶室爬到后面去吗? 于是我就说:“算了吧。”

他说:“去拿吧。”他的眼睛还在看着我。

我说:“别看了,我脸上没公路。”

他这才扭过头去看公路了。

汽车朝我来时的方向驰着,我舒服地坐在座椅上,看着窗外,和司机聊着天。现在我和他已经成为朋友了。我已经知道他是在个体贩运。这汽车是他自己的,苹果也是他的。我还听到了他口袋里面钱儿叮当响。我问他:“你到什么地方去?”

他说:“开过去看吧。”

这话简直像是我兄弟说的,这话可真亲切。我觉得自己与他更亲近了。车窗外的一切应该是我熟悉的,那些山那些云都让我联想起另一帮熟悉的人来了,于是我又叫唤起另一批绰号来了。

现在我根本不在乎什么旅店,这汽车这司机这座椅让我心安而理得。我不知道汽车要到什么地方去,他也不知道。反正前面是什么地方对我们来说无关紧要,我们只要汽车在驰着,那就驰过去看吧。

可是这汽车抛锚了,那个时候我们已经是好得不能再好的朋友了。我把手搭在他肩上,他把手搭在我肩上。他正在把他的恋爱说给我听,正要说第一次拥抱女性的感觉时,这汽车抛锚了。汽车是在上坡时抛锚的,那个时候汽车突然不叫唤了,像死猪那样突然不动了。于是他又爬到车头上去了,又把那上嘴唇翻了起来,脑袋又塞了进去。我坐在驾驶室里,我知道他的屁股此刻肯定又高高翘起,但上嘴唇挡住了我的视线,我看不到他的屁股,可我听得到他修车的声音。

过了一会他把脑袋拔了出来,把车盖盖上。他那时的手更黑了,他把脏手在衣服上擦了又擦,然后跳到地上走了过来。

“修好了?”我问。

“完了,没法修了。”他说。

我想完了,“那怎么办呢?”我问。

“等着瞧吧。”他漫不经心地说。

我仍在汽车里坐着,不知该怎么办。眼下我又想起什么旅店来了。那个时候太阳要落山了,晚霞则像蒸气似地在升腾。旅店就这样重又来到了我脑中,并且逐渐膨胀,不一会便把我的脑袋塞满了。那时我的脑袋没有了,脑袋的地方长出了一个旅店。

司机这时在公路中央做起了广播操,他从第一节做到最后一节,做得很认真。做完又绕着汽车小跑起来。司机也许是在驾驶室里待得太久,现在他需要锻炼身体了。看着他在外面活动,我在里面也坐不住,于是,打开车门也跳了下去。但我没做广播操也没小跑。我在想着旅店。

这个时候我看到坡上有五个人骑着自行车下来,每辆自行车后座上都用一根扁担绑着两只很大的箩筐，我想他们大概是附近的农民，大概是卖菜回来。看到有人下来，我心里十分高兴，便迎上去喊道："老乡，你们好。"

那五个骑到我跟前时跳下了车，我很高兴地迎了上去，问："附近有旅店吗？"

他们没有回答，而是问我："车上装的是什么？"

我说："是苹果。"

他们五人推着自行车走到汽车旁，有两个人爬到了汽车上，接着就翻下来十筐苹果，下面三个人把筐盖掀开往他们自己的筐里倒。我一时间还不知道发生了什么，那情景让我目瞪口呆。我明白过来就冲了上去，责问："你们要干什么？"

他们谁也没理睬我，继续倒苹果。我上去抓住其中一个人的手喊道："有人抢苹果啦！"这时有一只拳头朝我鼻子上狠狠地揍来了，我被打出几米远。爬起来用手一摸，鼻子软塌塌地不是贴着而是挂在脸上了，鲜血像是伤心的眼泪一样流。可当我看清打我那个身强力壮的大汉时，他们五人已经跨上自行车骑走了。

司机此刻正在慢慢地散步，嘴唇翻着大口喘气，他刚才大概跑累了。他好像一点也不知道刚才的事。我朝他喊："你的苹果被抢走了！"可他根本没注意我在喊什么，仍在慢慢地散步。我真想上去揍他一拳，也让他的鼻子挂起来。我跑过去对着他的耳朵大喊："你的苹果被抢走了。"他这才转身看了我起来，我发现他的表情越来越高兴，我发现他是在看我的鼻子。

这时候，坡上又有很多人骑着自行车下来了，每辆车后都有两只大筐，骑车的人里面有一些孩子。他们蜂拥而来，又立刻将汽车包围。好些人跳到汽车上面，于是装苹果的箩筐纷纷而下，苹果从一些摔破的筐中像我的鼻血一样流了出来。他们都发疯般往自己筐中装苹果。才一瞬间工夫，车上的苹果全到了地上。那时有几辆手扶拖拉机从坡上隆隆而下，拖拉机也停在汽车旁，跳下一帮大汉开始往拖拉机上装苹果，那些空了的箩筐一只一只被扔了出去。那时的苹果已经满地滚了，所有人都像蛤蟆似的蹲着捡苹果。

我是在这个时候奋不顾身扑上去的，我大声骂着："强盗！"扑了上去。于是有无数拳脚前来迎接，我全身每个地方几乎同时挨了揍。我支撑着从地上爬起来时，几个孩子朝我击来苹果。苹果撞在脑袋上碎了，但脑袋没碎。我正要扑过去揍那些孩子，有一只脚狠狠地踢在我腰部。我想叫唤一声，可嘴巴一张却没有声音。我跌坐在地上，我再也爬不起来了，只能看着他们乱抢苹果。我开始用眼睛去寻找那司机，这家伙此刻正站在远处朝我哈哈大笑，我便知道现在自己的模样一定比刚才的鼻子更精彩了。

那个时候我连愤怒的力气都没有了。我只能用眼睛看着这些使我愤怒极顶的一切。我最愤怒的是那个司机。

坡上又下来了一些手扶拖拉机和自行车，他们也投入到这场浩劫中去。我看到地上的苹果越来越少，看着一些人离去和一些人来到。来迟的人开始在汽车上动手，我看着他们将车窗玻璃卸了下来，将轮胎卸了下来，又将木板撬了下来。轮胎被卸去后的汽车显得特别垂头丧气，它趴在地上。一些孩子则去捡那些刚才被扔出去的箩筐。我看着地上越来越干净，人也越来越少。可我那时只能看着了，因为我连愤怒的力气都没有了。我坐在地上爬不起来，我只能让目光走来走去。

现在四周空荡荡了，只有一辆手扶拖拉机还停在趴着的汽车旁。有几个人在汽车旁东瞧西望，是在看看还有什么东西可以拿走。看了一阵后才一个一个爬到拖拉机上，于是拖拉机开动了。

这时我看到那个司机也跳到拖拉机上去了，他在车斗里坐下来后还在朝我哈哈大笑。我看到他手里抱着的是我那个红色的背包。他把我的背包抢走了。背包里有我的衣服和我的钱，还有食品和书。可他把我的背包抢走了。

我看着拖拉机爬上了坡，然后就消失了，但仍能听到它的声音，可不一会连声音都没有了。四周一下子寂静下来，天也开始黑下来。我仍在地上坐着，我这时又饥又冷，可我现在什么都没有了。

我在那里坐了很久，然后才慢慢爬起来。我爬起来时很艰难，因为每动一下全身就剧烈地疼痛，但我还是爬了起来。我一拐一拐地走到汽车旁边。那汽车的模样真是惨极了，它遍体鳞伤地趴在那里，我知道自己也是遍体鳞伤了。

天色完全黑了，四周什么都没有，只有遍体鳞伤的汽车和遍体鳞伤的我。我无限悲伤地看着汽车，汽车也无限悲伤地看着我。我伸出手去抚摸了它。它浑身冰凉。那时候开始起风了，风很大，山上树叶摇动时的声音像是海涛的声音，这声音使我恐惧，使我也像汽车一样浑身冰凉。

我打开车门钻了进去，座椅没被他们撬去，这让我心里稍稍有了安慰。我就在驾驶室里躺了下来。我闻到了一股漏出来的汽油味，那气味像是我身内流出的血液的气味。外面风越来越大，但我躺在座椅上开始感到暖和一点了。我感到这汽车虽然遍体鳞伤，可它心窝还是健全的，还是暖和的。我知道自己的心窝也是暖和的。我一直在寻找旅店，没想到旅店你竟在这里。

我躺在汽车的心窝里，想起了那么一个晴朗温和的中午，那时的阳光非常美丽。我记得自己在外面高高兴兴地玩了半天，然后我回家了，在窗外看到父亲正在屋内整理一个红色的背包，我扑在窗口问："爸爸，你要出门？"

父亲转过身来温和地说："不，是让你出门。"

“让我出门?”

“是的,你已经十八了,你应该去认识一下外面的世界了。”

后来我就背起了那个漂亮的红背包,父亲在我脑后拍了一下,就像在马屁股上拍了一下。于是我欢快地冲出了家门,像一匹兴高采烈的马一样欢快地奔跑了起来。

一九八六年十一月十六日于北京

思考练习

1. 词语积累。

绰号	沮丧	蜂拥	大惑不解	目瞪口呆
抛锚	蛤蟆	豁出去	遍体鳞伤	垂头丧气

2. 小说中的主人公第一次出门旅行都经历了些什么?

3. 你怎样理解文中“我知道自己的心窝也是暖和的”这句话的意思?

4. 说说你自己的一次难忘的出门经历。

跑 警 报[1]*

——昆明忆旧之四

汪曾祺[2]

课文导读

《跑警报》是汪曾祺的一篇回忆性作品，记叙了其在西南联大求学时的生活片段，整体的时间背景设定在抗日战争时期。作品并没有着力渲染战争之残酷以及躲避空袭之紧张，而是在种种生活化、戏剧化的情节中，展现师生和昆明人民苦中作乐的积极态度。紧张恐怖的背景与闲散轻松的笔调形成了鲜明的对比。文章的最后，作者以“不在乎”三个字总结跑警报人民的心态，点明因生于忧患而“皮实”的精神品质，彰显了中华民族不可战胜的决心。

学习这篇课文，要深入体会汪曾祺清新活泼、幽默诙谐的语言风格，以及看似无拘无束、率性自由，实则谋篇布局匠心独运的行文风格。

西南联大有一位历史系的教授——听说是雷海宗先生，他开的一门课因为讲授多年，已经背得很熟，上课前无需准备；下课了，讲到哪里算哪里，他自己也不记得。每回上课，都要先问学生：“我上次讲到哪里了？”然后就滔滔不绝地接着讲下去。班上有个女同学，笔记记得最详细，一句话不落。雷先生有一次问她：“我上一课最后说的是什么？”这位女同学打开笔记夹，看了看，说：“您上次最后说：‘现在已经有空袭警报，我们下课。’”

这个故事说明昆明警报之多。我刚到昆明的头两年，一九三九、一九四〇年，三天两头有警报。有时每天都有，甚至一天有两次。昆明那时几乎说不上有空防力量，日本飞机想什么时候来就来。有时竟至在头一天广播：明天将有二十七架飞机来昆明轰炸。日本的空军指挥部还真言而有信，说来准来！

一有警报，别无他法，大家就都往郊外跑，叫作“跑警报”。“跑”和“警报”连在一起，构成一个语词，细想一下，是有些奇特的，因为所跑的并不是警报。这不像“跑马”“跑生意”那样通顺。但是大家就这么叫了，谁都懂，而且觉得很合适。也有叫“逃警报”或“躲警报”的，都不如“跑警报”准确。“躲”，太消极；“逃”，又太狼狈。唯有这个“跑”字于紧张中透出从容，最有风度，也最能表达丰富生动的内容。

---

① 选自《人间有味》，汪曾祺著，江苏人民出版社2020年版。 ② 汪曾祺（1920—1997），江苏高邮人，中国当代作家、散文家、戏剧家，京派作家的代表人物。代表作有《大淖记事》《受戒》等。

有一个姓马的同学最善于跑警报。他早起看天，只要是万里无云，不管有无警报，他就背了一壶水，带点吃的，夹着一卷温飞卿或李商隐的诗，向郊外走去。直到太阳偏西，估计日本飞机不会来了，才慢慢地回来。这样的人不多。

警报有三种。如果在四十多年前向人介绍警报有几种，会被认为有“神经病”，这是谁都知道的。然而对今天的青年，却是一项新的课题。一曰“预行警报”。

联大有一个姓侯的同学，原系航校学生，因为反应迟钝，被淘汰下来，读了联大的哲学心理系。此人对于航空旧情不忘，曾用黄色的“标语纸”贴出巨幅“广告”，举行学术报告，题曰《防空常识》。他不知道为什么对“警报”特别敏感。他正在听课，忽然跑了出去，站在“新校舍”的南北通道上，扯起嗓子大声喊叫：“现在有预行警报，五华山挂了三个红球！”可不！抬头往南一看，五华山果然挂起了三个很大的红球。五华山是昆明的制高点，红球挂出，全市皆见。我们一直很奇怪：他在教室里，正在听讲，怎么会“感觉”到五华山挂了红球呢？——教室的门窗并不都正对五华山。

一有预行警报，市里的人就开始向郊外移动。住在翠湖迤北的，多半出北门或大西门，出大西门的似尤多。大西门外，越过联大新校舍门前的公路，有一条由南向北的用浑圆的石块铺成的宽可五六尺的小路。这条路据说是古驿道，一直可以通到滇西。路在山沟里。平常走的人不多。常见的是驮着盐巴、碗糖或其他货物的马帮走过。赶马的马锅头侧身坐在木鞍上，从齿缝里咝咝地吹出口哨（马锅头吹口哨都是这种吹法，没有撮唇而吹的），或低声唱着呈贡“调子”：

哥那个在至高山那个放呀放放牛，
妹那个在至花园那个梳那个梳梳头。
哥那个在至高山那个招呀招招手，
妹那个在至花园点那个点点头。

这些走长道的马锅头有他们的特殊装束。他们的短褂外部套了一件白色的羊皮背心，脑后挂着漆布的凉帽，脚下是一双厚牛皮底的草鞋状的凉鞋，鞋帮上大都绣了花，还钉着亮晶晶的“鬼眨眼”亮片。——这种鞋似只有马锅头穿，我没见从事别种行业的人穿过。马锅头押着马帮，从这条斜阳古道上走过，马项铃哗棱哗棱地响，很有点浪漫主义的味道，有时会引起远方的游子一点淡淡的乡愁……

有了预行警报，这条古驿道就热闹起来了。从不同方向来的人都涌向这里，形成了一条人河。走出一截，离市较远了，就分散到古道两旁的山野，各自寻找一个合适的地方待下来，心平气和地等着——等空袭警报。

联大的学生见到预行警报，一般是不跑的，都要等听到空袭警报：汽笛声一短一长，才动身。新校舍北边围墙上有一个后门，出了门，过铁道（这条铁道不知起讫地点，从来也没见有火车通过），就是山野了。要走，完全来得及。——所以雷先生才会说“现在已经有空袭警报”。只有预行警报，联大师生一般都是照常上课的。

跑警报大都没有准地点，漫山遍野。但人也有习惯性，跑惯了哪里，愿意上哪里。大多是找一个坟头，这样可以靠靠。昆明的坟多有碑，碑上除了刻下坟主的名讳，还刻出“×山×

向”，并开出坟茔的“四至”。这风俗我在别处还未见过。这大概也是一种古风。

说是漫山遍野，但也有几个比较集中的“点”。古驿道的一侧，靠近语言研究所资料馆不远，有一片马尾松林，就是一个点。这地方除了离学校近，有一片碧绿的马尾松，树下一层厚厚的干了的松毛，很软和，空气好——马尾松挥发出很重的松脂气味，晒着从松枝间漏下的阳光，或仰面看松树上面的蓝得要滴下来的天空，都极舒适外，是因为这里还可以买到各种零吃。昆明做小买卖的，有了警报，就把担子挑到郊外来了。五味俱全，什么都有。最常见的是“丁丁糖”。“丁丁糖”即麦芽糖，也就是北京人祭灶用的关东糖，不过做成一个直径一尺多，厚可一寸许的大糖饼，放在四方的木盘上，有人掏钱要买，糖贩即用一个银刃形的铁片楔入糖边，然后用一个小小铁锤，一击铁片，丁的一声，一块糖就震裂下来了——所以叫作“丁丁糖”。其次是炒松子。昆明松子极多，个大皮薄仁饱，很香，也很便宜。我们有时能在松树下面捡到一个很大的成熟了的生的松球，就掰开鳞瓣，一颗一颗地吃起来。——那时候，我们的牙都很好，那么硬的松子壳，一嗑就开了！

另一个集中点比较远，得沿古驿道走出四五里，驿道右侧较高的土山上有一横断的山沟（大概是哪一年地震造成的），沟深约三丈，沟口有二丈多宽，沟底也宽有六七尺。这是一个很好的天然防空沟，日本飞机若是投弹，只要不是直接命中，落在沟里，即便是在沟顶上爆炸，弹片也不易蹦进来。机枪扫射也不要紧，沟的两壁是死角。这道沟可以容数百人。有人常到这里，就利用空闲，在沟壁上修了一些私人专用的防空洞，大小不等，形式不一。这些防空洞不仅表面光洁，有的还用碎石子或破瓷片嵌出图案，缀成对联。对联大都有新意。我至今记得两副，一副是：

人生几何
恋爱三角

一副是：

见机而作
入土为安

对联的嵌缀者的闲情逸致是很可叫人佩服的。前一副也许是有感而发，后一副却是记实。

警报有三种。预行警报大概是表示日本飞机进入云南省境了，但是进云南省不一定到昆明来。等到汽笛拉了紧急警报：连续短音，这才可以肯定是朝昆明来的。空袭警报到紧急警报之间，有时要间隔很长时间，所以到了这里的人都不忙下沟——沟里没有太阳，而且过早地像云冈石佛似的坐在洞里也很无聊，大都先在沟上看书、闲聊、打桥牌。很多人听到紧急警报还不动，因为紧急警报后日本飞机也不定准来，常常是折飞到别处去了。要一直等到看见飞机的影子了，这才一骨碌站起来，下沟，进洞。联大的学生，以及住在昆明的人，对跑警报太有经验了，从来不仓皇失措。

上举的前一副对联或许是一种泛泛的感慨，但也是有现实意义的。跑警报是谈恋爱的机会。联大同学跑警报时，成双作对的很多。空袭警报一响，男的就在新校舍的路边等着，有时还提着一袋点心吃食，宝珠梨、花生米……他等的女同学来了，“嗨!”于是欣然并肩走出新校舍的后门。跑警报说不上是同生死，共患难，但隐隐约约有那么一点危险感，和看电影、遛翠湖时不同。这一点危险感使两方的关系更加亲近了。女同学乐于有人伺候，男同学也正好殷勤照顾，表现一点骑士风度。正如孙悟空在高老庄所说：一来医得眼好，二来又照顾了郎中，这是凑四合六的买卖。从这点来说，跑警报是颇为罗曼蒂克的。有恋爱，就有三角，有失恋。跑警报的“对儿”并非总是固定的，有时一方被另一方“甩”了，两人“吹”了，“对儿”就要重新组合。写（姑且叫作“写”吧）那副对联的，大概就是一位被“甩”的男同学。不过，也不一定。

警报时间有时很长，长达两三个小时，也很“腻歪”。紧急警报后，日本飞机轰炸已毕，人们就轻松下来。不一会，“解除警报”响了：汽笛拉长音，大家就起身拍拍尘土，络绎不绝地返回市里。也有时不等解除警报，很多人就往回走：天上起了乌云，要下雨了。一下雨，日本飞机不会来。在野地里被雨淋湿，可不是事！一有雨，我们有一个同学一定是一马当先往回奔，就是前面所说那位报告预行警报的姓侯的。他奔回新校舍，到各个宿舍搜罗了很多雨伞，放在新校舍的后门外，见有女同学来，就递过一把。他怕这些女同学挨淋，这位侯同学长得五大三粗，却有一副贾宝玉的心肠。大概是上了吴雨僧先生的《红楼梦》的课，受了影响。侯兄送伞，已成定例。警报下雨，一次不落。名闻全校，贵在有恒。——这些伞，等雨住后他还会到南院女生宿舍去敛回来，再归还原主的。

跑警报，大都要把一点值钱的东西带在身边。最方便的是金子——金戒指。有一位哲学系的研究生曾经作了这样的逻辑推理：有人带金子，必有人会丢掉金子，有人丢金子，就会有人捡到金子，我是人，故我可以捡到金子。因此，跑警报时，特别是解除警报以后，他每次都很留心地巡视路面。他当真两次捡到过金戒指！逻辑推理有此妙用，大概是教逻辑学的金岳霖先生所未料到的。

联大师生跑警报时没有什么可带，因为身无长物，一般大都是带两本书或一册论文的草稿。有一位研究印度哲学的金先生每次跑警报总要提了一只很小的手提箱。箱子里不是什么别的东西，是一个女朋友写给他的信——情书。他把这些情书视如性命，有时也会拿出一两封来给别人看。没有什么不能看的，因为没有卿卿我我的肉麻的话，只是一个聪明女人对生活的感受，文字很俏皮，充满了英国式的机智，是一些很漂亮的散文，字也很秀气。这些信实在是可以拿来出版的。金先生辛辛苦苦地保存了多年，现在大概也不知去向了，可惜。我看过这个女人的照片，人长得就像她写的那些信。

联大同学也有不跑警报的，据我所知，就有两人。一个是女同学，姓罗。一有警报，她就洗头。别人都走了，锅炉房的热水没人用，她可以敞开来洗，要多少水有多少水！另一个是一位广东同学，姓郑。他爱吃莲子。一有警报，他就用一个大漱口缸到锅炉火口上去煮莲子。警报解除了，他的莲子也烂了。有一次日本飞机炸了联大，昆明北院、南院，都落了炸弹，这位郑老兄听着炸弹乒乒乓乓在不远的地方爆炸，依然在新校舍大图书馆旁的锅炉上神色不动地搅和他的冰糖莲子。

抗战期间，昆明有过多少次警报，日本飞机来过多少次，无法统计。自然也死了一些人，毁了一些房屋。就我的记忆，大东门外，有一次日本飞机机枪扫射，田地里死的人较多。大西门外小树林里曾炸死了好几匹驮木柴的马。此外似无较大伤亡。警报、轰炸，并没有使人产生血肉横飞、一片焦土的印象。

日本人派飞机来轰炸昆明，其实没有什么实际的军事意义，用意不过是吓唬吓唬昆明人，施加威胁，使人产生恐惧。他们不知道中国人的心理是有很大的弹性的，不那么容易被吓得魂不附体。我们这个民族，长期以来，生于忧患，已经很“皮实”了，对于任何猝然而来的灾难，都用一种“儒道互补”的精神对待之。这种“儒道互补”的真髓，即“不在乎”。这种“不在乎”精神，是永远征不服的。

为了反映“不在乎”，作《跑警报》。

1984 年 12 月 6 日

思考练习

1. 词语积累。

迤北	撮唇	起讫	坟茔	鳞瓣	滔滔不绝	凑四合六
腻歪	短褂	名讳	祭灶	真髓	仓皇失措	络绎不绝

2. 西南联大学生跑警报各有什么特点？请结合文本分析。

3. 汪曾祺的文章风格冲淡平易，请结合本文，从语言和选材方面谈谈这种风格是如何体现出来的。

4. 倒数第 2 段的“皮实”是不是一种无可奈何的反应？“不在乎”的精神实质是什么？这和鲁迅《藤野先生》中批判的“看客”的“麻木”是否相同？请谈谈你的理解。

“江南”是怎样炼成的[①]*

单之蔷

课文导读

本文原刊于《中国国家地理》2007年第3期，是一篇卷首语，属于序跋。作者在《中国景色》一书的《自序·卷首识中国》中说：“我觉得卷首语最高的境界是站在当期杂志的基础上，有所发挥，立意高远，思接千载，神通八极。”这篇文章正体现了这个主张，突破了序跋的束缚，超越了杂志内容诠释和导读的范围，以散文笔法将地理概念和文史知识结合起来，夹叙夹议，探索了江南范围的形成与固化，进而探讨了中国人心中的江南情结。

文章突出的特点是感性与理性、人文性与科学性的交融。作者用诗意的笔触让读者了解了江南的前世今生，而这些又是基于科学的考证基础上描述的，看似行文散漫，实则逻辑严谨，在描述中不乏独到的思考和议论，值得我们细细品味。

江南在哪里？这是一个问题

恕我浅陋，我一直以为江南的位置和范围是没有争议的。

① 选自《中国景色》，单之蔷著，九州出版社2008年版。选入课文时有改动。

说起江南来，谁的脑海里不涌现出一堆诗词来。

“江南忆，最忆是杭州。山寺月中寻桂子，郡亭枕上看潮头。江南忆，其次忆吴宫。吴酒一杯春竹叶，吴娃双舞醉芙蓉。”白居易这几首《忆江南》，分明说江南在苏州、杭州，或者说在太湖和西湖那一带，这正是我心目中的江南。我以为别人心目中的江南也如此。

然而事实并非这样。研究地理的学者杨勤业教授关于江南在哪里的文章，着实让我吃了一惊：他认为从自然地理的角度看，江南指的是江南丘陵区。那是南岭以北，洞庭湖、鄱阳湖以南，太湖以西的一片丘陵、盆地相间分布的区域。他的江南北界不仅不是长江，甚至连江南的三大著名湖泊——洞庭湖、鄱阳湖、太湖和周边地区都不在江南之内。

想来这也好理解。因为地理学家划分一个区域时，使用的是自然区划，就是寻找地表上自然属性相似的地区，把它们划出来，组成一个个区域。在自然地理学家看来，长江并不是一条自然区域的分界线，长江中下游地区，南北两岸都交错分布着大片的平原，如江汉平原、洞庭湖与鄱阳湖平原、长江三角洲，这些平原显然是一个统一的自然区域，他们称之为长江中下游平原。当把这包括了洞庭、鄱阳、太湖三大湖的长江中下游平原划分出去后，江南还剩下什么呢？显然只剩下了一大片丘陵。

但这是地理学家眼中的江南，显然不是大众心目中的江南。

当气象学者林之光告诉我他心目中的江南是哪里时，我更惊讶了，他的江南竟越过长江北到淮河。他认为淮河以南，南岭以北，湖北宜昌以东直至大海，都是江南，他的根据是气候，他认为那被绵绵梅雨所覆盖的地区，都应该是江南。简单地说，他的江南是梅雨。

和气象学者观点类似的是语言学者，研究方言的学者认为，从方言的角度看，长江中下游以南属于中国南方六大方言区，这个区域都可以看作是江南。其中的吴语区（江浙一带）可以看作是狭义的江南。

这时，我已经感到，江南在哪里？并没有一个人人都认可的答案。可以说这是一个问题。

江南这个普通名词为什么成了特指

的确，当我们认识到江南在哪里是一个问题时，疑问就越来越多了。

例如，唐代诗人杜牧的诗《遣怀》：“落魄江南载酒行，楚腰肠断掌中轻①。十年一觉扬州梦，赢得青楼薄幸名。”杜牧写扬州的还有一首名诗：“青山隐隐水迢迢，秋尽江南草未凋。二十四桥明月夜，玉人何处教吹箫？”这里的江南分明指的是扬州，可是扬州在长江的北面啊。

这里显然提出了一个问题，江北的扬州为什么算江南？

问题还有许多。比如历史地理学者石泉曾撰文指出，古文献中的“江”并不是长江的专称，至少在唐以前。他用大量史实证明古时许多河流都叫“江”，比如著名的大河淮河和汉水都曾叫过“江”。“江南”也曾指淮河以南和汉水之南。一些不出名的河流也曾叫“江”，如现在山东东南的沂河等。大致有这样的规律，黄河以北的河流古时多以“河”称，如漳河、汾河、海河、永定河等，黄河以南的河流古时多名之为“江”，如湘江、珠江、钱塘江等。既然这些河

① 据《唐诗鉴赏辞典》（上海辞书出版社 1983 年版）1096 页，此处应为“落魄江湖载酒行，楚腰纤细掌中轻”。

流都叫“江”，那么当这些河流某一段东西向流淌时，江的南面当然就叫江南啦。可以想象，当时被称为江南的地方是很多的。其实我认为既然江南作为一个普通的名词意思无非是“河流南边的地方”，那么无论古时还是现在，全国应该有无数的江南，只要有人有江的地方，人们都会把江之南叫“江南”，不叫江南又叫什么呢？这就像全国有无数个南山、北山一样。

但是我们必须承认，当人们离开当地，在全国的范围说江南这个词的时候，江南就从一个普通的名词变成了特指的专有名词。为什么全国无数的江南最后都失去了叫“江南”的资格，为什么最后只有某一块地区可以独享江南的桂冠？这的确是一个很有意思的问题。

江南经历了一个浓缩的过程

历史地理学者周振鹤教授在他的文章中，简明清晰地为我们描述了江南作为一个地域从古到今的演变，可以说这个过程是一个先扩后缩的过程。在秦汉之际，江南指长江中游的南部，主要是湖北和湖南。从魏晋南北朝开始，江南开始东扩，直到江浙一带。到了唐代，初唐时在长江中下游以南、南岭以北的广大区域设立了一个大的行政区——江南道，从湖南西部直到海边。这是第一次动用行政的力量划出了江南的范围。此举并没有结束长江以北许多地方叫江南的历史，譬如当时，汉江西南长江以北的荆州、襄樊、江陵等古楚国的旧地仍称江南，但是此举开始了江南的范围从北向南压缩的过程。后来唐玄宗又把江南道拆分成江南东道、江南西道和黔中道。接下来江南西道又一分为二，西为湖南道，东仍为江南西道。这次行政区划开始了江南的区域从西向东浓缩的过程。

从古代文献和文学作品中，我们也能看到江南经历了一个不断浓缩的过程。

譬如，屈原在《招魂》中有诗句：“目极千里兮伤春心，魂兮归来哀江南。”这个江南是荆楚江湘之地。到南北朝时庾信的《哀江南赋》，再到清初孔尚任《桃花扇》中的“哀江南”套曲，江南已经从两湖地区浓缩到了今日的江浙地区。

如果我们把历代的文学作品或古代文献中提到的江南，在地图上标出来，我们会看到，这些点开始时分布得很广，随着历史的推移，点越来越集中到今日的江浙地区，也就是太湖和西湖的周边地区。

纷纭的江南共有的部分在哪里

我们做了这样一件事，就是让各类学者把他们心目中的江南在地图上圈出来，最后我们把这些地图重叠起来，看它们共有的部分——也就是所有集合的交集在哪里？我们认为这个共有的部分就是真正的江南。

这个江南在哪里？当我们把结果揭示出来时，我们看到这个江南就是太湖和西湖流域，就是苏州和杭州周边地区。其实这个江南就在我们每一个人的心中，就是我们常识中的那个江南，是“日出江花红胜火，春来江水绿如蓝”中的江南；是“春风又绿江南岸”中的江南；是“君到姑苏见，人家尽枕河。古宫闲地少，水巷小桥多”中的江南；是乾隆六下江南中的江南。

至此，我们看到了江南这个概念从一个普通名词演变成了一个专有名词，从一个空洞的抽象的空间演变成了一个有着丰富意义和内容的地方。可以说江南是“炼”出来的，就像钢是炼出来的一样。

江南是怎样“炼”出来的

那么，我是否可以提出一个问题：江南是怎样“炼”出来的呢？是哪几种力量炼出了江南？中国人为什么要“炼”出江南这样一个地方？

我想，至少有这样几种因素“炼”出了江南：

首先是自然的贡献。大自然为我们准备了一个能上演“江南”这出剧目的地方。江南的气候、降水、土壤、地形在今天看来是非常优越的，但是在古时，并非如此。因为就气候而言，江南的淫雨连绵、潮湿濡热并不比北方温带地区的温暖凉爽更有利于古人类生存，所以司马迁《史记》中说“江南卑湿，丈夫早夭”。土壤更是如此，在没有发明铁器前，江南黏滞板结的土壤很难耕作，而北方黄土高原疏松肥沃的黄土，特别适合那些使用石器和木器的先民。这也是为什么中国早期的文明、周、秦、汉、唐在黄土地带崛起的重要原因。江南地区地处长江中下游的河网地带，到处是沼泽湖泊，江南的发展与治水的技术密切相关，当拦水筑坝和造船建桥的技术不成熟的时候，江南很难发展起来。

因此江南虽是沃土，但是它是后发地区，是储备着的有潜力的地区。这就决定了中国的文明进程是从西向东、从北向南的双向过程。江南正是在这个双向过程中被锤炼出来的。

这一点可以从江南这个称谓中看出。显然这是江北人的视角，只有江北人才会说江南。中国的黄河两岸有河北、河南，洞庭湖两边有湖北、湖南，太行山两边有山东、山西；偏偏到了长江却只有江南，没有了江北。同样的问题，南岭为什么不叫北岭，其实问题很简单，就是因为中国文明是从北向南推进的，这些地名都是从北向南看的结果，是北人的话语。

江南在农耕和游牧的拉锯战中成长起来

中国文明的南下，江南的开发，在某种意义上还要感谢北方的游牧民族。北方游牧民族每一次大规模的南下，就是一次中原文明向江南的一次推进。在中原文明与北方游牧民族的冲突中，江南是回旋之地。

每当北方的游牧民族挥师南下，中原的汉族政权无法抵挡之时，江南就是偏安之地。江南使中华文明避免了灭绝的命运。皇帝都被掳走，国家和文明还能存在，如北宋的“靖康之耻”，全赖江南也。江南是中华文明的“避难所”、大后方。中华文明就像候鸟，当严冬来临，就迁到了江南，每当春天来临，又飞往北方。杜牧有诗“江东子弟多才俊，卷土重来未可知”，这句诗赠给中原的汉文明是很贴切的。中原的汉文明在与游牧民族的拉锯战中，正是靠退居江南，休养生息，待羽翼丰满，又卷土重来的。历史上许多古老的文明都是在游牧民族的铁蹄下灭绝了，幸运的是中华文明五千多年来绵绵不坠，因为我们有江南。

中原文明曾经遭受过游牧民族的多次重创，引起大规模南迁的是这样的几次：

一次是西晋末年的永嘉之乱。匈奴等游牧民族攻下洛阳，掳走晋怀帝，晋室政权流亡南方，建立了东晋。北方士族豪门纷纷南迁，进入长江以南，史称“衣冠南渡”。

还有一次大规模的中原文明的南迁虽然不是游牧民族引起的，但效果是一样的，那就是发生在唐代天宝十四载的“安史之乱”。

再有一次是宋代的“靖康之耻”，金兵灭亡北宋帝国，掳走宋朝徽、钦二帝，宋室被迫南迁，建都临安（杭州），史称南宋。这次中原文明的大举南迁，规模之大，超过以往各次。

三次衣冠南渡，中国的农业中心从北向南转移，文化的中心亦随之南移，造就了江南的经济和人文基础。

而每一次游牧民族的南向牧马，汉文明的衣冠南渡，都是对江南的一次开发、拓展和提升，也是对江南这个概念的锤炼。正是在这一次次的锤炼中，江南长大了，成熟了，江南的形象越来越鲜明了。

行政区划是塑造“江南”的重要力量

在江南这个概念形成的过程中，行政区划的作用举足轻重。我们已经说过唐代划定的江南道，和后来把江南道拆分只留下江南西道和江南东道。此举对江南概念的形成十分重要。而且像位居江北的扬州为什么算是江南，也只有搞清楚历史上的行政区划才能明白。在历史上，比如东汉和南北朝时期，在现在的江苏跨越长江南北的地区设有行政区扬州府，治所在现今的南京。这一带那时都称为“扬州”，江北许多区域都在扬州的辖区，与江南一起称为江南就不奇怪了。

把扬州看作是江南更重要的原因是扬州与江南的神似，甚至可以说扬州曾经比江南更江南。大运河畔、长江边上、东海之滨的扬州，它的繁华、它的富庶、它的舞榭歌台、它的诗词歌赋、它的琴棋书画都和江南的苏杭相通、相似、相媲美，因此杜牧把扬州当江南来吟咏就可以理解了。

决定一个地区风貌的因素有这样几个，一个是自然区，一个是行政区，还有一个是文化区。它们的互动和交错作用，才造就了一个地方的风貌。

就文化区划而言，扬州应该属于江南。自然区划、行政区划、文化区划，这三者很难重合，扬州就是这三者错位的典型。扬州在江北却叫江南，这是文化对自然区划的超越，是文化力量的显现。

江南的形象是文学作品塑造出来的

江南的意义更多地是通过文学建构起来的，也是通过文学走进人心的。

江南的美好就是通过这样一些文学作品建构起来的。如南北朝时，一则逸事说，江南的陈伯之叛梁北逃，他的好友丘迟以书信相劝，信中写道：“暮春三月，江南草长，杂树生花，群莺乱飞。”这句话引发了陈伯之的思乡之情，终于回到江南的梁朝。

《世说新语》说，晋人张季鹰，在洛阳做官。见秋风起，想起家乡吴中的莼菜羹、鲈鱼脍，遂弃官回家。

江南是一个能让北叛的人南返，让做官的人弃官的地方。我们获得这样的认识，全是文学的魅力。

文学的一个重要使命就是表达国人对各个地区的心灵体验，提炼和过滤人们的地区情感，以典范的语言表达这种情感。我们对各地的差异性和独特性的感受很多是来自文学。

我们承认像庾信、韦庄、白居易、苏东坡、张岱这些诗人、文学家说出了人们对江南这个地区的独特感受，而且他们的感受和体验质量之高，令人叹服。

文学赋予了江南这个空间以意义。当白居易、韦庄、柳永等捻毫赋诗时，也许他们想不到，那正是赋予江南以历史意义的时刻。

造出"江南"来是为了满足人们对天堂的渴望

铁马、秋风、塞北，
杏花、春雨、江南。

这副对子很有意味，与江南对应者，不是江北而是塞北。它暗示了江南的和平、安逸、美好，因为与它相对是铁马（战争）、秋风（肃杀，凋零，冬之将至）。

中国人形容某个地方富庶时，用的词往往是"江南"，如"塞上江南"。江南是中国人心目中的"堆金积玉地，温柔富贵乡"。

其实许多诗中的江南，并不是江南实际的样子，而是我们希望江南应该有的形象。

最典型的就是历代诗人们对西湖的描绘。

袁宏道的西湖：山色如娥，花光如颊，温风如酒，波纹如绫……①

张岱的西湖：吾辈纵舟，酣睡于十里荷花之中，香气拍人，清梦甚惬……②

柳永的西湖：东南形胜，三吴都会，钱塘自古繁华。烟柳画桥，风帘翠幕，参差十万人家。云树绕堤沙。怒涛卷霜雪，天堑无涯。市列珠玑，户盈罗绮，竞豪奢。重湖叠清

---

① 袁宏道（1568—1610），明代文学家。此处引述的是其游记《西湖》中的内容。 ② 张岱（1597—1689），晚明文学家、史学家。此处引述的是其游记《西湖七月半》中的内容。

佳，有三秋桂子，十里荷花……①（据说金主阅此词，慕西湖胜景，遂起投鞭渡江之思）

必须承认，这些诗词对江南的描写太理想化了，其实江南未必如此，但为什么诗人对江南理想化的夸大的描写，会被人们所欣赏、所接受呢？这些描写江南的诗篇为什么会被千古传诵，誉为名篇呢？

它们透露了这样的信息，江南不是一些事实的集合体，江南对于我们还有另外的东西。"上有天堂，下有苏杭"已经直白地说出了中国人的一种愿望，即江南是理想的居住地，是值得生活的地方。

其实江南的概念体现了一种终极追求，即天堂情结。人是一个要把世界对象化的动物，其他动物则否。在对象化的过程中，必然要产生"天堂情结"，即构筑一个梦想的栖息地。往大里想，就是历代都有的各种"理想国"和"乌托邦"；往小里想，就是"桃花源"和"香格里拉"。一个国家，谁也无法禁止国民对国土上各个地区进行比较，也就是进行地区的选美比赛，古今中外概莫能外。在这种比较中，总会有某个地区被选中。比如法国人的普罗旺斯，英国人的大湖地区，中国人的江南。江南怎样了？还是梦中的模样么？

提出这个问题后，我想到了上海。上海算江南么？就位置而言，她的确在江南，而且我们中华文明从西向东发展的历程到上海可以说是到了空间的极致。如今上海的声名已经超越了江南。上海能取代江南的位置么？繁华可过之，富贵可过之，但是江南在中国人心目中天堂的位置，上海能取代吗？

思考练习

1. 词语积累。

濡热　黏滞　媲美　珠玑　罗绮　莼菜羹　鲈鱼脍

淫雨连绵　靖康之耻　羽翼丰满　衣冠南渡　草长莺飞

捻毫赋诗　山色如娥　花光如颊　温风如酒　波纹如绫

2. 这篇文章各个部分看似独立，实则环环相扣。请找出各部分间承上启下的语句，并进行分析。

3. 文章第四部分末段说"（江南）从一个空洞的抽象的空间演变成了一个有着丰富意义和内容的地方"，请在后面的文段中找出对"丰富意义和内容"的诠释。

4. 有人说，文章最后一段是多余的。你认为最后一段可以删去吗？为什么？

---

① 柳永（约984—约1053），北宋词人，婉约派代表词人。此处引述的是其词《望海潮》中的内容；其中"重湖叠清佳"一句应为"重湖叠巘清嘉"。

单元综合实训

一、拓展阅读

三毛的作品情感真实，没有太多的粉饰，充分展现了生活的原貌、智慧与趣味。

下面这篇三毛的散文，表现了夫妻间刻骨铭心的爱情，字里行间溢满了悲情的美丽。请认真阅读，感受作品凝练的语言、紧凑的结构，以及作者真挚的情感。

夜深了，花睡了

我爱一切的花朵。在任何一个千红万紫的花摊上，各色花朵的壮阔交杂，成了都市中最美的点缀。

其实我并不爱花圃，爱的是旷野上随着季节变化而生长的野花和那微风吹过大地时的感动。

生活在都市里的人，迫不得已在花市中捧些花回家。对于离开泥土的鲜花，我总有一种疼惜又抱歉的心理，可还是要买的。这种对花的抱歉和喜悦，总也不能过分去分析。

在所有的花朵中，如果要说“最爱”，我选择一切白色的花，尤其是长梗的百合。

许多年前，我尚在大西洋的小岛上过日子，那时，经济拮据，丈夫失业快一年了。我在家中种菜，屋子里插的是一人高的枯枝和芒草，那种东西，艺术品位高，并不差的。我不买花。

有一日，丈夫和我打开邮箱，又是一封求职被拒的回信。那一阵，其实并没有山穷水尽，粗茶淡饭的日子过得没有悲伤，可是一切维持生命之外的物质享受，已不敢奢求。那是一种恐惧，眼看存款一日日减少，心里怕得失去了安全感。这种情况只有经历过失业的人才能明白。

我们眼看求职再一次受挫，没有说什么，去了大菜场，买了些最便宜的冷冻排骨和矿泉水，就出来了。不知怎么一疏忽，丈夫不见了，我站在大街上等，心事重重的。一会儿，丈夫回来了，手里捧着一小束百合，兴冲冲地递给我，说：“百合上市了。”

那一瞬间，我突然失了理智，向丈夫大叫起来：“什么时候了？什么经济能力？你有没有分寸，还去买花?!”说着我把那束花“啪”一下丢到地上，转身就跑。在举步的那一刹间，其实我已经后悔了。我回头，看见丈夫呆了一两秒钟，然后弯下身，把那些撒在地上的花，慢慢拾了起来。

我向他奔过去，喊着：“荷西，对不起。”我扑上去抱他，他用手围着我的背，紧了一紧，我们对视，发觉丈夫的眼眶红了。

回到家里，把那孤零零的三五朵百合放在水瓶里，我好像看见了丈夫的苦心。他何尝不想买上一大缸百合，可口袋里的钱不敢挥霍。毕竟，就算是一小束，也是他的爱情。

那一次，是我的浅浮和急躁伤害了他。之后我们再没提过这件事。四年后，我去给丈夫上坟，进了花店，我跟卖花的姑娘说："这五桶满满的花，我全买下，别担心价钱。"

坐在满布鲜花的坟上，我盯住那一大片花色和黄土，眼睛干干的。

以后，凡是百合花上市的季节，我总是站在花摊前发呆。

一个清晨，我去了花市，买下了数百朵百合，在那间房中摆满了它们。在那清幽的夜晚，我打开家里所有的窗和门，坐在黑暗中，静静地让微风吹动那百合的气息。

那是丈夫逝去了七年之后。又是百合花开的季节了，看见它们，我就仿佛看见了当年丈夫弯腰从地上拾花的景象。没有泪，而我的胃，开始抽痛起来。

（选自《你是我不及的梦》，北京十月文艺出版社 2014 年版，原题为"夜深花睡"，选入时有删改）

【阅读理解】

1. 作者为什么最爱百合花？本文表达了作者怎样的思想感情？

2. 请分析文章的行文思路。

二、单元练笔：现代诗

（一）写作指导

1. 现代诗简介

现代诗又称"新诗""白话诗"，一般指五四运动以后在继承发扬民歌和中国古典诗歌优秀传统的基础上，借鉴吸收西方诗歌的表现形式、表现手法而逐渐发展形成的诗歌。相比古典诗歌，现代诗"新"在用白话写作，打破了旧诗词格律的束缚，一般不拘泥格式和韵律，形式上灵活自由，句式参差，押韵也不严格，但有其内在的节奏和音乐性，比较适合表达现代人的思想情感，反映现实生活。

自五四运动以来，中国诗歌走了一条反叛传统、取法异域、借鉴民歌的道路。白话新诗创作成为"五四"新文学运动的前锋，早期写新诗的有刘半农、沈尹默、俞平伯、康白情等。郭沫若的《女神》将诗体解放推向极致，为新诗的发展奠定基础。之后，湖畔诗人（冯雪峰、潘漠华、应修人、汪静之等）以爱情诗、冰心以《春水》《繁星》、宗白华以《流云小诗》登上诗坛。最有创作实绩的当推新月派诗人，闻一多、徐志摩、朱湘等的诗歌传诵一时。新月诗派提出"三美"（音乐美、绘画美、建筑美）主张，倡导新诗格律化，影响尤大。20 世纪 30 年代是新诗的繁荣期，以李金发为首的象征派和以戴望舒为首的现代派崛起，现代派具有散文美的新诗丰富了新诗的艺术形式和艺术风格，加强了新诗的表现力。《雨巷》一出，诗坛为之惊异，认为"替新诗的音节开了一个新纪元"。这一时期的重要诗人还有卞之琳、冯至、何其芳、李广田、陈梦家、臧克家、田间、殷夫、蒋光慈等。20 世纪 40 年代，叙事诗较为繁荣，李季、阮章竞分别写出采用民歌格调的叙事长诗《王贵与李香香》和《漳河水》。七月诗派是影响最大的抒情诗派，艾青为该派的代表人物，自由诗体在艾青手中获得一种自然而成熟的散文美，他是这一时期最有成就的诗人。九叶诗派诗人（穆旦、杭约赫、辛笛等），在艺术上注重繁密意象的营构，也写出不少耐人品味的作品。

2. 怎样欣赏现代诗

诗歌的基本特征，一是以抒情见长，诗歌是诗人有感于社会生活而激情勃发的产物，无论是托物言志，还是借景抒怀，其意都在抒发情感。二是具有音乐美，主要表现为语言的节奏、抑扬顿挫与合辙押韵所形成的韵律感。三是语言凝练精美、生动形象，言有尽而意无穷。现代诗歌想象丰富，构思巧妙，极富音乐节奏，能凝练地反映时代生活，具有强烈的感情色彩。

3. 现代诗的写作

（1）选材组材，以情感为中心组织材料。“情”是诗歌的生命，酝酿感情是写好诗歌的基础。要善于捕捉生活中独特的感受，缘情而发。无病呻吟、矫揉造作，是绝对写不出好诗的。用审美的态度去感受客观事物，获得新颖、独特的感受，是写诗的第一步。

（2）要讲究艺术构思。构思新颖、独特，是诗歌精妙之处的重要体现。用什么形象表达，从什么角度表达，关系到构思的成败。

（3）写诗“要用形象思维”。诗要用形象说话。写作时要将一些抽象的概念形象化，要将情感形象化，或是即事抒情，或是融情于景，或是托物言志，或是比喻象征，要避免空泛的议论和抽象的抒发。

（4）善于运用各种艺术手法刻画形象，增强诗歌的艺术感染力。如：比喻、象征、通感、意象组合等。

（5）要精心锤炼语言。诗是精练的语言，用字少而容量大，言有尽而意无穷。诗家讲究对诗歌的炼字进行推敲，从而品味语言的隽永。

【范例】

雪落在中国的土地上

艾　青

雪落在中国的土地上，
寒冷在封锁着中国呀……

风，
像一个太悲哀了的老妇，
紧紧地跟随着
伸出寒冷的指爪
拉扯着行人的衣襟，
用着像土地一样古老的话
一刻也不停地絮聒着……

雪落在中国的土地上 朗诵

那丛林间出现的，
赶着马车的
你中国的农夫
戴着皮帽
冒着大雪
你要到哪儿去呢？

告诉你
我也是农人的后裔——
由于你们的
刻满了痛苦的皱纹的脸
我能如此深深地
知道了
生活在草原上的人们的
岁月的艰辛。

而我
也并不比你们快乐啊
——躺在时间的河流上
苦难的浪涛
曾经几次把我吞没而又卷起——
流浪与监禁
已失去了我的青春的
最可贵的日子，
我的生命
也像你们的生命
一样的憔悴呀

雪落在中国的土地上，
寒冷在封锁着中国呀……

沿着雪夜的河流，
一盏小油灯在徐缓地移行，
那破烂的乌篷船里
映着灯光，垂着头
坐着的是谁呀？

——啊,你
蓬发垢面的少妇,
是不是
你的家
——那幸福与温暖的巢穴——
已被暴戾的敌人
烧毁了么?
是不是
也像这样的夜间,
失去了男人的保护,
在死亡的恐怖里
你已经受尽敌人刺刀的戏弄?

咳,就在如此寒冷的今夜,
无数的
我们的年老的母亲,
都蜷伏在不是自己的家里,
就像异邦人
不知明天的车轮
要滚上怎样的路程……
——而且
中国的路
是如此的崎岖
是如此的泥泞呀。

雪落在中国的土地上,
寒冷在封锁着中国呀……

透过雪夜的草原
那些被烽火所啮啃着的地域,
无数的,土地的垦植者
失去了他们所饲养的家畜
失去了他们肥沃的田地
拥挤在,生活的绝望的污巷里:
饥馑的大地
朝向阴暗的天
伸出乞援的

颤抖着的两臂。

中国的苦痛与灾难
像这雪夜一样广阔而又漫长呀!

雪落在中国的土地上,
寒冷在封锁着中国呀……

中国,
我的在没有灯光的晚上
所写的无力的诗句
能给你些许的温暖么?

(二)写作训练

我们在本单元中学习了徐志摩和泰戈尔两位诗人的名作,今天我们来尝试进行现代诗的创作。要求采用自由命题形式进行创作,不少于14行。

三、课外阅读

1. 何其芳、李广田、卞之琳《汉园集》

简介:该书是1936年出版的三位青年诗人的合集,内收何其芳的《燕泥集》、李广田的《行云集》、卞之琳的《数行集》。三人当时还都是北京大学的学生,汉园在北大,故称《汉园集》。

2. 茨威格《世间最美的坟墓》

简介:作家茨威格于1928年到俄国旅行,拜谒了托尔斯泰墓,他有感于其惊人的朴素,称其为“世间最美的坟墓”。

3. 肖复兴《学会感恩》

简介:感恩之心是一种美好的感情,作者通过充满真情实意的描写,向我们传递“学会感恩”的美德。

4. 李娟《深处的那些地方》

简介:这里是新疆阿勒泰地区,人们生活在自然深处。“深处的那些地方”全部都是“风景”,几乎可以串起李娟现有的全部文字。文章一个片段接着一个片段,围绕深处的那些地方展开。

5. 冯友兰《人生的意义及人生中的境界》

简介:冯友兰站在哲学角度阐述人生境界,引发人们对人生意义的思考。文章启示人们:在做平常事情的时候,也应有精神追求,使自己成为一个达到较高人生境界的人。

第六单元　人与自然

单元导语

大自然是人类永远离不开的母亲，是生命的起点、人性的家园，美妙而永恒。山川草木、自然神奇是人类灵感和哲思的源泉。“保护环境，敬畏自然”则是开启本单元经典解读的密钥。

《敬畏生命》中，作者折服于自然界中植物那种为使生命延续而表现出的不屈不挠的精神，敬畏那种精神的伟大和崇高，婉转地表达了作者对于生命的态度。《大自然在反抗》以事实说明人类破坏生态平衡后造成的一系列后果，最终给人类带来不堪重负的灾难。《共建美丽地球家园》说明保护生物多样性就是保护地球，就是保护人类可持续发展的环境，为实现人与自然和谐相处指明了道路。《漫谈中国人的环境观》从方与圆、正与邪、新与旧、色与空等民族文化的角度来对比分析中国人对于外在环境，特别是居住生活的环境有什么特别的看法和感受观。《一滴水可以活多久》艺术性地表达了作者的温情主义世界观，这种世界观不拒绝生活中的苦难，但拒绝在苦难中绝望和沉沦。

山川草木，构成人类生活的自然环境，也是引发灵感和哲思的一个源泉。本单元的教学要注重联系实际，引导学生独立思考，调动学生个性体验，实现“师法”迁移的目的。

敬畏生命[①]

张晓风[②]

课文导读

作者在本文中，仅仅捕捉住一瞬间看到的景致，寥寥数笔就将生命最为动人的魅力展露无遗。作者从那接连不断飘送的“白色的纤维”中深深洞觉出小生命百折不挠、顽强不屈的韧性和强旺的活力：不遗余力地寻求生存的机会和空间。植物对生命的珍视和热爱令作者折服，由此感悟生命可敬。

那是一个夏天的长得不能再长的下午，在印第安纳州的一个湖边。我起先是不经意地坐着看书，忽然发现湖边有几棵树正在飘散一些白色的纤维。大团大团的，像棉花似的，有些飘在草地上，有些飘入湖水里。我当时没有十分注意，只当是偶然风起所带来的。

可是，渐渐地，我发现情况简直令人吃惊。好几个小时过去了，那些树仍旧浑然不觉地在飘送那些小型的云朵，倒好像是一座无限的云库似的。整个下午，整个晚上漫天都是那种东西。第二天的情形完全一样，我感到诧异和震撼。

其实小学的时候就知道有一类种子是靠风力吹动纤维播送的。但也只是知道一道测验题的答案而已，那几天真的看到了，满心所感到的是一种折服，一种无以名之的敬畏。我几乎是第一次遇见生命——虽然是植物的。

我感到那云状的种子在我心底强烈地碰撞上什么东西。我不能不被生命豪华的、奢侈的、不计成本的投资所感动。也许，在不分昼夜地飘散之余，只有一颗种子足以成荫，但造物主乐于做这样惊心动魄的壮举。

我至今仍然在沉思之际想起那一片柔媚的湖水，不知湖畔那群种子中有哪一颗成了小

---

① 选自《敬畏生命》，张晓风著，北京联合出版公司2019年版。 ② 张晓风（1941— ），作家，出生于浙江金华。其散文创作最为知名，主要作品有《地毯的那一端》《愁乡石》和《我喜欢》。

树。至少，我知道，有一颗已经成长。那颗种子曾遇见了一片土地，在一个过客的心之峡谷里蔚然成荫，教会她怎样敬畏生命。

思考练习

1. 词语积累。

飘散	诧异	震撼	浑然不觉	惊心动魄
折服	奢侈	柔媚	无以名之	蔚然成荫

2. 对“我几乎是第一次遇见生命——虽然是植物的”一句理解最正确的一项是（　　）。

A. 第一次认识到植物原来是生命

B. 说明过去只在书本上认识植物是生命

C. 第一次意识到植物种子的飘散是一个伟大的生命过程

D. 第一次真正从生活中认识到植物的生命意义

3. “那几天真的看到了，满心所感到的是一种折服，一种无以名之的敬畏。”作者“折服”于什么？“敬畏”于什么？

4. 文中“第一次遇见生命”中的“生命”有什么特殊含义？“我知道有一颗已经成长”，究竟指的是什么？这篇短文的主旨是什么？

大自然在反抗[①]

蕾切尔·卡森[②]

课文导读

《寂静的春天》一书以生动而严肃的笔触，从陆地到海洋，从海洋到天空，全方位地揭示了过度使用化学药物给我们的环境所造成的巨大的、难以逆转的伤害。作者尖锐地指出，环境问题的深层根源在于人类的傲慢和无知，因此，她呼吁人们要重新端正对自然的态度，重新思考人类社会的发展道路问题。作者擅用阐释法，解释现象背后的原因，在散碎的事实之间建立因果关联，体现出深刻的洞察力。文章中既有生动形象的文学描述，又有严谨扎实的科学数据、典型案例作为支撑。文章还使用了数字说明法、分类说明法，显示出科学的严谨与准确。

我们冒着极大的危险，竭力把大自然改造得适合我们心意，但却未能达到目的，这确实是一个令人痛心的讽刺，虽然很少有人提及。但人人都可以看到的真实情况是，大自然不是这样被塑造的，而且昆虫也能找到窍门巧妙地避开人类用化学药物对它们的打击。

荷兰生物学家布里捷说："昆虫世界是大自然中最惊人的现象，对昆虫世界来说，没有什么事情是不可能的。"

这种"不可能的事情"现在正在两个广阔的领域内发生。通过遗传选择，昆虫正在发生应变以抵抗化学药物。我们使用化学物质的大举进攻正在削弱环境本身所固有的、阻止昆虫发展的天然防线。世界各地的报告很清楚地揭示了一个情况，即在用化学物质对昆虫进行了十几年控制之后，那些被认为已在几年前解决了的问题又回过头来折磨我们。而且只要出现一种哪怕数量很不显眼的昆虫，它们也一定会迅速增长到严重成灾的程度。由于昆虫的天赋本领，化学控制已搬起石头砸了自己的脚。人们可以预测化学物质对付少数个别种类昆虫的效果，但却无法预测化学物质袭击整个生物群落的后果。

现今一些地方，无视大自然的平衡成了一种流行的做法。一些人觉得自然平衡问题只不过是人们的随意臆测，但是如果把这种想法作为行动的指南将是十分危险的。今天的自

---

① 选自《寂静的春天》，蕾切尔·卡森著，吕瑞兰、李长生译，上海译文出版社 2007 年版。编入课文时有删改。

② 蕾切尔·卡森（1907—1964），海洋生物学家、科普作家，一生写了大量关于环境保护方面的文章并编辑了许多科学文献。

然平衡不同于冰河时期的自然平衡，但是这种平衡还存在着。这是一个将各种生命联系起来的复杂、精密、高度统一的系统，再也不能对它漠然不顾了，它所面临的状况好像一个正坐在悬崖边沿而又盲目蔑视重力定律的人一样危险。自然平衡并不是一个静止固定的状态，它是一种活动的、永远变化的、不断调整的状态。人，也是这个平衡中的一部分。有时这一平衡对人有利，有时它会变得对人不利，当这一平衡受人本身的活动影响过于频繁时，它总是变得对人不利。

人们在制订控制昆虫的计划时忽视了两个重要事实。第一个被忽视的事实是，对昆虫真正有效的控制是由自然界完成的，而不是人类。昆虫的繁殖数量受到限制是由于存在一种被生态学家们称为环境防御作用的东西，这种作用从第一个生命出现以来就一直存在着。昆虫学家罗伯特·麦特卡夫说："防止昆虫破坏我们世界安宁的最重大的一个因素是昆虫在它们内部进行的自相残杀的战争。"然而，现在大部分化学药物被用来杀死一切昆虫，无论是我们的朋友还是我们的敌人都一律格杀勿论。

第二个被忽视的事实是，一旦环境的防御作用被削弱了，某些昆虫的真正具有爆炸性的繁殖能力就会复生。有生物学家曾计算过，一个单独的雌蚜虫在一年时间中所能繁殖的蚜虫的总量相当巨大。

没有一个人知道在地球上究竟有多少种昆虫，因为还有很多的昆虫尚未被人们认识。现在，已经记录在案的昆虫已超过 70 万种。这意味着，根据种类的数量来看，地球上的动物有 70％～80％是昆虫。这些昆虫的绝大多数都被自然力量控制着，而不是靠人的任何干涉。糟糕的是，往往在这种天然保护作用丧失之前，我们总是很少知晓这种由昆虫的天然敌人所提供的保护作用。

这种起天然保护作用的昆虫种类繁多。黄蚂蚁捕获那些不移动的蚜虫，并且用它的汁液去喂养幼蚁。黄蜂在屋檐下建造了柱状泥窝，并且用昆虫充积在窝中，作为黄蜂幼虫将来的食物。这些房屋的守护者黄蜂飞舞在正吃着料的牛群的上空，它们消灭了使牛群受罪的吸血蝇。大声嗡嗡叫的食蚜蝇，把卵产在蚜虫出没的植物叶子上，而后孵出的幼虫能消灭大量的蚜虫。瓢虫，也是一个最有效的蚜虫、蚧壳虫和其他吃植物的昆虫的消灭者。草蜻蛉①靠捕食蚜虫、蚧壳虫或小动物为生，每个草蜻蛉都能消灭几百个蚜虫。许多蜂和蝇也有同样的能力，它们完全依靠寄生作用来消灭其他昆虫的卵及幼虫而生存。一些寄生卵极小的蜂类，由于它们的巨大数量和它们巨大的活动能力，它们制止了许多危害庄稼的昆虫的大量繁殖。

昆虫由于存在着这样的天然特性，因此它们一直都是我们在保持自然平衡使之倾倒到对我们有利一面的斗争中的同盟军。但是，现在我们却把炮口转向了我们的朋友。一个可怕的危险是，我们已经粗心地轻视了它们在保护我们免受黑潮般的敌人的威胁方面的价值。

杀虫剂数量逐年增大，环境防御能力的全面持续降低正在日益明显地变成无情的现实。随着时间的流逝，我们可以预料昆虫的骚扰会逐渐更加严重，并且将超出我们已知的

① 草蜻蛉：即草蛉虫，是一种捕食性昆虫。

范围。

也许你会说："这种情况肯定不会真正发生——无论如何，在我这一辈子里将不会发生。"但是，它正在发生着，就在这儿，就在现在。如安大略的黑蝇在喷药后，其数量比喷药前增加了16倍；在英格兰，随着喷洒一种有机磷化学农药而出现了白菜蚜虫的严重爆发。虽然有理由认为杀虫剂在对付要控制的那种昆虫方面是有效的，但它们却打开了整个盛放灾害的潘多拉盒子①。例如，当滴滴涕和其他杀虫剂将蜘蛛螨的敌人杀死之后，这种蜘蛛螨已实际变成一种遍布全世界的害虫了。蜘蛛螨不是一个昆虫种，它是一类有着几乎看不出来的八条腿的生物，与蜘蛛、蝎子和扁虱属于一类。它有一个适应于刺入和吮吸的口器和摄食使世界变绿的叶绿素的胃口。它把它的细小、尖锐的口器刺入叶子和常绿针叶的外层细胞，并且抽吸叶绿素。这种害虫的缓慢蔓延使得树木和灌木林染上了像椒盐那样黑白相间的杂色点；由于带着沉重的蜘蛛螨群体，叶簇转黄而陨落。

为什么蜘蛛螨会因使用杀虫剂而变得更加兴旺？除了蜘蛛螨相对地对杀虫剂不敏感这一明显的事实而外，看来还有两个其他的原因。在自然界，蜘蛛螨的繁殖受到了许多种捕食性昆虫的制约，如瓢虫、食肉螨类和一些掠食性臭虫，所有这些虫子都对杀虫剂极为敏感。第三个原因必须到蜘蛛螨群体内部的数量压力上去寻找。一个不构成灾害的螨群体是一个稠密的、定居下来的集团，它们拥挤在一个躲避敌人的保护带中。在喷药之后，这个群体就解散了，这时螨虫虽未被化学药物杀死，但却受了刺激，它们溃散开，去寻找它们能以安身的地方。当发生这种情况时，螨虫就发现了有比在从前的集团中能得到多得多的空间和食物。螨虫的敌人死掉了，螨虫没有必要再去花费它们的能量去维持那神秘的保护带了，它们就集中能量进行大量繁殖。它们的产卵量能增加三倍，这是不寻常的，这一切都是得济于杀虫剂的效果。

在美国，由于使用了滴滴涕和其他随后而来的更为有毒的化学药物，如七氯、狄氏剂等喷药，严重扰乱了昆虫世界的群体动力学，农民们田里的害虫愈来愈猖狂。

所有这些例子谈的都是侵害农作物的昆虫，而带来疾病的那些昆虫又怎么样呢？这方面已经有了不少警告。一个例子是在南太平洋的尼桑岛上，在第二次世界大战期间，那儿一直在大量地进行喷药，不过在战争快结束的时候喷药就停止了。很快，大群传染疟疾的蚊子重新入侵该岛，当时所有捕食蚊子的昆虫都已被杀死了，而新的群体还没来得及发展起来，因此蚊子的大量爆发是极易想见的。

在过去的十年中，这些问题已投下了一个长长的暗影，然而我们对它们的认识却一直十分缓慢。大多数有能力去钻研生物控制方法并协助付诸实践的人却一直过分忙于在实行化学控制的更富有刺激性的小天地中操劳。1960年报道，在美国仅有2%的昆虫学家在从事生物控制的现场工作，其余98%的主要人员都被受聘去研究化学杀虫剂。

这种状况也解释了这样一个不那么神秘的事实，即某些杰出的昆虫学家正在领头为化学控制辩护。对这些人中某些人的背景进行了调查，披露出他们的全部研究计划都是由化学工业资助的。他们的专业威望、有时甚至他们的工作本身都要依靠着化学控制方法的永

① 潘多拉盒子：源于希腊神话，潘多拉盒子多被人们比喻为灾祸的来源。

世长存。

在为化学物质成为控制昆虫的基本方法的普遍欢呼声中，偶尔有少量研究报告被少数昆虫学家提出，这些昆虫学家没有无视这一事实，即他们既不是化学家，也不是工程师，他们是生物学家。

毕凯特博士本人是创立控制昆虫合理方法的研究领域中的一位先驱者，这种方法充分利用了各种捕食性和寄生性昆虫。针对人们使用滴滴涕却引起了一场史无前例的螨虫灾害，毕凯特博士说："我们只不过是从一场危机进入另一场危机，用一个问题换来了另一问题"。

然而，在这一方面，毕凯特博士和他的同事们闯出了一条新的道路，他们抛弃了其他昆虫学家还在遵循的那条老路；在那条老路上，昆虫学家们还在继续跟在不断变得愈来愈毒的化学物质的鬼火的屁股后面跑。毕凯特博士及其同事们认识到他们在自然界有一个强有力的盟友，他们设计了一个规划，这个规划最大限度地利用了自然控制作用，并把杀虫剂的使用压缩到了最小限度。必须使用杀虫剂时，也把其剂量减低到最小量，使其足以控制害虫而不至于给有益的种类造成不可避免的伤害。计划内容中也包括选择适当的撒药时机。例如，如果在苹果树的花朵转为粉红色之前，而不是在这一时刻之后去喷撒尼古丁硫酸盐，那么一种有重要作用的捕食性昆虫就会保存下来，可能这是因为在苹果花转为粉红色之前它还在卵中未孵出。

毕凯特博士特意仔细挑选那些对寄生昆虫和捕食性昆虫危害极小的化学药物。他说："如果我们在把滴滴涕、对硫磷、氯丹和其他新杀虫剂作为日常控制措施使用时，能够按照我们过去使用无机化学药物时所采用的方式去干，那么对生物控制感兴趣的昆虫学家们也就不会有那么大意见了。"他主要依靠"尔叶尼亚"、尼古丁硫酸盐和砷酸铅，而不用那些强毒性的广谱杀虫剂，在某些情况下使用非常低浓度的滴滴涕和马拉硫磷。虽然这两种杀虫剂是当代杀虫剂中毒性最低的，但毕凯特博士仍希望进一步的研究能用更安全、选择性更好的物质来取代它们。

他们的那个规划进行得怎么样呢？那些遵照毕凯特博士修订的喷药计划的果园种植者们和使用强毒性化学药物的种植者一样，正在生产出大量的头等水果，另外，他们获得上述成绩其实际花费却是较少的。

比得到这些辉煌成果更为重要的一个事实是，即由昆虫学家们所执行的这个修改过的喷药计划是不会破坏大自然的平衡的。整个情况正在向着由加拿大昆虫学家尤里特十年前所提出的那个哲学观点的方向顺利前进，他曾说："我们必须改变我们的哲学观点，放弃我们认为人类优越的态度，我们应当承认我们能够在大自然实际情况的启发下发现一些限制生物种群的设想和方法，这些设想和方法要比我们自己搞出来的更为经济合理。"

思考练习

1. 词语积累。

悬崖　蔑视　频繁　防御　疟疾

骚扰　威胁　草蜻蛉　孵出　臆测

2. “大自然在反抗”体现在哪两方面？导致“大自然反抗”的原因是什么？

3. 文中写黄蚂蚁、黄蜂、瓢虫等昆虫的作用是什么？请简要分析。

4. 从全文看，作者写“大自然在反抗”的意图是什么？

共建美丽地球家园[1]

孙金龙　黄润秋

课文导读

生物多样性是人类赖以生存和发展的重要基础。坚持人与自然和谐共生，保护生物多样性是我国生态文明建设的重要内容。人与自然是命运共同体。作为世界上生物多样性最丰富的国家之一，近年来，我国推进生物多样性治理，坚持绿水青山就是金山银山理念，坚持尊重自然、顺应自然、保护自然构建生态文明体系，探索人与自然和谐共生之路，建设美丽中国，并取得了显著成效。中国积极参与和推动国际合作，为全球生态文明建设贡献了重要力量。

人与自然是命运共同体。当前，全球物种灭绝速度不断加快，生物多样性丧失和生态系统退化对人类生存和发展构成重大风险。“绿水青山就是金山银山”“人与自然应和谐共生”。塞罕坝荒原变林海、濒临灭绝的中国豹重返人口密集的华北栖息地……这些都是实实在在的生物多样性保护成果。

党的十八大以来，我国把生态文明建设摆在全局工作的突出位置，以前所未有的力度抓生态文明建设，统筹推进生物多样性保护各项工作，深度参与全球生物多样性治理，为共建地球生命共同体作出新的更大贡献。

依托“生命共同体”凝聚共识

人类是一个整体，地球是一个家园。共建地球生命共同体为全球环境治理提供了一个具有高度开放性、包容性和实践性的理念，是实现人类可持续发展的必然选择。

生物多样性是人类赖以生存和发展的重要基础，在2011—2020年全球生物多样性目标（“爱知目标”）中，20个目标只有6个目标部分实现的背景下，COP15[2]系统总结国际社会在生物多样性保护方面的经验，为全球生物多样性保护描绘新的蓝图，对于遏制并扭转生物多样性丧失趋势、促进全球可持续发展至关重要。构建“地球家园”的三重愿景将自然生态

---

①　选自《求是》2021年第21期，经编者整理而成，题目为编者所拟。　②　联合国《生物多样性公约》缔约方大会第十五次会议的简称，会议于2021年10月在云南昆明召开。

与经济发展、人类福祉有机融合在一起，深刻诠释了本次大会的主题“生态文明：共建地球生命共同体”，为全球生态和环境治理明确了方向和路径，也与联合国可持续发展目标高度契合，集中体现了中国理念和中国智慧。习近平总书记还引用中国传统文化中的生态理念，“万物各得其和以生，各得其养以成”，提醒我们要深怀对自然的敬畏之心，尊重自然、顺应自然、保护自然，改变传统的“大量生产、大量消耗、大量排放”的生产模式和消费模式，避免走先污染后治理的老路，坚定不移走生产发展、生活富裕、生态良好的文明发展道路。

当前，人类正面临来自诸如新冠肺炎疫情、环境污染、气候变化、生态系统退化和生物多样性丧失等困难和挑战，站在保护生物多样性、实现全球可持续发展的重要关口。习近平总书记着眼应对全球性挑战、促进共同发展繁荣，首次提出了“人类高质量发展”这一命题和“开启人类高质量发展新征程”四点主张：以生态文明建设为引领，协调人与自然关系；以绿色转型为驱动，助力全球可持续发展；以人民福祉为中心，促进社会公平正义；以国际法为基础，维护公平合理的国际治理体系。人类高质量发展理应是人与自然关系和谐的发展，绿色、低碳的发展，人民福祉和社会公平正义不断增强的发展，国际治理体系更加公平合理的发展。“开启人类高质量发展新征程”的四点主张与习近平总书记在第七十六届联合国大会一般性辩论上提出的“全球发展倡议”一脉相承，进一步描绘了未来高质量发展的“路线图”，为国际社会应对当前挑战提供了中国方案。

作为COP15东道国，习近平总书记宣布：中国将率先出资15亿元人民币，成立昆明生物多样性基金，支持发展中国家生物多样性保护事业；正式设立第一批5个国家公园；出台碳达峰、碳中和“1＋N”政策体系。应对气候变化和生物多样性保护，两者密不可分、相辅相成。有效应对气候变化，可以减缓全球升温，降低由于极端天气增多、气象及自然灾害频发带来的生态系统退化和物种灭绝风险。加强生态系统保护修复，遏制生物多样性丧失，提升生态系统质量和稳定性，也有助于从整体上改善环境质量、增加碳汇功能、减缓气候变化，增强适应气候变化能力。这三方面务实而有力度的举措，展示了我国同国际社会一道推动全球生物多样性治理迈上新台阶、共建地球生命共同体的雄心与行动，将有力引导各方调动更多资源、采取务实举措，共同建设清洁美丽的世界。

我国森林面积和森林蓄积连续30年保持“双增长”，生态系统持续修复，野生动植物种群数量持续增加。2004年以来，荒漠化、沙化土地面积连续3个监测期(每5年一个监测期)实现“双缩减”。2000—2017年全球新增的绿化面积中，我国贡献比例约25%，居世界首位。2016—2020年，累计整治修复岸线1 200公里，滨海湿地2.3万公顷。积极推动建立以国家公园为主体、自然保护区为基础、各类自然公园为补充的自然保护地体系，建立各级各类自然保护地近万处，约占陆域国土面积的18%，90%的陆地生态系统类型和71%的国家重点保护野生动植物物种得到有效保护。初步划定的全国生态保护红线面积不低于陆域国土面积25%，划定35个生物多样性保护优先区域，野生动物栖息地空间不断拓展。在经济最繁荣的长江经济带实施长江十年禁渔计划，全力恢复长江生物多样性。系统实施濒危物种拯救工程，多种濒危野生动植物得到保护和恢复，大熊猫、朱鹮、亚洲象、藏羚羊等珍稀濒危野生动物种群实现恢复性增长。

作为最早签署和批准《生物多样性公约》(以下简称《公约》)的缔约方之一，我国坚定践行多边主义，积极开展生物多样性保护国际合作，为推进全球生物多样性保护贡献中国力

我国系统实施濒危物种拯救工程，多种濒危野生动植物得到有效保护和恢复。这是一张拼版照片：左上图为2021年5月11日，在湖北省宜昌市江边，长江江豚在水中嬉戏（无人机照片，新华社记者　肖艺九/摄）；右上图为2021年5月13日拍摄的陕西省汉中市洋县朱鹮生态园内的朱鹮（新华社记者　刘潇/摄）；下图为2021年4月20日，藏羚羊在三江源可可西里地区活动（新华社记者　吴刚/摄）。（资料来源：求是网，2021-11-01）

量。积极履行《公约》及其议定书，“爱知目标”执行情况高于全球平均水平，已成为全球环境基金最大的发展中国家捐资国。成立“一带一路”绿色发展国际联盟，在生物多样性保护、全球气候变化治理与绿色转型等方面开展合作。建设“一带一路”生态环保大数据服务平台，吸纳100多个国家生物多样性相关数据。在“南南合作”框架下积极为发展中国家保护生物多样性提供支持，全球80多个国家受益。成功举办COP15第一阶段会议，达成《昆明宣言》，为后续“2020年后全球生物多样性框架”磋商提供了政治指引、凝聚了广泛共识，体现了各国采取有效行动，扭转当前生物多样性丧失，并确保最迟在2030年使生物多样性走上恢复之路的决心和意愿，为全球生物多样性治理注入新动力。

推动我国生物多样性保护迈上新台阶

我国生物多样性保护与时俱进、创新发展，积累了具有长远指导性的宝贵经验。要继承和发扬好宝贵经验，不断创新工作思路和举措，推动我国生物多样性保护迈上新台阶，与国际社会共同开启全球生物多样性治理新进程。

人与自然是生命共同体，当人类友好保护自然时，自然的回报是慷慨的；当人类粗暴掠夺自然时，自然的惩罚是无情的。一些过度开发利用自然的惨痛教训表明，必须树立尊重自然、顺应自然、保护自然的生态文明理念，探索人与自然和谐共生的发展道路，促进经济发展与生态环境保护协调统一。制定新时期国家生物多样性保护战略与行动计划，推动生物多样性保护纳入经济社会发展重要规划，将生物多样性保护理念融入生态文明全过程，坚持以自然承载力为基础，加快形成绿色发展方式，倡导绿色低碳生活，协同推进高水平生物多样性保护和高质量发展。坚持保护优先、自然恢复为主的方针，遵循自然规律，积极探索基于自然的解决方案，避免人为过度干预，对重要生态系统、生物物种及遗传资源实施有效保护，推动形成人与自然和谐共生新格局。

良好的生态环境既是自然财富，也是经济财富。保护生态就是保护自然价值和增值自然资本，就是保护经济社会发展潜力和后劲。生物多样性为人类提供了丰富多样的生产生活必需品、健康安全的生态环境和独特别致的景观文化。必须坚持以人民为中心的发展思想，把加强生物多样性保护与发展经济、创造就业、群众增收、美丽乡村建设结合起来，推动坚持生态优先、推动高质量发展、创造高品质生活有机结合、相得益彰。加快推动建立健全生态产品价值实现机制，规范生物多样性友好型经营活动，让百姓既得到“绿叶子”，也富裕“钱袋子”，实现生态保护、绿色发展、民生改善相统一。

山水林田湖草沙是不可分割的生态系统。必须按照生态系统的整体性、系统性及内在规律，统筹考虑自然生态各要素，进行整体保护、系统修复、综合治理，从而达到增强生态系统循环能力、维护生态平衡的目的。持续优化生物多样性保护空间格局，落实就地保护体系，完善生物多样性迁地保护体系。统筹划定并严守生态保护红线，优化调整自然保护地，加强对生物多样性保护优先区域的保护监管。实施《全国重要生态系统保护和修复重大工程总体规划（2021—2035 年）》，加快恢复物种栖息地，加强重点生态功能区、重要自然生态系统、自然遗迹、自然景观及珍稀濒危物种种群和极小种群保护，完善生物资源迁地保存繁育体系。着力提升生物安全管理水平，依法加强生物技术环境安全监测管理，建立健全生物遗传资源获取与惠益分享监管制度，持续提升外来入侵物种防控管理水平。

保护生态环境必须依靠制度，依靠法治。必须坚持用最严格的制度和最严密的法治保护生态环境，完善生物多样性保护体制机制和政策制度体系，提高生物多样性治理能力。要健全生物多样性保护与监管制度，研究推进野生动物保护、渔业、湿地保护、自然保护地、森林、野生植物保护等领域法律法规的制定修订工作，各地可因地制宜出台相应的生物多样性保护地方性法规。健全自然保护地生态保护补偿制度，完善生态环境损害赔偿制度，健全生物多样性损害鉴定评估方法和工作机制，完善打击野生动植物非法贸易制度。加大执法和监督检查力度，将危害国家重点保护野生动植物及其栖息地行为和整治情况纳入中央生态环境保护督察，持续开展“绿盾”自然保护地强化监督等专项行动。严厉打击非法猎捕、采集、运输、交易野生动植物及其制品等违法犯罪行为。编制生物多样性保护重大工程十年规划，加快构建生物多样性保护监测网络，完善生物多样性评估体系，开展生物多样性影响评价。发挥各级政府在生物多样性保护中的主导作用，建立健全企事业单位、社会组织和公众参与生物多样性保护的长效机制。

地球是人类的共同家园，面对生物多样性丧失等全球性挑战，各国是风雨同舟的命运共同体。必须秉持人类命运共同体理念，坚持以多边主义为引领，积极参与全球生物多样性治理进程，充分发挥我国作为全球生态文明建设重要参与者、贡献者、引领者作用，不断增强在全球生物多样性治理和可持续发展领域的话语权和影响力。认真履行生物多样性公约、湿地公约、濒危野生动植物种国际贸易公约等生物多样性相关的国际条约，积极参与生物多样性相关国际标准制定，加强生物多样性保护与绿色发展领域的双多边对话合作，推动知识、信息、科技交流和成果共享。筹备好 COP15 第二阶段会议，推动制定“2020 年后全球生物多样性框架”，构建公正合理、各尽所能的全球生物多样性治理体系，为构建地球生命共同体作出新的更大贡献。

原本栖息在云南省西双版纳傣族自治州境内的一群野生亚洲象北上及返回之旅，引发全球关注。中国政府与民众携手护象的行动得到世界点赞。图为2021年8月9日在云南省玉溪市元江县境内拍摄的象群（无人机照片）。（新华社记者 胡超/摄）

思考练习

1. 词语积累。

统筹 福祉 契合 遏制 栖息 惊心动魄

携手 秉持 濒危 遗迹 风雨同舟 相得益彰

2. COP15是《生物多样性公约》缔约方大会首次在中国举办，有何意义？

3. 我国是世界上生物多样性最丰富的国家之一，生态系统类型多样。在2000—2017年全球新增的绿化面积中，我国贡献比例约为多少，排世界第几位？

4. 概括分析作品中的学科观点包括哪些。

漫谈中国人的环境观[1]（节选）*

汉宝德[2]

课文导读

在现代化的进程中，人们常常在传统与现代、东方与西方的取舍中处境尴尬。摆脱理性的功能主义，通过环境特色的体验开始思考，去发现建筑背后潜在的文化力量，是作者给我们指出的一条可行之路。《漫谈中国人的环境观》像是一堂启蒙课，自民族文化的角度，从方与圆、内与外、正与邪、新与旧、色与空等角度来分析中国人的环境观，让人有拨云见日之感。本文节选了“内与外：中国人对自然的看法”与“正与邪：中国人环境的价值观”两部分的内容。

内与外：中国人对自然的看法

也许由于我国在绘画艺术上有极大的成就，而我国的美术实际上可用山水画来概括之，因此，在中外文化人士的心目中，中国人是“爱好自然”“师法自然”的。在环境艺术中，我国的庭园尤以“自然”闻名，不但使得十九世纪以来的欧西人士产生了向往，也使我国一些建筑界人士常常把造园艺术看作中国建筑艺术的核心而加以夸张，从而大大地强解、误解了庭园的“自然”精神。

要了解我国对自然的看法，不能单看“自然”二字。我们要知道在思想的源流上，儒、道两家对自然的看法，以及这两种看法怎样为我们后世勉强地汇合在一起。

老实说，要深刻地解说这个问题，已经不是我粗浅的知识所能胜任的了。可是大体说来，我们使用习惯上的方外的观念，与我们前面所谈到的方、圆的观念对照起来看，大约可以得到一种基本的了解。大家知道“方外”的意思的是指“世外”，而宗教界称未出家的信徒为“方士”，很显然，这个方框代表着人世。它不但代表了、暗示着人为的居住环境，同时表示在此环境中所必具的行为规范。这个方框的外面，是我们不能控制的自然现象。

也许我过分地牵强附会了。我老觉得使用圆形代表道家的空间思想，用方代表儒家的空间观念，是一个很方便的办法。儒家以方为世在历史上是有凭据的。井田之制是一种方形的观念，周礼王城之制也是一种方形的观念。道家据我所了解，并没有清楚的几何形的象

---

① 选自《建筑笔记》，汉宝德著，上海人民出版社2009年版。 ② 汉宝德（1934—2014），建筑学者，祖籍山东日照。

征，但后世所提出的太极的观念，是大自然浑然一元的想法，可用圆形的意象来设想。

根据这一种了解，我们对自然没有恐惧感，世内世外表示我们对不同的行为法则的看法。自然界，具体地说是外界的环境，是反映一种无拘无束的人生观。由于对方内、方外观念分得十分清楚，中国人接受了自然环境为一种不加装点的、较高层次的秩序。

当然，真正的自然环境并不如我们所想象得那么祥和近人。对自然美的欣赏需要高度的修养，而且必须是精神型的人才成，因为只有在精神化的自然界中，才能克服真实的自然界所加予人类生存上的压迫与威胁。

田园诗人与山水画家负责造成这种精神化的自然意象。在他们的笔下，自然界是世外之天堂，人之所以可能飘然而去者，乃因摆脱了俗世之中一些责任的牵连，乃因摆脱了人人所不能看破的一些人间之结，用今天的话说，就是名利与情丝。自然，借着后世佛、道出世观念的帮助，与现世的文明生活环境，不但构成了对比，而且显然地形成两个极端，使我国的知识分子徘徊其间，时时有不知所措之感。

中国读书人的理想是在世之内外取一个平衡点，亦即所谓"方圆之间"。用一句普通话来解释，就是既通人情，又达天理。在世上做一个规规矩矩、顺遂世情的人，又能悠游于山林之间，享受大自然的情趣，修身养性，因而能知天命。故这话也可说为"天人之际"。

努力达到这样的实质生活环境是传统知识分子的目标。可是这种自然观与环境的创造有什么直接关系呢？其结果在我看来，是臆造的自然。能在高山、深林中跋涉以欣赏自然景色的人到底是不多的，能"悠然见南山"忘却穷困潦倒的人也究竟是不多的。大体说来，真正把大自然当天堂的情形不多，方框以内的文明生活仍是大家所迷恋的现实。在若干世纪的传统之中，文学、艺术所描述的自然环境逐渐代替了真实的自然环境，除了真正具有出世勇气的人能为僧为道者外，大部分的中国念书人只能满足于方内的方外感。事实上很多僧人道者所居之名刹大寺常常也是建造于都城之中，或散处于人世之间。方外者对大多数人而言，乃是不受约束、不必为生活操心的生活方式，并不真正意味着处于大自然中的生活。

我国的园林艺术就是在这种矛盾的心境下的产物，自汉魏以来就有记载达官贵人经营园圃的故事。依理说，他们应该走出城外，结竹篱茅舍于山水之间的，但他们宁斥巨资造园。自他们的想象中建造一个自然景色的抄本，其目的显然是可兼有俗世生活与自然情趣。因此，园林艺术的开始就暗示着宫廷园林的走向。

结果是什么呢？中国人自己塑造的自然，与宫廷富丽的人为环境联结在一起，成为一种很奇特的贵族意味浓厚的空间艺术。自然环境不但被掌握在画家的想象之中，而且被建筑物穿插着。至于所谓"自然"的本身，变成一些材料，水、石、花、木，按着诗人画家的想象力组织起来，后来则按一定的公式安排起来。

所以明、清以来中国人心目中的自然，成为自然中的素材。大家对石头很有考究，对花很考究，对树木很考究。其结果是堆积自然素材，失去自然情趣。这也难怪，试想除了皇家以外，谁能在自己的院子里再建山水画里表现的自然？

背弃了自然的精神之后，我觉得中国人的自然观可用方孔中看世界来比喻，失掉了没有画框而能欣赏自然的能力。用几何来表示，可以说是方内之圆。

正与邪:中国人环境的价值观

我国人对人为环境所采取的衡量标准是多方面的,阴阳家有风水、堪舆之学,是自祸福、休咎来判断。民间的宗教信仰重神鬼之说,是自驱邪避祟的角度上去判断。我们自然也有一套审美的标准,可以自纯美的观念去判断,但是在我个人粗浅的经验中,觉得真正深植于国人心灵深处的价值标准,仍然是自方、圆的观念中导出来的道德观,以及后来与审美的价值浑然一体的正、邪观念。当然,我要请各位同学原谅我过于简化了这一相当繁复的问题,因为我是喜欢提纲挈领,把核心先点出来的。

我觉得只有正、邪二字可以概括国人对环境批判中的大部分内容。与西方文明的美感观念比较起来,我们所能接受的形式很窄。西方人于十九世纪整理了自古埃及以来各文化中的美观标准,所以具有多样性。由于这多样性,西方人能抛开善与美的关系,只谈美。唯我国自周以来至今天,内容一直加强与补充,根本上没有严重的变化。

大体上说,我们的单一标准是自“方”的引申中来的。第一个抽引出的观念是“正”字。方只是几何形,而“正”则有外形的意义加上道德的含义。“方正”二字连起来,是我国环境观中最高的标准。

在环境的计划中,正字所带来的意思,约略相当于西方文艺复兴以后的观念。其最明显的特色是均衡对称,人处在任何环境中,希望其周遭的建筑等实物,以他自己为中心,左右是均等的。这自然是人文主义观念的基础。可是西方所没有强调出来的,乃是又由“正”引申出的“中”的观念,它使得外在环境与儒家的哲学可以重合。这“中”字在环境上就是中轴线。

中轴线看上去是很轻易的,但不一定容易体会。比如我们东海大学的校舍都是均衡对称的,照说都有中轴线了?不然。我们的办公大楼是对称的,但自前面走去,没有入口,楼梯在后面,而面向文理大道的方向,有楼梯而没有趋近的中轴通道,因此中国人生活其中,并没有真正“中国的”感受。“正”与“中”的观念要表现在行走在中轴线上,而不只是外表对称而已。

方正的标准在外形的要求上,是建立人造环境的权威性,所以在体型上以“大”为上,以“小”为下。所以国人习惯上把“大方”连起来读。大方是一个十分抽象的字眼,在早期的文字中,并没有形式的意思,只是一种人格或能力的描写。但套用到形式上,觉得十分顺适、恰当。今天使用这字眼状写一物的外形,即是表面上既大且方的意思,体大型方就是大方。但是大、小是相对的形容词,多大才算大呢?所以我们的形式观念,自大方引进了“气魄”这一个抽象的字眼。虽然在实际的度量上并不是那么大,但用周围的其他环境条件衬托出来,使它显得大,就是有气魄的,因此也就是好的。

自“大方”的形式观推下去,就可以具体地指出既宽又高的理想标准。我接触过的业主中,不论其年龄或出身等背景,不论在国外受过多少年的西式教育,对建筑物外形的要求,都不外高、宽二字。高可用较抽象的“崇高”来描写,崇高是体大的一面。“仰之弥高”是我们人体的心理反应。宽字即是广字,宽、广在人格中表示“宏”,表示“量”,故亦是大字的化身。宽大的心理状态可以用舒展来描写。瞻仰是对崇高感的激赏,表示头部上下移动,既高且广是壮阔的美感的来源。

方正的另一含义是简单。正字又可引申为整字。完整是其一义,整齐亦是其一义。简单而整齐就暗示完整的意思,在外形上,是方正感所不可或缺的性质。这一点自然使我国的建筑与西方古典的传统有很多相似之处。反过来说,要国人接受造型组合变化繁复而有奇特趣味的西方中世纪形式就十分困难。

这些当然都是方内的价值标准。在这里，歪邪的卑下是不用多说的，邪与恶字常常连在一起。我曾注意到，即使在儒家观念之外的阴阳说，也进一步补强这一说法，把方正与福祉同解，把歪邪与不幸相等。各位也许不能意会这一观念对我国环境计划的影响，但如果自西方建筑传统来看，斜的使用是很普通的一种解决环境问题的手法。因为我们文字的引申力与暗示力非常强，所以把邪与斜就很轻易地看作一类了。

由于时间的关系，我不打算细说“歪”字在环境观得到的反感。想来大家可以意会我要在此提出来的，是“方外”环境的价值观。以我看来，对于方外者，我们的尺度总有些松动。这种环境的观念既非正，亦非邪，是一个“奇”，可是在这里，价值的观念并不很明确，表示方外的行为准则并没有一定的办法。比如“奇妙”与“平淡”，虽然一来自阴阳，一来自道家，但大家都可以接受的。“巧”与“拙”亦是相对的观念，但亦为中国人所一体接受，使用不同的标准来衡量。表现在外形上，是中国庭园的曲折、炫奇甚至巧妙的安排。“小”在这里不一定表示“小气”，可能表示“小巧”。这又是文字的魔术在搞鬼了。

思考练习

1. 词语积累。

牵强附会	不知所措	竹篱茅舍	臆造
穷困潦倒	驱邪避祟	提纲挈领	跋涉

2. 怎么理解“在中外文化人士的心目中，中国人是‘爱好自然’‘师法自然’的”？

3. 实践活动：查阅典籍，解读中国人的环境观。

一滴水可以活多久[①]

迟子建[②]

课文导读

这是一篇童话式的散文，从一个小女孩在一片草茎的叶脉上发现一滴露珠起笔，为全文确立了一个诗意的语调，而小女孩在凝望水滴的时候“发现了一只黑黑的眼睛”，这一情景的安排别具匠心，巧妙地暗示了二者之间的隐喻关系。文章多次提到一滴水，那滴水从一开始就不仅是映照出小女孩黑亮眼睛的镜子，而且它已经与小女孩的生命融为一体。她的成长、婚嫁，甚至衰老死亡，始终与这滴水相连结。本文艺术性地表达了作者的温情主义世界观。文章细腻而柔婉、平和而从容，充溢其间的是温情、忧伤而不绝望的真情告白，是深刻的心灵感悟。

这滴水诞生于凌晨的一场大雾。人们称它为露珠，而她只把它当做一滴水来看待，它的的确确就是一滴水。最初发现它的人是一个七八岁的小女孩，她不是在玫瑰园中发现它的，而是为了放一只羊去草地，在一片草茎的叶脉上发现的。那时雾已散去，阳光在透明的空气中飞舞。她低头的一瞬发现了那滴水。它饱满充盈，比珠子还要圆润，阳光将它照得肌肤浏亮，她在敛声屏气盯着这滴水看的时候不由发现了一只黑黑的眼睛，她的眼睛被水珠吸走了，这使她很惊讶。我有三只眼睛，两只在脸上，一只在草叶上，她这样对自己说。然而就在这时她突然打了一个喷嚏，那柔软的叶脉随之一抖，那滴水骨碌一下便滑落了。她的第三只眼睛也随之消失了。她便蹲下身子寻找那滴水，她太难过了，因为在此之前她从未发现过如此美的事物。然而那滴水却是难以寻觅了。它去了

---

① 选自《一滴水可以活多久：迟子建散文精品选》第三辑，湖南文艺出版社 2011 年版。 ② 迟子建（1964— ），作家，1983 年开始文学创作，曾获鲁迅文学奖、茅盾文学奖等多种文学奖项，代表作《额尔古纳河右岸》入选“新中国 70 年 70 部长篇小说典藏。”

哪里？它死了吗？

后来她发现那滴水去了泥土里，从此她便对泥土怀着深深的敬意。人们在那片草地上开了荒，种上了稻谷，当沉甸甸的粮食蜕去了糠皮在她的指间矜持地散发出成熟的微笑时，她确信她看见了那滴水。是那滴水滋养了金灿灿的稻谷，她在吃它们时意识里便不停地闪现出凌晨叶脉上的那滴水，它莹莹欲动，晶莹剔透。她吃着一滴水培育出来的稻谷一天天地长大了。有一个夏日的黄昏她在蚊蚋的歌唱声中发现自己成了一个女人，她看见体内流出的第一滴血时确信那是几年以前那滴水在她体内作怪的结果。

她开始长高，发丝变得越来越光泽柔顺，胸脯也越来越丰满，后来她嫁给了一个种地的男人。她喜欢他的力气，而他则依恋她的柔情。她怎么会有这么浓的柔情呢？她俯在男人的肩头老有说也说不尽的话，好在夜晚时被男人搂在怀里就总也不想再出来，后来她明白是那滴水给予她的柔情。不久她生下了一个孩子，她的奶水真旺啊，如果不吃那滴水孕育出的稻米，她怎么会有这么鲜浓的奶水呢？后来她又接二连三地生孩子，渐渐地她老了，她在下田时常常眼花，即使阴雨绵绵的天气也觉得眼前阳光飞舞。她的子孙们却像椴树林一样茁壮地成长起来。

她开始抱怨那滴水，你为什么不再给予我青春、力量和柔情了呢？难道你真的死去了吗？她步履蹒跚着走向童年时去过的那片草地，如今那里已经是一片良田，入夜时田边的水洼里蛙声阵阵。再也不见碧绿的叶脉上那滴纯美之极的水滴了，她伤感地落泪了。她的一滴泪水滑落到手上，她又看见了那滴水，莹白圆润，经久不衰。你还活着，活在我的心头！她惊喜地对着那滴水说。

她的牙齿渐渐老化，咀嚼稻米时显得吃力了。儿孙们跟她说话时要贴着她耳朵大声地叫，即使这样她也只是听个一知半解。她老眼昏花，再也没有激情俯在她男人的肩头咕哝不休了。而她的男人看上去也畏畏缩缩，终日垂头坐在门槛前的太阳底下，漠然平静地看着脚下的泥土。有一年的秋季她的老伴终于死了，她嫌他比自己死得早，把她给丢下了，一滴眼泪也不肯给予他。然而埋葬他后的一个深秋的月夜，她不知怎的格外想念他，想念他们的青春时光。她一个人拄着拐杖哆哆嗦嗦地来到河边，对着河水哭她的伴侣。泪水落到河里，河水仿佛被激荡得上涨了。她确信那滴水仍然持久地发挥着它的作用，如今那滴水幻化成泪水融入了大河。而她每天又都喝着河水，那滴水在她的周身循环着。

直到她衰老不堪即将辞世的时候，她的意识里只有一滴水的存在。当她处于弥留之际，儿孙们手忙脚乱地为她穿寿衣，用河水为她洗脸时，她的头脑里也只有一滴水。那滴水湿润地滚动在她的脸颊为她敲响丧钟。她仿佛听到了叮当叮当的声音。后来她打了一个微弱的喷嚏，安详地合上眼帘。那滴水随之滑落在地，渗透到她辛劳一世的泥土里。她不在了，而那滴水却仍然活着。

她在过世后又变成了一个七八岁的小女孩，有一天凌晨大雾消散后她来到一片草地，她在碧绿的青草叶脉上发现了一颗露珠，确切地说是一滴水，她还看见了一只黑亮的眼睛在水滴里闪闪烁烁，她相信她与一生中所感受的最美的事物相逢了。

思考练习

1. 词语积累。

浏亮　喷嚏　矜持　蚊蚋　椴树林

蹒跚　咀嚼　漠然　弥留　敛声屏气

2. 仔细阅读第一段中的两个句子:“她不是在玫瑰园中发现它的”“它饱满充盈,比珠子还要圆润,阳光将它照得肌肤浏亮”。请分析作者这样写的意图。

3. 在人生的不同阶段,“她”对“这滴水”的感情发生着变化,请结合全文分析。

4. 读完文章后你认为“这滴水”有什么象征意义?作者对“一滴水可以活多久”作出了怎样的回答?

单元综合实训

一、拓展阅读

云南省丽江华坪女子高级中学校长张桂梅，是一位用生命和爱心托举少年学子的梦想，培养出上千名山村大学生，为改善民族地区教育做出突出贡献的人民教师。“自然击你以风雪，你报之以歌唱。命运置你于危崖，你馈人间以芬芳。不惧碾作尘，无意苦争春，以怒放的生命，向世界表达倔强。你是崖畔的桂，雪中的梅。”这是张桂梅获 2020 年感动中国人物荣誉时的颁奖词。在云南省华坪县，张桂梅的故事已经家喻户晓。她常说：“女孩子受教育，可以改变三代人。”她教会了大山里的女孩用知识改变命运，她用教育扶贫阻断了贫困的代际传递。

请阅读以下材料，体会人物及其故事的情感温度，并完成后面的阅读理解题。

张桂梅：照亮大山女孩的梦想

张桂梅的事迹广为传颂，人们以不同称谓讴歌她、褒奖她——她把 1 600 多名大山里的女孩送进大学，助她们圆了读书梦并学有所成，她是“筑梦者”；她在一次次家访中，认识到治穷先治愚，不能让山村孩子输在起跑线上，要用教育“斩断贫困代际传递”。张桂梅是读书脱贫的“宣传员”“攻坚员”；她用心血感化学生，以微薄之力资助贫困生，让辍学儿童重回课堂，用知识之光点燃她们心中的希望，她是“燃灯校长”；她爱学生如子女，多次捐献自己的积蓄，从“儿童之家”到免费女子高中，像母亲一样拉扯孩子们的生活，她是“张妈妈”，扎根深度贫困山区，为改变山区教育落后面貌默默奉献、长年坚守。张桂梅说，她的人生渺小平凡，是滇西大山的一棵草。然而，她志在高远：“如果我有追求，那就是我的事业；如果我有期盼，那就是我的学生；如果我有动力，那就是党和人民。”这种源于信仰的大爱，是她的思想动力和精神之源。

2021 年高考期间，张桂梅为学生壮行的视频曾登上新闻热搜，视频画面让人动容：她拖着病躯、忍着疼痛站在风雨里，为学生壮行加油；她躲进办公室、隔着窗户，目送学生高考结束离校，“年龄大了，还真受不了和学生面对面告别！”

“培养一批又一批学生，我内心非常满足，她们将来都能拥有美好的人生。”张桂梅说起学生，露出欣慰的笑容。多年来，一批又一批学生走出华坪女子高中。“她们像种子一样散落在滇西北的大山，改变正在一点一滴发生，当年撒下的种子已开始开花结果了。”华坪女高佳绩频出之时，张桂梅的身体却每况愈下，患上了 10 余种疾病。张桂梅说：“当听到学生大学毕业后能为社会做贡献时，我觉得值了。她们过得比我好，比我幸福，就足够了，这是对我最大的安慰。”

“七一勋章”“全国脱贫攻坚楷模”“全国优秀共产党员”“全国先进工作者”“时代楷模”……对于荣誉，张桂梅很淡然，她说：“我就是个山村女教师，还是个老党员，事情不是我一个人做的。”

这名老党员身上的光和热，就像“峡谷里的灯盏”。她把自己活成了一盏明灯，照亮大山女孩的梦想，影响着越来越多的人。

【阅读理解】

1. 结合所学知识，谈谈张桂梅创造大山“教育奇迹”的意义。

2. 张桂梅老师用行动感动了亿万中国人，请用一句话为她点赞。

二、单元练笔：环保倡议书

（一）写作指导

1. 建议书与倡议书

建议书是针对某种具体工作或规划向领导或个人提出建议的一种专用书信。它与倡议书有相同之处，也有不同之处。

倡议书也有“建议”的内容，这一点与建议书类似。但是倡议书一般是公开宣读、张贴或发表，内容面向公众，属书面号召的性质。所倡议的内容一般为公众所认同。而建议书公开宣读、张贴或发表者较少，因为它的内容只是个人见解的陈述，仅供对方参考。所以，建议书一般采取商讨的语气，不像倡议书那么富有鼓动性。

建议书的内容：①摆情况：摆情况的目的是引起对方注意。②讲理由：申述建议的理由，目的是引起对方的思考。③提建议：一般用条款形式提出建议，目的是希望对方采取行动，为清晰醒目。如果建议不多，也可以不列条款。④结尾：一般写些谦虚的话，如“以上建议仅供参考”。⑤开头和署名等与其他专用书信的格式相同。

2. 倡议书的格式

倡议就是倡导、建议。倡议书是为倡议、发起某项活动而写的号召性的公开建议性的专用书信。

倡议书遵循书信的一般格式，又有自己的特点。一般而言，倡议书分为向谁倡议、倡议什么、谁倡议的以及倡议日期等几个部分。其特点在于第一行不写称呼，而是写倡议题目，如“关于抢救国宝大熊猫的倡议”“关于成立学雷锋小组的倡议”；再另起一行顶格书写号召的对象。倡议书的称呼不像书信那么实指，而是泛指；有时也可以不写称呼，直接进入正文。

倡议书一般由标题、称呼、正文、结尾、落款五部分组成。

（1）标题。倡议书标题一般由文种名单独组成，即在第一行正中用较大的字体写“倡议书”三个字。另外，标题还可以由倡议内容和文种名共同组成，如“关于为雅安地震灾区捐款的倡议书”。

（2）称呼。倡议书的称呼可依据倡议的对象而选用适当的称呼。如“广大青少年朋友们”“广大妇女同胞们”等。有的倡议书也可不用称呼，而在正文中指出。

(3) 正文。倡议书的正文内容需包括以下方面：

① 写倡议书的背景原因和目的。倡议书的发出贵在引起广泛的响应，只有交代清楚倡议活动的原因，以及当时的各种背景事实，并申明发布倡议的目的，人们才会理解和信服，才会自觉地行动。这些因素交代不清就会使人觉得莫名其妙，难以响应。

② 写明倡议的具体内容和要求。这是正文的重点部分。倡议的内容一定要具体化：开展怎样的活动，都做哪些事情，具体要求是什么，它的价值和意义都有哪些，均需一一写明。

倡议的具体内容一般是分条列项的，这样写往往清晰明确，一目了然。

(4) 结尾。结尾要表示倡议者的决心和希望，或者写出某种建议。倡议书一般不在结尾写表示敬意或祝愿的话。

(5) 落款。落款即在正文的右下方写明倡议者单位、集体或个人的名称或姓名，署上发倡议的日期。

【范例】

公民生态文明行为倡议书

广大市民朋友们：

美丽中国，文明创建，有你有我。创建全国文明城市是完善城市社会治理功能，全面提升城市品质，提高市民文明素质，培育文明风尚的重要举措，关乎每一位市民朋友的生活环境、生活质量和幸福指数。在创建全国文明城市的关键时刻，为进一步营造“创文明城、做文明人、说文明话、办文明事”的浓厚氛围，充分发挥生态文明建设在文明城市创建中的推动作用，众志成城，凝聚共识，以实际行动为全国文明城市创建做出应有的贡献。为此，市生态环境局向全体市民发出公民生态文明行为倡议如下：

一、关注生态环境。关注环境质量、自然生态和能源资源状况，了解政府和企业发布的生态环境信息，学习生态环境科学、法律法规和政策、环境健康风险防范等方面知识，树立良好的生态价值观，提升自身生态环境保护意识和生态文明素养。

二、践行绿色消费。优先选择绿色产品，尽量购买耐用品，少购买使用一次性用品和过度包装商品，不跟风购买更新换代快的电子产品，外出自带购物袋、水杯等，闲置物品改造利用或交流捐赠。一水多用，节约用纸，按需点餐不浪费。

三、选择低碳出行。优先步行、骑行或公共交通出行，多使用共享交通工具，家庭用车优先选择新能源汽车或节能型汽车。

四、分类投放垃圾。学习并掌握垃圾分类和回收利用知识，按标志单独投放有害垃圾，分类投放其他生活垃圾，不乱扔、乱放。

五、减少污染产生。不焚烧垃圾、秸秆，少烧散煤，少燃放烟花爆竹，抵制露天烧烤，减少油烟排放，少用化学洗涤剂，少用化肥农药，避免噪声扰民。

六、呵护自然生态。爱护山水林田湖草生态系统，积极参与义务植树，保护野生动植物，不破坏野生动植物栖息地，不随意进入自然保护区，不购买、不使用珍稀野生动植物制品，拒食珍稀野生动植物。

七、参加环保实践。积极传播生态环境保护和生态文明理念，参加各类环保志愿服务活动，主动为生态环境保护工作提出建议。坚持简约适度、绿色低碳的生活与工作方式，自觉做生态环境保护的倡导者、行动者、示范者。

环境就是民生，青山就是美丽，蓝天也是幸福。生态环境保护任重道远，让我们汇聚全社会力量，携手行动起来，从自身做起，从现在做起，共建天蓝、地绿、水清的美好家园。

××市生态环境局

2020 年 8 月 7 日

（二）写作训练

人类只有一个可生息的村庄——地球。可是这个村庄正在被人类制造出来的各种环境灾难所威胁：水污染、空气污染、植被萎缩、物种濒危、江河断流、垃圾围城、土地荒漠化、臭氧层空洞……作为新时代的青年，我们不能只是担忧和抱怨，必须付诸行动。

使用规范的倡议书格式，以绿色环保为主题写一篇倡议书，让更多的人意识到各种无节制消耗资源和污染环境的生活方式是造成环境恶化的根源，从而愿意选择有利于环境的生活方式来善待地球、善待人类。800 字左右。

（三）综合实践活动

以“走进生活，关注环保”为主题，在班上组织一次“绿色伴我行”的宣传展。学生通过对身边的环境保护情况进行调查，了解日益严重的环境污染情况，增强环保意识，培养社会责任感。同时，通过调查研究，提高学生搜集、筛选、分析和运用信息的能力。

活动建议：任务引领，分组活动，成果展示，推优评先。

活动步骤：调研数据（拍照摄像、查阅资料）；分类整理（把视频、文字资料按水资源、土壤、大气等的污染情况分类）；配图说明（用简洁的文字为图片撰写说明，对文字资料进行批注）；整理研究（按照内容作系统介绍）；制作宣传板（筛选典型图片和资料并整体设计）；成果展示（各个小组展示自己的宣传板，并对展览内容作口头介绍）；评选最佳宣传板（要求主题鲜明、设计美观、文字配图准确）。

三、课外阅读

1. 毕淑敏《离太阳最近的树》

简介：这是一篇对人类与自然关系进行深刻反思的散文，作品以“生命关怀”为主题，展现了红柳顽强的生命力，鞭挞了人类的野蛮和愚昧，呼唤着人类热爱自然、珍惜生命和保护环境的忧患意识。

2. 圣埃克苏佩里《人类的大地》

简介：这是一本由八篇文章组成的散文集，每章都有一个主题，独立成篇。作为飞行员，圣埃克苏佩里将其在天空中飞行时的感受、体悟与思索融入作品中，展现了迷人而又残酷的天空与沙漠奇景。

3. 余秋雨《文化苦旅》

简介：这是一本文化散文集，其中有些文章曾在各类文学大赛中获奖。全书的主调是凭借山水风物以寻求文化灵魂和人生真谛，探索中国文化的历史命运和中国文人的人格构成。

4. 罗素《幸福之路》

简介：罗素相信：不幸在很大程度上应该归因于一种错误的世界观；而幸福是人应该追求的一种权利。在作品中，罗素把一些经由他自己的经验和观察证实过的人生建议娓娓地表达出来，制作出一张献给读者的良方，希望读者能凭着适当的努力追寻幸福。

5. 蕾切尔·卡森《寂静的春天》

简介：《寂静的春天》以寓言开头向我们描绘了一个美丽村庄的突变，从陆地到海洋，从海洋到天空，全方位地揭示了化学农药的危害，是一本公认的开启了世界环境运动的奠基之作。作品既贯穿着严谨求实的科学理性精神，又充溢着敬畏生命的人文情怀，给读者以启迪。

第七单元　职场扬帆

单元导语

大国工匠们的精湛技艺，令人叹为观止；他们爱岗敬业、精益求精的职业精神更令人动容。职业理想是职业精神的灵魂，职业态度是从业者做好本职工作的前提，职业荣誉是职业责任和职业良心的价值尺度。《青年在选择职业时的考虑》告诫青年学生职业理想才是择业的明灯。《敬业与乐业》教诲学生对职业应有的正确责任和态度。《赠与今年的大学毕业生》是开给即将走向社会的毕业生的药方，即寻求值得研究的问题、发展非职业的兴趣和培养坚定的信心，以此防止进入社会后出现“丧失求知欲望”和“丧失理想的人生追求”两方面的堕落。《工作是生活的第一要义》告诉我们，不工作生命就会变得空虚，就会变得毫无意义，也不会有乐趣，没有人游手好闲却能感受到真正的快乐。《傅雷家书(选一)》中，作者告诫儿子，音乐教育需要以全面的文学艺术修养为基础，做学问更要有冷静、客观、谦虚的专业态度。五篇文章的作者诲人不倦、循循善诱，从职业理想、职业态度、职业责任等不同方面给同学们的职业生涯指明了方向，希望同学们通过阅读、分析探究，获得启迪。

本单元的教学，教师应结合学生实际，通过讲授、案例分析、思路拓展、查阅文献、共同探究等多种教学方法，引导学生确立人生目标，树立职业理想，努力提高职业素养，助力学生职场扬帆。

青年在选择职业时的考虑[①]

马克思[②]

课文导读

本文是马克思中学毕业考试的德语作文。同样面临着升学和就业，多数人只顾考虑个人的前途，而马克思却对青年选择职业的普遍性问题有着自己的思考。马克思认为青年在选择职业时应该遵循的主要指针是"人类的幸福和我们自身的完美"，应当选择"最能为人类福利而劳动的职业"，为大多数人带来幸福。文章语言深刻，思考缜密，推理严谨，许多哲理性的语句发人深思，对于我们如何选择职业、怎样规划人生有着积极的指导意义。

自然本身给动物规定了它应该遵循的活动范围，动物也就安分地在这个范围内活动，不试图越出这个范围，甚至不考虑有其他什么范围的存在。神也给人指定了共同的目标——使人类和他自己趋于高尚，但是，神要人自己去寻找可以达到这个目标的手段；神让人在社会上选择一个最适合于他、最能使他和社会都得到提高的地位。

能有这样的选择是人比其他生物远为优越的地方，但是这同时也是可能毁灭人的一生、破坏他的一切计划并使他陷于不幸的行为。因此，认真地考虑这种选择——这无疑是开始走上生活道路而又不愿拿自己最重要的事业去碰运气的青年的首要责任。

每个人眼前都有一个目标，这个目标至少在他本人看来是伟大的，而且如果最深刻的信念，即内心深处的声音，认为这个目标是伟大的，那它实际上也是伟大的，因为神决不会使世人完全没有引导；神总是轻声而坚定地作启示。

但是，这声音很容易被淹没；我们认为是灵感的东西可能须臾而生，同样可能须臾而逝。

① 选自《马克思恩格斯全集》第四十卷，人民出版社1982年版。 ② 马克思（1818—1883），伟大的思想家、政治家、哲学家、经济学家、革命家和社会学家，主要著作有《资本论》《共产党宣言》。

也许，我们的幻想油然而生，我们的感情激动起来，我们的眼前浮想联翩，我们狂热地追求我们以为是神本身给我们指出的目标；但是，我们梦寐以求的东西很快就使我们厌恶——于是我们的整个存在也就毁灭了。

因此，我们应当认真考虑：所选择的职业是不是真正使我们受到鼓舞？我们的内心是不是同意？我们受到的鼓舞是不是一种迷误？我们认为是神的召唤的东西是不是一种自欺？但是，不找出鼓舞的来源本身，我们怎么能认清这些呢？

伟大的东西是光辉的，光辉则引起虚荣心，而虚荣心容易给人以鼓舞或者是一种我们觉得是鼓舞的东西；但是，被名利弄得鬼迷心窍的人，理智已经无法支配他，于是他一头栽进那不可抗拒的欲念驱使他去的地方；他已经不再自己选择他在社会上的地位，而听任偶然机会和幻想去决定它。

我们的使命决不是求得一个最足以炫耀的职业，因为它不是那种使我们长期从事而始终不会感到厌倦、始终不会松劲、始终不会情绪低落的职业，相反，我们很快就会觉得，我们的愿望没有得到满足，我们理想没有实现，我们就将怨天尤人。

但是，不只是虚荣心能够引起对这种或那种职业突然的热情。也许，我们自己也会用幻想把这种职业美化，把它美化成人生所能提供的至高无上的东西。我们没有仔细分析它，没有衡量它的全部分量，即它让我们承担的重大责任；我们只是从远处观察它，然而从远处观察是靠不住的。

在这里，我们自己的理智不能给我们充当顾问，因为它既不是依靠经验，也不是依靠深入的观察，而是被感情欺骗，受幻想蒙蔽。然而，我们的目光应该投向哪里呢？在我们丧失理智的地方，谁来支持我们呢？

是我们的父母，他们走过了漫长的生活道路，饱尝了人世辛酸。——我们的心这样提醒我们。

如果我们通过冷静的研究，认清所选择的职业的全部分量，了解它的困难以后，我们仍然对它充满热情，我们仍然爱它。觉得自己适合它，那时我们就应该选择它，那时我们既不会受热情的欺骗，也不会仓促从事。

但是，我们并不能总是能够选择我们自认为适合的职业；我们在社会上的关系，还在我们有能力对它们起决定性影响以前就已经在某种程度上开始确立了。

我们的体质常常威胁我们，可是任何人也不敢藐视它的权利。

诚然，我们能够超越体质的限制，但这么一来，我们也就垮得更快；在这种情况下，我们就是冒险把大厦筑在松软的废墟上，我们的一生也就变成一场精神原则和肉体原则之间的不幸的斗争。但是，一个不能克服自身相互斗争的因素的人，又怎能抗拒生活的猛烈冲击，怎能安静地从事活动呢？然而只有从安静中才能产生伟大壮丽的事业，安静是唯一生长出成熟果实的土壤。

尽管我们由于体质不适合我们的职业，不能持久地工作，而且工作起来也很少乐趣，但是，为了恪尽职守①而牺牲自己幸福的思想激励着我们不顾体弱去努力工作。如果我们选择了力不能胜任的职业，那么我们决不能把它做好，我们很快就会自愧无能，并对自己说，我

① 恪尽职守：谨慎认真地做好本职工作。恪，谨慎、恭敬。

们是无用的人，是不能完成自己使命的社会成员。由此产生的必然结果就是妄自菲薄。还有比这更痛苦的感情吗？还有比这更难于靠外界的赐予来补偿的感情吗？妄自菲薄是一条毒蛇，它永远啮噬[1]着我们心灵，吮吸着其中滋润生命的血液，注入厌世和绝望的毒液。

如果我们错误地估计了自己的能力，以为能够胜任经过周密考虑而选定的职业，那么这种错误将使我们受到惩罚。即使不受到外界指责，我们也会感到比外界指责更为可怕的痛苦。

如果我们把这一切都考虑过了，如果我们生活的条件容许我们选择任何一种职业；那么我们就可以选择一种能使我们最有尊严的职业；选择一种建立在我们深信其正确的思想上的职业；选择一种能给我们提供广阔场所来为人类进行活动、接近共同目标（对于这个目标来说，一切职业只不过是手段）即完美境地的职业。

尊严就是最能使人高尚起来、使他的活动和他的一切努力具有崇高品质的东西，就是使他无可非议、受到众人钦佩并高出于众人之上的东西。

但是，能给人以尊严的只有这样的职业，在从事这种职业时我们不是作为奴隶般的工具，而是在自己的领域内独立地进行创造；这种职业不需要有不体面的行动（哪怕只是表面上不体面的行动），甚至最优秀的人物也会怀着崇高的自豪感去从事它。最合乎这些要求的职业，并不一定是最高的职业，但总是最可取的职业。

但是，正如有失尊严的职业会贬低我们一样，那种建立在我们后来认为是错误的思想上的职业也一定使我们感到压抑。

这里，我们除了自我欺骗，别无解救办法，而以自我欺骗来解救又是多么糟糕！

那些主要不是干预生活本身，而是从事抽象真理研究的职业，对于还没有坚定的原则和牢固、不可动摇的信念的青年是最危险的。同时，如果这些职业在我们心里深深地扎下了根，如果我们能够为它们的支配思想牺牲生命、竭尽全力，这些职业看来似乎还是最高尚的。

这些职业能够使才能适合的人幸福，但也必定使那些不经考虑、凭一时冲动就仓促从事的人毁灭。

相反，重视作为我们职业的基础的思想，会使我们在社会上占有较高的地位，提高我们本身的尊严，使我们的行为不可动摇。

一个选择了自己所珍视的职业的人，一想到他可能不称职时就会战战兢兢。这种人单是因为他在社会上所居地位是高尚的，他也就会使自己的行为保持高尚。

在选择职业时，我们应该遵循的主要指针是人类的幸福和我们自身的完美。不应认为，这两种利益是敌对的，互相冲突的，一种利益必须消灭另一种的；人类的天性本来就是这样的：人们只有为同时代人的完美、为他们的幸福而工作，才能使自己也达到完美。

如果一个人只为自己劳动，他也许能够成为著名的学者、大哲人、卓越诗人，然而他永远不能成为完美无疵的伟大人物。

历史承认那些为共同目标劳动因而自己变得高尚的人是伟大人物；经验赞美那些为大多数人带来幸福的人是最幸福的人；宗教本身也教诲我们，人人敬仰的理想人物，就曾为人类牺牲了自己——有谁敢否定这类教诲呢？

---

① 啮噬（niè shì）：咬，比喻折磨。

如果我们选择了最能为人类福利而劳动的职业，那么，重担就不能把我们压倒，因为这是为大家而献身；那时我们所感到的就不是可怜的、有限的、自私的乐趣，我们的幸福将属于千百万人，我们的事业将默默地、但是永恒发挥作用地存在下去，面对我们的骨灰，高尚的人们将洒下热泪。

卡尔·马克思写于1835年8月12日

思考练习

1. 词语积累。

油然而生	遵循	浮想联翩	梦寐以求	须臾	炫耀
怨天尤人	藐视	恪尽职守	妄自菲薄	啮噬	战战兢兢

2. 马克思认为青年人应该选择什么样的职业？

3. 马克思认为“完美无瑕的伟大人物”是哪些人物？

4. 说说“妄自菲薄是一条毒蛇，它永远啮噬着我们的心灵，吮吸着其中滋润生命的血液，注入厌世和绝望的毒液”这句话的含义。

敬业与乐业[①]

梁启超[②]

课文导读

《敬业与乐业》是梁启超于1922年给上海中华职业学校学生做的一次演讲。文章从解题入手，先引证儒门、佛门两段话，说明有个正当职业对人类生活的必要，然后以名人言论为论据，从“敬业”和“乐业”两个方面进行反复深入的论证，最后勉励人们对自己的职业要有责任心和兴趣，端正职业态度。

作者以清晰的思路和严密的逻辑，面对即将走向社会的青年学子，阐述何谓敬业与乐业。敬业，即责任心，是对学业或工作专心致志，在学校学习的时候认真刻苦，在社会工作的时候勤勉上进；乐业，即找到学业或工作的趣味，学海无涯乐作舟，学会从中领略乐趣。

文章论点精辟，旁征博引，又善于联系实际，从多个角度切入反复论证，具有很强的说服力和感染力。

我这题目，是把《礼记》里“敬业乐群”[③]和《老子》里“安其居，乐其业”那两句话，断章取义造出来。我所说是否与《礼记》《老子》原意相合，不必深求，但我确信“敬业乐业”四个字，是人类生活的不二法门。

本题主眼[④]，自然是在“敬”字、“乐”字。但必先有业，才有可敬、可乐的主体，理至易明。所以在讲演正文以前，先要说有业之必要。

孔子说：“饱食终日，无所用心，难矣哉！”[⑤]又说：“群居终日，言不及义，好行小慧，难矣哉！”[⑥]孔子是一位教育大家，他心目中没有什么人不可教诲，独独对于这两种人便摇头叹气

---

① 选自《饮冰室合集》第14卷，梁启超著，上海中华书局1941年版。 ② 梁启超（1873—1929），字卓如，号任公，别号饮冰室主人。中国近代维新派代表人物，学者。他兴趣广泛，学识渊博，在文学、史学、哲学、佛学等诸多领域，都有较深的造诣。他一生著述宏富，著有《饮冰室合集》，计148卷。 ③ 乐群：和朋友相处融洽。 ④ 本题主眼：本文题目的重点。主眼，主要的着眼处。 ⑤ “饱食”三句：整天吃得饱饱的，却不肯动脑筋去做点事，实在不行呀。 ⑥ “群居”四句：整天和大家混在一起，不说一句有道理的话，只是卖弄一点小聪明，实在不行呀。

说道："难！难！"可见人生一切毛病都有药可医，唯有无业游民，虽大圣人碰着他，也没办法。

唐朝有一位名僧百丈禅师，他常常用两句格言教训弟子，说道："一日不做事，一日不吃饭。"他每日除上堂说法之外，还要自己扫地、擦桌子、洗衣服，直到80岁，日日如此。有一回，他的门生想替他服劳，把他本日应做的工悄悄地都做了，这位言行相顾的老禅师，老实不客气，那一天便绝对的不肯吃饭。

我征引儒门、佛门这两段话，不外证明人人都要有正当职业，人人都要不断地劳作。倘若有人问我："百行什么为先？万恶什么为首？"我便一点不迟疑答道："百行业为先，万恶懒为首。"没有职业的懒人，简直是社会上的蛀米虫，简直是"掠夺别人勤劳结果"的盗贼。我们对于这种人，是要彻底讨伐，万不能容赦的。有人说："我并不是不想找职业，无奈找不出来。"我说："职业难找，原是现代全世界普遍现象，我也承认。"这种现象应该如何救济，别是一个问题，今日不必讨论。但以中国现在情形论，找职业的机会，依然比别国多得多；一个精力充沛的壮年人，倘若不是安心躲懒，我敢信他一定能得相当职业。今日所讲，专为现在有职业及现在正做职业上预备的人——学生——说法①，告诉他们对于自己现有的职业应采何种态度。

第一要敬业。敬字为古圣贤教人做人最简易、直捷的法门，可惜被后来有些人说得太精微，倒变了不适实用了。唯有朱子解得最好，他说："主一无适便是敬。"用现在的话讲，凡做一件事，便忠于一件事，将全副精力集中到这事上头，一点不旁骛②，便是敬。业有什么可敬呢？为什么该敬呢？人类一面为生活而劳动，一面也是为劳动而生活。人类既不是上帝特地制来充当消化面包的机器，自然该各人因自己的地位和才力，认定一件事去做。凡可以名为一件事的，其性质都是可敬。当大总统是一件事，拉黄包车也是一件事。事的名称，从俗人眼里看来，有高下；事的性质，从学理上解剖起来，并没有高下。只要当大总统的人，信得过我可以当大总统才去当，实实在在把总统当作一件正经事来做；拉黄包车的人，信得过我可以拉黄包车才去拉，实实在在把拉车当作一件正经事来做，便是人生合理的生活。这叫作职业的神圣。凡职业没有不是神圣的，所以凡职业没有不是可敬的。唯其如此，所以我们对于各种职业，没有什么分别拣择。总之，人生在世，是要天天劳作的。劳作便是功德，不劳作便是罪恶。至于我该做哪一种劳作呢？全看我的才能何如、境地何如。因自己的才能、境地，做一种劳作做到圆满，便是天地间第一等人。

怎样才能把一种劳作做到圆满呢？唯一的秘诀就是忠实，忠实是从心理上发出来的便是敬。《庄子》记佝偻丈人承蜩的故事③，说道："虽天地之大，万物之多，而唯吾蜩翼之知。"④凡做一件事，便把这件事看作我的生命，无论别的什么好处，到底不肯牺牲我现做的事来和它交换。我信得过我当木匠的做成一张好桌子，和你们当政治家的建设成一个共和国家同一价值；我信得过我当挑粪的把马桶收拾得干净，和你们当军人的打胜一支压境的敌军同一价值。大家同是替社会做事，你不必羡慕我，我不必羡慕你。怕的是我这件事做得不妥当，便对不起这一天里头所吃的饭。所以我做事的时候，丝毫不肯分心到事外。曾文正说："坐这山，望那山，一事无成。"我从前看见一位法国学者著的书，比较英法两国国民性质，他说：

---

① 说法：说教，讲道理。 ② 一点不旁骛（wù）：意指专心。 ③ 出自《庄子·达生》中的寓言故事，讲述一个驼背老人，捕蝉技艺高超，源于他能做到专心致志、聚精会神。 ④ "虽天地"三句：虽然天地无限广大，万物纷纭繁多，而我的眼中心中只有蝉翼。比喻用心专一。

"到英国人公事房里头，只看见他们埋头执笔做他的事；到法国人公事房里头，只看见他们衔着烟卷像在那里出神。英国人走路，眼注地下，像用全副精神注在走路上；法国人走路，总是东张西望，像不把走路当一回事。"这些话比较得是否确切，姑且不论，但很可以为敬业两个字下注脚。若果如他所说，英国人便是敬，法国人便是不敬。一个人对于自己的职业不敬，从学理方面说，便是亵渎职业之神圣；从事实方面说，一定把事情做糟了，结果自己害自己。所以敬业主义，于人生最为必要，又于人生最为有利。庄子说："用志不分，乃凝于神。"①孔子说："素其位而行，不愿乎其外。"②所说的敬业，不外这些道理。

第二要乐业。"做工好苦呀！"这种叹气的声音，无论何人都会常在口边流露出来。但我要问他："做工苦，难道不做工就不苦吗？"今日大热天气，我在这里喊破喉咙来讲，诸君扯直耳朵来听，有些人看看我们好苦；翻过来，倘若我们去赌钱、去吃酒，还不是一样淘神、费力，难道又不苦？须知苦乐全在主观的心，不在客观的事。人生从出胎的那一秒钟起到咽气的那一秒钟止，除了睡觉以外，总不能把四肢、五官都搁起不用。只要一用，不是淘神，便是费力，劳苦总是免不掉的。会打算盘的人，只有从劳苦中找出快乐来。我想天下第一等苦人，莫过于无业游民，终日闲游浪荡，不知把自己的身子和心子摆在哪里才好。他们的日子真难过。第二等苦人，便是厌恶自己本业的人，这件事分明不能不做，却满肚子里不愿意做。不愿意做逃得了吗？到底不能。结果还是皱着眉头，哭丧着脸去做。这不是专门自己替自己开玩笑吗？

我老实告诉你一句话："凡职业都是有趣味的，只要你肯继续做下去，趣味自然会发生。"为什么呢？第一，因为凡一件职业，总有许多层累③、曲折，倘能身入其中，看它变化、进展的状态，最为亲切有味。第二，因为每一职业之成就，离不了奋斗。一步步的奋斗前去，从刻苦中将快乐的分量加增。第三，职业性质，常常要和同业的人比较骈进④，好像赛球一般，因竞胜而得快感。第四，专心做一职业时，把许多游思、妄想杜绝了，省却无限闲烦闷。孔子说："知之者不如好之者，好之者不如乐之者。"⑤人生能从自己职业中领略出趣味，生活才有价值。孔子自述生平，说道："其为人也，发愤忘食，乐以忘忧，不知老之将至云尔。"这种生活，真算得人类理想的生活了。

我生平受用的有两句话：一是"责任心"，二是"趣味"。我自己常常力求这两句话之实现与调和，又常常把这两句话向我的朋友强聒不舍⑥。今天所讲，敬业即是责任心，乐业即是趣味。我深信人类合理的生活应该如此，我望诸君和我一同受用。

---

① 用志不分，乃凝于神：指做事不分心，精神就能高度集中。 ② 素其位而行，不愿乎其外：指只做职责内的事，不要希望做分外的事。 ③ 层累：重重叠叠的层次。 ④ 骈进：一同前进。 ⑤ 知之者不如好之者，好之者不如乐之者：对于学问和学业，懂得它的人不如喜爱它的人，喜爱它的人不如以它为乐的人。 ⑥ 强聒（guō）不舍：唠唠叨叨，说个没完。

思考练习

1. 词语积累。

断章取义	主眼	征引	容赦	旁骛
强聒不舍	亵渎	淘神	层累	骈进

2. 反复诵读全文，找出本文的论点和论据，说明作者所采用的论证方法。

3. 文章第6段，作者以大总统和黄包车夫为例，说明什么道理？

4. 用通俗而简洁的语言分别说明什么是敬业、什么是乐业。

赠与今年的大学毕业生[①]

胡 适[②]

课文导读

本文是一篇毕业典礼演讲稿，字里行间透露的诚恳与真切让人感动，一针见血的观点令人深思，提出解决问题的办法可资借鉴。演讲中作者准确地把握了当时大学生毕业后的去向，就担心大学生抛弃求知欲望和抛弃人生思想的问题，开出了三个“药方”：以问题为起点、以兴趣为加速器、以信心为动力，激励大学生毕业后为民族复兴、为国家富强努力拼搏，从而选择自己的人生和未来。

这一两个星期里，各地的大学都有毕业的班次，都有很多的毕业生离开学校去开始他们的成人事业。学生的生活是一种享有特殊优待的生活，不妨幼稚一点，不妨吵吵闹闹，社会都能纵容他们，不肯严格地要他们负行为的责任。现在他们要撑起自己的肩膀来挑他们自己的担子了。在这个国难最紧急的年头，他们的担子真不轻！我们祝他们成功，同时也不忍不依据我们自己的经验，赠与他们几句送行的赠言——虽未必是救命毫毛，也许做个防身的锦囊罢！

你们毕业之后，可走的路不出这几条：绝少数的人还可以在国内或国外的研究院继续做学术研究；少数的人可以寻着相当的职业；此外还有做官，办党，革命三条路；此外就是在家享福或者失业闲居了。第一条继续求学之路，我们可以不讨论。走其余几条路的人，都不能没有堕落的危险。堕落的方式很多，总括起来，约有这两大类：

第一是容易抛弃学生时代求知识的欲望。你们到了实际社会里，往往学非所用，往往所学全无用处，往往可以完全用不着学问，而一样可以胡乱混饭，混官吃。在这种环境里即使向来抱有求知识学问的人，也不免心灰意懒，把求知的欲望渐渐冷淡下去。况且学问是要有相当的设备的；书籍，实验室，师友的切磋指导，闲暇的工夫，都不是一个平常要糊口养家的人能容易办到的。没有做学问的环境，又谁能怪我们抛弃学问呢？

第二是容易抛弃学生时代理想的人生的追求。少年人初次与冷酷的社会接触，容易感觉理想与事实相去太远，容易发生悲观和失望。多年怀抱的人生理想，改造的热诚，奋斗的

---

① 选自《读书与治学》，胡适著，三联书店 1999 年版。本文原载于 1932 年 7 月 3 日《独立评论》第 7 号。 ② 胡适（1891—1962），原名胡嗣穈，学名洪骍，字希疆，后改名胡适，字适之，中国现代学者。胡适因提倡文学革命而成为新文化运动的领袖之一，在文学、哲学、史学等诸多领域都有深入的研究。

勇气，到此时候，好像全不是那么一回事了。渺小的个人在那强烈的社会炉火里，往往经不起长时期的烤炼就熔化了，一点高尚的理想不久就幻灭了。抱着改造社会的梦想而来，往往是弃甲曳兵[①]而走，或者做了恶势的俘虏。你在那俘虏牢狱里，回想那少年气壮时代的种种理想主义，好像都成了自误误人的迷梦！从此以后，你就甘心放弃理想人生的追求，甘心做现在社会的顺民了。

要防御这两方面的堕落，一面要保持我们求知识的欲望，一面要保持我们对人生的追求。有什么好法子呢？依我个人的观察和经验，有三种防身的药方是值得一试的。

第一个方子只有一句话："总得时时寻一两个值得研究的问题！"问题是知识学问的老祖宗；古往今来一切知识的产生与积聚，都是因为要解答问题——要解答实用上的困难或理论上的疑难。所谓"为知识而求知识"，其实也只是一种好奇心追求某种问题的解答，不过因为那种问题的性质不必是直接应用的，人们就觉得这是无所谓的求知识了。我们出学校之后，离开了做学问的环境，如果没有一个两个值得解答的疑难问题在脑子里盘旋，就很难继续保持追求学问的热心。可是，如果你有了一个真有趣的问题逗你去想它，天天引诱你去解决它，天天对你挑衅你无可奈何它——这时候，你就会同恋爱一个女子发了疯一样，坐也坐不下，睡也睡不安，没工夫也得偷出工夫去陪她，没钱也得撙衣节食[②]去巴结她。没有书，你自会变卖家私去买书；没有仪器，你自会典押衣物去置办仪器；没有师友，你自会不远千里去寻师访友。你只要能时时有疑难问题来逼你用脑子，你自然会保持发展你对学问的兴趣，即使在最贫乏的智识环境中，你也会慢慢的聚起一个小图书馆来，或者设置起一所小试验室来。所以我说：第一要寻问题。脑子里没有问题之日，就是你智识生活寿终正寝之时！古人说，"待文王而兴者，凡民也。若夫豪杰之士，虽无文王犹兴。"试想伽利略（Galileo）和牛顿（Newton）有多少藏书？有多少仪器？他们不过是有问题而已。有了问题而后他们自会造出仪器来解决他们的问题。没有问题的人们，关在图书馆里也不会用书，锁在试验室里也不会有什么发现。

第二个方子也只有一句话："总得多发展一点非职业的兴趣。"离开学校之后，大家总得寻个吃饭的职业。可是你寻得的职业未必就是你所学的，或者未必是你所心喜的，或者是你所学而和你的性情不相近的。在这种情况之下，工作就往往成了苦工，就不感觉兴趣了。为糊口而做那种非"性之所近而力之所能勉"的工作，就很难保持求知的兴趣和生活的理想主义。最好的救济方法只有多多发展职业以外的正当兴趣与活动。一个人应该有他的职业，又应该有他非职业的玩意儿，可以叫做业余活动。凡一个人用他的闲暇来做的事业，都是他的业余活动。往往他的业余活动比他的职业还更重要，因为一个人的前程往往全靠他怎样用他的闲暇时间。他用他的闲暇来打麻将，他就成了个赌徒；你用你的闲暇来做社会服务，你也许成个社会改革者；或者你用你的闲暇去研究历史，你也许成个史学家。你的闲暇往往定你的终身。英国十九世纪的两个哲人，弥儿终身做公司的秘书，然而他的业余工作使他在哲学上、经济学上、政治思想史上都占一个很高的位置；斯宾塞是一个测量工程师，然而他的业余工作使他成为前世纪晚期世界思想界的一个重镇。古来成大学问的人，几乎没有一个

---

① 弃甲曳兵：丢弃盔甲，拖着兵器逃跑。形容打了败仗狼狈逃跑的样子。曳，拖着。 ② 撙（zǔn）衣节食：节省衣服，节约食物。撙，节省。

不是善用他的闲暇时间的。特别在这个组织不健全的中国社会，职业不容易适合我们的性情，我们要想生活不苦痛或不堕落，只有多方发展业余的兴趣，使我们的精神有所寄托，使我们的剩余精力有所施展。有了这种心爱的玩艺，你就做六个钟头的抹桌子工作也不会感觉烦闷了，因为你知道，抹了六个钟的桌子之后，你可以回家去做你的化学研究，或画完你的大幅山水，或写你的小说戏曲，或继续你的历史考据，或做你的社会改革事业。你有了这种称心如意的活动，生活就不枯寂了，精神也就不会烦闷了。

第三个方法也只有一句话："你总得有一点信心。"我们生当这个不幸的时代，眼中所见，耳中所闻，无非是叫我们悲观失望的。特别是在这个年头毕业的你们，眼见自己的国家民族沉沦到这步田地，眼看世界只是强权的世界，望极天边好像看不见一线的光明——在这个年头不发狂自杀，已算是万幸了，怎么还能够保持一点内心的镇定和理想的信任呢？我要对你们说：这时候正是我们要培养我们的信心的时候！只要我们有信心，我们还有救。古人说："信心可以移山。"又说："只要工夫深，生铁磨成绣花针。"你不信吗？当拿破仑的军队征服普鲁士占据柏林的时候，有一位穷教授叫做费希特的，天天在讲堂上劝他的国人要有信心，要信仰他们的民族是有世界的特殊使命的，是必定要复兴的。费希特死的时候，谁也不能预料德意志统一帝国何时可以实现。然而不满五十年，新的统一的德意志帝国居然实现了。

一个国家的强弱盛衰，都不是偶然的，都不能逃出因果的铁律的。我们今日所受的苦痛和耻辱，都只是过去种种恶因种下的恶果。我们要收获将来的善果，必须努力种现在新因。一粒一粒的种，必有满仓满屋的收，这是我们今日应有的信心。

我们要深信：今日的失败，都由于过去的不努力。

我们要深信：今日的努力，必定有将来的大收成。

佛典里有一句话："福不唐捐[①]。"唐捐就是白白的丢了。我们也应该说："功不唐捐！"没有一点努力是会白白的丢了的。在我们看不见想不到的时候，在我们看不见想不到的方向，你瞧！你下的种子早已生根发叶开花结果了！

你不信吗？法国被普鲁士打败之后，割了两省地，赔了五十万万佛朗[②]的赔款。这时候有一位刻苦的科学家巴斯德终日埋头在他的试验室里做他的化学试验和微菌学研究。他是一个最爱国的人，然而他深信只有科学可以救国。他用一生的精力证明了三个科学问题：(1)每一种发酵作用都是由于一种微菌的发展；(2)每一种传染病都是一种微菌在生物体中的发展；(3)传染病的微菌，在特殊的培养之下，可以减轻毒力，使他们从病菌变成防病的药苗。——这三个问题在表面上似乎都和救国大事业没有多大关系。然而从第一个问题的证明，巴斯德定出做醋酿酒的新法，使全国的酒醋业每年减除极大的损失。从第二个问题的证明巴斯德教全国的蚕丝业怎样选种防病，教全国的畜牧农家怎样防止牛羊瘟疫，又教全世界的医学界怎样注重消毒以灭除外科手术的死亡率。从第三个问题的证明，巴斯德发明了牲畜的脾热瘟的疗治药苗，每年替法国农家减除了二千万佛朗的大损失；又发明了疯狗咬毒的治疗法，救济了无数的生命。所以英国的科学家赫胥黎在皇家学会里称颂巴斯德的功绩道："法国给了德国五十万万佛朗的赔款，巴斯德先生一个人研究科学的成绩足够还清这一笔赔

① 唐捐：佛家语，白白抛弃。唐，徒然，空。捐，舍弃。 ② 佛朗：就是法郎，即2002年前法国的法定货币单位。

款了。”

巴斯德对于科学有绝大的信心，所以他在国家蒙奇辱大难的时候，终不肯抛弃他的显微镜与试验室。他绝不想他有显微镜底下能偿还五十万万佛朗的赔款，然而在他看不见想不到的时候，他已收获了科学救国的奇迹了。

朋友们，在你最悲观失望的时候，那正是你必须鼓起坚强的信心的时候。你要深信：天下没有白费的努力。成功不必在我，而功力必不唐捐。

思考练习

1. 词语积累。

锦囊	弃甲曳兵	挑衅	撙衣节食	心灰意懒
典押	寿终正寝	唐捐	奇辱大难	瘟疫

2. 面对今天的实际，你认为胡适的这三条方法还有坚持的必要与可能吗？

3. 反躬自问：我们在大学求学时代，“求知识的欲望”和“理想的人生的追求”是否足够强烈？

4. 本文带有励志性，但没有特别强烈的语气，你认为这样写好吗？是否缺乏打动人心的力量？

工作是生活的第一要义[1]*

卡耐基[2]

课文导读

本文旨在说明工作对于拓展一个人生命长度和广度的重要意义。工作是生活的第一要义，不工作，生命就会变得空虚，就会变得毫无意义，也不会有乐趣，没有人游手好闲却能感受到真正的快乐。作为一名大学生，即将走入职场，你又是如何看待工作的呢？

学习本文，我们要理解无论世事如何变化，对于工作都要坚持一个信念，那就是在充分考虑自己的能力和外部条件的前提下，进行各种尝试，找到适合自己做的工作，然后集中精力、全力以赴地做下去。

在古希腊，有一个人看到蜜蜂从一朵花飞到另一朵花，四处采集花粉，辛苦异常，顿生怜悯之心。他把各种花堆积在家中，把蜜蜂的翅膀剪掉，放在花上。结果，蜜蜂酿不出一点蜂蜜。飞上很远的距离，从远处收集花粉，然后酿出甘甜的蜜，这是自然的法则。

生活是什么？菲利浦斯·布鲁克斯这样回答："当一个人知道他要做什么，他就可以大声地说：'这就是生活！'"这并不是说，一个人必须工作到筋疲力尽，在工作中尝尽了酸甜苦辣，才叹息道："这只是为了生活。"

即使是最卑微的职业，人们也能从自己的工作中体验到快乐与满足。在每个人的心灵里，都会不时受到悲伤、悔恨、迷惑、自卑、绝望等不良情绪的侵扰，如果此时能集中精力于工作，这些让自己无法正常生活的负面影响就会被抛在一边。它们就像弹簧一样，当你用力挤压时，它们自然会弱下去。此时，人也真正成了坚强、自尊的人。在劳动中，幸福的荣光会从心底迸发，像火一样温暖着自己和周围的人。

重要的是参与，而不是赢得赛后的奖励。

古希腊取得奥林匹克比赛胜利的运动员，会得到一个象征着荣耀的花环。其价值不在于花环本身，而是让人的精神得到极大的满足。工作对于我们的价值也是如此。不管工作多么体面，或从中得到多少报酬，与从工作中得到的快乐相比，简直是微不足道的。积极参与到比赛中能够与戴上胜利的桂冠一样伟大。

---

① 选自《人性的弱点》，戴尔·卡耐基著，达夫编译，中国华侨出版社 2017 年版。 ② 卡耐基（1888—1955），演说家，西方现代人际关系教育的奠基人。

爱默生说:“只要你勤奋工作,就必有回报。”

“人们认为日常生活中应尽的职责是枯燥乏味的,”诗人朗费罗则说,“但是它们非常重要,就像时钟的发条一样,可以让钟摆匀速地摆动,让指针指示正确的时间。当发条失去动力时,钟摆就会停止、指针也不再前进、时钟静静地躺在那里,也不会有任何价值的。”

英国政治家布鲁厄姆勋爵说过,当他在晚上反思一天的工作时,如果一事无成,就觉得非常难受,是在虚度时光。他认为,认真履行职责、努力工作是一个人的护身法宝,不但可以保持健康的心灵,而且可以强身健体。

日常工作对一个人影响最大。可以使他肌肉发达,身体强壮,血液循环加快,思维敏捷,判断准确;也可以在工作中唤醒他那沉睡已久的创造力,激发他的雄心,把更多的聪明才智发挥到工作中去。正是工作,使他觉得自己是一个人,必须从事工作,承担责任,这才能显示出人的尊严与伟大。

迪恩·法拉说:“工作是人类与生俱来的权利,至今仍保存完好,它是最有效的心灵滋补剂,是医治精神疾病的良药。这从自然界就可以得到体现。一潭死水会逐渐变臭,奔流的小溪会更加清澈。如果没有狂风暴雨,没有飓风海啸,地球上全部是陆地,空气静止不动,这样的世界就毫无生趣。在气候宜人、四季温暖如春的地方,人们十分惬意地享受着生活,自然容易无精打采,甚至对生活产生厌倦。但是,如果他每天要为自己的生计奔波,与大自然作殊死的搏斗,他就会精神抖擞,经受各种锻炼,发展出最强的力量。”

“每天早晨起床后,”金斯利说,“不管你喜不喜欢,你都得有事做,强迫自己工作并尽最大努力做好,可以培养自己的自控能力、勤奋、意志力等各种美德。在懒惰的人那里,是没有优点可言的。”

千百年来,除了勤奋工作,还有什么能够给我们带来繁荣充实?它为贫穷的人开创了新的生活,它使千百万人免于夭折,特别是拯救了那些精神上有问题,甚至企图自杀的人。

美国小说家马修斯说:“勤奋工作是我们心灵的修复剂,可以让生理和心理得到补偿。可惜的是,人们常常只对受人关注的行业和要职感兴趣,而不再愿意经受艰辛劳作的磨炼。但是。它却是对付愤懑、忧郁症、情绪低落、懒散的最好武器。有谁见过一个精力旺盛、生活充实的人会苦恼不堪、可怜巴巴呢?英勇无敌、对胜利充满渴望的士兵是不会在乎一个小伤的。出色的演说家不会因为身有小恙就口齿木讷,词不达意的。这是为什么呢?当你的精神专注于一点,心中只有自己的事业时,其他不良情绪就不会侵入进来。而空虚的人,其心灵是空荡荡的,四门大开,不满、忧伤、厌倦等各种负面情绪,就会乘虚而入,侵占整个心灵,挥之不去。”

俾斯麦把勤奋工作看成是一个人拥有真正生活的保护神。在他去世前几年,当被问及用一句简单的话概括生活的准则时,他说:“这条准则可以用一个词表达:工作。工作是生活的第一要义;不工作生命就会变得空虚,就会变得毫无意义,也不会有乐趣。没有人游手好闲却能感受到真正的快乐。对于刚刚跨入生活门槛的年轻人来说,我的建议只是 3 个词:工作、工作、工作!”

“劳动永远是光荣与神圣的。”卡莱尔说,“劳动是一切完美的源泉。没有艰辛的劳动,没有谁能有所成就,或者能成为一个伟人。懒散、无聊、无事可做,就像传染病一样,会迅速蔓延，使人类的灵魂失去依托。”

有的人声称现代工业文明的突飞猛进已扼杀了工作本身的创造性，无非就是机械化的动作，不断地重复一个动作而不必了解整个过程的工作有什么好得意的呢？他们说，当一个人痛苦不堪地在生产装配线上忙碌时，他足以自傲的成就感又从何而来？

以我自己的亲身经验，我可有几句话要说。好几年前，我在一家大公司担任打字员，主要的工作便是打字——一大堆的财务报告，日复一日，月复一月，好像永远也做不完。这项工作首要是正确性，其次是速度。由于这做起来并不容易，而且单调无聊，因此我并不喜欢这份工作。

但是，老实说，当我把这份工作做得近乎完美的时候，还是颇能引以为荣的。因为这项工作虽然呆板，仍然需要精练的技术，因此在达到所要求的标准之后，实在有一种满足感。虽然在整个公司的运作过程里，我所担任的工作显然十分渺小，但它对我个性的成长十分有益，使我在处理每件小事的时候，都能力求正确、完美。

契斯特顿有句十分动人的隽语：“要想不再当秘书的最好办法，便是尽量把现任的秘书职务做好。”

有许多家庭主妇把每天的家务事当成是不可忍受的苦差事，如洗碗碟等。但是，有一名妇女却将此看作是有趣的事，她的名字叫波西德·达尔。达尔女士是个职业作家，曾写过一本自传和许多其他著作，并且为杂志撰写文章。她曾失明多年，等到视力稍微恢复之后，根据她的说法，她把每日的家务杂事当成是有趣的奇迹来看，并为此衷心感谢上苍。她说：“从我厨房的小窗户，我可以看见一小片蓝天。而透过洗碗槽上飞舞的肥皂泡沫，那五颜六色彩虹般的美丽景观，更使我百看不厌。经过多年不见天日的黑暗生活，能在做家务的时候再重新体会这世界美丽的色彩，真使我衷心感激不尽。”

不幸的是，我们大部分人虽然都拥有健康的眼睛，却对周遭的环境视而不见。我们不但没有达尔女士所具有的成熟想象力，也不能由日常工作中捕捉到对我们最有意义的价值。

工作通常可以支持我们渡过难关、危机、个人不幸，如失去所爱的人等。爱德蒙·伯克说过：“永远不要陷入绝望。但是如果你产生绝望情绪时，就去工作。”爱德蒙·伯克的话可不是空谈——他是有过亲身经历的。他曾经痛失爱子，他经过悉心研究之后，开始痛苦地深信文明快要堕落了。工作对他而言，就像对其他很多人一样，成为这个疯狂的世界上唯一清醒的标志。因此他不断地工作，即使在他绝望之时。

是的，工作是生活第一要义。不管我们出于什么原因离开工作，都会受苦。

思考练习

1. 词语积累。

筋疲力尽　飓风海啸　引以为荣　游手好闲　愤懑

精神抖擞　乘虚而入　视而不见　百看不厌　弹簧

2. 请找出文中对工作是第一要义进行阐述的相关句子，进行理解和思考。

3. 结合自身实际，谈谈对“正是工作，使他觉得自己是一个人，必须从事工作，承担责任，这才能显示出人的尊严与伟大”这句话的理解。

4. 读了本文，你认为工作会给我们生活带来什么？针对此题，进行小组讨论。

傅雷家书[①]（选一）*

傅　雷[②]

课文导读

本文是傅雷给儿子傅聪的一封信，信中傅雷对傅聪的教育和成长的关注值得我们学习。他认为艺术教育只是全面教育的一部分，让孩子学艺术，并不一定要其成为艺术家。以音乐教育而论，也决不能仅仅培养音乐一门，而是需要以全面的文学艺术修养为基础。

通过本文，同学们要领会做学问应具备冷静、客观、谦虚的专业态度；同时，学习家书的写作特征，品味父亲对儿子既严厉又爱护，在平等中进行对话的姿态和语言。

一九五五年五月十六日

……你现在对杰老师[③]的看法也很对。“做人”是另外一个问题，与教学无关。对谁也不能苛求。你能继续跟杰老师上课，我很赞成，千万不要驼子摔跤，两头不着。有个博学的老师指点，总比自己摸索好，尽管他有些见解与你不同。但你还年轻，音乐文献的接触真是太有限了，乐理与曲体的知识又是几乎等于零，更需要虚心一些，多听听年长的，尤其是一个学识很高的人的意见。

有一点，你得时时刻刻记住：你对音乐的理解，十分之九是凭你的审美直觉[④]；虽则靠了你的天赋与民族传统，这直觉大半是准确的，但究竟那是西洋的东西，除了直觉以外，仍需要理论方面的、逻辑方面的、史的发展方面的知识来充实；即使是你的直觉，也还要那些学识来加以证实，自己才能放心。所以便是以口味而论觉得格格不入的说法，也得采取保留态度，细细想一想，多辨别几时，再作断语。这不但对音乐为然，治一切学问都要有这个态度。所

① 选自《傅雷家书》，傅雷著，作家出版社 2017 年版。 ② 傅雷（1908—1966）：字怒安，号怒庵，上海人。早年留学法国，专攻艺术，回国后致力于法国文学艺术的翻译介绍。译著有罗曼·罗兰的《约翰·克里斯朵夫》。 ③ 杰老师：指傅聪的老师波兰钢琴教授杰维茨基。傅聪在他门下学习四年。 ④ 审美直觉：对艺术形象的敏锐感受能力。

谓冷静、客观、谦虚，就是指这种实际的态度。

来信说学习主要靠智力、听力及敏感，老师的帮助是有限的。这是因为你的理解力强的缘故，一般弹琴的，十分之六七以上都是要靠老师的。这一点，你在波兰同学中想必也看得很清楚。但一个有才的人也有另外一个危机，就是容易自以为是地走牛角尖。所以才气越高，越要提防，用扎实的学识来充实，用冷静与客观的批评精神，持续不断地检查自己。唯有真正能做到这一步，而且终身地做下去，才能成为一个真正的艺术家。

一扯到艺术，一扯到学问，我的话就没有完，只怕我写得太多，你一下子来不及咂摸。

来信提到肖邦的摇篮曲的表达，很有意思。以后能多写这一类的材料，最欢迎。

还要说两句有关学习的话，就是我老跟恩德说的："要有耐性，不要操之过急。越是心平气和，越有成绩。时时刻刻要承认自己是笨伯，不怕做笨功夫，那就不会期待太切，稍不进步就慌乱了。"对你，第一要紧是安排时间，多多腾出无谓的"消费时间"，我相信假如你在波兰能像在家一样，百事不打扰，每天都有七八小时在琴上，你的进步一定更快！

我译的莫扎特论文，有些地方措辞不太妥当，望切勿"以辞害意"。尤其是说到"肉感"，实际应该这样了解："使感官觉得愉快的。"原文是等于英文的性感。

思考练习

1. 词语积累。

以辞害意　咂摸　措辞　提防　苛求

心平气和　妥当　博学　终身　断语

2. 作者说"这不但对音乐为然，治一切学问都要有这个态度。所谓冷静、客观谦虚，就是指这种实际的态度。"联系你学习的专业，谈谈你对这个论断的认识。

3. 作者对儿子反复叮咛，既严格又爱护，表现在哪些方面？你认为正确的父子（女）关系应该是怎样的？

单元综合实训

一、拓展阅读

下文讲述了当时世界上最大的钻石矿——戈尔康达钻石矿被发现的传奇经过。这篇演讲曾激励过两代美国人在自己的工作岗位上勤奋耕耘。一个多世纪后的今天，当我们再次“聆听”戈尔康达钻石矿被发现的传奇经过，在抛弃其纯粹的偶然性和传奇色彩后，我们仍然会被故事背后的深刻寓意所震撼。请认真阅读，并完成后面的阅读理解题。

钻石就在你家后院

鲁塞·康维尔

从前有位名叫阿里·哈法德的波斯人，住在距离印度河不远的地方，他拥有大片的兰花花园、稻谷良田和繁盛的园林。他是一位知足而富有的人。有一天，一位佛教僧侣前来拜访这位老农夫，他坐在阿里·哈法德的火炉边，向农夫讲述钻石是如何形成的。最后，这位僧侣说：“如果一个人拥有满满一手钻石，他就可以买下整个国家的土地。要是他拥有一座钻石矿场，他就可以利用这笔巨额财富，把孩子送至王位。”

阿里·哈法德兴奋不已，询问那位僧侣在什么地方可以找到钻石。

“只要你能在高山之间找到一条河流，而这条河流是流淌在白沙之上的，那么，你就可以在白沙中找到钻石。”僧侣说。

于是阿里·哈法德卖掉了农场，将利息收回，然后就出发去寻找钻石了。

在人们看来，他最初寻找的方向是十分正确的，他先是前往月亮山区寻找，然后来到巴勒斯坦地区，接着又流浪到了欧洲，最后他身上的钱全部花光了，衣服又脏又破。

在旅途中的最后一站，这位历经沧桑、痛苦万分的可怜人站在西班牙巴塞罗那海湾的岸边，怀揣着被那位僧侣所激起的得到庞大财富的诱惑，将自己投入了迎面而来的巨浪中。

几十年后的一天，当阿里·哈法德的继承人牵着他的骆驼到花园里饮水时，他突然发现，在那浅浅的溪底白沙中闪烁着一道奇异的光芒，他伸手下去，摸起了一块黑石头，石头上有一处闪亮的地方，发出彩虹般的美丽色彩。他把这块怪异的石头拿进屋里，放在壁炉的架子上，继续去忙他的工作，把这件事给完全忘掉了。

几天后，那位曾经告诉阿里·哈法德钻石是如何形成的僧侣，前来拜访阿里·哈法德的继承人。当看到架子上的石头所发出的光芒时，他立即奔上前去，惊奇地叫道：“这是一颗钻石！这是一颗钻石！阿里·哈法德已经回来了吗？”

"还没有，那块石头是在我家的后花园里发现的。"他们一起奔向花园，用手捧起河底的白沙，发现了许多比第一颗更漂亮更有价值的钻石。这就是印度戈尔康达钻石矿被发现的经过。戈尔康达钻石矿是人类历史上最大的钻石矿，其价值远远超过南非的金百利。英国国王皇冠上的库伊努尔大钻石以及镶在俄国国王王冠上的那颗世界上最大的钻石，都取自那处钻石矿。

（选自《你在为谁工作》，陈元凯著，机械工业出版社 2005 年版）

【阅读理解】

1. 这个故事给你什么启示？

2. 读完这个故事后你还每天羡慕别人的工作吗？你还感叹成功者的机遇可遇不可求吗？

二、单元练笔：写议论文

（一）写作指导

1. 议论就是作者对客观事物进行评论，以表明自己的观点和态度；议论文的关键在于能否解决人们不知道的问题和人们信不信的问题。

2. 议论文三要素：论点、论据、论证。论点就是证明什么；论据就是用什么证明；论证就是用论据来证明论点的过程和方法，即如何证明。

3. 论点：作者要表达的观点、立场、态度、看法、主张，必须做到观点准确、鲜明、新颖。

4. 论据：用来证明论点的理论和事实，主要包括事实论据和理论论据。论据要求做到：紧密、真实、典型、充分、生动。

5. 论证：用论据来证明论点的过程和方法，包括论证方式、论证方法和论证结构。

（1）论证方式包括立论和驳论。

（2）论证方法包括：举例论证、道理论证、比喻论证和对比论证。

（3）论证结构包括：引论——提出问题、本论——分析问题、结论——解决问题。其中，本论部分常见的论证结构有递进式、对照式、总分式、并列式四种。

【范例】

论"工匠精神"

2020 年 11 月 24 日，习近平总书记在全国劳动模范和先进工作者表彰大会上指出："在长期实践中，我们培育形成了爱岗敬业、争创一流、艰苦奋斗、勇于创新、淡泊名利、甘于奉献的劳模精神，崇尚劳动、热爱劳动、辛勤劳动、诚实劳动的劳动精神，执着专注、精益求精、一丝不苟、追求卓越的工匠精神。"

从本质上讲，"工匠精神"是一种职业精神，它是职业道德、职业能力、职业品质的体现，是从业者的一种职业价值取向和行为表现。"执着专注、精益求精、一丝不苟、追求卓越"，这 16 个字生动概括了工匠精神的深刻内涵。

执着专注，是工匠的本分。许多优秀工匠短则十几年、长则几十年专注于一项技艺或一个岗位，经过持续不断地磨炼，才最终获得卓越的成就。山东港口青岛港前湾集装箱码头，71岁的许振超依然意气风发。成为集装箱桥吊司机后，许振超坚持“干就干一流，争就争第一”，经常顾不上吃饭休息苦练技术。终于，他练就了“一钩准”“一钩净”“无声响操作”等绝活，成为港航界的“金字招牌”。

精益求精，是工匠的追求。不骄傲、不满足、不凑合，精益求精是大国工匠共有的精神气质，正是因为追求完美，才让他们不断超越自我。“再仔细一点点，离一微米的精度就能更近一点点！”工作中，技术工人陈亮给自己定下这样的准则。为了提高产品精度，陈亮打破常规思维，通过“移植工序”，把“铣”和“磨”组合使用，终于在不断尝试中成功。追求精益求精，让陈亮带领团队获得多项发明专利和实用新型专利。

一丝不苟，是工匠的作风。“炮制虽繁必不敢省人工，品味虽贵必不敢减物力”。辽宁沈阳的铆焊专家杨建华，从一名初中没读完的普通工人到登上国家科技进步奖领奖台，用了39年。《铆工工艺学》，随便提一个要点，就知道在哪一页；随身携带记录本，几十年来足足记了上百万字……“岗位可以平凡，追求必须崇高。”杨建华这样说。

追求卓越，是工匠的使命。很多大国工匠不惜花费大量时间和精力，努力把产品品质从99%提升到99.9%，再提升到99.99%，向更高、更好、更精的方向努力。火箭发动机大喷管焊缝长近900米，管壁比一张纸还薄，焊枪多停留0.1秒就有可能把管子烧穿或焊漏，导致巨大损失……航天特种熔融焊接工高凤林经过艰苦努力，最终成功完成任务。为练就过硬本领，高凤林吃饭拿筷子练习送焊丝，端着盛满水的缸子练稳定性，休息时就举着铁块练耐力，还冒着高温观察铁水流动规律。正是凭借这种不断超越自我的精神，他成为国内权威的焊接专家。

匠心聚，百业兴。大国崛起，匠心筑梦。展望新时代新征程，没有工匠精神，就不可能打造金字招牌的中国制造。时光不尽，匠心不止。

（二）写作训练

没有别人所谓最好的职业，只有更适合你的。选择职业是人生中重要的一环，也深深地影响着你的生活质量、你的时间分配和你的人际关系。如果生活是一本书，你生活的章节里除了事业以外，家庭、健康、爱情、朋友和个人成长等因素都在你职业抉择的考量范围，应从你对生活的渴望和动力出发，量身定做，选择最适合你的职业。

你已经学习了本单元关于职业选择和职业精神的内容，请谈谈自己对未来职业的期望与规划。可以就自己专业的优势方面谈；也可以从其他职业不适合自己的角度谈；还可以想一下就读高等职业院校的自己怎样通过努力学习基础知识和刻苦训练专业技能来取得“社会准入证”。

请按照议论文的基本要求以及上面的提示，写一篇与自己未来理想职业相关的文章，1 000字左右。

三、课外阅读

1. 朱光潜《给青年的十二封信》

简介：作者对青少年关心的话题，如读书、升学、作文、修身等进行了全面的探讨，以书信的形式劝诫青年人要树立远大理想，眼光要深远，思想要明澈，夯实基础，勿贪图世俗名利。内容发人深省、引人入胜。

2. 毕淑敏《精神的三间小屋》

简介：这是一篇融议论、描写、抒情于一体的说理性散文，通过对精神的三间小屋的描写、议论、抒情，表达了人应该关注个性、关注自我、关注人的精神生活的思想。

3. 林语堂《失败以后》

简介：本文阐明了作者对失败的看法，以及失败以后对待失败的正确态度。作者认为，失败最能检测一个人的品格。一个人在失败了以后，应该更加坚强，永不屈服。

第八单元 口语交际

单元导语

口语交际是沟通的桥梁，是协调人际关系的纽带。文明、规范的口语交际能体现人的道德和修养。口语交际作为一种非常普遍的社会活动，在人类发展和社会进步中发挥着举足轻重的作用。口语交际能力现已成为关系大学生求职与交流能否顺利的重要显性技能之一，具有很高的实用价值。

本着“必需”与“够用”原则，为培养高职学生口语交际的能力，本单元选取了“口语交际与普通话”“听话与说话”“交谈与求职应聘”“演讲与朗诵”以及“无领导小组讨论”五个方面的内容，以期在理论指导下，通过切实的训练，帮助学生提升口语交际基本技能，做到能说会听、乐说会说，在职场和生活中完美地展示自我，实现自己的人生目标。

本单元的教学要引导学生多练、多思、活学。同学们应在把握个体特点的基础上，有针对性地查漏补缺，提升表达能力；应避免死记硬背，避免离开语境；可采用小组形式相互帮助和检查。

口语交际与普通话

导 读

口语交际是交际者为了一定的目的，运用语言手段传递信息、交流思想和表达情感的言语活动，是一种双向互动式的动态语言活动。规范的口语交际就是要使用普通话进行交流。普通话即现代标准汉语，是全国通用的语言，是现代中国人口语交际的法定语言。随着世界经济一体化和我国社会主义现代化建设的不断发展，世界各地的人们交往活动越来越频繁，特别是互联网的高度发展和语音技术的日趋成熟，使得日常口语交流变得格外重要。明确普通话在口语交际中的作用，讲一口标准、流利的普通话，能够使我们与他人的交流更加高效。所以，对于任何学段、任何专业的学生来说，能用普通话与人流畅地交流，具有较强的语言表达能力，有利于在求学、求职和事业竞争中处于优势地位。

一、口语交际

（一）口语交际的含义

《现代汉语词典》中，口语是“谈话时使用的语言”，交际是“人与人之间往来接触”。广义的口语交际是以口语为载体，实现人与人之间的交往的活动。狭义的口语交际是交际双方为了特定的目的，在特定的环境里，运用口头语言和适当的表达方式进行思想感情双向互动的一种言语活动。

（二）口语交际与语言

1. 口语交际与说话

第一，口语交际是说话的一种特殊形式。说话既是个体的言语行为，如朗诵、演讲、祝酒等，也可以是个体与个体、个体与群体之间的言语行为，如交谈、问答、辩论等。口语交际是说话的一种形式，它具备说话的基本结构，同时又是特殊的说话现象。它是在人与人交往的特定语境中，听、说双方运用口头语言传递信息、交流思想和沟通感情的一种活动。

第二，口语交际基于理解而产生。说话更多地注重表达，较少考虑环境的差异和语言的选用。口语交际则不同，交际双方所使用的中介手段（口语）一定要彼此都能够理解。因此，理解是口语交际得以延续的基础，也是口语交际有效的前提。

第三，口语交际有赖于交际双方的互动。说话可以在听、说双方之间进行，也可以是说话者的个体行为。口语交际则需要“人与人之间的往来接触”，因此，口语交际应当是一个听、说双方你来我往、你应我和的信息交流过程，交际双方通过不断地表达信息、理解信息，使得话题顺利延续。说者要根据听者的情绪变化，及时调整自己的语言材料和语气语调，听者应当根据说者的表述及时作出应答。在这一过程中，听者和说者的地位不是一成不变的，而是随着话题的展开不断地发生着变化。交际双方只有在互动的过程中才能保持信息通道的畅通。

2. 语言与说话

日常生活中，我们常常将语言等同于说话，然而作为科学概念，这样的表述是含混不清且容易引起混淆的。语言和说话不可分开，但语言作为一个专用的术语又不等同于说话。"说话"是一种复合现象，至少包括三个组成部分：一是张口说话的动作，二是说话使用的材料和规则，三是说出来的话。我们把第一部分称作"言语行为"，第二部分称作"语言"，第三部分称作"言语"。

语言和说话既有区别又有联系，主要表现在以下四个方面。

第一，语言和说话是一般和特殊的关系。语言是一个抽象的概念，它概括了人类所有语言的共同特征，它是一般的、普遍的，只有通过具体的、特殊的语言才能体现出来。比如，我们平常所说的汉语、英语、俄语、法语等都是具体的语言。然而说话是特殊的、具体的。抽象的语言存在于无数具体可感的言语行为之中。英国语言学家帕尔默说："语言只能从人们的言语行为中去观察。"事实上，抽象的语言只有依附于具体的说话的行为，才具有现实意义。

第二，语言是一套规则系统，说话是对规则的具体运用。语言的规则是随着人类社会的发展而发展起来的，是社会全体成员在使用语言的过程中逐步完善并共同遵守的。说话是根据语言规则系统的要求组织和使用材料的结果。

第三，语言是社会现象，说话是个人行为。语言是一种社会现象，是约定俗成的规约，是社会的产物。而说话则是个人行为，说不说、什么场合说、用什么方式说等，完全取决于个人的意志。语言是说话的基础。

第四，说话推动语言的发展。由于说话先于语言，因此它不断地为语言提供新鲜的材料，充实语言，促进语言的发展。说话是语言发展的直接动力，没有说话，没有社会全体成员对语言的运用，语言也不可能自行发展起来。人们在具体的说话中所创造出来的新兴语言现象由于得到了社会的承认，成为一般现象进入语言系统，为语言注入了新的生命，才使语言得到了不断充实和发展。所以，语言是材料库，而说话则是材料库最重要的补给方式。

（三）口语交际的基本特征

口语交际是听话、说话能力在实际交往中的应用。听话、说话是口语交际的重要组成部分，但我们不能把口语交际简单地等同于听话、说话。口语交际能力包括交际过程中分析、综合、判断、推理、概括、归纳等思维能力，分析问题和解决问题的能力，实际操作能力，创造能力等。归纳起来，口语交际具有以下四个基本特征。

1. 互动性

口语交际活动需要在个体与个体之间、个体与群体之间进行。口语交际强调信息的往来交互。因此，参与交际的人，不仅要认真倾听，还要适时接话，谈自己的意见和想法，这样才能在双向互动中实现信息的沟通和交流。

2. 实践性

口语交际是一种在具体情境中与人交往的实践活动。我们每时每刻都在与人、与社会交往，以此达到沟通情感、协调关系、彼此交流、相互理解的目的，这本身就是一种实践活动。

3. 情感性

口语交际的情感性对人的声音、表情都有一定的影响，甚至对话题内容的选择、说话时的语气语调、持续的时间长短、交际活动的成功与否都有明显的影响。

4. 综合性

口语交际是一个人的综合素质的有机结合，如思想、人格、风度、修养、气质、修辞技巧等。既然口语交际是人与人之间的接触、交流，就不能像自言自语那样，爱说什么就说什么，爱怎样说就怎样说，而应该考虑语言、情感、举止等综合因素。所以，口语交际不仅需要听说技巧，还需要待人处事、举止谈吐、临场应变、表情达意等方面的能力和素养。

(四) 口语交际的意义

口语交际是人类社会最重要、最常用的交际形式，在人们的工作和生活等领域发挥着重大的作用。英国哲学家培根说："一个人从另一个人的诤言中所得来的光明比从他自己的理解力、判断力中所得出的更干净纯粹。"美国人际关系学家卡耐基说："一个人的成功，约有15％取决于知识和技术，85％取决于沟通——发表自己意见的能力和激发他人热忱的能力。"我国也有这样一句古话："听君一席话，胜读十年书。"由此可见，具备较强的口语交际能力对学生学习、生活和工作都十分重要。

(五) 口语交际能力的构成

口语交际能力是人们在一定的时间、地点使用规范的汉语口头语顺利完成交流思想、传递信息等人际交往活动所必需的个体心理特征，是人际交往与生存发展的需要，是一个人语文素养的重要组成部分。

口语交际的特点决定了口语交际能力的综合性，它由多种因素构成。从对口语交际能力内涵的认识出发，根据智力的结构理论和言语交际理论，我们采用层次分析方法，把口语交际能力分成两个层次，即核心能力层和实现能力层。核心能力层是指思维能力，实现能力层包含口语能力和交际能力。

1. 敏捷的思维能力

思维能力是智力的核心，是口语交际者在口语交际过程中所进行的一种理性的认识活动。人们从言语的生成到交际都离不开思维活动，口语表达要经过内部言语—选词组句—外部语言三个环节。口语交际时，嘴上说的是刚刚想过的，而心里想的却是马上要说的。三个环节环环相扣，中间任何环节出了问题表达就会结结巴巴，影响口语交际的效果。只有思维敏捷，反应迅速才能灵活应变，对答如流。

2. 良好的口语能力

口语能力包括发音能力、表达能力、倾听能力等。发音能力包括普通话语音能力和表达技巧方面的能力，如语调、重音、停顿。表达能力主要是指理解与掌握汉语口语特点和运用汉语口语的能力，是信息输出的能力。倾听能力是指接收者对音义结合的话语形式进行语音听辨和语义理解的能力，是信息接收的能力。要想恰当、准确地运用语言来表情达意，就必须要有良好的语音能力、表达能力和倾听能力。

3. 得体的交际能力

交际能力是指有效完成人际交往所必须具备的能力，包括感应语境能力、应对能力、策略运用能力、体态语的运用与理解能力等。感应语境能力是指对当前的交际语境作出分析判断，使口语的表达与当时的交际情境相适应的能力。因此，口语交际不但要注重上下文、具体情境，还要考虑交际双方的文化背景、生活经验、共知信息等语境要素。应对能力是指在交际过程中口语交际者对处于变化状态的交际活动作出及时反应和调整的能力。口语交际活动的正常进行，要求口语交际者必须对自己的心理状态作出调整与变化，包括思维活动、情感、态度等心理因素和外部体态语等。策略运用能力是指有效地使用人际交往策略的能力，包括确定与调整话题的策略、分析交际对象的策略、收集信息的策略、适应语境的策略、激发并维持交际对象兴趣和积极态度的策略、克服紧张的策略等。体态语的运用与理解能力是指交际过程中除口语以外的肢体语言的运用与理解能力。体态语一般指手势语、姿势语和面容语。手势语是人们常见的一种体态语，如竖大拇指表示赞赏。姿势语是一种有意识的身体位置的运用，具有较强的表意功能，如身躯前倾、距离较近，都表现出一种积极合作的态度。面容语可以表达丰富的情感，如在交际对话中，面带笑容表示对对方的话题非常感兴趣并鼓励对方说下去。得体的交际能力，可以增强口语的表达效果。

二、普通话

（一）普通话的含义

普通话是“以北京语音为标准音，以北方话为基础方言，以典范的现代白话文著作为语法规范的现代汉民族共同语”，这是在 1955 年的全国文字改革会议和现代汉语规范问题学术会议上确定的。这个定义从语音、词汇、语法三个方面确定了普通话的标准。

普通话的“普通”不是“普普通通”的意思，而是“普遍”和“共通”的意思，普通话是《国家通用语言文字法》规定的国家通用语言，也是联合国 6 种工作语言之一。

共同语是相对方言而言的。汉语方言是汉语的地域性变体，是方言区人们的交流工具。粗略地划分，现代汉语可以分为北方方言、吴方言、赣方言、湘方言、闽方言、粤方言、客家方言这七大方言。其中，除“北方方言”外，其余都是南方方言。汉语方言的分歧很大，隔山隔水而言语不通的现象并不少见。为了克服方言隔阂，便于人们的交际，增强中华民族的凝聚力，加强社会主义精神文明建设，必须大力推行、积极普及普通话。

普通话的推行与方言的使用是和谐共存的关系。推广普通话并不意味着消灭方言，推广普通话既不以消灭方言为目标，也不以消灭方言为手段。我们不能把普通话和方言简单地对立起来，而要坚持社会语言生活主体化与多样化相结合的原则，一方面使公民普遍具备普通话应用能力，另一方面尊重方言的使用价值和文化价值。推广普通话的目的，是使公民在使用方言的同时也掌握国家通用语言，并在正式场合和公共交际场合自觉地使用普通话。

（二）推广普通话的意义

（1）推广普通话是国家统一和民族团结的需要。一个国家、一个民族拥有统一、规范的语言，有利于增进各民族各地区的交流，有利于维护国家统一，增强中华民族的凝聚力。

(2) 大力推广、积极普及全国通用的普通话，有利于消除语言隔阂，促进社会交往，对社会经济、政治、文化建设具有重要意义。

(3) 推广普通话，营造良好的语言环境，有利于促进人员交流、商品流通和建立统一的市场。

(4) 推广普通话是加强素质教育的需要。语言文字是思维表达的工具、文化知识的载体和交际能力的依托，因而是素质构成与发展的基础，是文化建设的必要条件。

(5) 语言文字作为一种社会工具，记录着科学技术发展的已有成果，传递着科技发展的最新信息。信息技术水平是衡量国家科技水平的标志之一，语言文字规范化、标准化是提高中文信息处理水平的先决条件。推广普及普通话和推行《汉语拼音方案》有利于推动中文信息处理技术的发展和应用。

(6) 推广普通话是各行各业自身建设的内在需求。《中华人民共和国国家通用语言文字法》第十九条规定："凡以普通话作为工作语言的岗位，其工作人员应当具备说普通话的能力。"对广电系统来说，使用标准、规范的语言文字，不仅关系到广播、电影、电视的实际效果，而且对全社会语言文字的规范化具有重大影响。对教育系统来说，普通话是教师的职业语言，用普通话进行教学是合格教师的必备条件之一。对于党政机关来说，使用普通话体现了机关工作的严肃性和规范性，有利于提高工作人员素质和加强机关文明建设。对于交通、邮电、金融、商贸、旅游等服务行业来说，推广普通话能够提高员工队伍的文化素质和整体修养，促进企业和行业的文化建设，能助力树立良好形象，提高经济效益和社会效益，是企业和行业自身更好地服务于社会的需要。

(三) 普通话的规范与标准

1. 语音规范

普通话"以北京语音为标准音"，指的是以北京话的语音系统为标准，包括北京语音的声母、韵母、声调及其遵循结合规律、音变规律等形成的语音，不是照搬北京话的一切读法，普通话并不等于北京话。普通话的语音标准，当前应该以《普通话异读词审音表》以及最新版的《现代汉语词典》为规范。

2. 词汇规范

普通话"以北方话为基础方言"，指的是以广大北方话地区普遍通行的说法为准，同时也要从其他方言吸取所需要的词语。北方话词语中也有一些地方性很强的词语，例如北京人把"吝啬"说成"抠门儿"；北方不少地区将"玉米"称为"苞米"，将"馒头"称为"馍馍"。因此，不能把整个北方话的词汇都作为普通话的词汇，要有选择。有的非北方话地区的方言词有特殊的意义和表达力，但北方话里没有相应的同义词，这样的词语也可以吸收到普通话词汇中来。与此同时，为了丰富词汇，还会不断吸收不少新的词语进入普通话词汇中来。

3. 语法规范

普通话的语法标准是"以典范的现代白话文著作为语法规范"，这个标准包括四个方面的意思："典范"就是排除以不典范的现代白话文著作作为语法规范；"白话文"就是排除文言文；"现代白话文"就是排除五四以前的早期白话文；"著作"就是指普通话的书面形式，它建立在口语基础上，但又不等于一般的口语，而是经过加工、提炼的语言。

(四) 普通话水平等级测试简介

1. 测试的名称、性质、方式

本测试定名为“普通话水平测试”(PUTONGHUA SHUIPING CESHI,缩写为 PSC)。

普通话水平测试是国家通用语口语应用水平的法定测试,主要测查应试人的普通话规范程度、熟练程度,认定其普通话水平等级,属于标准参照性考试。普通话水平测试大纲规定了测试的内容、范围、题型及评分系统。

普通话水平测试以口试方式进行。

2. 测试内容和范围

普通话水平测试的内容包括普通话语音、词汇和语法。

普通话水平测试的范围是国家测试机构编制的《普通话水平测试用普通话词语表》《普通话水平测试用普通话与方言词语对照表》《普通话水平测试用普通话与方言常见语法差异对照表》《普通话水平测试用朗读作品》《普通话水平测试用话题》。

3. 测试等级标准

一级甲等:朗读和自由交谈时,语音标准,词汇、语法正确无误,语调自然,表达流畅。测试总失分率在 3%以内。

一级乙等:朗读和自由交谈时,语音标准,词汇、语法正确无误,语调自然,表达流畅。偶有字音、字调失误。测试总失分率在 8%以内。

二级甲等:朗读和自由交谈时,声韵调发音基本标准,语调自然,表达流畅。少数难点音有时出现失误。词汇、语法极少有误。测试总失分率在 13%以内。

二级乙等:朗读和自由交谈时,个别调值不准,声韵母发音有不到位现象。难点音失误较多。方言语调不明显,有使用方言词、方言语法的情况。测试总失分率在 20%以内。

三级甲等:朗读和自由交谈时,声韵母发音失误较多,难点音超出常见范围,声调调值多不准。方言语调明显。词汇、语法有失误。测试总失分率在 30%以内。

三级乙等:朗读和自由交谈时,声韵调发音失误多,方音特征突出。方言语调明显。词汇、语法失误较多。外地人听其谈话有听不懂的情况。测试总失分率在 40%以内。

4. 测试总体要求

普通话水平测试不同于书面考试,它是一种口试。完成测试,一要掌握读单字、词语的方法;二要掌握短文的朗读方法;三要会说话。只有在了解充分、结合需要、训练得法、讲求应考策略的基础上,才能学好普通话,达到自己理想的等级。

(1) 单音节字词测试。

这部分要读 100 个音节的字词(不含轻声、儿化音节),测试目的是考查应试者声母、韵母、声调读音的标准程度。从总体上看,读单音节字词所占分值不高,仅 10 分(总分的 10%),但它直接影响应试者水平等级的确定,如果扣分达到 1 分,就不能进入一级。

(2) 多音节词语测试。

这部分要读 100 个音节的词语,测试目的除考查应试者声母、韵母和声调的发音外,还要考查其上声变调、儿化韵和轻声等读音的标准程度。测查项目比第一部分有所增加,所以在朗读时要格外加以注意。这部分失分 2 分即判定应试者的普通话水平不能进入一级。

(3) 朗读短文测试。

这部分要朗读短文1篇(400个音节),主要测查应试者用普通话朗读书面作品的水平。在测查声母、韵母、声调读音标准程度的同时,重点测查连读音变、停连、语调以及流畅程度。

(4) 命题说话测试。

命题说话测试的目的,主要是测查应试者在无文字凭借情况下的普通话运用水平。重点测查语音标准程度、词汇语法规范程度和自然流畅程度。测试时,要注意审题,避免跑题;力求精选题材,善用短句;做到语音标准,发音到位;词汇语法,规范得当;语速适中,自然流畅。

思考练习

1. 自己选一段短文朗读,请教授普通话的老师指出自己的发音问题,对照汉语拼音有针对性地练习正音。

2. 利用下列材料,强化普通话声母、韵母、声调发音清晰度练习。

学好声韵辨四声,阴阳上去要分明。部位方法须找准,开齐合撮属口形。
双唇班报必百波,舌尖当地斗点丁。舌根高狗宫耕故,舌面积结教坚精。
翘舌主争真志照,平舌资则早在增。擦音发翻飞分复,送气查柴产彻称。
合口呼午枯胡古,开口河坡歌安争。嘴撮虚学寻徐剧,齐齿衣优摇业英。
前鼻恩因烟弯稳,后鼻昂迎中拥生。咬紧字头归字尾,不难达到纯和清。

3. 口语交际练习。

(1) 小李到外地读书近一年了,回家后去看望大姑。大姑非常热情地留他吃午饭,但小李认为时间还早,还要去看望二姑,不想在大姑家吃午饭。小李应该怎样谢绝大姑的挽留呢?如果你是小李,你会怎么说?

(2) 针对校园里的"追星族",同学们出现了争论。下面是两位同学的争论,如果你在其中,你应如何表明自己的观点呢?

小张说:现在有的同学整天追随着一些所谓的青春偶像,减肥啦、染发啦,什么都学别人,就是没了自己的个性。学生充当"追星族",对成长没什么好处。

小王说:充当"追星族"没什么不好的,我自己就是"追星族"。追星,其实是对美好事物的一种追求,缺乏追星的经历对成长是一种遗憾。

听话与说话

导读

口语交际实际上就是听说交际，是听与说的对立统一。一个会说话的人往往是一个会听话的人。在生活和工作中，善于倾听是良好的品质。从语文听、说、读、写四种能力的辩证关系看，“听”可以促进“说”，“读”可以促进“写”。我们知道，语言表达的内容实际上就是思维的结果，听说能力的提高离不开思维能力的提升，而提高思维能力需要经过系统的训练。在听话和说话的教学和训练中，教师要重视学生思维能力的同步训练，不断培养其条理性、开阔性、敏捷性和灵活性。学生应牢记听话要“用心听、用耳听、用眼听”，说话要做到“用心说、用嘴说、用手说”。

一、听话

听话能力可以促进思维、智力和语言能力的全面发展。良好的听话能力是人们获取知识的重要途径，也是个人修养的重要表现。随着人类交际活动的日益频繁及现代科学技术的迅速发展，听话已成为社会生活中交流信息的主要途径，听话能力已成为人们进行日常交际的重要能力。

（一）听话的目标要求

在听人说话、接受信息时，要做到听完整、听明白、听深入。

1. 听完整

所谓听完整就是要耐心地听，要把说话者表达的内容从头至尾听完，这样才能完整地把握信息。在听别人大段叙说时，要有耐心，要高度集中注意力，一般不要打断别人；为了防止听有疏漏或者记忆有误，听的同时可以记下一些重要的内容。

2. 听明白

所谓听明白就是要仔细地听，明白无误地接收说话者所表达的内容。听明白一是要抓住关键词语，二是要抓住说话者的意图，三是要抓住说话者所传递信息的内容主旨。

3. 听深入

所谓听深入就是既能听出说话者的言外之意、话外之音，又能对此作出积极能动的反应。

(二) 听话的能力要求

1. 对语音的辨析能力

这是对听话者的基本能力要求，主要是听清音节、语流、语气，做到因音求义。要做到这一点，除了要熟悉普通话的语音规范，还应熟悉各地方言的特殊规则，如北方话的“儿化”，有区别词义和词性的作用。例如“眼”(眼睛)与“眼儿”(孔、缝隙)，“盖”(动词)与“盖儿”(名词)等。还要通过声音外在的快慢、高低、强弱、虚实等语气的变化，理解说话人的内在感情色彩。例如，遇到好久不见的朋友高声招呼说“你好”，表示热情；对一般人低声说“你好”，则表示应酬。

2. 对语义的理解能力

对语词、语句、句群以至整个讲话意义的理解是听话能力的核心。这就要求能听清说话者的大致内容及关键词语，力求准确、完整地理解，对语句重音有辨识能力。因为语句重音是体现语句目的的重要手段，重音不同，语句目的也不同。例如：

① 我知道你会唱歌。(别人不知道你会)

② 我知道你会唱歌。(你不要瞒着了)

③ 我知道你会唱歌。(别人会不会唱我不知道)

④ 我知道你会唱歌。(你会不会别的我不知道)

另外，同音词、近音词多，也应注意区别，如：“公式”“公事”“攻势”“工事”；“娇气”“骄气”；“食油”“石油”。应该学会在听话过程中根据上下句的内容迅速而准确地判断词语的含义。

3. 对话语的品评能力

听长篇发言，要听出条理，听出层次，抓住中心和重点；听别人争论，要能够抓住争论的焦点，迅速归纳出争论各方的意见；听别人说话，除了理解话语的意思，还要能体会出言外之意，能评价话语内容的是非、效果和价值。

此外，听话过程中的观察能力、记忆能力、联想和想象能力、逻辑思维能力也与听话能力密切相关。从某种意义上说，听话能力的训练也是对智力的有效训练。

(三) 听话的技巧

1. 听话要抓住中心，理解主旨

人们说话时，口语的用词范围比较窄，句子比较短，结构比较简单，有时还有重复、脱节、颠倒、补说的现象。加之口语随想随谈，稍纵即逝，要想全面、准确理解说话人的意思，应该学会抓中心、抓要点、理解主旨。一般来说，说话人在讲中心问题时，常常用强调的语气，辅之以重音、语速、手势的变化，只要在听话时注意观察，就比较容易捕捉到。

2. 听话要掌握层次，理清思路

一般人说话，前面往往是引子，是提示，当中一段话是主要内容。分层来说，每层还可以有解说或举例，最后是结论或强调。依据这样的规律，听别人说话时，可以从说话人话语的层次来抓要点，同时也要注意各要点的内在联系，以理清说话人的思路。

3. 听话要记住主要内容

听别人说话，不可能也没有必要一字不差地全记下来，但要记住主要内容。要做到这一点，听话时就要过滤掉重复、模糊或次要的信息，而主要记住那些关键词语，特别是人名、地名、时间、重要数字以及事情的主要情节、规律性的认识和重要的结论，否则就会记住前面的，丢了后面的，最后一无所获。

4. 听话要听音辨义，全面评价

正确理解说话人的意思，及时判断其说话内容的是非优劣，是听话的基本要求。要做到听音辨义，可在听话前列一个评价提纲，提纲中可包括：说话人的见解是否正确且有依据，说话人的思路是否明确，内容是否切实可信，听众反应如何，说话人的表达技巧以及总体评价等。这样在听话时，就可以依据提纲有目的、有步骤地进行，学会全面评价。

二、说话

说话，也是一种艺术，说话能力是一种综合性的能力。语文教育家叶圣陶先生曾说："谁的说话能力差，不仅是他个人的吃亏，往往又会直接或间接造成社会的损失。"从古至今，有许多会说话的人被人们称作"巧舌""三寸不烂之舌"等，他们成就了自我，也推动了社会发展。

（一）说话的目标要求

要提高说话能力，可以从说得对、说得清、说得好这三点要求着手。

1. 说得对

说得对就是指说话时语音要准确，语义要正确。

从语音方面来说，要求发音准确，不能让人听误会了。例如，"吃清炒猪肝"不能说成"吃青草竹竿"。

从语义方面来说，要求说出的话意思要明确，不能产生歧义。话语中有些语句从字面上看是完全相同的，但却有两种或两种以上的意思。例如，"她在病房里打针"和"我在上课"两个句子就是歧义句。

2. 说得清

说得清就是指说话时思路要清晰，层次要分明。

说话前，要考虑说话的中心，并且围绕中心理清思路，考虑话怎样开头、怎样结尾，中间怎样展开，做到胸有全局，说话就会顺当得多。

说话时，要言之有序，说话者要注意说话的条理、顺序、层次。说话的内容通常由开头、中间、结尾三个部分组成。开头部分可以引出话题，也可以阐明说话的主旨，或亮出自己的观点。中间部分围绕自己说话的目的进行阐述和分析，这部分是说话的主体，要特别注意条理化。结尾部分通常是总结自己说话的内容，突出主旨。

整个说话的过程，应当针对听者的接受心理，按轻重缓急安排好先后，处理好详略。

3. 说得好

说得好就是要讲究说话艺术，追求说话效果。

说话不但要使听的人听清听懂，还要使听话人产生共鸣，受到鼓舞。这就要求说话者对听话的对象和谈话的形式进行一定的研究，选择最佳的方案。说话者要研究听话的对象，针对不同的对象，组织得体的话语。

（二）说话的能力要求

1. 迅速反应的能力

口语交际一开始，思想就必须紧紧跟上，做到"心到口到"。很多口语交际的发生，并不是事先预约好的，而是有很强的突发性，如被提问、被突然采访等。这需要我们反应灵活，表达迅速。

2. 判断和应变的能力

说话有环境因素的特定性，如说话对象、时间、空间和具体的场景等。如果不“见景生情”，根据特定环境恰当应变，会影响语言形式的选择和交际效果。

3. 规范表达的能力

使用规范文明的语言与人交流，可以克服语言隔阂，而礼貌文明的语言更能显示出一个人的修养，让交流气氛变得更加和谐。

（三）说话的技巧

要想把话说得人人爱听，不仅要做到说得对，更要做到说得好、说得巧。要追求说话效果，就必须针对不同的语境，对说话的对象和语言的形式进行选择，做到得体、大方。说话要看对象，要看环境，要有分寸。孔子曾经说：“可与言而不与之言，失人；不可与言而与之言，失言。知者不失人，亦不失言。”（《论语·卫灵公》）“失人”即失去了可以说话的对象；“失言”可以理解为这次说话本身就不对，也包括选错了说话对象。要做到两个“不失”，就要在适当的地点、适当的时候、适当的语境，对适当的人说适当的话。

1. 要看对象说话

不同性格、不同年龄、不同修养的人，说话的形式、语气、语调等都不一样，对说话习惯、措辞方式、言语形式的要求也不一样。因此，即使说话的内容是一样的，对不同身份、不同心境、不同职业、不同性别、不同性格、不同文化程度的说话对象，也要选择不同的说话形式、措辞方式，使用不同的语气、语调。下面这个故事就是说话不看对象导致口语交际失败的例子。

有一个秀才去买柴，他对卖柴的人说：“荷薪者过来！”卖柴的人听不懂“荷薪者”（担柴的人）三个字，但是听得懂“过来”两个字，于是把柴担到秀才前面。秀才问他：“其价如何？”卖柴的人听不太懂这句话，但是听得懂“价”这个字，于是就告诉秀才价钱。秀才接着说：“外实而内虚，烟多而焰少，请损之。”（你的木材外表是干的，里头却是湿的，燃烧起来，会浓烟多而火焰小，请减些价钱吧）卖柴的人听不懂秀才这句话，于是担着柴就走了。

俗话说“见什么人说什么话”，为了顺利达到目的和效果，说话一定要考虑听话的对象。

2. 要看场合说话

场合有庄重与一般、喜庆与悲伤、欢快与沉重之分，有熟悉与陌生之分，有适宜多说与不宜多说之分。因此，不同的场合要说不同的话，甚至同样的话在不同的场合下，说话形式、措辞方式以及语气语调都会不一样。比如：

某法院开庭审理一起盗窃案，被告对作案时间交代不清。为了核实，审判长决定传被告之妻到庭作证。由于过分着急，审判长脱口而出：“把他老婆带上来！”法庭顿时哗然，严肃的气氛被冲淡了。当时，审判长应该运用法庭用语，宣布“传证人某某某到庭。”

该案例由于以日常用语取代了法庭用语，不适应场合，因而很不得体。

3. 说话要有分寸

语言是有力量的，无论对谁说话都要掌握分寸。如果你说话没有分寸，只顾口无遮拦地表达自己的想法，那么结局可能会伤人伤己。如果你能把握说话的分寸，那么自然更容易让人感觉亲近。

我们都知道说话有分寸的重要性，那么怎样才能更好地做到有分寸呢？

一是要学会婉拒，避免对方尴尬。示例如下：

有人晚上想请你吃饭，你正好有别的事情不想去。倘若你直接拒绝对方，那么很可能会让对方特别反感，这个时候就可以用婉拒方案：感谢＋歉意＋理由＋补偿。你可以这么说：十分感谢您的邀请（感谢），实在不好意思（歉意），我今晚刚好有一个方案要做（理由），等过两天我请您吧（补偿）。倘若你这么做了，那么对方一般就不会再坚持，也不会觉得尴尬，因为你给足了对方面子，你们的关系也不会因此发生变化。

二是要学会表明不同观点，避免失和。示例如下：

你在一个房地产公司工作，策划人员辛辛苦苦地做了一份策划书，你发现其中有可用的地方，也发现一些没用的地方。但你千万不要说对方做得不够好，否则对方的积极性就被打消了，会让工作更难展开。这个时候可以这样来化解：肯定部分观点＋提出新观点＋虚心请教。你可以这样说：太棒了，我觉得你第一部分非常有创意，我根本没有想到（肯定部分观点），但如果能把第二部分改进一下，那么效果就会更好了（提出新观点），您觉得怎么样呢（虚心请教）？倘若你这么做了，对方的积极性没有受到打击，也会马上意识到自己的问题，尽最大努力去改正。这样，既能让工作进度变得更快，又能使你们彼此相处融洽。

说话有分寸，就是说话要适时、适情、适势，一切以适度、适当为原则。选择得体的话很重要，同样的话对不同的人说，不同的场合下对同样的人说，所产生的实际效果是不一样的。

此外，说话时要恰当地使用表情、体态等肢体语言，要注意说话时的声音、语气、语调，尽量做到和谐悦耳，富有节奏感和音乐美。同时，说话时还可借助恰当的修辞手法，增强语言的感染力。

（四）人际交往中的礼貌用语

1. 问候语

这是见面时向对方表示关心的礼貌用语，也就是平时所说的打招呼。如：“您好！”“早上好！”熟人见面互相问候能表明彼此友好的关系。陌生人初次相识，问一声“您好”或“您好，见到您很高兴”，能使彼此关系融洽起来。营业员对前来办理业务的用户问候一声“您好”，能表现出对用户的热情和友好。社交场合问候的对象还包括对方的亲属、朋友、老师、上级等有关人员，这也是对对方关心的一种表现。如：“你妈妈最近很忙吧！请转达我对她的问候。”

2. 征询语

这是主动询问对方的需求和意见，以示关心和尊重的礼貌用语。如：“我能为您做些什么吗？”“您还有什么别的事情吗？”“这样会不会打扰您？”这些话都表现出对他人的关心和尊重。要帮助别人做些事情，当然是好意，即便如此，也还是要征询一下对方的意见，从而避免违背对方意愿而造成不愉快。

3. 感谢语

这是在对方帮助了自己或表示出帮助意愿以及接受对方的赠物或款待时，对对方表示感谢的礼貌用语。如：“谢谢！”“麻烦您了，非常感谢！”若在感谢时补充说明原因，就更能表明你的真诚，效果也会更好。如：“谢谢您支持我们工作，不然的话，我们还真是挺困难的。”

4. 道歉语

这是在无法满足对方提出的要求，或妨碍了对方、给对方增添了麻烦时表达歉意的礼貌用语。如:“很抱歉!这件事实在没有办法做到。”“真对不起,让您久等了!”该道歉时应及时道歉,并用歉意的目光注视对方,这样才能表明你的诚意。

5. 应答语

这是在对方呼唤、感谢自己,或是提出某种要求、表示歉意时用的礼貌用语。如:别人呼唤自己时,可以用“好,马上就来”;别人感谢你时,可用“您不必客气,这是我应该做的”;对方提出某种要求时,可以回答“我明白了,我尽力满足您的要求”;别人对我们表示歉意时,我们可以说“您不必介意”。这些礼貌应答语中包含着一种谦虚与诚意,对方听了会感到愉快。

6. 赞美语

这是对对方的行为表示赞赏和肯定的礼貌用语。如:“你干得很好!”“太棒了!”“你真了不起!”“你手真巧!”赞美他人,可以激发、鼓励和帮助他人建立自信和自尊,从而产生或加深愉快亲密的合作关系。说这类话既要热情,又要坦诚,切忌言不由衷。口不对心的溢美之词,小题大做的阿谀之语,非但不能令人愉快,还会引起别人的反感。生活中有些人不爱赞美别人,认为赞美了别人就贬低了自己,其实这是一种心理误区,应该克服。

7. 慰问语

这是在对方付出劳动后表示关心、体贴的礼貌用语。如:“您辛苦了!”“让您受累了!”“给你们添麻烦了!”这些简单话语中包含了对他人的体贴与理解,体现了对对方价值的肯定,能让对方感到温暖。

人际交往中的礼貌用语很多,需要同学们在学习和工作生活中不断体会和使用。

思考练习

1. 围绕“人品比技能更重要”这一主题召开班会,请同学以主持人的身份对大家的发言进行小结。

2. 训练快速遣词造句的思维能力和表达能力:一句话接龙。

方法:数人围坐成一圈,推出一名主持人,然后从主持人开始,每人说一句话,按顺时针方向,递接者以自己前面那位同学所说的最末一字为自己所说的第一个字。例如,天气真热/热浪逼人/人人盼望天凉快/快点下雨呀/呀,天上一点云也没有/有人搬来电风扇……如果谁卡壳了,就罚他说个绕口令。

提示:刚开始练习的时候,递接者说的那句话可以很宽泛,不要求与前一位同学说的内容有逻辑联系。练习一段时间之后,可以提出前后句之间要有逻辑联系,还可以想出其他附加条件,以不断增加难度。

3. 说话与听话能力训练。

面对人类对自然资源的破坏性开发,你认为该怎样做才能保持生态平衡?围绕这一主题,说说你对“绿水青山就是金山银山”这句话的理解。

提示:让甲同学按题目要求说一段话,然后,再安排乙同学对甲同学的说话内容进行概括,以此达到听话、说话能力训练目的。

交谈与求职应聘

导读

现代社会是一个充满竞争的时代，想要在竞争中成功，不仅要有应对问题和挫折的能力，还要具备与身边人建立良好合作关系的能力。交谈作为与人沟通的主要手段，广泛运用于社会生活的各个方面。学会与人交谈，建立有效沟通，提升沟通艺术，将成为我们事业成功、家庭幸福的重要保证。掌握交谈的原则和技巧，对于增进人们之间的了解和友谊、获得知识与信息、提高工作效率都是十分必要的。求职应聘时，掌握面试的方法和技巧，对于求职者来说，成功的可能性就更大。在教学中，教师应多以个案分析为切入点，通过形象化的介绍指导学生。在学习中，学生应掌握交谈和求职应聘的原则和技巧，结合日常生活实际自觉运用，以提升口语交际水平。

一、交谈

交谈指以语言方式来交流各自的思想状态，是表达思想及情感的重要工具，是人际交往的主要手段。随着人类社会的高度发展，交谈被广泛运用于社会生活的各个方面，如交换意见、交流经验、洽谈工作、切磋学问、调查采访、咨询答问及电话交谈等。

（一）交谈的作用

1. 交谈是一门艺术

在人类发展史上，交谈作为一种社会现象，是和人类劳动、生活、交际活动一起发展起来的。交谈的艺术性体现在：尽管人人都会，然而效果却大不一样。“酒逢知己千杯少，话不投机半句多”正说明了交谈的优劣直接决定了交谈的效果。与人进行一次成功的交谈，不仅能获得知识、信息等方面的收益，而且你会感到这是一种享受；而参与一场枯燥无味、死气沉沉的交谈，除了在时间上的浪费，还会有一种受折磨的感觉。

2. 交谈是建立良好人际关系的重要途径

交谈是连接人与人之间思想感情的桥梁，是增进友谊、加强团结的一种动力。“良言一句三冬暖，恶语伤人六月寒”这句古话，充分说明交谈在人际交往中的作用是举足轻重的。一个人善于交谈，就能广交朋友，给人带来友爱，为社会增添和谐，就能享受到社会特有的友情与温暖。在现实生活中，我们经常看到不少人因说话不得体，伤害了亲友，得罪了同事，引发不良后果。

3. 交谈是人们交流思想的重要手段

人际交往中，乐于把自己的信息、拥有的知识与他人分享的人，更容易得到他人的帮助和支持，从而有利于个人的发展和进步。“听君一席话，胜读十年书”说的就是善于同有思想、有修养的人交谈，就能学到很多有用的知识，这是对交谈意义的深刻总结。可见，交谈可以交流信息、深化思想，增强交谈者的认识能力和处理问题、解决问题的能力。

（二）交谈的原则

文明得体的交谈，不仅体现了人们的语言水平，也是交谈者良好素质修养的表现。语言有美丑、雅俗、冷暖之分。在交谈中，恭敬有礼的话语温暖人心，热诚真切的话语鼓舞人心，而粗野庸俗、强词夺理的话语不仅会伤人心，还会败坏社会风气。因此，遵循交谈原则，掌握交谈艺术，才能使交谈充满和谐、融洽的气氛，使交谈顺利进行。

文明得体的交谈，须遵循以下四个基本原则。

1. 态度诚恳，语言准确

诚恳是人际交往的基本原则，交谈也应如此。诚恳的语言能敲开紧闭的大门，能瓦解不信任的防线，能架起友谊的桥梁。交谈要发自内心，要用真诚的话语打动对方。在此基础上，还应注意语言表达的准确性，准确的语言能给人以清晰的美感。

2. 待人平等，语言亲切

交谈的双方身份、地位可能不同，但不论在何人面前，交谈的态度都应该是坦诚平等的。在交谈的过程中，要以自然平等的态度与人交谈，要理解和信任对方，建立和谐的人际关系。说话应该让人感到亲切。交谈时，亲切友好、轻松愉快的语言意味着平等、和谐、坦率和诚实。面对地位比自己高的人不能唯唯诺诺、畏首畏尾；面对地位比自己低的人，也不应该趾高气扬、盛气凌人。

3. 互相尊重，语言得体

交谈是双方思想、感情的交流，是双向活动。要想取得满意的交谈效果，就必须顾及对方的心理需求，用语要得体，因为来自对方的尊重是任何人都希望得到的。所以，谈话谈到自己时要谦虚，谈到对方时要尊重，要把对方作为平等的交流对象，在心理上、用词上、语调上，体现出对对方的尊重。这样也可以显示出个人良好的修养与风度，有助于交谈的成功。

4. 举止大方，文明有礼

礼貌是文明交谈的首要前提，交谈时要讲究礼节礼貌。与人交谈时，无论是有声的口语，还是无声的态势语，都要体现出友善、得体的气度和风范。即使是在陌生人面前，也要表现得从容不迫、落落大方。交谈时，讲话者神情要专注，态度要谦逊，语气要友好，内容要适宜，语言要文明，要尽可能回避使对方产生不愉快的话题，万一无意触及，应立即表示歉意，让对方感到被尊重；听话者要认真倾听，不要做其他事情。这样就会形成一个信任、亲切、友善的交谈气氛，为交谈获得成功奠定基础。

（三）交谈的技巧

交谈作为一种双向传输语言信息的交际活动，总是受到时间、场合、对象、传输方式等各种因素的制约，具有发生的随机性、时间的不定性、话题的游移性、表达的口语性、主客体的互变性等特点。掌握交谈的特点，讲究交谈的艺术，对于交谈的融洽、高效、成功具有重要作用。

1. 善于提出话题

交谈一般是谈话双方的即席对话，常常没有事先准备，要善于提出话题，才能使交谈顺利进行。提出话题要根据动机、对象、内容、环境的不同而采用不同的形式。常用的提出话题方法有以下三种：

第一，开门见山法。交谈一开始，就直截了当地从正面提出要询问的问题、探讨的重点，很快进入实质性的对话。这种方法常用于咨询、访问、联系工作等场合。

第二，迂回入题法。有时，直接入正题还缺乏心理、情感基础，或者估计对方会有抵触情绪，可以暂时避开正题，先谈些别的话题，边谈边分析对方的反应和心理，先消除对方戒心，再适时巧妙地引出正题。这种方法常用于求助、劝谏等场合。古代著名的触龙说服赵太后的故事，就是典型的迂回切入话题的例子。

第三，即境入题法。在做思想工作的交谈中，有时遇到“敏感”的话题不便直接提出，可以用创设情境引人进入话题。这种方法常用于疏导、说服、劝慰等方面的交谈。

2. 善于控制话题

在一般即席性交谈过程中，双方往往按照自己感兴趣的话题来谈，或者不经意中由一个话题转到另一个话题，这就要求交谈者要善于控制话题。控制话题的方法主要有以下三种。

第一，提醒法。交谈中发现对方偏离了话题，直接提醒对方，阻止对方再说下去，把谈话拉回到主题上来。提醒对方的方法要因人而异，因情而异。对长者、尊者，不可武断地打断对方说话，应用适当的手势或眼神作出暗示，或借给对方沏茶之机，靠近身边，低声提醒。对于平辈，或相熟的人，可以有礼貌地说：“请允许我打断一下您的话，我们刚才的讨论还没说完呢。”

第二，重申法。交谈中转移话题，有时是由于说话者对中心话题的内涵与外延没有很好地理解与把握，有时是由于受到别的话题或其他因素的干扰。作为交谈的“主角”或会议的主持者，在正题被转移后，应寻找适当的时机，重申交谈的正题，对中心话题的重点、范围作必要的解释，最好用有针对性的提问，或用商讨的语气把话题拉回来，如：“刚才，大家的发言都很有道理，请允许我再补充两点。”当然，有时也可以直截了当地加以强调：“各位，今天我们讨论的主要是××问题，请大家围绕这个问题再进行深入讨论，希望能达成共识。至于其他问题，我们以后再安排时间商议吧。”

第三，引导法。为了避免交谈东拉西扯、旁生枝蔓，交谈者要注意自己说话的“导向作用”。一种是“正向引导法”，就是围绕中心话题，充分发表自己的看法，力求有深度、有新意，引起参与者对你的发言的高度重视，从而引导参与者作深入的讨论；另一种是“逆向引导法”，就是当发现其他交谈者对中心话题出现“兴奋抑制”的迹象时，可以故意提出相反意见，甚至作出有悖常理的分析，重新激起参与者的兴奋情绪，在热烈的争论中，把话题引向深入。

3. 善于转移话题

恰当地提出话题，主动地控制话题，是交谈成功的重要条件。但在某些情况下，也需要巧妙地转移话题。例如，当有人跟你一直谈你不感兴趣的话题时，或者有人提出令你难以回答的问题时，应该及时转移话题，摆脱窘境。可采取以下四种方式来转移话题。

第一，顺其自然。交谈过程中不管出现什么情况，都要保持冷静，尽量把聊天的话题自然而然地转移到别的话题上。聊天话题的转移，要让对方感到很自然，不要太生硬。

第二，掌握时机。当交谈双方就某个话题已经充分发表意见，且已形成共识，达到了预期的目的时，就可以转移话题，换个轻松的话题聊聊。当交谈双方对某个话题各执己见，暂时无法统一时，不妨先搁置起来，待别的话题说完之后，再来重新讨论，这样才能提高效率。

第三，利用好奇心理。求新、好奇是人们普遍的心理要求。谈话中，提出一个更新鲜有趣的话题，利用人们的好奇心理，就可以把对方的谈兴吸引过来，自然就岔开原来的话题。

第四，顺水推舟。顺水推舟是充分利用原来的话题，借助邻近内容隐蔽地转移对方的注意中心，来达到自然过渡话题的目的。

（四）电话交谈

在当今社会，现代化通信工具越来越显示出传递信息便捷、快速的优势。电话或语音通信早已遍及全国城乡，连接世界各地，成为必不可少的交际工具。随着生活节奏日益加快，人们也越来越习惯用打电话来替代当面交谈。由于使用电话传递信息时通话双方不见面，无法用手势与神态来辅助表情达意，因此，通话者的词语内容、声音声响和语音语调就直接影响通话效果。要想取得良好的电话交谈效果，就要在“清、简、缓、轻”四个字上下功夫。

清，不仅指发音清楚，吐字清晰，也指表达准确，语言通俗，让对方容易明白。凡是谈到人名、地名、数字、时间等重要概念与关键内容，最好重复一遍。尤其是重要的通知，还可以让对方再复述一遍，核实无误，方可结束通话。

简，指语言简洁，内容扼要。在办公室通话时，尤应要言不烦，一来注意工作效率，二来不长时间占用信息通道。有时候，来电话的人絮絮叨叨讲个没完，你可以有礼貌地说：“对不起，我不想占用您太多的时间，以后见面再详谈吧。”这样既能让对方会意，又不失尊重。

缓，指语气温和，语调舒缓，有利于引起通话双方的情感互悦，进行愉快的交流。适度“缓”也有助于“清”。试想，说话像连珠炮，连表意的功能都会受到损害，哪有文明、得体可言？

轻，指说话音量适中，能够听清即可。轻柔的声音，悦耳动听、亲切感人；扯着嗓门，震耳欲聋，听话者的烦躁情绪油然而生，怎能平心静气地进行交流？

除此之外，接打电话还应该注意一些细节。如接电话应迅速，一般应在电话铃响三声之内接听，最好在听到一次完整的铃响后即拿起话筒，让对方长时间等候是不礼貌的。另外，无论你是打电话，还是接电话，一定要控制情绪，保持喜悦的心情，尽可能地让对方感到你在微笑着说话，给人留下热情的印象。因为对方在与你进行电话交谈时，看不到你的表情，只能通过声音去辨别你的态度。如果不是特别紧急的事情，打电话一般不在早上 8:00 以前、就餐时间或晚上 8:00 以后，这几个时间段打电话有可能会打扰对方休息或用餐。电话交谈时间以 3～5 分钟为宜，不宜过长。如果打电话的时间较长，而又没有提前预约，应该先向对方说明要办的事，征询对方是否方便，如果对方不便就请对方另约时间再联系。大凡重要的电话，通话之前应做充分的准备，这样既可以节约时间又可以抓住重点，条理分明。

二、求职应聘

求职应聘是一门特殊的交际学，是双方互相试探且带有某种冒险性质的口语交际。它是以求职者良好的素质为底蕴，以正确的职业观念与科学的择业方法为指导，以较强的口头交际能力为工具的社会实践活动。突出自己与应聘职位相应的能力和气质,展示个性化魅力,是求职应聘成功的秘诀。学习、掌握好这门学问,将会使你在求职的道路上比别人更容易成功。

(一) 面试

面试是在特定的场景下,由组织者精心策划的,通过招聘方与应聘者双方面对面的接触,采用边提问边观察的方式了解应聘者素质情况、能力特征及应聘者动机等信息,以确定应聘者是否符合岗位要求的一种人员选拔的测试活动。

面试的内容,一般包括应聘者的仪表风度、求职动机与工作期望、专业知识与特长、工作经验与工作态度、语言和文字表达能力、综合分析能力、反应能力、自我控制能力、人际交往能力、兴趣爱好等。

面试不同于一般形式的交谈,面试具有明确的目的性和计划性、程序性。初涉职场的大学生往往认为只有坐下和面试官进行一对一交谈时,才预示面试的开始。其实,经验丰富的面试官,一般在面试开始前见面的几秒钟里,从应聘者的神态、相貌、行走、坐姿、衣着等方面,就已经基本判断出应聘者是否是自己想要的那个人。因此,面试前做大量的准备工作和掌握相应的面试技巧是很有必要的。

(二) 面试交谈的原则

面试实际上是一种"口试",应聘者口头表达能力的好坏是决定求职成败的关键。在面试交谈中,语言表达的清晰、准确、得体与否,直接影响着双方信息传递与沟通的效果。作为应聘者,为了给招聘方留下美好的第一印象,特别要注意说话的态度、方式和技巧,尤其要把握好面试交谈的基本原则,这对提高面试水平,会有很大帮助。

1. 展示气质,表现风度

求职面试时,一方面要体现自身的外在美,另一方面更要体现内在气质。言语是一个人内在气质、涵养的外在体现,求职者要善于用自己的语言艺术展示自己。在面试中,应聘者应彬彬有礼,要主动、有礼貌地招呼主试人员,恰当地使用称呼语与敬语,始终面带微笑。用专注的神情倾听招聘人员的问话,用自然、委婉的语气回答提问或作自我介绍。语调要平缓、流畅,不快不慢。不要打断对方的说话,急于自我表现,这容易给人缺乏礼貌与尊重的感觉。

2. 展示真诚,增强信度

通过面试交谈获得彼此的真实信息,是招聘方与应聘者共同的心理,应聘者的坦诚直言容易赢得用人单位的信任。其一,自我介绍要真实。应聘者要实事求是地介绍自己的学历、经历、荣誉、专业技能、兴趣特长以及家庭状况等,向招聘单位展示一个真实的自己。其二,求职态度要诚恳。面试时可以坦率地表明自己的求职动机,如表达对用人单位的社会声誉、工作环境乃至工资待遇的向往,希望在该企业找到用武之地,求得事业发展的想法等。也可以向招聘者婉转地提出自己关心的问题:应聘岗位的业务范围、试用期长短及福利待遇,对新员工的培训,学历深造与业务进修的机会等,以体现求职态度的诚恳与慎重。

3. 展示热情,保持热度

面试时,应聘者容易紧张或忐忑不安,往往会手足无措,说话语无伦次。因此,应聘者在接受面试前,要做好攻略和准备工作,调整好精神状态,树立勇气与信心。在面谈中,要保持饱满的情绪与充分的自信，展示自己对求职的热情与渴望，要不失时机地表达对所应聘岗位的热切向往，给招聘者留下充满活力、富有生机的良好印象。即使意识到自身条件不足，也应该表现出在今后的工作中边干边学、虚心求教、不断进取的意愿与信心，从而给招聘者以有热情、有潜力、有进取精神的良好印象。

4. 展示水平，体现专业

面试交谈中，应聘者要充分展示自己的水平，尤其是敬业精神和专业水平两方面。对问题回答不能满足于“知其然”，还要答出“所以然”。特别是专业性较强的工作，面试前需要了解：你要应聘这家公司的业务状况，这家企业大致会用上你专业技能的哪些内容，你会为企业带来哪些专业工具和方法等。在简历中也要有一个比较充分详细的专业性描述，这样也方便非对口专业的面试官在面试你时，能够就你所阐述的话题进行深度交流。如果面试官是对口专业人士，请用专业术语来展示；如果面试官是非对口专业人士，最好用通俗的语言来讲述专业问题。因为能用通俗易懂的语言把专业问题向一个非专业人士讲明白，正体现了应聘者的专业水平和专业素养。

（三）面试交谈的技巧

1. 语言运用的技巧

对求职应聘者来说，掌握语言表达的技巧无疑是重要的，因为面试场上你的语言表达标志着你的成熟程度和综合素养。在面试中要恰当地运用谈话技巧以提高面试效果，建议从以下几方面要求和训练自己。

（1）语言流利，口齿清晰，谈吐大方。交谈时要注意发音准确，吐字清晰，语速适中。忌用口头禅，更不能有不文明用语。

（2）语气平和，语调恰当，音量适中。面试时要注意语言、语调、语气的正确运用。打招呼时宜用上语调，加重语气并带拖音，以引起对方的注意。自我介绍时，最好多用平缓的陈述语气，不宜使用感叹语气或祈使句。音量的大小要根据面试现场情况而定，两人面谈且距离较近时音量不宜过大，群体面试且场地开阔时音量不宜过小。

（3）语言机智、幽默。面试说话时除了表达清晰以外，适当的时候可以插进幽默的语言，使谈话增加轻松愉快的气氛，也可以展示自己的优雅气质和从容风度。尤其是当遇到难以回答的问题时，机智幽默的语言有助于化险为夷，并给人以良好的印象。

（4）关注听者反应。求职面试不同于演讲，而是更接近于一般的交谈。交谈中，应随时注意听者的反应，适时地调整自己的语言、语调、语气、音量、修辞和陈述内容，这样才能取得良好的面试效果。

2. 回答问题的技巧

（1）简洁得体，把握重点。一般情况下回答问题要结论在先，议论在后，先将自己的中心意思表达清晰，然后再叙述和论证。回答一切问题都要围绕应聘的工作展开，少说多余的话，以免言多有失。

（2）实事求是，诚恳坦率。通过交谈获得彼此的真实信息，是招聘方与应聘者共同的心理，应聘者的坦诚直言容易赢得用人单位的信任。面试中遇到自己不知、不懂、不会的问题，回避闪烁、默不作声、牵强附会、不懂装懂的做法均不可取，而诚恳坦率地承认自己的不足之处，反而会赢得主试者的信任和好感。

（3）见解独到，突出特色。作为招聘者，有时接待应聘者若干名，相同的问题问若干遍，类似的回答也要听若干遍，他们会有乏味、枯燥之感。应聘者独具个人见解和个性特色的回答，方能引起招聘者的兴趣和注意。

3. 消除紧张的技巧

紧张是一种身心高度紧绷的状态，它往往会让人在关键时刻失去思考的能力，出现大脑空白、发挥失常等状况。由于面试成功与否关系到求职者的前途，所以他们往往容易产生紧张情绪。在面试中尽量降低紧张状态的影响，掌握一些消除紧张的小技巧，是一个求职者取得成功的法宝。在心理上不必把面试的结果看得太重，要在战略上藐视它；在生理上可采取眼睛放松法和腹式深呼吸等消除紧张的简单方法；有意识地控制说话的速度，加重语尾发音，说得缓慢响亮，这样也有助于消除紧张；在面试前，听听自己喜欢的音乐，或者跟其他人聊聊天，分散一下精力也是不错的。当然，解决紧张的长效策略在于保持自己的心态平和，有一个乐观的心态，多多历练有底气。

思考练习

1. 两人一组，围绕联系实习单位这个问题创设情境，自选角色进行电话交谈。一次通话时间不超过 5 分钟。

2. 按照下面规定的情境进行交谈训练。

某职业院校学前教育专业学生准备举行毕业汇报演出，打算借用学校的多媒体报告厅。试以演出组织者的身份与报告厅管理员进行协商交谈。交谈的内容要涉及使用时间、参加人数、音响设备、室内卫生、安全保卫、应急措施等。

3. 运用面试知识及面试技巧，有针对性地练习以下求职应聘中常见的问题。

（1）“请作自我介绍。”

（2）“谈谈你的家庭情况。”

（3）“谈谈你的业余爱好。”

（4）“说说你的座右铭。”

（5）“请说说自己的缺点。”

（6）“谈一谈你的一次失败经历。”

（7）“你为什么应聘我们单位？”

（8）“如果我们单位录用你，你将怎样开展工作？”

（9）“你希望与什么样的上级共事？”

（10）“你是应届毕业生，缺乏经验，你能胜任这项工作吗？”

演讲与朗诵

导读

演讲作为一种口语交际活动，越来越受到社会的重视。演讲能力有时关乎人生的成败得失，很多人因为缺乏自信而失去了许多展示自我的宝贵机会，甚至与成功擦肩而过。特别是对于个性原本就相对内敛的学生来说，在公共场合讲话或与人沟通时，往往会紧张得不知如何组织语言，以至于根本无法清晰地表达自己的意思，这样就更需要有意识地锻炼自己的演讲能力。朗诵是把文字作品转化为有声语言的创作活动，它可以提高朗诵者的阅读能力，还可以有效地培养朗诵者细致入微地体会语言词汇的能力。教学中，教师应以鼓励表扬的态度为主，激发学生的兴趣。学生在学习中，应对演讲和朗诵的难度有正确认识，坚持每天练习，以此提升自己的演讲技巧和朗诵水平。

一、演讲

(一) 演讲的概念

演讲，又称演说或讲演，它是指演讲者在特定的环境中，借助有声语言和态势语言的艺术手段，针对某个问题，面对广大听众发表意见、抒发情感，从而达到感召听众并促使其行动的一种信息交流活动。

(二) 演讲的传达手段

演讲的传达手段包括有声语言、态势语言和主体形象。

有声语言是演讲活动最主要的表达手段。它由语言和声音两种要素构成，以流动的声音运载思想和情感，直接诉诸听众的听觉器官。它要求吐字清楚，发音准确，声音清亮、圆润，语气、语调、节奏富于变化。

态势语言指演讲者的姿态、动作、手势和表情。态势语言是流动着的形体动作，辅助有声语言运载着思想和感情，直接诉诸听众的视觉器官。它要求准确、鲜明、自然、协调。

主体形象是指演讲者的体形、容貌、衣冠、发型、举止、神态等。主体形象的美与丑、好与差，直接影响着演讲者思想感情的表达。它要求演讲者在符合演讲思想感情的前提下，注重举止得体、神态自若、风度潇洒，努力把优雅大方的外部形象展示给观众。

必须指出，演讲如果只有“讲”没有“演”，只作用于听众的听觉而不作用于听众的视觉，就会缺少动人的主体印象；反之，演讲如果只有“演”而没有“讲”，只作用于听众的视觉而不作用于听众的听觉，效果也会大打折扣。所以，二者相辅相成，缺一不可。“演”与“讲”的和谐必须是以“讲”为主，以“演”为辅，“演”必须建立在“讲”的基础上，否则便失去了演讲的意义。

（三）演讲的特征

1. 鲜明的目的性

每次演讲都有一个既定目的，或触及社会普遍关注的问题，或提出一种独立的见解，或涉及一个学术命题等，演讲者应针对问题，直抒己见，给人启迪或鼓舞。

2. 感人的艺术性

演讲是语言艺术，听众不仅听其声，解其意，还要观其形，感其情。声、义、形、情通过恰当的处理表达出来，才能产生感人的艺术魅力。

3. 较强的综合性

演讲是演讲者品格修养、知识经验、思想情操、风度仪态的具体展现。演讲者要把有声语言与思想内容统一起来，再把姿势、动作、神情配合起来，既注重听觉效果，又注重视觉效果。可以说，演讲是诸多要素协调综合的口语实践活动。

（四）演讲的类型

从表达形式上划分，演讲可分为三种类型。

1. 命题演讲

命题演讲即由别人拟定题目或演讲范围，并经过准备后所做的演讲。它包含全命题演讲和半命题演讲两种形式。全命题演讲的题目一般是由演讲组织部门来确定的。半命题演讲指演讲者根据演讲活动组织单位限定的范围，自己拟定题目进行的演讲。

命题演讲的特点是：主题鲜明，针对性强，内容稳定，结构完整。

2. 即兴演讲

即兴演讲是在事先无准备的情况下就眼前场面、情境、事物、人物临时起兴发表的演讲，如：欢迎致辞、聚会演讲等。

即兴演讲的特点是：有感而发，时境感强，篇幅短小。

3. 辩论演讲

辩论演讲即指由两方或两方以上的人们因对某个问题产生不同意见而展开的面对面的语言交锋。其目的是坚持真理，批驳谬误，明辨是非。比如，我们生活中常见的法庭辩论、外交辩论、赛场辩论，以及每个人都会经历的生活辩论等。

辩论演讲的特点是：针锋相对，短兵相接。

（五）演讲的技巧

演讲是一项具有一定艺术性的社会实践活动。在以讲为主、以演为辅的演讲中，要做到吸引听众、打动听众，需要注意以下四个方面的艺术技巧。

1. 演讲的语言技巧

演讲是运用有声语言阐明观点、传递信息、抒发感情的社会活动。语言具有准确性、通俗性和鼓动性的特点。

（1）准确性。语言是思维的直接体现，只有语言准确、规范，才能准确地表达演讲者的观点和主张。

（2）通俗性。演讲的内容，主要靠口头语言来表达，而且具有“声过即逝”的特点。因此，演讲的语言应该通俗易懂，有时甚至可以带一些语气词，这样更显得亲切、自然。

(3) 鼓动性。演讲的目的，是为了激发听众的情绪，鼓动听众去行动。从某种意义上来说，一个演讲家也是一个鼓动家。要使演讲具有鼓动性，要多用有力的短语、短句，并适当采用设问、排比、反复等修辞手法，使之铿锵有力，情绪激昂。

2. 演讲的态势语技巧

演讲的态势语，包括仪态举止、手势表情，它们是自然流露的“形体语言”，是同有声语言相互补充、相互配合来表达语意的。演讲的态势语要服从表情达意的需要，做到自然得体。态势语包括手势、眼神和站姿。

(1) 手势。手势是演讲者借助手指、手掌、拳头和手臂的动作以表达思想感情的一种态势语言。在演讲中恰当地运用手势，可以增强语言的感染力和说服力。

(2) 眼神。眼神在演讲中能辅助演讲者传情达意。演讲者的视线应当环顾全场，同时用眼神变化来配合语言传递一定的信息。

(3) 站姿。演讲者的身姿要直立，收腹挺胸，端平双肩，站直双腿，给人一种端庄大方有朝气的感觉。

3. 临场控制的技巧

演讲是面对听众的活动，演讲者必须加强自己的交际能力和心理自控能力，可从以下三个方面去努力。

(1) 要充分准备。美国演讲专家卡耐基说：“准备得十分充足的一篇演讲，等于成功了十分之九。”所以，演讲前要作好充分的准备。

(2) 要充满自信。演讲者必须充分相信自己，对自己充满信心。当然，这份信心是建立在充分准备的基础上的。

(3) 要战胜自我。演讲时难免出现紧张、恐惧的心理。克服这种心理最好的办法，就是要战胜自我，把注意力集中到演讲的内容上去，想着怎样去吸引听众、鼓动听众。

二、朗诵

(一) 朗诵的概念

朗诵是把无声的文字作品转化为有感情的音符、形体语言的创作活动；是一种通过视觉器官、听觉器官共同参与，将诉诸视觉的文字转化为言语的过程。从字义上理解：朗，即声音清晰、响亮；诵，即背诵。朗诵时，要用清晰、响亮的声音把文章诵读出来，还要借助眼神、手势、体态等来表达作品的思想感情及音乐的韵律美。朗诵是一种语言艺术，是一个复杂的系统性工程。

朗诵是口语交际的一种重要形式，是把文字作品转化为有声语言的创作活动，它不仅可以提高阅读能力，还可以有效培养对语言词汇细致入微的体味能力，以及确立口语表述最佳形式的自我鉴别能力。

(二) 朗诵前的准备

朗诵是朗诵者的一种再创作活动。这种再创作，不是脱离朗诵的材料去另行一套，也不是照字读音的简单活动，而是要求朗诵者通过原作的字句，用有声语言传达出原作的主要精神和艺术美感。不仅要让听众领会朗诵的内容，而且要使其在感情上受到感染。为了达到这个目的，朗诵者在朗诵前就必须做好一系列的准备工作。

1. 选择朗诵材料

朗诵是一种传情的艺术。朗诵者要想很好地传情，引起听众共鸣，首先要注意材料的选择。选择材料时，要尽量选择那些语言具有形象性而且适于上口的文章，因为形象感受是朗诵中一个很重要的环节。另外，要根据朗诵的场合和听众的需要，以及朗诵者自己的爱好和实际水平，在众多作品中选出合适的作品。

2. 把握作品的内容

准确地把握作品内容，透彻地理解其内在含义，是作品朗诵重要的前提和基础。要准确透彻地把握作品内容，应注意以下三点。

（1）正确、深入地理解。

朗诵者要把作品的思想感情准确地表现出来，需要透过字里行间，理解作品的内在含义。一方面要清除障碍，搞清楚文中生字、生词、成语典故、语句等的含义，不要囫囵吞枣，望文生义。另一方面要把握作品创作的背景、作品的主题和情感的基调，这样才能准确地理解作品，也才不至于把作品读得支离破碎，甚至歪曲原作的思想内容。

（2）深刻、细致地感受。

有的朗诵，听起来也有抑扬顿挫的语调，可就是打动不了听众。如果不是作品本身有缺陷，那就是朗诵者对作品的感受还太浅薄，没有真正走进作品。听众是敏锐的，他们不会被虚情所动，朗诵者要唤起听众的感情，使听众与自己同喜同悲同呼吸，必须仔细体味作品，进入角色，进入情境。

（3）丰富、逼真地想象。

在理解感受作品的同时，往往伴随着丰富的想象。朗诵者只有通过深入理解、真挚感受和丰富想象，把听众带入与自己感同身受的环境中去，才能让听众跟随你的思维，才能让你的朗诵更加具有感染力。

3. 用普通话语音朗诵

要使自己的朗诵优美动听，必须使用标准的普通话进行朗诵。普通话是现代汉民族共同语，用普通话朗诵，便于不同方言区的人理解、接受。因而，在朗诵之前，首先要咬准字音，掌握语流音变等普通话知识。

（三）朗诵的基本表达手段

朗诵时，一方面要深刻透彻地把握作品的内容；另一方面，要合理地运用各种艺术手段，准确地表达作品的内在含义。常用的基本表达手段有：停顿、重音、语速、句调。

1. 停顿

停顿是指语句或词语之间声音上的间歇，它包括生理停顿、语法停顿、强调停顿。

（1）生理停顿即朗诵者根据气息需要，在不影响语义完整的地方作一个短暂的停歇。要注意，生理停顿，不要妨碍表达，不能割裂语法结构。

（2）语法停顿是反映一句话里面语法关系的停歇，在书面语言里就反映为标点。一般来说，语法停顿时间的长短同标点大致相关。通常情况下，句号、问号、叹号后的停顿比分号、冒号长；分号、冒号后的停顿比逗号长；逗号后的停顿比顿号长；段落之间的停顿则长于句子之间停顿的时间。

(3) 强调停顿。为了强调某一事物，突出某个语意或某种感情，而在书面上没有标点，在生理上也可不作停顿的地方作了停顿，或者在书面上有标点的地方作了较大的停顿，这样的停顿就称为强调停顿。强调停顿演讲者仔细揣摩作品，深刻体会其内在含义来安排。

2. 重音

重音是指朗诵、说话时句子里某些词语念得比较重的现象。一般通过增加声音的强度来体现。重音有语法重音和强调重音两种。

(1) 语法重音。在不表示什么特殊的思想和感情的情况下，根据语法结构的特点，把句子的某些部分重读的，叫语法重音。语法重音的位置比较固定，常见的规律是：一般短句子里的谓语部分常重读；动词或形容词前的状语常重读；动词后面由形容词、动词及部分词组充当的补语常重读；名词前的定语常重读；有些代词也常重读。如果一句话里成分较多，重读也就不止一处，往往优先重读定语、状语、补语等连带成分。

值得注意的是，语法重音的强度并不太大，只是与同语句的其他部分相比，读得较重一些而已。

(2) 强调重音。强调重音指的是为了表示某种特殊的感情和强调某种特殊意义而故意读得重一些的音，目的在于引起听者注意自己所要强调的某个部分。语句在什么地方该用强调重音并没有固定的规律，而是受说话的环境、内容和感情支配的。同一句话，强调重音不同，表达的意思也往往不同。朗诵时，要认真钻研作品，正确理解作者意图，才能较准确地找到强调重音之所在。

3. 语速

语速是指说话或朗诵时每个音节的长短及音节之间连接的紧松。说话的速度是由说话人的感情决定的，朗诵的速度则与文章的思想内容相联系。一般说来，热烈、欢快、兴奋、紧张的内容速度快一些；平静、庄重、悲伤、沉重、追忆的内容速度慢一些；而一般的叙述、说明、议论则用中速。

4. 句调

在汉语中，字有字调，句有句调。我们通常称字调为声调，是指音节的高低升降。而句调我们则称为语调，是指语句的高低升降。句调是贯穿整个句子的，只是在句末音节上表现得特别明显。句调根据表示的语气和感情态度的不同，可分为四种：升调、降调、平调、曲调。

(1) 升调。前低后高，语势上升。一般用来表示疑问、反问、惊异等语气。

(2) 降调。前高后低，语势渐降。一般用于陈述句、感叹句、祈使句，表示肯定、坚决、赞美、祝福等感情。

(3) 平调。这种调子，语势平稳舒缓，没有明显的升降变化，用于不带特殊感情的陈述和说明，还可表示庄严、悲痛、冷淡等感情。

(4) 曲调。全句语调弯曲，或先升后降，或先降后升，往往把句中需要突出的词语拖长着读，这种句调常用来表示讽刺、厌恶、反语、意在言外等语气。

除了以上这些基本表达手段，要使朗诵有声有色，还可借助一些特殊的表达手段，如笑语、颤音、泣诉、重音轻读等。

(四) 朗诵与朗读的区别

朗诵不同于朗读。朗读是用清晰、响亮的声音把文章读出来，以传达文章的思想内容。朗诵则是用清晰、响亮的声音把文章背出来，以传达文章的思想内容。可见，朗诵的要求比朗读要高，它要求不看作品，面对观众，除运用声音外，还要借助眼神、手势等态势语帮助表达作品感情，引起听众共鸣。二者的区别主要有以下四个方面。

从性质上看，朗诵是一项对文学作品进行再创作的艺术活动，它具有表演性质和明显的演出目的；而朗读只是一般的有声语言活动，其目的是让自己或大家一起来学习，不存在丝毫的表演成分。

从手段上看，朗诵者除了运用自己的声音和语言，还可通过自己的眼神、表情、手势、身姿，甚至可以增加音乐、灯光、背景等辅助效果，以此来强化感情的表达和意境的渲染；而朗读无需这些手段。

从语调上看，朗诵很注重语势、重音、停顿、节奏及气息技巧的处理运用，富有很强的音乐性及感情色彩；朗读虽也需抑扬顿挫、轻重缓急的变化，但只要语意清楚、舒缓不迫、字字分明就可以了，语调变化不必太大。

从文体上看，朗诵的对象仅限于可以朗朗上口的文学作品，如一些诗歌、散文、寓言、小说以及话剧和影视剧中的独白、对白片段等；朗读则涵盖各种文体。

总之，朗读是一种再现，朗诵是一种再创造；朗读强调的是忠实于原文，朗诵则容许在依托文本的基础上进行艺术加工，属于艺术表演的范畴；朗读考虑的是让听众听清楚，朗诵考虑的是让听众受感动。因此，评价朗读水平的高低主要看朗读者读得是否正确、清晰、完整，而评价朗诵的优劣则往往是看朗诵者的艺术创造是否能给人一种美的享受。

思考练习

1. 以“奋进新征程 建功新时代”为主题，在全班开展一次命题演讲比赛。

提示：注意运用学过的普通话知识和命题演讲技巧。每个同学都担任“评委”工作，从普通话语音、演讲内容、情感的张力、声音的表达，以及态势语的运用等方面分别评分，然后进行点评。

2. 根据态势语训练要领，分别体验并练习演讲时的站姿、手势、面部表情、眼神等。

3. 恰当运用朗诵的基本表达手段，朗读短文《母亲的心》。

母亲的心

我曾对母亲说过，我的生命是母亲给我的，包括我的心。

我曾对儿子说过，你的生命是母亲给你的，包括你的心。

当我来到这个世界，母亲的心就开始随着我的心一起跳动。这种跳动持续着我的生命，支撑着我沿着母亲的河岸行走。在这颗心的呵护下,我成长并成熟着,开始在自己的世界里随意的游荡。而母亲的心并没有因为我的行走而放慢了脚步,她仍然小心翼翼地跟随着我,默默无语地牵挂着我,同我一样痛苦并快乐着。母亲的心是一颗滚烫的心,永远在我的思想和血脉间流动。

我曾固执地想过,在这世界上离开任何人我都能好好地活着。但是,这种固执的想法瞬间就被母亲那双眼睛粉碎了。母亲的心就像针鼻儿一样,只要有线穿过,她都能顺手牵来。不管是孩子们的冷暖温热、伤痛哀怨,或是成功失败、幸福不幸,都串在她手中的线上。那种一枝一叶的关爱,一丝一毫的体贴化作我无处不在的信任与信赖。母亲的心是一颗细腻而敏感的心,永远在她的关爱和关切中停留。

感恩的心不需要言语,包容的心宽厚而辽阔。母亲的心总是在我不经意间引领着我学会感恩、学会宽容,学会怎样面对人生道路上出现的所有不幸和幸运。我知道,母亲的心脆弱而坚强,总会用一言难尽的酸甜苦辣孕育出一个新的世界。母亲的心一直见证着人世间的一切浮华和喜悲。当世界很大的时候,她的心小到只容纳我一个人,当世界很小的时候,她的心大到装满整个河山。

母亲的心是一颗江河般的心,永远在我生命的旅程和感恩的快乐中流淌。

母亲的心如这五月的阳光一样灿烂着,温馨着。她属于春天,属于孕育生命的春天。

无领导小组讨论

导读

无领导小组讨论活动是对本单元前四节内容的综合运用，不仅能反映出讨论者口语表达的能力，更能反映出讨论者的修养和专业功底。无领导小组讨论指的是在没有领导的群体小组中通过限时讨论的形式，达成共识并形成有效解决问题的办法和措施的集体性口语交际活动。因为具有应急性、平等性、集体决策性等特点，无领导小组讨论在日常工作中应用较多。小到班级活动讨论，大到面试选拔，都可以看到对无领导小组讨论的应用。要想在讨论中有出色的表现，就需要坚持科学的思想，积累专业知识，培养较高的语言表达能力，具备灵活解决意见纠纷的讨论素养。无领导小组讨论是没有标准答案的。这一方面使得讨论更有趣，另一方面也加大了同学们理解运用的难度。无领导小组讨论的侧重点是考察同学们在群体合作讨论中的个人表现，如合作意识、沟通协调能力、综合总结能力和解决问题的能力，而不是考察个人把方案做得有多完美。

一、无领导小组讨论的概念

无领导小组讨论是由一组应试者组成一个临时工作小组，讨论给定的问题，并作出决策的活动。它是采用情景模拟的方式对考生进行集体面试，是评价中心技术中经常使用的一种测评技术。讨论过程中不指定谁是领导，也不指定应试者坐的位置，让应试者自行安排组织。评价者通过讨论过程来观测参与者的组织协调、口头表达、辩论说服等各方面的综合能力和素质是否达到拟任岗位的要求，以及其自信程度、进取心、情绪稳定性、反应灵活性等个性特点是否符合拟任岗位的团体气氛，由此来综合评价考生之间的差别。

无领导小组讨论通过松散群体讨论的形式，快速诱发人们的特定行为，并通过对这些行为的定性描述、定量分析来判断被评价者的个性特征。它被认为是公务员招考、企业招聘、单位选拔人才的最佳方法之一。

二、无领导小组讨论的常见题型

无领导小组讨论无论是作为日常解决问题的方式，还是企业招聘选拔的面试，其题型无外以下五大类。考生能否对案例迅速进行题型归类，是讨论能否精彩、方案能否确定的前提。无领导小组讨论的常见题型见表8-1。

表8-1 无领导小组讨论常见题型及考察重点

题型	考察重点	案例
开放式问题	主要考察讨论者思考问题是否全面、是否具有针对性，思路是否清晰、是否有创新观点和见解	现在社会上有一种说法，“年轻人的能力比态度更重要。在竞争激烈的今天，没能力会饿死，只有不饿死，态度才可以慢慢提高。”请通过小组讨论，得出你们对此的独到看法
两难问题	主要考察讨论者在抉择面前的分析能力、判断问题的准确性，决策是否果断，能否在团队中说服别人同意	小梅由于家境困难，难以维持在校生活费。而学校禁止学生参加一切兼职活动。“不兼职将难以维持学业”“兼职被发现将被开除”，小梅陷入了两难的困惑。请根据小梅的实际情况和面临的困难，提出你们小组的建议
优选排序问题	针对模拟情景，考察讨论者分析问题、抓住问题本质和解决关键的能力，以及能否通过战略性安排说服别人同意	你所在小组将去敬老院慰问。请从以下礼物中选出三个：1.雨伞20把；2.十字绣制作图纸5个；3.烟、酒礼品2份；4.柚子1箱；5.有学生自制公益MV的U盘1个；6.麻将1盒；7.有慰问金的红包5个；8.毛毯2床
方案操作问题	给定模拟情景并附加一些条件，考察讨论者拟订方案、解决实际问题的能力	最近迟到同学较多，班级制订了三个候选方案： 方案一：迟到3次请家长，迟到5次及以上一星期不准上课； 方案二：迟到第一次罚钱10元，以后翻倍，罚钱充作班费； 方案三：同桌迟到，两人共同罚站听课。 如果你们是班委，你们怎么处理？请提出解决方案并阐述理由
资源争夺问题	通过设定情景，让讨论者结合专业知识和实践经验做出配置。重点考察组织者如何分配、协调意见，达成资源和人力的整合优化	班上有32人，班费6 400元。这个学期必须要完成以下工作，如果你是班委将怎么合理分配班费：1.组织一次春游；2.进行“学雷锋”校外大扫除；3.装饰美化本班教室；4.请校外专家进行2次讲座；5.配合学校以班级为单位开展男生、女生排球赛

三、无领导小组讨论面试常见的组织方式

按讨论者身份来划分，无领导小组讨论也可分为个人讨论和团体讨论两种组织形式。具体情况见表8-2。

表8-2 个人和团体两种无领导小组讨论组织形式

类别	讨论者组织形式	人数	总时长	常见形式	注意事项
个人讨论	以个体身份参加	10人以下	不超过90分钟	公务员面试	随着讨论进展，无论人数多少，都会由“个人讨论”变为“团体讨论”，个人意见汇总成小团体意见，最后调和为小组整体意见。换句话说，不可能每一个人都满意你的决定，获取大多数小组成员的支持是口语交际成功的关键
团体讨论	以1至3人为一个小团体参加，每个讨论组下设3至4个小团体	12至16人		企业面试、以学校为单位的各类职业技能比赛	

四、无领导小组讨论的规范性进程

在长期的无领导小组面试过程中，形成了约定俗成的一套流程。以企业选拔面试为例，讨论活动的进程安排见表 8-3。

表 8-3 无领导小组讨论规范性进程

序号	步骤	时间
1	材料准备、阅读阶段	多为 5 至 10 分钟，不超过 20 分钟
2	个人陈述阶段	不超 20 分钟
3	自由讨论阶段	40 至 60 分钟
4	总结陈词阶段（小组代表发言）	3 至 5 分钟
5	评委提问阶段	3 至 5 分钟

表 8-3 的内容仅是一个范例，在日常口语交际和面试中，并不是都如上表所示。无规则不成方圆，了解掌握整个讨论流程，才可以真正做到成竹在胸。

五、无领导小组讨论的常见评价体系

无领导小组讨论作为面试手段是通过“群测”来选拔人才的。常见的评价要素见表 8-4。

表 8-4 无领导小组讨论常见评价要素

评价要素	高分者特征	低分者特征
发言主动性与语言表达能力	发言积极主动，敢于发表不同意见，善于提出新见解，表述自己观点时有说服力；语言表达准确流畅；善于运用肢体语言、语音、语调进行沟通	发言很少，不敢发表不同意见，不能提出新的见解；说话吞吞吐吐，言语表达不清，没有说服力；不会运用肢体语言和语音、语调
组织控制能力与协调能力	善于总结多人观点为自己所用；能够有效化解或缓解小组人员冲突；有号召性和激励性；面对突发事件能有效处理；体现出灵活性与原则性的统一	在讨论中孤立无援，不善于利用他人观点，随声附和，不敢应对；面对突发事件时手足无措；认死理或者具有投机倾向
逻辑思维与综合分析能力	分析问题直指要害，观点清晰，逻辑严密，能够抓住题目时间、地点、物资等限制性条件；对讨论时间有严格把控	分析问题不透彻，易受他人观点影响而动摇；解决问题无预见性，不能把握问题的要点
人际合作与沟通技巧	角色定位明确；风格大度，善于倾听，表达具有引导性而不是总结性；善于将反对意见引导到自己想要的方向；给予认同己方观点的成员更多表达时间和机会；激励大家共谋方案而不是“一言堂”；情绪稳定、责任心强	角色无定位；拘谨紧张，多次打断别人观点，自己看法不能吸引讨论者；不顾方案进展，只在意自我表现；情绪易激动，成就认知有问题
论述准确性，观点创造性	观点无原则性错误，言之有理，有思想、有独到见解，能启迪别人	观点有明显错误或局限性，语言过度重复，观点立意不明

通过上表不难发现，有效利用时间从而推进方案顺利制订是一个优秀讨论者的基本素

养。要想把控好无领导小组讨论进程，注意以下几点会对同学们有所帮助。

（1）言多必失，话在精而不在多。在进行无领导小组讨论时，一般有足够时间供讨论者思考、改进方案。抓住重点说话，比泛泛而谈更为高效。一个好的讨论者不是演讲家，而是引导大家推进方案的激励者。

（2）鼓励别人发言、允许公平建议是讨论能够进行的基础。无领导小组讨论的目的不仅仅是制订一个方案，更重要的是小组成员能有效分工，使方案能够实际操作成功。总而言之，需要的不仅是“方案好”，还要“人心齐”。充分交流是口语交际中尊重他人与尊重自己的基本要求，听取别人意见是口语交际正常运作的基石，解决冲突是口语交际的实际功用。

（3）形象礼仪、肢体语言是高效讨论的必备技巧。一个善意的微笑，一个鼓励的眼神，一个不谋而合的击掌，可以有效拉近讨论者之间的心理距离，从而提高讨论效率，强化小组的凝聚力和成就感。充分运用语言、文字外的手段进行交流，是使自己观点有感染力和号召力的法宝。

六、无领导小组讨论的应对技巧

（一）明确角色定位并及时调整

小组讨论的目的是制订方案并能有效实施，推进方案制订进程是讨论活动的核心。所有的角色定位，也是依据方案推进来划分的。小组讨论中的角色一般分为四类，见表 8-5。

表 8-5　无领导小组讨论角色分类

角色定位	特　　点	人数比例（5 人来计）
方案制订步骤的推进者	注意力集中于对讨论时长以及步骤的完成度上，在意是否可以在规定时间内完成方案	1
步骤实施的构建者	在具体方案导向确定后，对每一步骤下的细节进行完善、构建，是把多个个人建议融合为具体方案的主要人物	3 或者 2
评估补救的“挑刺”者	独立于具体的方案构建实施外，以客观科学的角度评判方案，观点往往给予他人压力	1
受挫时的“激励者”	承担激发组员兴趣、缓解矛盾的工作。当矛盾激化时，需要放弃自己言论，对他人进行安抚。当观点过于一致时，需启迪他人进行改进	1 或者 0

理想模式下，四类角色都存在，这是无领导小组讨论最为高效的模式。根据自身性格特点定位角色是明智之举，因为这符合日常口语交际方式，也容易出彩。

然而在实际讨论中，由于讨论者承受被评价选拔的压力，往往会出现角色缺失的情况。及时调整角色定位，进行补位、移位、归位，是提高讨论效率的好方法，也是使自己在讨论中脱颖而出的好策略。

（二）自由讨论的第一个问题向对座者发问

讨论者第一次发言（或者第一次提出问题）时，可以有意识地示意对座人员接话发言。

从礼仪而言，正视对座的讨论者显得大方、和善。如果就近咨询左右，则显得不自信，搞小团体。

从谋略上看，“人以群分”，坐在你身边的往往更为容易沟通。而离你最远的往往是性格、思维方式差异最大的。对方发言结束，可以预判出本次讨论中假想的对立面状况。再经过思考，就可以预估本次讨论中角色是否会有缺位，自己的方案是否能征得绝大多数人的认同，方便下一步讨论。

从潜意识上看，向对座者发问，一方面打破了按部就班一个接一个论述的模式，能够有效提高讨论者的注意力。另一方面，正视对坐者进行发问，也会给自己身旁的讨论者获得“发言者很可靠、很自信”的信息。

（三）开发自己的肢体语言进行交际

肢体、语调和语音的使用是增加交流效率，提升自我交际魅力的手段。使用恰当，可以有效地促进人际合作，增强表达能力，提升组织控制力和协调能力。使用不当，则会自毁形象，大幅度降低交流效率。

在口语交际中，肢体语言表达并非越个性越好。举例来说，无领导小组讨论中，你的个性肢体表达，有 2 人喜欢，但有 1 人反感，那就算交际失败。肢体语言的最高境界是做到“信、达、雅”。举例来说，当你不同意别人观点时，频频摇头并不是一个好的肢体语言。在别人发言结束而你需要提出意见之前，可以把双肩向胸前敞开，双手手背朝下缓缓放在桌上，这样可以有效吸引大家注意，并且告知大家：“我要提出反对意见了，请见谅。”

值得注意的是，每一个人都是独特的。心理学上对哪一种动作表达什么情感有系统研究，但照搬样式只会东施效颦。通过小组讨论练习，开发、改进自己独有的肢体语言，是提高无领导小组讨论水平的必修课。在熟练掌握自身的肢体语言之前，一个有意创造出来的短暂沉默，往往也可以起到吸引注意力、强化自身观点的效果。

（四）观点被否定、讨论出现停顿才是正常的讨论

无领导小组讨论最终目的是形成小组统一意见，集体的决议往往胜过个人见解。需要牢记，讨论中否定的是“观点”而不是“人格”。因为观点被否定而沉默不语或者大发雷霆，都是不理智的。既然有更好的观点，我们就接受它。这是对讨论小组的信任，也是作为小组成员的责任。

发生冲突、发现方案执行困难，是两种最为常见的沉默的原因。有讨论者认为无人说话很尴尬，开始打圆场或者借机泛泛而谈，这是不恰当的，并且会起反作用。大家都不说话，只可能是一个原因——大家都在思考。思考需要过程，短暂的停顿是为了更好地讨论交流。

（五）讨论开始前不要假想方案细则

真正的方案是通过讨论制订的，讨论之前把方案细则想得越细致、越美好，实际讨论中受挫感就会越强。而带着负面情绪进行讨论，不仅影响自身口语交际水平，还影响团队协作。

在讨论开始前，一方面需要思考的是“制订方案的步骤”，即把自己定位为“方案制订步骤的推进者”。思考如何在规定时间内完成任务，比思考如何把方案做得完美更重要。另一方面，在讨论之初，以“方案步骤制订者”的定位确定讨论的规则、谋划方案的框架，可以有效掌握话语权，从而使讨论过程在自己的把控中进行。

(六) 熟悉五大题型,经常模拟练习

案例千千万,而题型只有五类。熟悉五类题型的特点,可以有效提高小组讨论的质量与效率,也是个人在无领导小组讨论中突破自身口语交际水平、更上一层楼的前提。

“台上一分钟、台下十年功。”舞台表演是这样,口语交际也是如此。多练、多思、多学才能不断提高讨论的水平。

思考练习

为提高同学们的讨论能力,下面选取了三道与大学生生活密切相关的题目。三道题目的总体要求一致:分小组讨论,5~8 人一组;每组有 2 分钟的时间思考和查询资料,每人各有 1 分钟发表自己观点,有 10 分钟进行小组自由讨论;每个讨论组最终选取 1 名代表在课堂上进行总结,时间为 2 分钟。

1. 习近平总书记对青年提出“勤学、修德、明辨、笃实”的要求。与此同时,个别同学觉得思政学习浪费时间,不符合年轻人的需求。如何有效贴近同学的兴趣,改进思政课程课堂活动的形式,成为你和其他班委讨论的重点。请以主题班会活动为平台,讨论出可行的方案。

2. 现在社会上有一种说法,认为大学生都是“草莓族”,看上去水灵灵,其实摸不得、碰不得,一遇到压力就烂。作为当代青年,你们如何看待这个问题?如何传递自身的正能量?

3. 本周四晚上是世界杯决赛,班上很多同学渴望观看直播,但学校规定星期四晚上要点名,要求所有同学到教室自习。去自习又牵挂着决赛,不能安心学习;不去自习去看决赛,又违反校规校纪。请针对班级实际情况和可能出现的状况,提出行之有效的建议。

单元综合实训

一、拓展阅读

2020年12月31日，国家主席习近平通过中央广播电视总台和互联网，发表二〇二一年新年贺词，回顾"用众志成城、坚忍不拔书写了抗疫史诗"，展望"全面建设社会主义现代化国家新征程"，祝愿"山河锦绣、国泰民安""和顺致祥、幸福美满"，勉励广大干部群众"继续奋斗，勇往直前，创造更加灿烂的辉煌"。全文如下：

国家主席习近平发表二〇二一年新年贺词

大家好！2021年的脚步越来越近，我在北京向大家致以新年的美好祝福！

2020年是极不平凡的一年。面对突如其来的新冠肺炎疫情，我们以人民至上、生命至上诠释了人间大爱，用众志成城、坚忍不拔书写了抗疫史诗。在共克时艰的日子里，有逆行出征的豪迈，有顽强不屈的坚守，有患难与共的担当，有英勇无畏的牺牲，有守望相助的感动。从白衣天使到人民子弟兵，从科研人员到社区工作者，从志愿者到工程建设者，从古稀老人到"90后""00后"青年一代，无数人以生命赴使命、用挚爱护苍生，将涓滴之力汇聚成磅礴伟力，构筑起守护生命的铜墙铁壁。一个个义无反顾的身影，一次次心手相连的接力，一幕幕感人至深的场景，生动展示了伟大抗疫精神。平凡铸就伟大，英雄来自人民。每个人都了不起！向所有不幸感染的病患者表示慰问！向所有平凡的英雄致敬！我为伟大的祖国和人民而骄傲，为自强不息的民族精神而自豪！

艰难方显勇毅，磨砺始得玉成。我们克服疫情影响，统筹疫情防控和经济社会发展取得重大成果。"十三五"圆满收官，"十四五"全面擘画。新发展格局加快构建，高质量发展深入实施。我国在世界主要经济体中率先实现正增长，预计2020年国内生产总值迈上百万亿元新台阶。粮食生产喜获"十七连丰"。"天问一号""嫦娥五号""奋斗者"号等科学探测实现重大突破。海南自由贸易港建设蓬勃展开。我们还抵御了严重洪涝灾害，广大军民不畏艰险，同心协力抗洪救灾，努力把损失降到了最低。我到13个省区市考察时欣喜看到，大家认真细致落实防疫措施，争分夺秒复工复产，全力以赴创新创造，神州大地自信自强、充满韧劲，一派只争朝夕、生机勃勃的景象。

2020年，全面建成小康社会取得伟大历史性成就，决战脱贫攻坚取得决定性胜利。我们向深度贫困堡垒发起总攻，啃下了最难啃的"硬骨头"。历经8年，现行标准下近1亿农村贫困人口全部脱贫，832个贫困县全部摘帽。这些年，我去了全国14个集中连片特困地区，乡亲们愚公移山的干劲，广大扶贫干部倾情投入的奉献，时常浮现在脑海。我们还要咬定青山不放松，脚踏实地加油干，努力绘就乡村振兴的壮美画卷，朝着共同富裕的目标稳步前行。

今年，我们隆重庆祝深圳等经济特区建立40周年、上海浦东开发开放30周年。置身春潮涌动的南海之滨、绚丽多姿的黄浦江畔，令人百感交集，先行先试变成了示范引领，探索创新成为了创新引领。改革开放创造了发展奇迹，今后还要以更大气魄深化改革、扩大开放，续写更多"春天的故事"。

大道不孤，天下一家。经历了一年来的风雨，我们比任何时候都更加深切体会到人类命运共同体的意义。我同国际上新老朋友进行了多次通话，出席了多场"云会议"，谈得最多的就是和衷共济、团结抗疫。疫情防控任重道远。世界各国人民要携起手来，风雨同舟，早日驱散疫情的阴霾，努力建设更加美好的地球家园。

2021年是中国共产党百年华诞。百年征程波澜壮阔，百年初心历久弥坚。从上海石库门到嘉兴南湖，一艘小小红船承载着人民的重托、民族的希望，越过急流险滩，穿过惊涛骇浪，成为领航中国行稳致远的巍巍巨轮。胸怀千秋伟业，恰是百年风华。我们秉持以人民为中心，永葆初心、牢记使命，乘风破浪、扬帆远航，一定能实现中华民族伟大复兴。

站在"两个一百年"的历史交汇点，全面建设社会主义现代化国家新征程即将开启。征途漫漫，惟有奋斗。我们通过奋斗，披荆斩棘，走过了万水千山。我们还要继续奋斗，勇往直前，创造更加灿烂的辉煌！

此时此刻，华灯初上，万家团圆。新年将至，惟愿山河锦绣、国泰民安！惟愿和顺致祥、幸福美满！

谢谢大家！

（选自《国务院公报》2021年第1号，中国政府网）

【阅读理解】

1. 请有感情地朗诵贺词。

2. 请同学们梳理贺词，细细品味和感悟新年贺词中蕴藏的丰富内涵，从而汲取继续前进的磅礴力量，获得走向未来的宝贵启示。

二、单元练笔

请以"择业与理想"为题写一篇演讲稿。要求突出命题演讲的特点：主题鲜明，针对性强，内容稳定，结构完整。

三、课外阅读

1.《演讲与口才》

简介：《演讲与口才》是一份杂志。作为提高人们口语表达能力的专业期刊，该杂志对我国演讲与口才理论的研究做出了巨大的贡献，被誉为"新时期演讲事业的开拓者"。

2. 孙路弘《说话的力量》

简介：这是国内首部系统学习说话的实战指南。书中丰富的案例都是作者多年来经历过的真实事件，通过这些案例我们能更形象、具体地理解说话的方法、技巧。

3. 黄久凌《当众讲话：让掌声响起》

简介：本书是外交部特聘公众讲话与沟通训练专家、北京卡耐基学校校长黄久凌先生十年潜心研究卡耐基语言魅力的成果，是符合中国社会语境的当众讲话的艺术结晶。

4. 严希洪《普通话机测读本》

简介：普通话水平测试现已进入计算机辅助测试阶段。本书紧紧围绕全国普通话水平测试，安排了针对性极强的训练。本书是为需要取得普通话等级证书，或希望取得更好的等级而选择普通话口语课程，或参加测前培训的学习者或任课老师编写的。

5. 梁启超《梁启超演讲集》

简介：梁启超先生是一位著名的演说家，从发动戊戌变法到晚年的执教生涯，做过无数次的精彩演讲。本书选取了他一生中具有代表性的演讲作品，是其人生经验和学术研究的集中阐发，涉及读书、治学、人生等方方面面，处处闪耀着智慧的光芒。

第九单元　实用写作

单元导语

应用文是国家机关、企事业单位、社会团体、人民群众在处理各种事务、沟通信息、进行社会活动中形成的具有某些惯用格式的一种文体。应用文写作是人们在社会生活中不可缺少的基本技能，它是达成社会活动和沟通人际关系的一种常见的路径。对于即将步入社会的大学生来说，掌握一定应用文写作能力在当前信息量庞杂的社会中具有重要的作用和积极的意义。

应用文的使用范围极为广泛，几乎渗透到社会生活的各个角落，它的种类繁多，在不同领域、不同行业、不同部门均有应用。因篇幅所限，本单元安排“通知和通报”“请示和报告”“求职信和个人简历”“启事、声明和申请书”“计划、总结和讲话稿”等这些在日常工作和生活中经常使用的文种，在介绍其基本结构和写作方法的同时，还选用了富有参考价值的资料和典型范例，使学生既能增长知识，又能掌握技能。

本单元的教学，宜创设模拟情景，设置经典案例，充分调动学生的积极性，培养学生的实践精神，训练学生的思维能力、语言组织能力和表达能力，使其具备良好的写作素养。

通知和通报

导读

通知和通报是工作中常用的公文。本文主要就其特点、种类、结构和写法进行介绍，阐释通知、通报的相关知识及应用范围，旨在让学生易学会用，辨析类别。

一、通知

(一) 通知的概念

通知在公文中使用频率最高、使用范围最广，主要用于“传达”和“告知”，是一种传达性或者晓谕性公文。其使用范围一般为：批准下级机关及转发上级机关和不相隶属机关公文；发布规章；传达要求下级机关办理和有关单位需要周知或者共同执行的事项；批转、转发公文；任免聘用干部和调整人员等。

“通知”微课

(二) 通知的特点

1. 使用范围的广泛性

通知由于承载着很多不同的功能，在工作中被广泛使用。一方面，它不受发文机关级别高低限制，行文方向也没有严格规定。通知一般情况下用于上级机关对下级机关或有关单位发文；有时候，平行机关或不相隶属机关之间也可用通知，如知照事项等。另一方面，它的内容涉及很广，上到传达中央重要指示、精神、方针政策，下到反映基层单位的日常事务等，都可以使用通知。

“通知”测试

2. 写作方法的灵活性

通知的写作灵活自由，形式上多种多样，篇幅也可长可短，长可数千言，短则三言两语。如一些发布上级重要指示的通知，可以是长篇，而一些转发性质的通知，通常只有一两句话。在写作内容上，通知没有固定的模式，有时写一件事，有时则涉及多项问题。在语言表达上，通知语气平缓，不拘一格，比较灵活。

3. 主送机关的确指性

通知多是针对具体单位或人员来发文，且一般为下级机关或有关人员，因此主送机关的确定性较强。

4. 发文功能的指导性

作为一种行政性的公文，多数通知都有着直接或间接的指导作用，体现着上级机关的意志，有的通知还直接写明要求下级机关办理事务的原则及方法等，因而它带有一定的行政约束力。

5. 发文效果的时效性

通知是一种时效性很强的文种，其所列事项一般都要求及时办理，不容拖延，尤其是会议、工作任务安排等的通知，只在一定时间内有效，如果不及时办理，就会出现重大失误。

（三）通知的种类

通知根据内容、性质和作用，通常可分为五类：指示性通知、批示性通知、事务性通知、知照性通知、任免性通知。

1. 指示性通知

指示性通知是上级机关对下级单位部署工作、下达任务、作出规定的通知，具有强制性、指挥性和决策性的特点。有关行政法规、办法、措施等不宜用命令发布的事项，可使用这种通知行文。需要注意的是，发布指示性通知，必须是工作中迫切需要解决的重大事项，既要有较强的针对性，又要有普遍的指导意义。

2. 批示性通知

批示性通知主要用于发布某些行政法规，批转下级机关的“报告”“意见”，转发上级机关、同级机关和不相隶属机关的公文，印发本机关的文件、材料等。

3. 事务性通知

事务性通知是指为要求下级机关办理的事项而发出的通知。发这种通知时，上级机关除交代任务外，还应在通知里写明办事的原则和要求，以便下级机关落实执行。这种通知一般常用的有三种：会议通知、学习通知、处理具体事务的通知。

4. 知照性通知

知照性通知是用于告知某一事项或某些信息的通知。这类通知可分为两种：

（1）向下属机关告知仅需知道而不需要直接执行或办理的事项，如节日庆祝，成立、调整、合并或撤销机构，启用或作废某单位印章，更改电话、文件差错等，只起通报情况作用。

（2）要求下级办理的一般性事项，如布置一般工作、印发工作提纲等。

5. 任免性通知

任免性通知主要用于告知下级机关或个人有关人事任免和聘用的事宜。

（四）通知的结构与写法

通知主要由标题、正文组成，但由于其写法和使用灵活，所以各种类型的通知写法也不尽相同。下面介绍各类通知标题、正文的常见写作方法。

1. 标题

通知的标题有完全式和省略式两种情况，完全式标题是指标题当中包含公文标题的三要素，而省略式标题则根据需要省略除文种“通知”外的一项或两项要素。具体说来，通知标题通常有四种形式：

（1）完全式标题，即由发文机关、事由和文种三部分组成，如“××市教育局关于加强中小学生思想道德教育的通知”。

（2）省略发文机关，由事由和文种组成，如“关于中国证券监督管理委员会列入国务院直属事业单位序列的通知”，这个标题便省略了发文机关“国务院”。一般说来，省略发文机关有两种情况：一是标题太长，二是发文机关众所周知，非常明显。但有的时候，发文机关不能省略，由两个以上单位联合发通知时必须写明联合发文的所有机关。

(3) 发文机关和事由全部省略，只写文种“通知”。这样的通知一般使用范围很小，常见于基层单位所发的事务性通知或一般性会议通知。

(4) 省略标题中冗长多余的“关于”“通知”等词汇。通知的标题应简洁明了，但在一些转批、转发类的通知中，由于所转的通知里面已经含有“关于”“通知”等词汇，如果这时再按照正常的标题结构去写，势必出现标题超长，且内容重复、啰唆的情况。如：“××县人民政府关于转发《××市人民政府关于转发〈××省人民政府关于转发农业农村部关于加强农田水利建设的通知〉的通知》的通知”，这个标题涉及的机关有四层，结构也有四层，如果完全保留各种信息的话，不仅内容很长，且读起来也非常别扭，让人不好理解。这时，可以省去多余的“关于”“通知”，只保留末发文机关和始发文机关就可以。据此，上面的标题可以改为“××县人民政府关于转发农业农村部加强农田水利建设的通知”，这样就使标题简洁清楚了。

需要补充说明的是，批转、转发类的通知，需要在标题中加“批转”“转发”等字样；特殊情况下的通知还应在标题中“通知”的前面加修饰语，以示强调。如果通知的事项很重要、很紧急，则要标明“重要通知”“紧急通知”；如果是对之前发文有所补充，则写为“补充通知”。

2. 正文

通知的正文主体主要包括缘由、事项、要求三部分，其中事项部分是重点。这三部分简称为“三么”原则，即“为什么做”“做什么”“怎么做”，具体写法也因通知种类不同而变化。

(1) 指示性通知。正文一般由缘由、内容和执行要求三部分组成。

① 缘由。这部分主要是阐述下达该通知的背景、原因、意义等，要求概括准确、简洁明了、理由充分。一般写完缘由后还要用“特作如下通知”“特通知如下”等承接语加以过渡，引出通知事项，使行文流畅。

② 内容。这部分要详细交代要求受文对象办理的事务及具体的实施步骤、方法等，这部分写作时要求具体明确，不能含糊其词。

③ 执行要求。这是通知正文的结尾，要有很强的针对性，且要做到简洁有力。一般常用的结尾有：“以上事项，请认真贯彻执行”“望结合当地实际情况抓紧贯彻落实”等；也有的进一步提出“执行中有什么问题和经验，请及时反馈”或“请将贯彻执行情况于××月××日上报”等具体要求。

(2) 批示性通知。这类通知一般都有附件，即批转或转发、印发的文件或材料。在此类通知中，附件与正文共同构成通知的整体，不可分割。当批转或转发公文的时候，实际已经表明了发文机关对所批转或转发公文的认同或推荐，因此二者是一体的，都是发文机关意志的体现。

批示性通知的正文，一般包括发文的缘由、对附件的评价(即批语)、有关意见和要求等内容。

(3) 事务性通知。事务性通知依据事项种类的不同而有不同的写法，下面介绍常用的三种通知。

① 会议通知。会议通知在各级领导机关和企事业单位行政事务中运用非常广泛，一般紧急、临时、小型的会议，可以用口头或其他形式通知，但一些重大、正式的、不宜用电话和其他形式通知的重要会议，要用正式文件通知。

会议通知要写得具体，很多要素不可或缺。一般会议通知包含的要素有：召开会议的机关或单位（部门），召开会议的原因、目的，会议名称，会议基本内容，会议的起止时间、会议地点、参加会议的人员，需要准备的相关材料，以及交通食宿和报到时间、地点以及注意事项等。

② 学习通知。在日常工作中，本单位或上级部门经常下达一些学习任务，如通知学习上级某个报告、文件、某篇文章或先进典型事迹等。撰写这类通知时，要重点写清学习的内容、学习的意义，以及学习的重点和精神实质，安排学习的时间、方法、步骤、组织领导等。此类通知和会议通知很相似，只是具体内容不同。它要求内容周密、语言准确、表述清楚。

③ 处理具体事务的通知。指各级机关和企事业单位处理日常各种事务所发出的通知，它包含的范围比较广，所涉及事项都比较具体。一般用于催促下级单位或部门报送工作计划、总结、有关会议记录、统计报表、典型材料，或告知某个事项经费开支范围、要求上缴某种款项、变更作息时间等情况。写作时，要求事项既要写清又要简洁明了。

（4）知照性通知。这类通知内容比较简单，写法直截了当，只要写清楚行文的目的、理由、意义和具体事项即可，要求文字简练，准确。

（5）任免性通知。任免性通知写法较单一，格式也相对固定。只需将何时、何种会议、因何原因作出任免何人、何种职务写清楚就可以。

此外，通知的结语没有固定的模式，需根据不同种类的通知而定。一般的通知以“特此通知”作为结尾，有的通知，则在文末提出希望和要求，作为结语。

（五）通知的写作要求

1. 讲求实效，不可滥发通知

通知作为一种下行文，从其发文的性质来看，多少带有指示性，所以使用时要区分对象。发布通知是要求所属机关单位贯彻执行或周知的，其目的在于指导和推动工作的深入开展，因此要特别注意发通知的必要性，讲求实效，严禁随意滥发，严格控制发文的数量，做到量度适中。实践中，有些机关不分巨细，逢事必发“通知”，以致过多过滥，有损通知的严肃性，必须加以纠正。

2. 把握内涵，切忌越俎代庖

由于通知具有多功能的特性，因而在实践中往往备受“偏爱”。有些公文，按其内容性质及发文的目的要求，本来应当用“函”“意见”或“通告”，却往往用“通知”代替。甚至有些本来应用“启事”“声明”之类的日常应用文也随意用“通知”行文，既失严肃，又有悖规定，应当避免。

3. 明确无疑，切忌阻滞含混

发布通知是为了解决实际问题并且需要贯彻执行的，因此在写作时必须做到主旨明确、结构严谨、用语通畅，令人一目了然。同时，通知在内容上必须符合党和国家的方针政策、法律法规以及上级机关的文件指示精神，还要合乎本地区、本部门的实际情况；否则，就会从根本上损害通知的质量和效用。

(六) 通知的范文及点评

【范文 1——指示性通知】

××联会关于规范名称的通知

各代表机构、单位会员：

根据《关于改革社会组织管理制度促进社会组织健康有序发展的意见》(中办发〔20××〕46 号)的文件精神和民政部《社会团体登记管理条例》中关于分支机构的相关规定，结合《××联会章程》的相关规定，经中国××联会(以下简称联会)2017—2018 年度常务理事会第三次会议和 2017—2018 年度理事会第二次会议决议，现通知如下：

一、关于代表处、管委会称谓的调整

对各区的称谓和组织形式进行调整，取消管委会、代表处的称谓，调整为代表机构。此后，联会制度等相关规范性文件上原有的管委会、代表处的称谓也相应调整为代表机构。

二、关于具有法人资质××会的称谓

具有独立社团法人资格的地方性××会组织，经申请，成为联会单位会员。联会相关制度和规范性文件上统一称为单位会员。

以上规定自下发之日起施行。

××联会(公章)

20××年××月××日

点评：指示性通知一般采用直述式写法，需要概述实际情况，交代发文背景，指出发文依据，说明发文目的，然后以“现就有关问题通知如下”等语句领出下文。事项部分可以通过条款式写法具体叙述通知的内容，保证条理清晰、布置具体。上文便是按照这种典型写法撰写的一篇指示性通知，将要求知晓和执行的事项清楚简洁地表达出来，并准确说明了施行日期，让相关部门有章可循。

【范文 2——知照性通知】

通　　知

各分公司、各厂：

为贯彻市政府安全工作会议精神，研究落实我公司安全生产事宜，总公司决定召开××××年度安全生产工作会议，现将有关事项通知如下。

1. 参加会议人员：各车队队长，修理厂厂长。
2. 会议时间：5 月 3 日，会期 1 天。
3. 报到时间：5 月 2 日至 5 月 3 日上午 8 时前。
4. 报到地点：第二招待所 301 号会议室，联系人：×××。

5. 各单位报送的经验材料，请打印30份，于4月20日前报公司技安科。

特此通知。

××总公司（公章）

××××年×月×日

点评：知照性通知的第一段为发文缘由，指出理论依据和事实依据，然后以“现将有关事项通知如下”等过渡语引出发文事项。上述知照性通知是最典型的会议通知，首先说明召开会议的原因和背景，然后将与会议相关的注意事项进行通知，最后用“特此通知”收尾，进一步体现了对此次会议的重视程度。

二、通报

（一）通报的概念

通报是用于表彰先进、批评错误、传达重要精神与情况的公文。

（二）通报的特点

1. 真实性

通报必须求实，真实性是通报的第一要义，对通报的内容务必仔细审核，不虚报瞒报，要做到信息准确无误，事项实事求是，既“不虚美”，也“不隐恶”。如对一些先进集体和个人的表扬，不能过分拔高，更不能借贬低他人来抬高受表彰者，对一些反面典型的批评和教育，也要客观公正。

2. 典型性

通报也是一种晓谕性公文，其精神实质是通过表扬和批评，或者重要情况的传达，达到交流经验、汲取教训、教育干部群众、推动工作的目的，因此被通报的对象一定要有广泛的代表性，这样才具有典型意义，才能产生较大的影响。

（三）通报的种类

1. 表彰性通报

此类通报用于上级机关单位表彰下级机关或机关单位用于表彰先进集体和个人，以树立典型，弘扬正气，倡导新风尚。

2. 批评性通报

此类通报用于在一定范围内就某单位或个人犯下的错误进行批评，以引起有关方面的注意，达到惩前毖后的目的。

3. 情况性通报

此类通报多用于传达重要情况，以供受文对象工作参考，如重要财政信息、财政收支形势、重大工作的进展情况等。情况性通报和其他两种通报一样，一般都属下行文，但有的时候，情况性通报也用在平行机关之间。

（四）通报的结构和写法

1. 标题

通报的标题有完全式和省略式两种情况，可以参照通知标题的写作方法。需要注意的是，当被通报的事情比较重要的时候，发文机关和事由这两个要素不能省略。

2. 正文

通报的正文按其种类不同而写法有异：

(1) 表彰性通报。此类通报的正文主体一般包括三个部分：第一是叙述表扬对象的先进事迹；第二是对先进事迹进行分析，指出其典型意义及经验；第三是表达发文单位的态度和意见，一般是提出表彰和发出号召。

(2) 批评性通报。此类通报的正文主体也包含三个部分：第一是叙述事故或错误发生的情况，主要是时间、地点、事件、简要经过等；第二是分析事故的原因及危害、影响等；第三是提出应该汲取的教训、今后应当采取的措施等。

(3) 情况性通报。此类通报与通知写法相似，在全面掌握事实的情况下，不仅要传达情况，还要对情况本身进行简要分析，指出其意义，并有针对性地提出指导性意见和注意事项。

(五) 通报的写作要求

通报的写作，要充分考虑这种文体的特性，真实和典型是写作通报最起码的要求。关于这两点，前文已有论述，此处不再赘言。下面补充两点要求。

1. 注意时效性

发通报的目的主要还是为了交流，是通过先进典型或反面事例的宣传，使人接受教育，达到提高工作效率的目的。如果通报一些过时的事件，就大大降低了事件本身的典型性，同时也使人们失去了接受的兴趣，因而也就达不到宣传交流的目的。就此而言，通报一定要贴近生活，依据工作实际，找鲜活生动的例子，突出时效性。

2. 注意用语分寸

通报的用语要谨慎，要充分考虑到通报发出后可能产生的后果，因此把握好一个合适的尺度十分重要。这里有两层意思，一是要依据上级或有关法律法规的精神，对所通报的对象进行合理的定位。是表扬的该表扬到何种程度，是批评的该以何种方式进行批评，都要仔细斟酌，实事求是，不能凭主观喜好进行褒贬，否则有失公允。二是在遣词造句的时候，一定要做到客观公正，尽量少用一些文学性的语言，以免带有主观情绪，误导人们。

(六) 通报的范文及点评

【范文 3——通报】

关于对××市××县卫健局怂恿无证行医问题的通报

各县(市)卫健局、×××卫生管理中心：

5 月 23 日，××电视台《聚焦行风》栏目对××县卫健局怂恿无证行医问题进行了批评报道。对此，省卫健委高度重视，立即责成省卫生监督局派调查组赶赴××县进行调查。调查结果证实，××县城区现有诊所 46 所，其中 39 所系无证诊所。一段时期以来，××县卫健局对这些无证行医人员视若无睹，放任不管，还以对无证行医人员进行检查、培训为名非法收取钱财。作为执法部门的××县，无视国家卫健局法律，怂恿无证人员行医，为本单位获取非法收入。这种行为反映出了××县有关人卫健局员法治观念淡薄，对人民群众生命健康不负责任，损害了我省卫生行业乃至党和政府的形象。此事经××电视台曝光后，××县卫健局虽然立即作出深刻检查，很快查封了这些无证行医诊所，将收取的 2.2 万多元非法收入全部退还到户，但已经给我省卫生行业造成很坏的影响。鉴于此，省卫健委经研究对××县卫健局给予通报批评，并建议当地政府对××县卫健局有关人员予以严肃处理。

××县卫健局怂恿无证行医问题的发生，教训是深刻的，给我们各级卫生行政部门敲响了警钟。它说明我省医疗服务市场虽经多次治理整顿，但在一些地方仍存在漏洞和死角，其根源在于个别领导干部和卫生执法人员政治素质不高和法治观念不强。它告诉我们，当前医疗服务市场治理整顿工作绝不能满足于取得的成绩，必须加大力度，抓紧抓细，求真务实，如果稍一放松，就可能给人民的生命安全和身体健康造成危害。为了吸取教训，杜绝此类事情发生，现就我省医疗服务市场的治理整顿工作强调和重申以下四点，各级卫生行政部门要认真贯彻执行。

一、要以××县卫健局怂恿无证行医问题为反面典型，举一反三，立即组织有关人员对本地医疗机构及其执业行为依法进行认真清理整顿。凡未经取得法定执业资格而开展诊疗活动的机构、非法开展医疗美容、性病、肝病医疗活动和超范围经营、租赁承包或变相租赁承包医疗场所的行为，要一律立即取缔，努力净化我省的医疗市场，给人民群众提供一个安全、放心的就医场所。

二、要认真吸取××县卫健局的教训，切实加强对医疗市场的监管，建立严格的个体医疗机构准入、收费管理和责任追究制度，形成一级抓一级、层层抓落实的责任体系。今后对怂恿无证人员行医和乱收费问题，发现一起，要严肃查处一起，并追究当地有关人员和主管领导的责任，没收其全部非法收入。

三、要加强对卫生执法部门的宗旨教育和法治教育，增强执法人员的职业责任感和法律意识，自觉严格执法、文明执法，坚决克服和纠正一切损害群众利益的不正之风。对卫生执法人员要进行岗前培训；对违法行政的人员，要严格执行“群众一次申告查实后下岗”制度，并要通报批评，影响所在单位年终行风建设考核成绩。

四、要进一步建立健全社会监督机制，积极鼓励和支持人大、政协、新闻媒体对卫生执法部门进行监督，以便使一些违法行政问题和行业不正之风及时发现，尽快解决，确保我省卫生事业健康顺利地发展。

××省卫生健康委员会

××××年×月×日

点评：这是对某一单位所做错误行为的批评性通报，通报的内容属于单一事件，有一定的借鉴性。第一段介绍事件的缘由，即事件经过，对存在的问题进行陈述并提出通报批评，建议给予处分。第二段是对上述事件产生原因的分析和问题定性，是承上启下的过渡段，引出提出的普遍要求。以下列出的四条是本文的重点，是避免此类问题再次出现的防范措施。

这类通报与单纯的涉及好人好事和坏人坏事的通报写法不同。陈述事件是为了引出对该事件的定性和批评，但更主要的是如何防范此类问题再次发生。这则通报不仅指出了问题，分析了原因，提出了解决问题的方法，而且整个结构布局也十分完整。

三、通知与通报的区别

通知与通报是两种不同的公文，两者之所以容易混淆，就在于它们都有告知性，行文方向也相同，但仔细考察它们在性质与功能上的差异，其区别还是很明显的。

(一) 行文目的不同

通知的主要目的是告知下级某种工作要求，要求下级去执行，涉及什么事、为什么、怎么做三方面的问题。通报是通过典型事例的宣传，达到教育的目的，只涉及“什么事”和“为什么”两个层面的问题，在告知事项的同时，还要分析事件的实质、产生的原因及影响等，所以从行文目的方面，前者重在执行，后者重在教育。

(二) 内容范围不同

通知的内容多是发布行政法规或文件，传达需要办理和周知的事项，批转或转发公文等，内容相对较广。通报则报道正面、反面的事例或重要情况，达到褒扬先进、传达精神、教育警示的目的，内容相对较窄。

(三) 写作要求不同

通知一般只需要把告知的事项用叙述和说明的方式写清楚，告知人们什么事、怎么做就行，叙述很具体，语言平实。而通报除了简单告知事项，一般还需辅以议论和分析，强调要告知事项的性质和重要性以引起重视。因此在表达方式上，通报富于变化，可以叙述，也可以议论、说明，有较强的感情色彩。

思考练习

1. 黄海计算机职业技术学院团委和学生会准备于 9 月 6 日召开各班团支部书记、班长会议，具体研究迎新文艺晚会等事宜。请你据此起草一份会议通知。

2.《××市税务局〈关于印发××市税务局金税工程考核暂行办法〉的通知》一文中有这样一句：“现将《××市税务局金税工程考核暂行办法》印发你们，请遵照执行。”由此可以将该通知归类于(　　)。

A. 指示性通知　　B. 批示性通知　　C. 知照性通知　　D. 事务性通知

3. 请说出通知与通报的异同。

4. 根据材料内容，代遂宁市安居区教育局撰写一份通报文稿，要求写出公文的主体部分。

王思艺是会龙镇初级中学(小学部)一年级女学生，今年 7 岁。12 月 1 日早上 7 时 50 分，王思艺背着书包高高兴兴地去上学。走到会龙街上一座桥附近时，一条高大、凶猛的黑色恶狗突然窜出，从后面咬住王思艺戴着花手套的小手不放。王思艺当即吓得哇哇大叫，情况十分危急。正在这时，上班经过此地的余秀娟老师正好看到这惊险一幕。她赶紧冲上前，挥舞手中的口袋驱赶恶狗，并大吼："走开！走开！"狗被激怒了，松开了王思艺的手，随后凶猛地扑向余老师，对准其面部、鼻子狠狠地咬了一口，顿时她的鼻尖鲜血直流。此时，又有几位行人路过，大家一起将恶狗吓跑。小女孩得救了，而余秀娟老师的面部、鼻子却被恶狗咬伤。余秀娟今年33岁，1996年参加工作，是会龙镇初级中学（小学部）四年级的数学老师。对自己鼻尖上的伤痕，貌似柔弱的余老师对记者说："我不后悔。我是老师，就是应当保护学生，换了其他老师也会这样做的。"在余老师住院时，许多师生给她送来鲜花表示慰问。昨日（12月17日），安居区教育局再次召开教育局党组、局务会议，决定对余秀娟老师舍己救人的先进事迹在全区予以通报表扬，并颁发见义勇为奖金5 000元。安居区教育局领导还表示，该局还报请区委政法委授予余秀娟老师"见义勇为先进个人"称号。

请示和报告

导 读

请示和报告是行政机关使用频率高且容易混淆的公文文种，撰写公文时要特别注意、分清他们之间的区别。本节主要就其概念、特点、种类、格式进行讲解，阐释请示、报告的相关知识及应用范围，让学生能熟练掌握公务文书写作的基本知识。

一、请示

(一) 请示的概念

请示适用于向上级请求指示、批准的公文，属上行文。写请示的目的，是请求上级对本级权限范围内无法决定、无权处理的重大事项给予答复、批准。

"请示"微课

(二) 请示的特点

1. 行文内容的请求性

请示是向上级请求指示和批准的公文，在内容上都具有请求的性质。

2. 行文目的的求复性

请示的目的是请求上级批准，解决具体问题，要求上级机关作出明确的答复。

"请示"测试

3. 行文时机的超前性

请示必须在事前行文，等上级作出批复之后才能处理有关问题。

4. 请求事项的单一性

请求事项一事一请，不可将数件事情放在同一份请示中行文。

(三) 请示的分类

按照写作目的与内容，请示可分为以下三类。

1. 求示性请示

目的在于请求给予指示。宜用于下列情况：下级机关遇到问题，由于缺乏政策依据无法解决；或虽有解决的办法，但因对政策把握不准、理解不透彻而导致难以实施，需要上级机关给予明确指示。

2. 求准性请示

目的在于请求批准。宜用于下列情况：发文机关自己对请示事项已有明确的意见，但按照规定无权作出实施的决定，必须请求上级机关认可和批准。

3. 求助性请示

目的在于请求帮助。宜用于下列情况：发文机关在经费、物资、人员等方面存在具体困难，需要上级机关帮助解决。

（四）请示的格式

1. 标题

请示的标题有两种写法：

（1）“发文机关＋事由＋文种”，如《××市高教处关于自费生收费标准的请示》。

（2）“事由＋文种”，如《关于增设秘书专业的请示》。

请示的标题在使用动词时，不能与文种词语重复，即一个标题中不能出现两个“请示”。在表述主要内容时，一般只宜使用一个动词，如《关于请求批准购买××的请示》这个标题，其中的“请求批准”两个动词应删去。

2. 主送机关

请示主送机关只能写一个上级机关名称，即主管上级机关的名称。若还要报给其他上级机关，可用“抄报”的形式在文后注明。

3. 正文

请示的正文，一般由请示缘由、请示的具体事项及意见、请示要求三个部分组成。

（1）请示缘由。这部分是请示全文的导语，应开门见山，直接写明请示什么问题，为什么要请示，文字要简洁，一般用叙议结合的表达方式，或先叙后议，或先议后叙，或夹叙夹议。在叙述情况时，应紧紧围绕所要请示的问题，把有关的历史或现实情况、政策规定等一一写清楚，做到既不空洞抽象，缺少事实，也不堆砌材料，烦琐冗长。在分析议论时，应和情况紧密结合，言简意赅，不讲空洞的大道理，尤其要注意行文语气，不可摆出论辩架势或使用命令口气。

（2）请示的具体事项及意见。这一部分是全文的重点，在向上级说明缘由之后，要提出请示的具体事项，还要向上级提出自己对解决问题的态度或意见。有时还可以提出几种意见，供上级选择，但是行文者必须表明自己希望上级批准哪种意见，并说明理由。

（3）请示要求。这是请示的结语部分，要明确提出请示要求，一般应另起一行书写，有一些常用的请示结语规范用语，如“以上妥否，请批示”“特此请示，望批复”“以上意见妥否，请指示”等。

4. 发文机关署名、印章及发文时间

在请示正文的右下方，要有发文机关署名，并盖上发文机关印章，用阿拉伯数字写上成文日期。

（五）请示的写作要求

（1）撰写请示，必须注意一文一事，不可一文数事。

（2）请示要主送给一个直接的上级领导机关，不能主送给两个以上的领导机关，一般情况下也不能越级主送。

（3）请示所提出的意见要符合国家的法律、法规，符合党和政府的方针政策，并要符合实际，切实可行。

(4) 请示的语言要简明扼要，字数不宜过多，若有和请示密切相关的资料，可作为附件附后。

(5) 请示要有附注，附注里可写明联系人姓名与电话号码，联系人一般为发文单位的办公厅(室)主任。

(六) 请示的范文及点评

【范文1——求准性请示】

关于增设秘书专业的请示

××省高等教育厅：

为适应社会主义现代化建设的需要，我校拟增设秘书专业(本科)，自20××年秋季开始。

秘书是各级领导的参谋和助手，随着建设事业的发展，社会对秘书的需求越来越多，据了解，仅本省县以上党政机关和企业事业单位现在所需秘书人员，就在××人以上。目前各级党政机关、企事业单位的秘书，基本上是用师傅带徒弟的传统方式带出来的，没有受过系统的、严格的秘书专业教育和训练，专业素质不能适应新形势的要求，开设秘书专业，培养高层次的秘书人才，刻不容缓，具有战略意义。

为筹建文秘专业，我校已成立了筹备小组，成立了秘书学教研室。现有秘书专业教师18人，其中教授3人、副教授5人、讲师10人。近两年，自编了一部分教材，分别与××、××等机构联合举办过多期秘书人员培训班，积累了一定的经验。依靠现有的师资力量，有把握办好秘书专业。

我们设想，秘书专业本科，学制四年，以培养县以上党政机关和企业事业单位秘书工作人员为目标，明年开始招生，每年招40～50人，到××××年，在校学生达到160～200人。

以上请示当否，请批复。

××大学(公章)

××××年×月×日

点评：求准性请示，首先要清楚写明请示的理由，然后再写明请示的事项，理由和事项是求准性请示的主体，需要尽量把理由讲充分。这篇请示首先清楚说明了请示的事项(是在拟增设的前提下说明秘书专业开始的时间，并不是先斩后奏已经决定了，理解时要结合上半句内容)，再说明原因和具体情况(说明秘书这个职业的当前形势，进而说明开设此专业的必要性)，这为上级批准提供了非常充分的根据。然后将具体的请示内容作了详细说明，让上级能够准确知悉请示的情况(提供了充分的数据，说明了增设此专业的能力)，并可据此评估是否可行。总体来说，此请示原因充分，内容完整，不空谈不随意，落实现状，容易说服领导，获得上级批准。

【范文 2——求示性请示】

关于人事干部班课程开设问题的请示

校办：

关于人事干部培训课程设置的问题，经教学管理人员和部分教师研究，基本上取得了共识。虽然“礼仪讲座”是否应开设仍存在意见分歧，但我处认为人事干部培训开设“礼仪讲座”很有必要。

以上意见当否，请予指示。

公务员培训处（公章）

××××年×月×日

点评：求示性请示的写法较为简单，写作时应突出要点或疑点，充分说明自己的意见和想法，语言表达要准确，结尾一般不用“妥否”而用“当否请予指示”等收尾。这篇范文内容简短（开设“礼仪讲座”为本次请示的目的，正文第一句话只是交代了一个大的前提），但也充分表现了求示性请示的核心，说明了问题，表达了自己的想法，并请求上级指示。

二、报告

（一）报告的概念

报告是一种适用于向上级机关汇报工作、反映情况、回复上级机关询问的公文。下级机关利用报告及时向上级机关反映工作情况，可以取得上级机关指导、帮助，同时，上级机关也可通过报告及时了解下级机关的情况，以便正确地制定方针政策，实行科学的领导，切实指导下级的工作。

“报告”微课

（二）报告的特点

1. 行文的单向性

报告是下级部门对上级部门行文，上级一般都不需要批复，属于单向行文。

“报告”测试

2. 表述的概括性

报告的叙述和说明是概括性的，是具有汇报性的，不必详述过程。

3. 内容的实践性

报告的写作必须具备内容的实践性。这一特点集中表现在工作报告上，只有做过的工作，才能写进报告中。

（三）报告的分类

按内容不同，报告可分为工作报告、情况报告、建议报告、答复报告、报送报告等几种类型。

（1）工作报告，即汇报工作的报告，如下级部门向上级部门汇报某一阶段工作的进展、成绩、经验，以及存在的问题和打算等。

(2) 情况报告，即向上级部门反映情况的报告，如汇报本公司、本部门发生的重大事件等。

(3) 建议报告，即汇报或提出工作建议、措施的报告，如下级部门或主管部门向上级部门提出工作意见，或解决问题的措施、工作方案等。

(4) 答复报告，即答复上级询问事项的报告，如上级部门让下级部门办理的事项，下级部门办理完毕后，需用书面形式答复上级部门的询问。

(5) 报送报告，即向上级部门报送物件或有关材料的报告。

(四) 报告的格式

1. 标题

报告的标题，通常有两种组成方式：

(1) "事由＋文种"，如《关于进一步学习宣传张桂梅先进事迹的情况报告》。

(2) "发文机关＋事由＋文种"。如《××市爱国卫生运动委员会关于创建国家级卫生城市的报告》。

有的报告内容紧急，则在标题中的"报告"两字前加上"紧急"字样。

2. 主送机关

报告的主送单位只有一个，在标题下一行顶格书写收文对象，一般是上级直接领导机关或业务主管部门。如果需要同时报送其他上级领导时，应当以抄送的方式处理，不能越级行文。

3. 正文

不同种类的报告，其正文的写法不尽一致，但有一些格式是共同的，如开头一般说明报告的目的。目的写完以后，用"现将有关情况报告如下"之类的公文用语过渡到报告的内容。报告内容包括主要情况、存在问题、经验教训、今后打算等。不同种类的报告，应在以上四个方面各有侧重。报告正文的结束语，一般用"特此报告""以上报告当否，请审核"等。

4. 发文机关署名、印章和日期

在正文的右下方，署上发文机关名称，写上成文日期，并盖上印章。

(五) 报告的写作要求

1. 主题要明确，重点要突出

每份报告，都应有明确的主题，其内容应抓住当前工作中出现的新情况、新经验、新问题，而不要把报告写成面面俱到的流水账。

2. 内容要实事求是

报告要切实反映工作中取得的成绩或存在的问题，要列举有代表性的真实的典型事例，切忌夸大事实。

3. 报告中不能夹带请示事项

在报告中如果夹带了请示，因为上级机关收到报告后是不需要作答复的，所以夹带的请示事项往往得不到上级机关的及时批复，容易耽误工作。

4. 表达方式以记叙为主，兼用说明与议论

记叙要简明扼要，说明要准确清晰，议论要画龙点睛。

（六）报告的范文与点评

【范文3——工作报告】

××公司关于开展职工大谈心活动情况的报告

集团办公室：

根据《集团开展职工大谈心活动工作方案》的通知要求，我公司高度重视，以“鼓足干劲不松懈、重整行装再出发”为主题，借助集团掀起的“大学习、大讨论、大调研”活动为契机，在公司内部广泛开展了全覆盖大谈心活动。通过大谈心活动，进一步激发了广大职工的凝聚力和共谋发展的工作热情，增进了理解，加深了感情，形成了团结共事的良好氛围，现将公司大谈心活动开展情况总结报告如下：

一、主要做法

（一）加强领导，周密部署。公司始终将此项活动作为当前重点任务来抓，及时召开专题会议研究部署大谈心工作，传达学习《集团开展职工大谈心活动工作方案》文件精神，明确大谈心活动主题、工作任务、时间安排，积极营造了浓厚氛围。

（二）扩大范围，广泛参与。（略）

（三）结合工作，明确内容。（略）

（四）方法灵活，形式多样。（略）

（五）梳理意见，注重整改。（略）

二、取得的成效（略）

三、存在问题（略）

四、意见建议及改进措施（略）

××公司（公章）

20××年×月×日

点评：工作报告的篇幅一般较长，应恰当安排层次结构。这篇工作报告采用“总分”结构，首先肯定了工作开展后取得的效果，然后将整个报告内容分为4大部分，向上级做了详细报告。其中“主要做法”陈述了工作开展的基本情况，“取得的成效”则重点叙述了工作的成绩，“存在问题”实事求是地写出了工作中的缺点与不足，“意见建议及改进措施”提出了改进工作的意见，并具体说明了改进的措施。

【范文4——情况报告】

××公司关于××仓库发生火灾事故的报告

总公司：

20××年×月×日上午×时×分，公司××号仓库发生火灾事故。

事故发生后，市消防队出动2辆消防车，经2个小时的扑救，火才被扑灭。火灾虽然未造成人员伤亡，但烧毁××号仓库及大部分商品，直接经济损失达××万元。

这次火灾的直接原因是电焊工××违章作业，致使铁窗架电焊火花溅到易燃货品上，但也与公司仓库管理处及员工安全思想模糊、公司安全制度不落实、许多安全隐患长期得不到解决有关。此次火灾的教训是深刻的。

火灾发生后，公司各级领导十分重视。总经理带领有关人员赶赴现场调查处理，召开紧急防火电话会议，对有关人员视情节轻重，做了相应的处理。今后，公司将认真汲取教训，切实加强对安全工作的领导，尤其要加强对基础设施和员工思想的安全管理，及时消除各种不安全的因素和隐患，为公司创造良好的经营环境。

××分公司（公章）

20××年×月×日

点评：这是一篇关于事故处理的情况报告，是向上级领导对所处理的情况进行的汇报。该报告简洁完整，正文首先用准确的数据说明了火灾发生的时间和地点，接着说明火灾造成的损失，紧接着又说明火灾的原因，最后简要汇报了事故的处理情况和汲取的教训。全文结构严密，逻辑清晰，是事故类情况报告的典型写法，值得借鉴。

三、请示与报告的区别

请示与报告，都属上行公文，都用叙述为主、叙议结合的方法，结构格式虽有相似之处，但区别还是明显的。在撰拟公文时，务必根据需要区分清楚，切勿将请示与报告混用，该用请示行文的不能写成报告，反之亦如此。

（一）行文的目的不同

报告是下级机关用以向上级机关汇报工作、反映情况或提出建议的公文，为的是下情上达，让上级机关及时掌握情况，更好地指导下级机关正确贯彻执行方针、政策，防止工作失误。请示则是下级机关用以向上级机关请求指示、批准的公文，要求上级机关对所请示的事项给予答复、审批或解决。

（二）行文的时间不同

报告的写作时间比较灵活，事前、事后或工作进行中皆可行文。而请示必须事前行文，请示的事项必须得到上级机关明确指示或批准后方可付诸行动，“先斩后奏”是违反组织原则的。

（三）内容的含量不同

报告既有专题性的又有综合性的，请示没有综合性的。请示应坚持“一文一事”的原则，要避免“一文多事”而影响批复，耽误工作。

（四）结尾用语不同

报告的结尾用语不具有期复性，请示则要用期复性、期准性的结尾用语。

思考练习

1. 机关单位向上级汇报工作，反映情况、提出意见或者建议用（　　）。
A. 请示　　B. 报告　　C. 总结　　D. 函

2. 不属于请示结尾常用语的一项是（　　）。
A. 以上请示如无不妥，请批准　　B. 当否，请批示
C. 特予请示，请考虑批准　　D. 特此请示，请予批准

3. 请示与报告的主要区别是什么？

4. 纠错练习：指出下面这篇请示的错误。

关于增设××派出所的请示

××市公安局：

我分局下属的枣阳派出所辖区面积××平方公里，涉及管辖的范围战线长、地域广，近年来由于城市经济的快速发展，导致人口迅猛增多，目前已有常住人口××万人，流动人口往来十分频繁，由此导致治安情况极为复杂，任务越来越重，为进一步加强该地区的社会治安，确保一方平安，我分局特向市局请求，增设××派出所。

增设××派出所后，其管辖范围为××××××××，其机构级别和警员配置按相关规定执行。

当否，请批示。

××分局（公章）

××××年××月××日

求职信和个人简历

导 读

求职是一门学问，也是一门艺术，更是个人实现理想抱负、挥洒才智、创造人生价值的载体。对于青年大学生来说，求职是毕业后谋生的必经之路，也是展现才华和施展抱负的必要途径。本节内容旨在让学生了解求职文书写作的相关知识和技巧，学生可根据自己的实际情况和自身特点，参考范例，写出适合的求职信和个人简历。

一、求职信

（一）求职信的概念

求职信，是求职者为了谋求某一工作岗位，向相关单位申述自己的能力、专长、优势，请求录用的一种专用书信。

“求职信”微课

（二）求职信的特点

1. 针对性

求职信是请求录用的书信，求职者必须针对用人单位的实际需要，阐明自己所具有的正是对方所需要的条件。所以，在写求职信之前，求职者既要对用人单位作深入了解，又要针对接受、阅读求职信人的心理，揣摩对方对求职者的具体要求、心态和兴趣等，然后对照自己的专业、特长，寻找自己的竞争优势，在求职信中集中突出这些竞争优势，以期求职成功。

“求职信”测试

2. 自荐性

求职者凭借求职信将自己介绍给用人单位以期录用，因此要全面、深入地介绍自己，向用人单位恰如其分地推荐自己，以便用人单位通过求职信全面了解自己的优势和特点。写求职信时，应着重从三个方面入手：第一是自己的外在条件，重在介绍自己的基本情况，如教育背景、社会活动、个人特长、工作经历等，这是求职者必要的自荐条件。第二是求职者的内在条件，它是对外在条件的补充说明，也是求职者区别其他同等条件者的重要标志。它是求职信的核心内容，主要向用人单位表明自己有相关的专业知识、技能或工作经验，有与工作要求相符的特长、兴趣和爱好。它重在说明求职者能完全胜任招聘岗位对能力的要求，能独当一面地开展工作，解决工作中遇到的问题。第三是求职者的求职诚意。求职信要充分坦露出对用人单位的向往，要做到“恭敬不拍马，自信不自大”。

3. 简要性

求职者在介绍和举荐自己时，语言应力求简明扼要，生动有力。求职信篇幅不宜过长，以 1 000 字以内为宜。求职者要能在有限的篇幅里准确地表达自己，信中的内容自然要做到层次分明、重点突出、语言简练。

4. 独特性

求职信的内容和形式不同于一般书信，要想在竞争中取胜，就要出奇制胜。

5. 求实性

求职信要实事求是，不能夸大其词、言过其实，优点要突出，缺点要准确。

(三) 求职信的作用

1. 介绍自己、推荐自己的重要工具

求职信是求职者和用人单位之间进行交流、联系、沟通的桥梁，它能使招聘单位感受到求职者的“鲜活”形象。近年来越来越多的毕业生和社会人员通过求职信走上工作岗位，并且这一比例在逐年上升，所以对它的写作要予以足够的重视。

2. 发现人才、举贤任能的重要渠道

市场经济下的就业，既充满了机会，也充满了竞争。一个单位的人才需求信息，会被众多的求职者从多个渠道获取，这就为用人单位提供了更为广阔的选择人才的空间。他们通过对求职信内容的研究，对众多求职者的基本情况进行比较、筛选，从而做到优中选优，选择最适合的求职者，做到以岗定人、以才选人、以能聘人。

(四) 求职信的结构

求职信属于书信的范畴，所以其基本格式符合书信的一般要求，主要包括标题、称呼、正文、致敬语、署名和日期、附件六个方面的内容。

1. 标题

标题可直接标明文种“求职信”“求职书”“自荐信”“应聘信”，首行居中位置。

2. 称呼

称呼也叫“称谓”，要求正式、礼貌。如对行政事业单位的领导，一般用“尊敬的处长(或局长等)”称呼；对企业的领导，则用“尊敬的××董事长(或总经理、厂长)”称呼；对大学校长或人事处长，则称之为“尊敬的××教授(或校长、处长、老师)”。避免使用“××老前辈”“××师傅”“××同乡”等不正式的称呼，以免有唐突之嫌。

3. 正文

这是求职信的核心部分，一般都要求说明求职缘由和求职信息来源、个人基本情况、所应聘的具体岗位与条件以及个人的愿望和要求等。

4. 致敬语

求职信正文结束后，可以用一般的致敬语写法，在正文的下一行空两格写“此致”，然后再下一行顶格位置写“敬礼”。

5. 署名和日期

这是求职者将自己的姓名告知用人单位的一种表达形式，书写要工整，以示严肃，署名的下一行平行处写求职信的完稿时间。如果和阅信人素昧平生，直接署上自己的名字就可以了；如果和阅信人具有某种关系，如师生关系，则可署“您的学生：×××”。

6. 附件

求职信的后面一般都要求附上个人简历(附近期照片)和一些有效证件,如获奖证书、技能证书、学历证书、学位证书、职称证书等证明材料。附件要能起到说明和证明的作用。

(五) 求职信的写作要求

求职信是求职过程中很重要的一环。在未与用人单位正式接触之前,求职信就是求职者呈现给用人单位的第一印象。而一封文笔流畅、格式正确、形式优美的求职信无疑能大大增加成功的胜算,要写好求职信,并非易事。通常情况下,求职信的写作要求需做到以下几点。

1. 目标要明确

求职者要事先细心阅读招聘广告,搜集有关资料,根据用人单位的选拔条件,针对每一项要求来陈述。切忌千篇一律述说着自己对几乎所有的职业都有从业的兴趣和能力;要情有独钟,显示出对招聘单位及其提供的岗位特别感兴趣,也要准确定位自己,把自己放在一个正确的位置上,选择最适合自己专业特长、最能满足自己愿望与理想的岗位,勇敢地去竞争,以获得理想的求职结果。

2. 内容要真实

求职信的内容,必须与事实完全符合,不能为了谋求一个职务或职位,随意地夸大自己的专业特长或在某个领域取得的成绩,甚至弄虚作假。求职信中一切陈述都必须能够在面试中得到证实。当然,实事求是的同时,还需精心构思,着力突出自己的优势,才能在激烈的求职竞争中获得理想的结果。

3. 语言要得体

求职者充满自信地推销自己是必要的,但要注意态度谦和、情真意切。求职信对语言的要求是得体,叙述愿望和要求时,不张狂,不乞求,落落大方,不卑不亢,表现出自信、积极的态度。事实证明,那些既有真才实学,又态度诚恳、语言得体的求职者最受欢迎,也容易被录用。

4. 文面要整洁

求职信十分注重文面,因为它既是文章的"门面",也暗含了求职者的形象。一封求职信,单就文面而言,字迹工整、漂亮,行款格式合乎规范,力求做到文面整洁,形式精美,就像一件艺术品,才会使人产生观览的兴趣。

(六) 求职信的范文与点评

撰写求职信前,需认真研究一下对方的招聘岗位。我们先看一则某证券公司投资银行部的校园招聘启事。

岗位名称:投资银行业务总部——项目承做

职位描述:

1. 参与项目市场拓展、项目承揽等前期项目调查、项目甄别和内部评议等工作;

2. 协助完成项目尽职调查、公司改制、上市辅导、工作底稿建立,以及申报材料制作、内核、报批、过会等工作;

3. 协助建立项目工作档案,保留各类工作记录并存档,做好持续督导的配合工作;

4. 协助建立和维护客户群，协助开展投资银行总部与客户之间的日常沟通和分类管理。

任职要求：

1. 2022届国内外院校硕士及以上学历应届生，财务、会计、金融、金融工程、法律等相关专业，具有复合教育背景者优先考虑；

2. 熟悉投行业务模式，具有投行相关实习经历者优先考虑；

3. 具备扎实的财务和法律知识基础，通过CPA或司法考试者优先考虑；

4. 具有较强的抗压能力，适应经常性出差要求，具有较好的团队协作意识；

5. 思维敏锐清晰，具有良好的文字表达能力和人际沟通协调能力。

在结合岗位要求和个人经历的前提下，某求职者撰写的求职信范例如下：

【范文1——求职信】

求职信

尊敬的投资银行部领导：

您好！

我是××大学2022届金融学院金融专业的应届硕士毕业生赵蕾蕾，在我院的就业信息平台看到贵司“投资银行业务总部——项目承做”岗位正在招聘新人，过往的学习和实习经验让我有信心可以胜任此岗位，以下是我的个人基本情况介绍。

● 优秀的学习能力，复合的专业背景

本科法律专业，跨考金融专业并以全系第二名的成绩入学，拥有法律和金融复合学历背景，累计获得国家奖学金1次、甲等奖学金2次，现综合排名全系第十，已通过司法考试和CPA中的财务管理和会计两门。

● 相关的实习经历，扎实的业务基本功

曾在××证券投资银行部实习6个月、××证券研究所实习4个月。在××证券实习过程中跟随导师参与某科技集团科创板上市发行项目，参与从立项、尽职调查、公司改制到上市辅导的多个环节；协助完成工作底稿整理和招股说明书撰写；实习期间先后参与3个项目的实地调查、访谈，熟悉项目承揽的整个流程。

● 优秀的沟通能力，良好的抗压能力

曾担任校广播台台长，具有优秀的中英文沟通能力；曾任院学生会文艺部部长，带领团队组织过500人以上迎新文艺晚会；2019年暑期期间，同时协调司法考试备考、暑期实习和研究生毕业课题多项工作，责任心强，实习期间能够按时、保质完成上级交付的任务。

在研一期间，非常有幸在校聆听了贵司投资银行部总经理赵总在我院的职业发展讲座，形成了我对投资银行业务的启蒙认知。贵司在投行业务领域一直以先进的管理理念和组织文化而闻名，优秀的人才培养和激励机制更是一直深深吸引着我，非常渴望能够与这样优秀的团队共事，因而呈上个人自荐信，期望能够有一次面试的机会。

祝身体健康,工作顺利!

赵蕾蕾
××大学金融学院
电话:188×××××××××(全天)
邮箱:leileizhao@sufe.edu.cn

点评:该范文层次清晰,优势突出,措辞得体,并且着重强调了个人的相关实习、实践经历。对于在校生来说,实习经历是非常重要的,这些经历可以从侧面证明你具备胜任所应聘岗位的能力。但是,不少在校生对口实习经历过少,甚至缺乏实习经历,这就要结合在校期间的所有经历,提取所有和对应岗位的匹配点,尽可能向用人单位的需求靠拢。

此外,大多数简历都是通过邮件进行投递的,邮件正文中的自我介绍部分即构成了传统意义上的求职信。邮件正文的求职信和纸质求职信的主体内容是一致的,基本的格式段落也相似。但是,因为屏幕尺寸和电子屏浏览习惯的限制,其内容需要比纸质版更加精简。

(1) 正文内容不宜过多,只列核心要点即可,最理想的状态是在线阅览时不拖动滚动条就可以将全文看完。

(2) 核心技能和经验部分统一使用段落符提炼概括,尽可能保证语言精简。

(3) 以职位为中心,组织不同的求职信邮件正文内容,针对不同的岗位进行适当的修改。

根据以上原则,我们将前文的纸质求职信精简,结果如下:

【范文2——求职信】

求职信

尊敬的投资银行部领导:

您好!

我是××大学2022届金融专业应届硕士毕业生赵蕾蕾,希望应聘“投资银行业务总部——项目承做”岗位,我的基本情况如下:

● 学业背景:法学本科,金融硕士(保送),1次国家奖学金,2次甲等奖学金,排名第10名(全系),已经通过司法考试、CPA(财管、会计);

● 实习经历:××证券投行部(6个月),××证券研究所(4个月),拥有科创板项目立项、尽职调查、公司改制、上市辅导流程参与经验,先后3次参与项目实地调查和访谈;

● 沟通和抗压能力:采访过十多家名企的高管,组织过500人以上的活动,能够与团队共同加班,暑期曾高效高质协同实习、考证、写论文等多项任务;

● 其他技能:熟练使用Excel、PowerPoint,会使用Python进行基础数据整理工作。

研一时曾聆听贵司投行部赵总讲座，非常认同贵司的企业文化和管理模式，期待能够得到面试机会。

赵蕾蕾

××大学金融学院

电话：188××××××××（全天）

邮箱：leileizhao@sufe.edu.cn

点评：经过精简后，正文部分的文字数量减少一半，同时个人能力更加突出。需要注意的是，求职邮件正文不要为空，否则是缺乏职业素养的一种表现。邮件正文（求职信）既是围绕应聘岗位对个人经历的集中化描述，也是对雇主方的尊敬。同时，一些反垃圾邮件系统会将正文空白的邮件当作垃圾邮件，直接分类到垃圾邮箱中。

二、个人简历

（一）个人简历的概念

个人简历是由求职者本人编写，概括介绍个人求职信息的书面材料。它以简洁的形式和文字，全方位地反映了求职者的经历和现状，给用人单位以明晰的总体印象，是全部求职材料的精华部分，也是求职者向用人单位展示自己知识、能力和成果的窗口，值得每一个求职者认真对待。

“个人简历”微课

个人简历全面反映了求职者的基本情况、专业知识、能力特长、学习与工作成果，是用人单位认识、考察和录用求职者的重要依据。

（二）个人简历的形式

个人简历有两种最基本的形式：表格式和文字式。表格式是将个人基本情况按照设计好的表格内容的要求填写，文字式是通过文字叙述介绍本人基本情况。

（三）个人简历的结构及写法

个人简历一般由六个部分组成，即标题、个人基本情况、求职意向、学习经历、工作经历、所获得的各种奖励和荣誉。

1. 标题

标题可以直接写“简历”或“个人简历”，也可以在简历之前冠以姓名和称谓，如“×××（姓名）个人简历”。

2. 个人基本情况

这部分是对个人的基本情况的简要介绍。基本情况包括姓名、性别、年龄（出生年月）、籍贯、民族、政治面貌等。

3. 求职意向

求职意向主要表明本人对哪些岗位、行业感兴趣及相关要求。要表明自己的意向职位，说明自己具备哪些资格和技能，让用人单位一看就觉得你正是他们所需要的人。

4. 学习经历

这部分是介绍求职人的受教育情况，如毕业的学校、专业和时间。可以简要列出大学阶段的主修、辅修课程及成绩，尤其是要体现与你所谋求的职位有关的教育科目、专业知识。要突出重点，有针对性，让用人单位感到你的学历、知识结构与其招聘条件相吻合。

5. 工作经历

这是简历中最重要的部分，包括你做过哪些社会实践工作，有什么建树或经验教训。如果是应届毕业生，则要突出大学阶段所担任的社团工作、职务或各种实习经历。对于有工作经验的求职者，则应突出自己在原先岗位上的业绩。

6. 所获得的各种资格证书和荣誉

这部分包括在校期间获得的各种资格证书和荣誉证书，如计算机技能水平、专利、语言技能、职业资格证书，以及各种荣誉证书等。

(四) 个人简历的写作技巧

简历的内容和样式设计方案，仁者见仁，智者见智。关键要记住，任何一个好单位，在招聘时收到的求职简历都会堆积如山。和你的预想正好相反，没有哪个人事主管会逐一仔细阅读简历，更多的情况是匆匆过目。无法吸引他们注意的简历很可能被忽略，永久地沉睡在纸堆里。因此，突出个性、与众不同便是个人简历成功的法宝。个人简历写作时要注意做到以下几点。

1. 内容突出个性

内容就是一切，所以一定要突出你个人的能力、成就以及过去的经验，使你的简历更出众。写作时应该注意先将本人具备的能力和所取得的成绩一一列出，然后仔细分析你的能力并阐明自己能够胜任这份工作的理由。

2. 形式与众不同

如果想在竞争中脱颖而出，可以从形式上把简历设计得落落大方、不落窠臼。任何一位招聘者都会对别出心裁的简历感到眼前一亮。

3. 篇幅短小精美

要使招聘者在最短的时间内读到更多的信息，简历的篇幅最好不超过两页。如果你在校期间已取得某些成绩或有担任组织、团体职务的经历，就要一一列出，实实在在的实践，远比没有成果的虚衔更让人信服。

4. 表达转劣为优

如果你是一个刚毕业的学生，缺乏相关职业的丰富工作经历是你的弱势。要想与那些有更多工作经历的人竞争，写作时就需要巧妙处理，转劣为优。如可以在简历中的工作技能部分强调“勤奋苦干……迅速掌握新技能”，以此来弥补所欠缺的工作经验，或表示愿意接受较低的薪水，承担不起眼的工作等。

5. 强调成功的经验

招聘人员总是想要看到你真正具有实力的证据。这就需要你拿出以前取得的成绩，以及你的前雇主从你那里得到了什么益处，包括节约了多少钱、多少时间，做出的成绩等。

6. 用词力求精确

阐述技巧、能力、经验时要尽可能准确，不夸大也不误导。要恰如其分地表达出你所写的内容与实际能力及工作水平相同，还要写上以前工作的时间和单位。要注意不要出现错别字，错别字会显示出应聘者的素质不够高或不够细心专业。

（五）个人简历范文

【范文 3——个人简历】

个人简历

姓名： 刘丽丽　**应聘：** 护士岗　**工作年限：** 应届生

出生： 1999.01　**籍贯：** 湖北武汉　**电话：** 13800000XXX

学历： 大专　**性别：** 女　**邮箱：** kingsoft@123.cn

教育背景

20xx.09-20xx.06　毕业院校：武汉 XX 学院　专业：护理学

主修课程： 人体解剖学、生理学、医学伦理学、心理学、诊断学基础、药物治疗学、护理学基础、急重症护理学、内科护理学、外科护理学、妇儿科护理学、精神护理学、预防医学、护理管理学等。

实习工作

20xx.07-20xx.05　工作单位：武汉 XX 医院　岗位：护士

1. 负责护理科室内病人的各项治疗及护理工作，配合医生进行进行输液、用药；
2. 按规定巡视病房，办理入、出院等有关登记工作；
3. 负责手术器械的清洗、消毒；各类仪器的使用、保养、应急处理。

校园经历

1. 在学院新闻编辑部负责校报的采编、编辑工作，以及官方微博、微信公众号的推送及运营；
2. 参加学校话剧社，组织和策划话剧社专场晚会演出，并担任后台场控，且参与演出；
3. 担任班长职务，全面支持班级日常工作，领导搞好班级纪律、学习、活动对外联络等各项工作，传达和协助辅导员的工作。

证书技能

证书荣誉： 护士执业资格证、英语四级证书、获“优秀学生干部”荣誉称号；

个人技能： 熟练进行各项护理操作，掌握急救的基本程序和技术，以及危重病人的护理、病情监测。

自我评价

本人形象气质佳，性格稳重开朗，待人真诚、随和、热情，工作踏实，积极主动，上进心强，沟通协调能力强，有耐心，有良好的亲和力，有快速妥善处理各类问题的应对能力，有强烈的责任感与敬业精神。

思考练习

1. 什么是个人简历？简述个人简历在求职中的作用。

2. 个人简历的主要内容有哪些？

3. 假设你是一名即将大学毕业的学生，请根据自己的实际情况给有招聘意向的企业、单位拟写一份求职信。

4. 根据自己的兴趣和专业背景，从招聘平台上搜索2～3个招聘启事，对其岗位进行分析，并制作一份精美的个人简历。

启事、声明和申请书

导 读

启事、声明和申请书与大学生的学习、生活紧密相连，比如寻人、寻物启事，都是常见且易学的日用文书，所以本节的重点在于活学活用。

一、启事

（一）启事的概念

启事是指向公众说明事实或希望协办事项的一种文体，通常张贴在公共场所或者刊登在报纸、刊物上。常见的启事大致可分为以下四类：一为寻访类，如寻物启事、寻人启事等。二为招领类，拾遗者发启事寻找物品（或人）的失主，如失物招领。三为征求类，如征文启事、征物启事、招聘启事、征婚启事等。四为通知类，如邀集亲友、校友、社会同仁等举行某种活动，发启事广而告之。其他如公安机关的悬赏、警告，商铺开业、停业，小区停水、停电，厂家、店铺办公地点搬迁等的通知，都可以以启事的形式告知大众。

（二）启事的结构

启事的结构同样由标题、正文和落款三部分组成。

1. 标题

启事的标题一般由事由和文种组成，如“征文启事”“招租启事”。名称字号应大于正文字号，居中书写。

2. 正文

正文是启事的具体内容，简明扼要地向大家说清情况，提出具体要求。

3. 落款

启事的落款包括姓名和日期。必要时还需附上联系地址、联系方式等。

（三）启事的写作要求

1. 内容要严密、完整

启事的事项要严密完整，不遗漏应启之事，而且要表述清楚，切忌含糊不清。

2. 用语要热情、恳切、文明

只有态度诚恳、措辞礼貌、言辞恳切，才能使公众产生信任感，达到预期效果。

3. 不能将“启事”错写成“启示”

“启事”和“启示”是日常生活中使用频繁但容易混淆的两个词。“启示”是“启发指示，使人有所领悟”之意，与“启事”的“公开陈述事情”不是一个意思。

4. 一事一启，无强制性

启事的内容是需要让公众知道或希望大家协助办理的事情，通常一事一启，且读者是启事的对象，他们可以参与也可以不参与，措辞不应有强制、命令的语气。

（四）启事的范文及点评

【范文 1——寻访类启事】

寻物启事

本人不慎于××月××日乘××路公共汽车时，将内装身份证、驾驶证和数张单位业务发票的黑色公文包遗失。有拾到者请与××机械局××办公室联系，必有重谢。

电话：13×××××××××

联系人：×××

20××年××月××日

点评：寻访类启事一般较为简短，利用最少的文字将启事的寻找对象、联系方式和酬谢情况交代清楚，这对于寻人启事和寻物启事而言是非常重要的。写作时需要在说明寻找对象的特点和信息量多少之间找到合理的平衡点，这能够提高找到失物的概率。

【范文 2——征求类启事】

招生启事

一、招生对象与条件

1. 具有一定文化艺术素养，了解并掌握书法、绘画的基本知识。

2. 身体健康，热爱书画艺术，年龄 18 岁以上。

二、学习内容

书法：包括楷书、行书、草书、篆书等；绘画：包括山水、花鸟、人物等。

三、教学方法

邀请著名书画家×××授课，针对学员书画基础、技法之共性问题集中讲授，个别问题重点点评，使学员在书画艺术理论、实践上有提高、有突破、有创新。

××月××日至××月××日开班，每周六上午 8:30—11:30，周日 15:30—18:30 在××会议室授课。

四、奖励办法

培训结束时，每人提交结业作品，经院专家组评审后发给结业证书，优秀作品可优先在《××》报和《××》杂志发表，成绩优秀者可优先聘为××书画院教师。

五、收费标准

每学期两个月，每月学费××元。

六、报名方法

持本人有效身份证件即可报名，同时交两张 2 寸免冠近照。

报名地址：××市××路××号，××城二楼
电话：0871-××××××××
联系人：×××、×××

××书画院
20××年××月××日

点评：征求类启事的篇幅比寻找类启事稍长一些，需要完整说明相关的征求事项。上述范文不仅全面说明了招生对象、学习内容、教学方法等，而且全文的文字量适中，内容也很到位，便于受众理解和消化。

二、声明

（一）声明的概念

声明就是有重要事项要向社会和公众澄清是非、确认真相，警告某些不正当的言行，以保护自身的合法权益，作出公开说明并表示立场、观点、态度的一种常用应用文。无论国家机关、企事业单位、人民团体或个人均可以使用。

常见的声明主要有以下两类：一类是正式文件，针对某重大的国际、国内问题或直接涉及国家利益的问题，表明一国、一党或一团体的态度、反应、立场、政策的重要外交专用公文。另一类是任何机关单位、团体组织或个人均可使用的文书，按不同内容分，有很多具体的类型，如遗失声明、解除关系声明、免责声明、委托授权声明等，应用广泛。

（二）声明的作用

（1）公开而正式地表明立场、观点。

（2）警告某些相关个人和群体。

（3）保护自己的合法权益。

（三）声明的格式及写法

1. 标题

声明的标题一种是只写文种“声明”；一种是在文种前表明事由，如“遗失声明”等；还有一种是由声明者名称、授权事由、文种组成，如“××车友会自驾游活动免责声明”。

“启事与声明”测试

2. 正文

（1）写明发表声明的缘由，一般交代声明的目的或背景。

（2）陈述声明的事项或问题，表明有关立场、观点、态度和做法。

（3）提出声明者的希望和要求。

3. 结尾

声明的结尾常用“特此声明”。有的声明讲清事由、事项即可，可省略结尾。

4. 落款

声明的落款包括署名、日期。声明单位名称如在标题中已写明，此处不必再写。

（四）启事与声明的区别

启事、声明同属于登报、张贴、散发的文体，但两者也有一些区别，主要表现在以下方面：

1. 两者的性质范围不同

启事的范围较窄，涉及的内容没有声明那么重要，国家和国家之间不用启事，党政机关也极少使用。声明的范围可以很宽，上至国家与国家之间，下至单位或个人都可以使用。声明的严正性也是启事所不能及的。

2. 两者的内容程度不同

启事的内容一般不那么严重，而声明的内容一般比较重大，需广泛告知以保护自己的合法权益。常有“严重声明”“严正声明”等标题出现。

3. 两者表明的态度不同

启事主要是说明解释自己的言行，以寻求他人或公众的理解、帮助和支持。声明则重在对某个事物或问题发表一方或几方的立场、观点和态度。

（五）声明的范文及点评

【范文 3——声明】

声　明

普通话水平测试是根据《国家通用语言文字法》和教育部、国家语委有关文件组织的国家级考试。普通话水平测试由经省级以上语言文字工作委员会（简称“语委”）认定的具备相关资质的测试机构组织实施。

最近发现社会上有些培训机构在网站上打出“官方合作培训测试”及“参加培训测试包过”的虚假广告招揽考生，同时还接到群众及相关部门反映，有个别培训机构通过不正当手段办理外省的普通话水平测试等级证书，严重毁坏了普通话水平测试的社会声誉，误导和欺骗了广大考生。为此郑重声明如下：

一、我省的普通话培训测试站从未与社会上任何培训机构有合作关系。敬请各位考生切勿相信有关普通话培训测试的不实宣传，直接到经省语委认定具备相关资质的普通话培训测试站报名参加测试。目前我省有××个经批准成立的测试站，完全可以满足广大考生的测试需求。

二、在省外取得普通话水平测试等级证书的考生，申请教师资格认定时需一并提供发证单位所在省份学习或工作经历证明（学生证、毕业证或工作证）的原件及复印件，不能提供者需在户口（或工作、学习）所在地重新报名参加测试。

三、××省各普通话培训测试站严格执行省物价局批准的普通话培训测试收费标准：在校学生每人××元/次，其他人员每人××元/次，××市和××市的收费标准见当地物价局批文，欢迎社会各界及广大考生监督。

特此声明。

××省语言文字培训测试工作办公室

20××年××月××日

点评：这是一篇针对虚假培训测试的声明。第一段首先说明国家规定的普通话水平测试的情况；第二段介绍了目前出现的虚假广告以及引起的不良影响，通过对比说明此篇声明的真实性；然后利用“为此郑重声明如下”自然过渡到声明的主要内容，详细介绍了官方培训的情况。结尾以“特此声明”结束，通篇结构严谨且合理，值得借鉴。

三、申请书

(一) 申请书的概念

申请书是个人或集体向组织、机关、企事业单位或社会团体表述愿望、提出请求时使用的一种文书。申请书的使用范围广泛,申请书也是一种专业的书信,它同一般书信一样,也是表情达意的工具。申请书要求一事一议,内容要单纯。不同的对象有不同的申请书,常见的有入党申请书、生源地贷款申请书、休学申请书、贫困补助申请书等。

(二) 申请书的特点

1. 请求性

从写作动机看,申请书的写作带有明显的请求目的。

2. 单一性

申请书要求一事一书,内容单一明确,一份申请书只表达一个愿望和只提出一个请求。不能把不同的愿望和请求写在同一份申请书中。

(三) 申请书的结构与写法

申请书一般都有固定的格式,主要包括五部分。

1. 标题

标题有两种写法:一种是直接写“申请书”;一种是根据申请的内容,标明具体名称,如“入党申请书”。

2. 称谓

顶格写接受申请书的单位、组织、机关、团体名称或有关负责同志的姓名,后加冒号。

3. 正文

正文是申请书的主要部分。应该写清以下几个问题:

(1) 要写清所申请的事情是什么。即直截了当提出申请的具体内容。

(2) 要写清提出申请的理由。申请理由要陈述具体、充分、有条理。

(3) 要写清申请的态度。申请书一般都要表明自己的申请被批准后的态度和决心,内容可以简约一些。

4. 结尾

结尾一般要写表示祈请的用语,如“以上申请,请批准”或“请组织在实践中考验我”。再写上祝颂语,如“此致敬礼”“敬祝”等。

5. 落款

申请书需在落款署上申请人的姓名和时间。

(四) 申请书的写作要求

(1) 一事一书,切忌一书数事。

(2) 理由要充分合理,实事求是,不能虚夸和杜撰,否则难以得到上级领导或部门的批准。

(3) 语言要准确简洁,态度要诚恳朴实,切忌东拉西扯。

思考练习

1. 声明与启事相比具有(　　)的特点。

A. 生动性　　B. 简洁性　　C. 明确性　　D. 严肃性

2. 启事“启”字的含义是(　　)。

A. 启发　　B. 开启　　C. 告知　　D. 更正

3. 修改下面这则启事,并说明理由。

深圳××音像公司招聘启事

诚聘业务助理:数名,学历不限,懂电脑操作,能熟练运用 office 办公软件。

诚聘业务代表:数名,熟悉音像市场,有音像业工作经验者优先。

有意者,请带个人简历亲临公司面试。

联系人:××

联系方式:×××××××××

4. 根据以下材料写一份申请书。

李华从××职业技术学院管理营销专业毕业后,被××厂人事处安排在××车间统计员的岗位上。工作一段时间后,李华感觉所学专业与实际工作相差甚远,个人的知识水平与工作能力无法施展,经慎重考虑,准备向厂长提出调换工作岗位的要求。

5. 根据下面内容,写一份放弃财产声明。

张大海于 2003 年去美国读书,毕业后定居在美国。老父亲一直由妹妹照顾。2022 年 5 月老父亲去世,留下了位于山西平遥的一座四合院。根据《中华人民共和国民法典》的有关规定,张大海是法定继承人之一,对老父亲遗留的房产享有继承权。可是多年来妹妹为伺候父亲付出了很多,因此张大海决定放弃继承权。

6. 纠错练习:请分析下面这封申请书存在哪些不足。

申请书

普陀山派出所:

我是碧桂园区 11 号居民,叫白琳,今年 43 岁,在拖配厂工作。我爱人欧阳山,46 岁,是副食品商店的营业员。因身体患病,我们婚后一直没有生育。家中只有我们夫妇二人,经济收入宽裕,但精神上很感寂寞。经商量,我们准备把堂弟的三女儿欧阳佳,接到我家,给我们做女儿。此事已经双方同意,并于今年 10 月 12 日办理了有关领养的公证手续。现特向派出所申请,同意并准予将欧阳佳的户口迁入为盼。

另外,因本人上月上旬,在回家途中不慎将居民身份证遗失,期间虽经多方查找,但仍苦无下落。现在急需使用身份证，为此特向贵所申请，望替我补办居民身份证，请速给我解决。要不，耽误大事你们派出所可负不起这个责任。

　　此致

敬礼！

白琳

2021年10月28日

计划、总结和讲话稿

导 读

事务文书是机关、团体、企事业单位在处理日常事务时用来沟通信息、安排工作、总结得失、研究问题的实用文体，是应用写作的重要组成部分。本节为大家介绍了事务文书中较为典型且常用的计划、总结和讲话稿三种应用文。其中，计划是在工作开始之前，总结是在工作完成之后，学习时应注意二者之间的联系。讲话稿强调特殊场合的针对性，以及现场的感染性，具有一定难度，学习时需结合相关范例。

一、计划

（一）计划的概念

计划是单位、部门或个人在未来一定时期内对工作、学习、生活等实践活动拟定的目标要求、实施步骤、方法措施的一种文书。

“计划”微课

（二）计划的特点

计划有以下主要特点。

1. 预期性

计划是在总结前期实践活动、正确分析现状的基础上对未来一定时期具体工作的设想。这种设想是以对前期工作的系统总结为前提，以对客观事物发展规律的清醒认识为基础所做出的预见。

“计划”测试

2. 可行性

计划虽是对未来的预想，但对目标的确立及实现这一目标的措施办法应有充分的估计和分析，应能够提出相应的切实可行的应对方案。只有目标具体、措施得当、办法可行，才可能保证计划顺利完成。

3. 指导性

计划一经确立，就对制订者与实施者具有严格的约束力，对具体工作起着指导与约束的作用。只有依照计划，合理安排工作，才可能避免被动，减少工作的盲目性。

（三）计划的种类

计划在实际运用中形式多样，名称不一。可按照不同的标准来划分。

（1）按名称划分，有安排、打算、规划、设想、意见、要点、方案等。在日常的工作、学习中常用到的“安排”“打算”“规划”“设想”“意见”“要点”“方案”等，都是对将来的部署和安排，是计划的具体形态。它们的区别主要体现在内容的详略和时间的长短上。具体来说，安排是对近期要做的事情从内容到时间较为具体的计划；打算则是对近期要做的事情尚不具体、有待安排的计划；规划是对某项工作全局性、方向性的计划，时间一般较长；设想也是对未来较长时间有待完善的工作计划；意见是指具有原则性、方向性、指导性且内容较完整的计划；要点则往往是上级对下级工作的具体要求与安排的计划；方案是对某项工作，从目的要求、目标任务到实施步骤都作出全面、具体部署的计划。

(2) 按适用范围划分，有国家计划、地方计划、部门(单位)计划、个人计划等。

(3) 按时间范围划分，有中长期计划(如三年、五年、十年)、有年度计划、季度计划、月度计划等。

(4) 按内容划分，有生产经营计划、工作计划、教学计划、学习计划、科技发展计划等。

(5) 按性质划分，有综合性计划、专题性计划等。

(四) 计划的结构与写法

计划的格式与写法是多样的，可以用文件式、条文式、表格式、条文表格结合式来安排计划的结构。无论哪种形式，一般都包含标题、正文、结尾、落款几个部分。

1. 标题

(1) 完全式标题。由单位名称、适用期限、内容、计划种类四个部分组成。如《××职业学院2022年度教学工作计划》。

(2) 非完全式标题。标题中省略单位名称或适用期限，有时两者均省略。如《2022年学习计划》《销售计划》。

2. 正文

正文是计划的核心部分。一般由前言、主体组成。

(1) 前言。写明制订计划的目的依据。如上级的要求、本单位的基本情况、制订计划的指导思想等，说明“为什么”。这部分可根据具体情况确定写作侧重点，不必面面俱到。

(2) 主体。包括目的和任务、措施和步骤等内容。

① 目标和任务：这是计划应达到的总要求，往往以前言所提到的目的、现状等为依据，确定总的目标任务，明确将来一段时间内要完成的任务，即“做什么”。目标应尽量具体、切实可行，切忌笼统含糊、空洞无物。

② 措施和步骤：为实现计划将要采取的方法和时间部署，一般要写明计划实施的组织安排、完成任务的先后顺序、任务进程或阶段的划分、各项任务的完成时限等，说明“怎么做”“做到什么程度”。这部分要求方法、措施具体恰当，时间、步骤井然有序，以保证计划顺利落实。

3. 结尾

大多数计划在阐明计划步骤措施后自然收尾，不必画蛇添足。有的计划则在结尾处提出希望或检查监督计划的办法等，简明扼要。

4. 落款

落款包括署名和日期。署名是指在计划文尾的右下方写上制订计划的单位名称或个人姓名，如果标题中已标明，此处可省略；在署名之下写上制订计划的日期。

(五) 计划的写作要求

1. 从实际出发,量力而行

制订计划不仅应讲求内容的科学性、预见性,目标的先进性,还应兼顾实施的可行性,应留有余地。

2. 写出特点,突出重点

计划内容要具体明确,切忌空洞,要体现单位或个人工作的中心和特点,反映出与以往不同的新意。目标和措施,不能含糊不清,要明确具体,便于落实。

3. 语言准确

计划的语言应简洁、准确,以说明和叙述为主要表达方式。

二、总结

(一) 总结的概念

总结是人们对前一阶段工作、学习等实践活动的全面回顾、分析和评价,从中找出经验教训和规律性的东西,用以指导今后的工作而形成的一种文书。

“总结”微课

(二) 总结的特点

1. 理论性

总结的目的是将实践中获得的零散的、感性的、表面的感受,上升为系统的、本质的理性认识,它既是对过去工作的回顾、检查,又是对工作内在规律的概括与揭示,从而能对今后的实践起到指导与借鉴作用。

“总结”测试

2. 真实性

总结是对本地区、本单位或自身实践活动再认识的过程,必须用事实说话,因此写作内容应符合客观实际,既不能夸大事实,一味拔高,也不能回避问题,避重就轻。要保证总结内容的真实性,离不开典型事例和确凿数据的恰当使用。真实客观是总结最突出的特点。

3. 指导性

总结在充分挖掘以往工作的成绩与失误、深入剖析其根源的基础上,肯定成绩,找出问题,以期在今后的工作中明确方向,发扬优点,克服不足,少走弯路,再创佳绩。

(三) 总结的种类

总结是事务文书中使用频率较高的文种,从工作性质、内容、范围、时间等方面,可分为以下几种。

(1) 按工作性质划分,可分为综合性总结和专题性总结。

(2) 按内容划分,有工作总结、学习总结、生产总结、科研总结、思想总结等。

(3) 按范围划分,有地区总结、单位总结、部门总结、个人总结等。

(4) 按时间划分,有年度总结、季度总结、月度总结、阶段性总结等。

(四) 总结的结构与写法

总结一般由标题、正文、结尾和落款组成。

1. 标题

总结的标题写法多样,根据内容的需要,可采用不同的形式,常见形式有以下几种。

(1) 公文式:由单位名称、期限、内容范围、总结名称四部分组成。这种标题常用于综合性总结,如《××职业学院2022年度财务工作总结》;有的在标题中省去单位名称或者期限,如《2022年监察工作总结》;也有将单位名称和期限同时省去的,如《"三下乡"社会实践总结》。

(2) 文章式:在标题中揭示出总结的主题。这种标题多用于专题总结,形式上有单层标题和双层标题两种,如《全面推进政务公开 促进经济社会发展》《一步一层楼 改革有奔头——××县经贸系统经验总结》。

2. 正文

总结的正文通常包括前言和主体两部分。

(1) 前言。它是总结的开头。这部分主要是简要介绍总结的基本情况,使人们对总结的时间、背景、事情的主要经过和结果有个总体印象和初步了解。这一部分在结构上有领起下文、奠定基础的作用,有利于主体部分的充分展开。

(2) 主体。这是总结的核心部分,一般包括以下内容:①总结成绩经验。这是总结的重点部分,也是需要加以概括、提炼的部分。这一部分要用具有说服力的典型事例和确凿数据说明前期工作的成绩及其原因,并能明确地总结出规律性的认识。要写明成绩具体表现在哪些方面,成绩又是如何取得的,具体做法、体会是什么。总结成绩经验要求有理有据,叙议结合。②总结问题教训。这里要对工作中存在的不足和问题进行实事求是的分析,找出主观或客观原因。这部分应全面、中肯,切中要害。

3. 结尾

这部分是说明今后的打算,比如怎样在已取得成绩的基础上更进一步,或对工作中的失误和教训采取什么改进措施等。结尾部分应尽量具体、实在。

4. 落款

落款包括署名和成文日期。在总结正文的右下方,写上总结单位的全称或个人的姓名,如在标题中或标题之下已署名,此处可省略。成文日期写在署名的正下方或正文的右下方,具体到年、月、日。

(五) 总结的写作要求

1. 确立主题,突出重点

总结的目的是通过对以往实践活动的回顾、检查,将零碎的、表面的感性认识上升为全面的、本质的理性认识,从中找出规律性的东西,正确认识工作中的成绩和失误,明确今后工作的努力方向,同时也为上级领导提供决策依据。

无论哪种类型的总结,都要先弄清总结的具体目的,以明确内容的侧重点,围绕重点组织安排材料,突出重点,抓住关键,切忌主次不分,泛泛而谈。

2. 实事求是,提炼特色

总结只有建立在真实、丰富的材料基础上,才有价值。撰写总结,要坚持实事求是的原则,对占有的大量材料进行认真分析研究,实事求是地肯定成绩,客观公正地查找问题,严肃细致地剖析原因。

无论是单位还是个人在总结时都应从工作实际出发,努力挖掘实践中不同于以往的新鲜的、有个性的内容,比如新的成绩、新的经验、新的认识等。切忌年复一年老调重弹。

3. 叙议结合,语言得当

总结重在从实践活动中提炼出经验性的有价值的东西,因此充分运用材料,用丰富、典型的事实材料说明观点是总结写作的特点之一。这种由具体到抽象的总结过程,决定了总结用材料说明观点、用观点统率材料的写作思路,也呈现出叙议论结合的表达特征。

总结用事实说话,语言要准确、朴实、简明、生动。准确是指尊重事实,用语恰当;朴实是指朴素平实,力戒华丽空泛;简明则是简洁明了,不拖泥带水;生动则是新颖活泼,灵活多变。

(六) 总结与报告的关系

两者反映的内容大体相同,正文结构也相似,但行文格式上,报告比总结更规范。其区别在于:第一,内容侧重点不同。总结在叙述之时重在理性分析,谈普遍性的经验;报告只作陈述,不作议论评价。第二,文种性质不同。报告是法定公文,是上行文,格式应完整,总结是常用公文,可发可不发。如果上报或下发,总结只能作为报告或通知的附件。

三、讲话稿

(一) 讲话稿的概念

讲话稿也称发言稿,是为某种特殊场合的讲话而事前拟定的书面文章,有广义和狭义之分。广义的讲话稿是人们在特定场合发表讲话的文稿;狭义的讲话稿即领导讲话稿,是指党政机关、社会团体、企事业单位负责人,在各种会议上发表带有宣传、指示、总结性质讲话的文稿,是应用写作的重要文体之一。

(二) 讲话稿的特点

1. 主题的确定性

讲话稿的作用之一就是要使发言者的讲话主题集中、明确,杜绝“跑题”现象的发生。所以,主题明确清晰是讲话稿能吸引听众的前提。

2. 对象的针对性

讲话稿是发言者面对听众这一既定的群体提出见解,启发、感召人们的工具。因此,必须了解听众最关心的问题,适应听众的接受能力和水平,这样才能有的放矢,取得理想的效果。

3. 表达的艺术性

讲话稿不同于演讲稿。演讲稿重在一个“演”字,更富于鼓动性,更具有感染力。与之相比,讲话稿显得更平实。但与一般的应用文相比,讲话稿要起到宣传和阐释的作用,又强调现场“讲”的感染性和引导性,因此它还必须追求文字表达的艺术性,所以写作起来有一定的难度。

(三) 讲话稿的格式与写法

讲话稿一般包括标题、称谓及正文三部分。

1. 标题

一般有单标题和双标题两种形式。单标题直接写明在哪种场合的讲话即可,如《在全县政法工作会议上的讲话》。双标题则是以概括主题的一句话作为主标题，而副标题与单标题相同，如《科学管理 形成品牌——在全体职工会议上的讲话》。

2. 称谓

称谓是对听众的称呼，位于标题之下正文的开头，如“各位领导、同志们”“各位来宾”等。与书信一样，标题下一行顶格写称谓。

3. 正文

正文通常包括开场白、主体、结束语三部分。

（1）开场白。开场白没有固定的模式，总的要求是能充分调动、吸引听众的注意力，并能引出主要内容。

（2）主体。这一部分要承接开头部分所提到的观点展开阐述，并且应做到中心突出、层次清楚、论据充分。安排主体结构，通常有两种方式：一是纵向递进式，以事物发展为序，层层推进，环环相扣；二是总分并列式，即把总论点分成几个分论点，每一部分阐述一个分论点，分论点之间的关系是并列的。注意每一层次都要有一个小的主题，形成层意句。

（3）结束语。常见的结束语有以下几种：一是对与会者提出要求和希望；二是对未来的前景作一番展望；三是对全文的主要内容加以总结概括。总之，结束语要求简明扼要，达到鼓舞人心或令人回味的效果。

（四）讲话稿的写作要求

（1）讲话稿要有真挚强烈的情感内涵，这样才能打动听众。

（2）要注意把握深入和浅出的关系，适当采用一些灵活的艺术手段，如幽默、对比等。力争把高深的道理讲得明白流畅、简单透彻。

（3）要避免千篇一律，在庄重、严谨的前提下，争取体现独特的风格。

（4）还要注意书面语言与口语的结合，既要有书面语言的精练、准确，又要有口语的通俗、生动，力争做到既文采斐然，又雅俗共赏。

思考练习

1. 简述计划和总结之间的区别与联系。

2. 计划与总结既有联系，也有区别。（　　）是在计划执行一个时期或完成以后写的，它要检查（　　）的执行情况，又要反过来作为今后修订或制定（　　）的依据。

A. 总结　总结　总结　　B. 计划　计划　计划

C. 总结　计划　总结　　D. 总结　总结　计划

3. 写一篇关于大学学习生活的学期总结与下学期的计划。

4. 如果你要去竞选学生会宣传部部长，请尝试拟一篇竞选稿。

5. 结合讲话稿的特点及写作要求，谈一谈下面这篇讲话稿在内容上存在的问题，并思考应该如何修改。

在××村新农村文化建设工作会议上的讲话

同志们：

在新起点上的农村改革发展必将带来农村文化建设的新高潮，新农村文化建设迎来了重要而又难得的发展机遇。我们必须抓住机遇，进一步统一思想，认真谋划、周密部署××村文化建设，以实际行动迎接农村文化建设新高潮的到来。

一、用科学发展观统领新农村文化建设。科学发展观是我国经济社会发展的重要指导方针，是发展中国特色社会主义必须坚持和贯彻的重大战略思想，更是农村文化建设的行动指南。新农村文化建设既是落实科学发展观的重要方面，又是实现科学发展观的文化保证，我们要用科学发展观来统领新农村文化建设。当今时代，文化越来越成为民族凝聚力和创造力的重要源泉，越来越成为综合国力竞争的重要因素。丰富精神文化生活，越来越成为人民群众的热切期望。我们要适应新的历史时期对农村文化建设的新要求，反映人民群众对丰富文化生活的新期待，实现党的十七大提出的推动文化大发展大繁荣、掀起社会主义文化建设新高潮的目标，就要把科学发展观贯穿文化建设的全过程，切实用科学发展观来统领新农村文化建设、指导新农村文化工作。

二、通过深化改革促进新农村文化建设。当前，我国农村正在发生新的变革，总体上已经进入以工促农、以城带乡的发展阶段，进入加快改造传统农业、走中国特色农业现代化道路的关键时刻，进入加速破除城乡二元结构、形成城乡经济社会发展一体化新格局的重要时期。农村文化必须适应这一新的变化，以新的理念和思路破解农村文化发展难题，不断深化农村文化体制改革、创新农村文化发展机制，为推动农村文化繁荣、促进社会和谐与协调发展提供不竭源泉。

三、以优质高效服务满足农民基本文化需求。现在，农村文化生活十分匮乏，一方面广大农村群众的文化生活形式单一，一方面政府提供给广大农村群众的文化产品数量不足，农村群众看书、看电影、看戏等多样化的文化需求得不到满足。满足农民基本文化需求是农村文化工作的出发点和落脚点，是党和国家赋予的神圣使命和义不容辞的责任，是广大农村父老乡亲的苦苦期盼。要满足农民基本文化需求并不是一件容易的事，我们肩上的担子很重，我们必须开拓创新，克难奋进，想农民之所想，急农民之所急，把有限的资源用在农民最迫切需要的地方，达到优质高效、农民满意的效果。

单元综合实训

一、拓展阅读

十三届全国人大常委会第三十四次会议于2022年4月20日表决通过新修订的职业教育法，自2022年5月1日起施行。新修订的职教法，充分融入了习近平总书记关于职业教育重要指示精神和党中央、国务院关于职业教育改革发展的政策举措，聚焦职业教育领域热点难点问题，结合职业教育改革发展实际，将实践成果上升为法律规范，推动职业教育在正本清源和守正创新中行稳致远。职业教育法修订通过，这是我国职业教育事业发展中的一件大事，必将对更好推动现代职业教育高质量发展产生深远意义。为做好职业教育法的学习宣传与贯彻落实，教育部办公厅发布相关通知，全文如下：

教育部办公厅关于学习宣传和贯彻实施
新修订的职业教育法的通知

教政法厅函〔2022〕4号

各省、自治区、直辖市教育厅(教委)，各计划单列市教育局，新疆生产建设兵团教育局，有关部门(单位)教育司(局)，部内各司局、各直属单位：

《中华人民共和国职业教育法》已由第十三届全国人民代表大会常务委员会第三十四次会议于2022年4月20日修订通过，自2022年5月1日起施行。为做好新修订的职业教育法的学习宣传和贯彻实施工作，现将有关要求通知如下。

一、充分认识职业教育法修订的重大意义

职业教育是国民教育体系和人力资源开发的重要组成部分，是培养多样化人才、传承技术技能、促进就业创业的重要途径。此次职业教育法修订，深入贯彻习近平总书记重要指示批示精神和党中央、国务院关于职业教育改革发展的决策部署，系统总结职业教育改革发展的政策举措和实践成果，进一步完善了新时代职业教育法律制度体系。新修订的职业教育法坚持目标导向，着力健全完善现代职业教育体系，推动职业教育高质量发展；坚持问题导向，着力创新制度机制，推动破解职业教育改革发展中的热点难点问题；坚持效果导向，着力多方位提高职业教育地位，推动形成全社会关心支持职业教育发展的局面。贯彻实施新修订的职业教育法，对于深化全面依法治教，推动职业教育高质量发展，建设教育强国、人力资源强国和技能型社会，推进社会主义现代化建设具有重要意义。

在全面建设社会主义现代化国家新征程中，职业教育前途广阔、大有可为。各地各单位要立足新发展阶段、贯彻新发展理念、服务构建新发展格局，把职业教育摆在更加突出的位置，通过学习宣传和贯彻实施新修订的职业教育法，深入推进育人方式、办学模式、管理体制、保障机制改革，增强职业教育适应性，加快构建现代职业教育体系，培养更多高素质技术技能人才、能工巧匠、大国工匠，为全面建设社会主义现代化国家、实现中华民族伟大复兴的中国梦提供有力人才和技能支撑。

二、深入组织职业教育法的学习宣传

各地要将学习宣传新修订的职业教育法作为近期一项重要任务列入议事日程，要作为教育系统“八五”普法规划的重要内容，切实加强组织领导，压实工作责任，精心部署安排，持续深入开展学习宣传活动。

（一）集中组织学习宣传。（略）

（二）聚焦学习宣传重点。（略）

（三）突出学习宣传实效。（略）

三、扎实做好职业教育法的贯彻实施

各地要抓住重点，扎实推动职业教育法的贯彻实施，落实法律要求，履行法定职责，深化职业教育改革，促进职业教育高质量发展。

（一）着力加强党对职业教育的全面领导。（略）

（二）进一步完善职业教育管理体制。（略）

（三）加快构建现代职业教育体系。（略）

（四）切实推动形成多元办学格局。（略）

（五）大力提升职业教育办学质量和适应性。（略）

（六）强化职业教育支持和保障。（略）

各地各单位要抓紧全面清理现有相关的法规、规章和政策文件，凡与新修订的职业教育法规定不一致的，应当统一适用法律规定，并按程序和权限启动修订，及时进行修改或者废止。要按照职业教育法中的新规定、新举措和新制度，积极结合本地职业教育和经济社会发展实际需要，有计划、有步骤、有重点地制定或者推动制定配套落实政策、实施细则等，加快完善职业教育配套政策制度体系，并持续抓好落实。

各地学习宣传和贯彻实施新修订的职业教育法工作中的好经验、好做法，以及遇到的问题和有关工作建议，请及时报送教育部（政策法规司、职业教育与成人教育司）。

教育部办公厅

2022 年 4 月 25 日

【阅读理解】

1. 通过阅读，学习借鉴通知的写作体例，总结公文的写作特点及要求。

2. ××职业学校将举办一次学习新修订的《中华人民共和国职业教育法》专题讲座，帮助广大师生了解“新职教法”的基本要求，深刻领会精神实质，营造浓厚学习宣传氛围。请你结合当前实际和学校情况，尝试着为该校写一份举办专题讲座的通知。

二、单元练笔

1. 试以所在院系的名义，就加强考风考纪建设的问题，拟一份意见。要求写作前先列出提纲。

2. 某县电视广播站在特大洪灾中损失极大，为尽快修复广播电视设备，正常开展工作，该站拟撰文请求上级拨给500万元救灾经费。工作人员甲说应按惯例写请示，为争取各级领导支持，应主送县广播电视局、县财政局、县政府和分管副县长、县委宣传部和分管副部长、市广播电视局、市财政局、省广播电视厅。工作人员乙说主要是反映受灾情况，因此应写成情况报告，而且县电视广播局也拨不出经费，不如不主送县电视广播局，只主送上述其他机关和领导。这些说法对不对？你认为应该怎样做？请陈述理由并撰写相应的公文。

三、拓展篇目

1.《在纪念五四运动100周年大会上的讲话》

简介：这是跨越百年的青春对话，这是矢志奋斗的青春宣言。在纪念五四运动100周年大会上，习近平总书记发表重要讲话，深切缅怀五四先驱崇高的爱国情怀和革命精神，高度评价五四运动的历史意义，明确提出新时代发扬五四精神的重要性，为做好新时代青年工作指明了前进方向。总书记的重要讲话高瞻远瞩、语重心长，饱含对广大青年的殷切期待、对青年成长的深切关怀，必将汇聚起拥抱新时代、奋进新时代的磅礴青春力量。

2. 谢亦森《大手笔是怎样练成的》

简介：本书是作者几十年的机关写作积累，归纳出的丰富实用的写作实战经验。针对公文写作中的主要困惑、痛点、难点、误区，指导读者写出有内容有价值的以文辅政的工作报告、调研报告、讲话稿等。

3. 刘访《党政机关公文处理工作条例精解与范例》

简介：本书既有理论的高度又有实践的经验，二者紧密结合，深入研究分析了公文写作实际范例，帮助读者了解公文写作知识，纠正不规范的公文格式，全面提升公文写作能力。全书重点突出，有要领、有技巧、有实例，是各级党政机关、企事业单位进行公文写作时可以参考的工具书。

4. 蔡振康《党政机关公文写作处理病例分析》

简介：本书针对公文写作中一些常见的误区和病例，“搭脉”“开方”，以“挑刺”的方式，讲述公文写作处理的基本要领和格式规范。内容新颖，形式活泼，兼具实用性和可读性。

5. 胡解旺《大学生就业报告》

简介：在本书中，作者针对诸多社会关注的热点问题，阐述了自己的看法。对大学生来说，阅读该书可以了解目前就业环境的特殊性，并端正自身就业观念，摆脱迷茫。

附　录

认　字　篇

导　语

汉字是中华民族一切文化的语言根基，掌握好汉字和汉语，打好语言基础，是进行一切文化再创造的基石。但是，现如今语音输入、键盘输入使越来越多的人提笔忘字、易读错字。因此，学校的语文教育，除了应注重课堂阅读的词语积累，还要注意扩大学生课外阅读的面，增加阅读量，使学生认识更多的日常词汇。本篇分别列出了“容易写错的字”和“容易读错的字”，帮助学生们识记、巩固，以便提高其认字能力。

一、容易写错的字(括号里为正确的字)

爱带(戴)　白晰(皙)　爆乱(暴)　报筹(酬)　暴炸(爆)　卑却(怯)　辩析(辨)
恶耗(噩)　材华(才)　喝采(彩)　翱游(遨)　娘两(俩)　更叠(迭)　恰商(洽)
讫今(迄)　沾辱(玷)　中裁(仲)　雕彻(砌)　陷井(阱)　劈谣(辟)　明片(名)
梦餍(魇)　缈视(藐)　募然(蓦)　蓦捐(募)　通辑(缉)　杂踏(沓)　奕棋(弈)
疏峻(浚)　吉详(祥)　肖象(像)　开消(销)　撕杀(厮)　膺品(赝)　贮立(伫)
绉纹(皱)　躁热(燥)　肿涨(胀)　驰聘(骋)　描模(摹)　遨翔(翱)　振撼(震)
呕气(怄)　亵赎(渎)　恢谐(诙)　渲泄(宣)　宣染(渲)　延申(伸)　奢縻(靡)
毗临(邻)　骠悍(剽)　永决(诀)　欧打(殴)　座落(坐)　幅射(辐)　拥带(戴)
煤碳(炭)　编篡(纂)　按磨(摩)　爆躁(暴)　蜇居(蛰)
显象管(像)　爆发户(暴)　造事者(肇)　座标系(坐)　照像机(相)　暖哄哄(烘)
名信片(明)　坐右铭(座)　天然汽(气)　煤汽机(气)　引伸义(申)　雄纠纠(赳)
冷不妨(防)
裨官野史(稗)　百练成钢(炼)　火山暴发(爆)　和霭可亲(蔼)　爱不失手(释)
安份守己(分)　按居乐业(安)　暗然泪下(黯)　黯无天日(暗)　敖敖待哺(嗷)
飞扬拔扈(跋)　绝不罢休(决)　白壁微瑕(璧)　英雄倍出(辈)　半途而费(废)
哀声叹气(唉)　山洪爆发(暴)　武装爆动(暴)　五色斑澜(斓)　百步串杨(穿)
百尺杆头(竿)　罢绌百家(黜)　百战不贻(殆)　虎视耽耽(眈)　当人不让(仁)
倒打一把(耙)　得不尝失(偿)　得垄望蜀(陇)　错手不及(措)　大才小用(材)

大放獗词(厥)　大声急呼(疾)　大廷广众(庭)　大有稗益(裨)　完壁归赵(璧)
森严壁磊(垒)　鞭僻入理(辟、里)　能言善辨(辩)　变本加利(厉)　变换莫测(幻)
骠肥体壮(膘)　标柄千古(彪)　别出心才(裁)　兵慌马乱(荒)　彬彬有理(礼)
涣然一新(焕)　摒气凝神(屏)　病入膏盲(肓)　并行不背(悖)　拨乱返正(反)
军事布署(部)　人所不耻(齿)　不共带天(戴)　不寒而立(栗)　不惶顾及(遑)
不记其数(计)　不接不离(即)　不加思索(假)　不卑不吭(亢)　不径而走(胫)
继往不究(既)　不堪之论(刊)　不可思异(议)　不明一文(名)　不求深解(甚)
宁死不曲(屈)　麻木不忍(仁)　不详之兆(祥)　步履维坚(艰)　雄材大略(才)
材疏学浅(才)　神采弈弈(奕)　材华横溢(才)　兴高彩烈(采)　张灯结采(彩)
惨绝人圜(寰)　灿然一笑(粲)　苍海桑田(沧)　沧茫大海(苍)　藏污纳诟(垢)
草官人命(菅)　测隐之心(恻)　成出不穷(层)　层见迭出(叠)　层峦叠障(嶂)
插科打浑(诨)　蝉连冠军(联)　陈陈相应(因)　陈词烂调(滥)　自学成才(材)
惩前毙后(毖)　惩一禁百(儆)　吃里爬外(扒)　斥之以鼻(嗤)　冲耳不闻(充)
首当其充(冲)　忧心冲冲(忡)　山峦重迭(叠)　一愁莫展(筹)　出类拔粹(萃)
出奇不意(其)　出奇致胜(制)　出人投地(头)　除旧补新(布)　处心集虑(积)
穿流不息(川)　传颂一时(诵)　吹毛求刺(疵)　从常计议(长)　粗枝大意(叶)
粗制烂造(滥)　措火积薪(厝)　地大物搏(博)　掂斤拨两(播)　草木雕零(凋)
凋虫小技(雕)　调以轻心(掉)　吊虎离山(调)　迭床架屋(叠)　层峦迭障(叠、嶂)
动则得咎(辄)　以毒功毒(攻)　独挡一面(当)　独劈蹊径(辟)　独占螯头(鳌)
度过难关(渡)　疾贤妒能(嫉)　堵绝浪费(杜)　断章取意(义)　对针下药(症)
两军对恃(峙)　绌绌逼人(咄)　恶灌满盈(贯)　发号司令(施)　震聋发聩(振)
令人发直(指)　要言不繁(烦)　繁文溽节(缛)　易如翻掌(反)　防患未燃(然)
飞声文坛(蜚)　成绩蜚然(斐)　缠绵悱测(恻)　妄自匪薄(菲)　非夷所思(匪)
纲纪废驰(弛)　费寝忘食(废)　废尽心思(费)　分道扬标(镳)　分庭抗理(礼)
纷至踏来(沓)　焚膏既晷(继)　愤闷不平(懑)　愤笔急书(奋、疾)　丰功伟迹(绩)
蜂涌而至(拥)　凤冠霞披(帔)　幅圆辽阔(员)　浮光略影(掠)　斧底抽薪(釜)
付之东流(诸)　言简意该(赅)　甘败下风(拜)　改斜归正(邪)　甘之如怡(饴)
感恩带德(戴)　根深底固(蒂)　工力悉抵(敌)　功亏一蒉(篑)　全神灌注(贯)
鬼斧神功(工)　鬼域技俩(蜮、伎)　过尤不及(犹)　禁若寒蝉(噤)　含辛如苦(茹)
汗流夹背(浃)　合盘托出(和)　合衷共济(和)　轰堂大笑(哄)　后发治人(制)
划地为牢(画)　回光反照(返)　独具惠眼(慧)　昏馈无能(聩)　浑浑恶恶(噩)
浑玉朴金(璞)　忽然开朗(豁)　祸国秧民(殃)　击浊扬清(激)　嫉恶如仇(疾)
急言厉色(疾)　集液成裘(腋)　挤挤一堂(济)　计日成功(程)　肆无忌殚(惮)
既往开来(继)　佳言懿行(嘉)　艰壁清野(坚)　艰不可摧(坚)　历尽坚辛(艰)
坚难困苦(艰)　矫糅造作(揉)　接长补短(截)　可资借戒(鉴)　弱不经风(禁)
金榜提名(题)　金壁辉煌(碧)　金刚努目(怒)　金钢钻头(刚)　决无仅有(绝)

二、容易读错的字

A

挨(āi)近 挨(ái)饿 白皑皑(ái) 狭隘(ài) 谙(ān)熟 哀(āi)求
熬(āo)菜 煎熬(áo) 鏖(áo)战 拗(ǎo)断 拗(ào)口

B

扳(bān)平 同胞(bāo) 炮(bāo)羊肉 剥(bāo)皮 薄(báo)纸 卑鄙(bǐ)
蓓(bèi)蕾 奔(bēn)波 投奔(bèn) 迸(bèng)发 秘(bì)鲁 包庇(bì)
麻痹(bì) 复辟(bì) 濒(bīn)临 针砭(biān) 屏(bǐng)气 淡薄(bó)
摒(bìng)弃 剥(bō)削 停泊(bó) 哺(bǔ)育

C

粗糙(cāo) 嘈(cáo)杂 参(cēn)差(cī) 差(chā)错 偏差(chā) 猹(chá)
搽(chá)粉 刹(chà)那 差(chāi)遣 谄(chǎn)媚 忏(chàn)悔 鞭笞(chī)
赔偿(cháng) 羼(chàn)杂 场(cháng)院 一场(cháng)雨 徜(cháng)徉
绰(chāo)起 嗔(chēn)怒 乘(chéng)客 惩(chéng)罚 驰骋(chěng)
痴(chī)呆 踟(chí)蹰(chú) 奢侈(chǐ) 整饬(chì) 炽(chì)热
不啻(chì) 叱(chì)咤 憧(chōng)憬 崇(chóng)拜 踌(chóu)躇(chú)
罢黜(chù) 揣(chuǎi)摩 椽(chuán)子 创(chuāng)伤 凄怆(chuàng)
啜(chuò)泣 辍(chuò)学 宽绰(chuò) 瑕疵(cī) 伺(cì)候 烟囱(cōng)
从(cóng)容 淙(cóng)淙流水 璀(cuǐ)璨 皴(cūn)裂 忖(cǔn)度 蹉(cuō)跎
挫(cuò)折

D

呆(dāi)板 答(dā)应 逮(dǎi)老鼠 逮(dài)捕 档(dàng)案 追悼(dào)
提(dī)防 并蒂(dì)莲 缔(dì)造 掂(diān)量 玷(diàn)污 装订(dìng)
订(dìng)正 恫(dòng)吓 胴(dòng)体 句读(dòu) 兑(duì)换 踱(duó)步

E

阿(ē)谀 婀(ē)娜 讹(é)诈 扼(è)要

F

蜚(fēi)声 菲(fěi)薄 沸(fèi)点 氛(fēn)围 肤(fū)浅 仿佛(fú)
凫(fú)水 篇幅(fú) 拂(fú)晓 怫(fú)然 果脯(fǔ)

G

准噶(gá)尔 大动干戈(gē) 诸葛(gě)亮 脖颈(gěng) 提供(gōng)

供(gōng)销	供(gōng)给	供(gòng)认	口供(gòng)	佝(gōu)偻
勾(gòu)当	骨(gǔ)气	蛊(gǔ)惑	商贾(gǔ)	桎梏(gù)
鳜(guì)鱼	粗犷(guǎng)	皈(guī)依	瑰(guī)丽	刽(guì)子手
聒(guō)噪				

H

哈(hǎ)达	尸骸(hái)	罕(hǎn)见	巷(hàng)道	呵(hē)欠
回纥(hé)	干涸(hé)	上颌(hé)	负荷(hè)	附和(hè)
蛮横(hèng)	横(hèng)财	哄(hōng)抢	起哄(hòng)	糊(hú)口
华(huà)山	豢(huàn)养	隐晦(huì)	污秽(huì)	混(hún)浊
和(huó)面	豁(huò)达			

J

跻(jī)身	通缉(jī)	茶几(jī)	畸(jī)形	羁(jī)绊
羁(jī)旅	汲(jí)取	即(jí)使	即(jí)兴	嫉(jí)妒
棘(jí)手	贫瘠(jí)	狼藉(jí)	脊(jǐ)梁	给(jǐ)予
觊(jì)觎	成绩(jì)	古迹(jì)	夹(jiā)道	夹(jiá)袄
信笺(jiān)	歼(jiān)灭	缄(jiān)默	渐(jiān)染	眼睑(jiǎn)
离间(jiàn)	僭(jiàn)越	发酵(jiào)	姣(jiāo)好	蛟龙(jiāo)
缴(jiǎo)纳	校(jiào)对	倔强(jiàng)	反诘(jié)	拮(jié)据(jū)
攻讦(jié)	桔(jié)梗	押解(jiè)	尽(jǐn)管	粳(jīng)米
颈(jǐng)项	强劲(jìng)	痉(jìng)挛	抓阄(jiū)	针灸(jiǔ)
内疚(jiù)	狙(jū)击	矩(jǔ)形	龃(jǔ)龉	镌(juān)刻
隽(juàn)永	角(jué)色	口角(jué)	角(jué)逐	咀嚼(jué)
猖獗(jué)	诡谲(jué)	矍(jué)铄	攫(jué)取	龟(jūn)裂
竣(jùn)工				

K

坎(kǎn)坷(kě)	鸟瞰(kàn)	窠(kē)臼	可(kè)汗(hán)	恪(kè)守
倥(kǒng)偬(zǒng)		财会(kuài)	岿(kuī)然	窥(kuī)视
傀(kuǐ)儡(lěi)	感喟(kuì)			

L

邋(lā)遢(ta)	书声琅(láng)琅	唠(láo)叨	痨(láo)病	落(lào)枕
落(lào)色(shǎi)	奶酪(lào)	烙(lào)印	勒(lè)索	擂(léi)鼓
羸(léi)弱	果实累(léi)累	罪行累(lěi)累	擂(lèi)台	罹(lí)难
潋(liàn)滟	入殓(liàn)	端量(liáng)	寂寥(liáo)	镣(liào)铐
打猎(liè)	恶劣(liè)	仓廪(lǐn)	雕镂(lòu)	贿赂(lù)

棕榈(lǘ)　掠(lüè)夺　裸(luǒ)视

M

抹(mā)布　阴霾(mái)　埋(mán)怨　耄(mào)耋(dié)　联袂(mèi)
闷(mēn)热　愤懑(mèn)　蒙(méng)难　奢靡(mí)　靡(mǐ)丽
静谧(mì)　分娩(miǎn)　幽冥(míng)　酩(mǐng)酊(dǐng)　荒谬(miù)
蓦(mò)然　牟(móu)取　模(mú)样　模(mú)具

N

老衲(nà)　羞赧(nǎn)　泥淖(nào)　木讷(nè)　气馁(něi)
匿(nì)名　拘泥(nì)　亲昵(nì)　宁(nìng)愿　泥泞(nìng)
忸(niǔ)怩(ní)　执拗(niù)　驽(nú)马　虐(nüè)待

O

讴(ōu)歌　呕(ǒu)吐　怄(òu)气

P

扒(pá)手　迫(pǎi)击炮　蹒(pán)跚　滂(pāng)沱(tuó)　袍(páo)泽
炮(páo)制　炮(páo)烙(luò)　胚(pēi)胎　喷(pèn)香　抨(pēng)击
坯(pī)胎　纰(pī)漏　砒(pī)霜　毗(pí)邻　癖(pǐ)好
媲(pì)美　扁(piān)舟　剽(piāo)窃　饿殍(piǎo)　一瞥(piē)
乒(pīng)乓(pāng)　湖泊(pō)　糟粕(pò)　解剖(pōu)
奴仆(pú)　匍(pú)匐(fú)　曝(pù)晒

Q

沏(qī)茶　栖(qī)息　蹊(qī)跷(qiāo)　祈(qí)祷　颀(qí)长
歧(qí)途　绮(qǐ)丽　修葺(qì)　休憩(qì)　关卡(qiǎ)
潜(qián)水　悭(qiān)吝　掮(qián)客　虔(qián)诚　天堑(qiàn)
缱(qiǎn)绻(quǎn)　戕(qiāng)害　强(qiǎng)迫　勉强(qiǎng)　襁(qiǎng)褓
翘(qiáo)楚　翘(qiáo)首　讥诮(qiào)　地壳(qiào)　胆怯(qiè)
惬(qiè)意　衾(qīn)枕　倾(qīng)慕　引擎(qíng)　亲(qìng)家
龟(qiū)兹(cí)　曲(qū)折　祛(qū)除　黢(qū)黑　清癯(qú)
龋(qǔ)齿　债券(quàn)　商榷(què)　逡(qūn)巡　麇(qún)集

R

冉(rǎn)冉　攘(rǎng)除　妖娆(ráo)　围绕(rào)　荏(rěn)苒(rǎn)
丰稔(rěn)　稔(rěn)知　烹饪(rèn)　妊(rèn)娠(shēn)　仍(réng)然
冗(rǒng)长　偌(ruò)大

S

丧(sāng)钟 缫(sāo)丝 稼穑(sè) 堵塞(sè) 刹(shā)车
芟(shān)除 潸(shān)然 禅(shàn)让 讪(shàn)笑 赡(shàn)养
折(shé)本 威慑(shè) 教室(shì) 似(shì)的 狩(shòu)猎
倏(shū)忽 束(shù)缚 刷(shuà)白 游说(shuì) 吮(shǔn)吸
瞬(shùn)间 朔(shuò)方 怂(sǒng)恿(yǒng) 塑(sù)料
夙(sù)仇 簌(sù)簌 虽(suī)然 教唆(suō) 婆娑(suō)

T

趿(tā)拉 鞭挞(tà) 拓(tà)本 叨(tāo)扰 丝绦(tāo)
熏陶(táo) 体(tī)己 孝悌(tì) 倜(tì)傥(tǎng) 腼腆(tiǎn)
轻佻(tiāo) 调(tiáo)皮 妥帖(tiē) 请帖(tiě) 字帖(tiè)
绿汀(tīng) 悲恸(tòng) 荼(tú)毒 湍(tuān)急 颓(tuí)唐
蜕(tuì)变 朝暾(tūn)

W

逶(wēi)迤(yí) 崔嵬(wéi) 圩(wéi)田 猥(wěi)琐
龌(wò)龊(chuò)

X

檄(xí)文 狡黠(xiá) 纤(xiān)细 翩跹(xiān) 弓弦(xián)
舷(xián)窗 鲜(xiǎn)有 霰(xiàn)弹 关饷(xiǎng) 混淆(xiáo)
肖(xiào)像 咆哮(xiào) 挟(xié)持 采撷(xié) 叶(xié)韵
颉(xié)颃(háng) 纸屑(xiè) 机械(xiè) 歆(xīn)羡 省(xǐng)亲
珍馐(xiū) 铜臭(xiù) 远岫(xiù) 星宿(xiù) 自诩(xǔ)
体恤(xù) 酗(xù)酒 煊(xuān)赫 眩(xuàn)晕(yùn)
穴(xué)位 噱(xué)头 戏谑(xuè) 驯(xùn)服 徇(xùn)私
殉(xùn)情 逊(xùn)色

Y

倾轧(yà) 殷(yān)红 湮(yān)没 筵(yán)席 妍(yán)媸(chī)
梦魇(yǎn) 衍(yǎn)变 俨(yǎn)然 吊唁(yàn) 赝(yàn)品
佯(yáng)装 哽咽(yè) 窈(yǎo)窕(tiǎo) 鹞(yào)鹰 揶(yé)揄(yú)
笑靥(yè) 拜谒(yè) 迤(yǐ)逦(lǐ) 旖(yǐ)旎(nǐ) 后裔(yì)
游弋(yì) 造诣(yì) 友谊(yì) 驾驭(yù) 肄(yì)业
荫(yìn)庇 应(yīng)届 邮(yóu)递 黝(yǒu)黑 艺苑(yuàn)
囹圄(yòu) 宽宥(yòu) 逾(yú)越 伛(yǔ)偻(lǚ) 舆(yú)论

囹(líng)圄(yǔ)	熨(yù)帖	晕(yùn)车	允(yǔn)许	愠(yùn)色

Z

登载(zǎi)	装载(zài)	拒载(zài)	臧(zāng)否(pǐ)	宝藏(zàng)
确凿(záo)	谮(zèn)言	憎(zēng)恨	咋(zé)舌	驻扎(zhā)
挣扎(zhá)	札(zhá)记	轧(zhá)钢	择(zhái)菜	占(zhān)卜
颤(zhàn)栗	着(zhāo)数	贬谪(zhé)	着(zháo)凉	沼(zhǎo)泽
号召(zhào)	蛰(zhé)伏	砧(zhēn)板	甄(zhēn)别	箴(zhēn)言
缜(zhěn)密	症(zhēng)结	症(zhèng)候	诤(zhèng)言	脂(zhī)肪
踯(zhí)躅(zhú)	标识(zhì)	对峙(zhì)	中(zhōng)听	中(zhòng)肯
胡诌(zhōu)	啁(zhōu)啾(jiū)	压轴(zhòu)	贮(zhù)藏	伫(zhù)立
谆(zhūn)谆	笨拙(zhuō)	卓(zhuó)越	啄(zhuó)木鸟	着(zhuó)陆
渣滓(zǐ)	恣(zì)意	油渍(zì)	箭镞(zú)	作(zuō)坊

涵　养　篇

导　语

在历史长河中，中华民族形成了伟大的民族精神和优秀的传统文化，这是中华民族生生不息、长盛不衰的文化基因，也是实现中华民族伟大复兴的精神力量。青少年要通过深入学习，认识中华文明起源和发展的历史脉络，认识中华文明取得的辉煌成就，不断增强民族凝聚力、民族自豪感。本篇本着“重拾国粹，古为今用”的原则，去伪存真，删繁就简，精心选编了“中国传统文化的基本精神”“中国传统节日”“二十四节气”等内容，旨在让学生学习中国传统文化，蓄养丰厚而强健的文化精神。

一、中国传统文化的基本精神

在中国传统文化中，有一些思想观念或固有传统，长期受到人们的尊崇，成为生活行动的最高指导原则，在历史上起到了推动社会发展的作用，成为历史发展的内在动力，这就是中国文化的基本精神。它是民族延续发展的精神动力，或者说是中华民族生存发展的精神支柱。作为中国文化基本精神的思想观念或文化传统，它必须具有两个不可或缺的特点：一是具有广泛的影响，感染熏陶了大多数人民，为他们所认同、所接受，成为他们的基本人生信念和自觉的价值追求；二是具有维系民族生存和发展、促进社会进步的积极作用。必须具有这两方面的特点，才可以称为文化的基本精神。从理论思维的高度审视，所谓中国文化的基本精神，实质上就是中华民族的民族精神。中国传统文化的基本精神可以作如下归纳：

（一）自强不息、刚健有为的进取精神

中国的传统文化中，自强不息的精神占据重要的地位。对于刚健有为、自强不息作出明确表述的是《周易》。《易传》对此作了经典性表述：“天行健，君子以自强不息”“生生之谓易”“刚健而文明，应乎天而顺乎人”。这里的意思是说，人必须发挥自我能动性，主张刚健有为、积极进取，自强不息、努力奋斗。孔子是极力提倡有为并身体力行的思想家。他一生奔波，幻想以周礼匡扶乱世，“明知其不可为而为之”，结果是“发奋忘食，乐以忘忧，不知老之将至”。对“饱食终日，无所用心”的人生态度投以蔑视。孟子曰：“故天将降大任于是人也，必先苦其心志，劳其筋骨，饿其体肤，空乏其身，行拂乱其所为，所以动心忍性，曾益其所不能。”孟子认为无论在乱世还是在太平盛世，都需要自强不息。

中国传统文化中所具有的刚健有为、自强不息的精神一直是中华民族奋发向上、蓬勃发展的动力。它体现在人民生活的方方面面。几千年来,这种精神已经不知不觉地渗透到国人的血液中,深深地影响着、激励着古往今来的中华儿女不断地奋发图强。也还是这种精神,鼓舞着我们建设有中国特色的社会主义,取得了举世瞩目的伟大成就。这是我们中华民族优良的文化传统,是我们在新时代条件下更加需要发扬的精神。

刚健有为、自强不息还有一个最重要的体现,那就是积极否定、革故鼎新的改革精神。《礼记·大学》中称赞“苟日新,日日新,又日新”。《易传》也肯定“天地革而四时成,汤武革命,顺乎天而应乎人。革之时,大矣哉”。中国历史上每当“积弊日久”时总会有或改革、或革命的运动,为清除积弊而变规变法。北宋时的王安石变法,清末的康梁维新,都是这种革新精神的体现。

(二) 贵和尚中、和而不同的和谐精神

和谐是中国传统文化追求的最高境界和最终目标。传统的和谐思想主要体现了一种中正、中和、均衡、和合、协调的特征。但是,和谐不是消灭矛盾差别,而是在承认有矛盾有差别基础上的和谐,是和而不同、求同存异,强调矛盾的统一与均衡,是多样性的统一。中国传统的贵和尚中、和而不同思想,表现在中国政治文化的各个方面、各个领域。譬如,重视人与自然的和谐相处,追求社会的和谐和人际关系的和谐。

“和”,指不同事物之间的搭配、融合、平衡达到最为圆满程度的一种状态。例如音乐,五音的高低疾缓臻于完美,就称为和;又如饮食,五味的多寡浓淡搭配得宜,也称为和;又如身体,阴阳之气平衡饱满,也称为和;又如德行,处事不刚不柔曰和,为古代五德之一。可见此种和的境界有三个特点:第一,它是一种至善的状态;第二,它是由不同事物之间构成的一种完美的关系;第三,这多种事物在和合的关系中保持着原有的个性。和而不同,“和”异于“同”之处,就在于它保留了其中每一种事物的个别属性。中国文化的伟大之处,乃在最能调和,使冲突之各方兼容并包、共存并处、相互调剂。

“和”是中华传统文化的核心。《论语·学而》:“礼之用,和为贵。”意思是“社会秩序的作用,贵在使社会和谐”。追求和谐在中华文化中处处可见。例如,一个家庭过日子讲求和和气气,才能“家和万事兴”;做生意讲“和气生财”;搞政治要求“政通人和”;做事业要“和衷共济”“内和外顺”;与人相处要“和以处众”;对外关系要“协和万邦”。总而言之,方方面面都要追求和谐。可见和谐是中国人的普遍要求,极其深入人心。

学界将中国传统文化重视和谐与统一的特点界定为“中华和合文化”。中华和合文化,是中华优秀文化传统的精髓之一和主要组成部分,这是一种有中国特色的整体系统思想。中国传统文化中的这种“持中贵和”的思想植根于农业经济,表现出一种“静态”特征:重视自然,重视人与自然的和谐,人与社会的和谐,人与人之间的和谐以及每个人内心的和谐等。

这种主张和谐、持中贵和的思想有利于保持社会的稳定,有利于维护祖国的统一和民族的团结。

(三) 以义为上、注重伦理的道德主义情怀

追求义利合一是中国传统文化中基本的价值思想。中国的传统文化在早期发展中,就出现了“义利之辨”的讨论。“义”代表了仁义道德,“利”代表了社会生活中的种种物质利益。

从另一个角度来说，前者与后者是公利与私利、他利与自利的关系。孔子主张“见利思义”“不义而富且贵，于我如浮云”，要求人们在追逐利益的时候，首先要考虑是否符合“义”，即自己取利的行为是否合乎道义。它更进一步提出了解决在现实中义利关系问题相互矛盾的方案：在个人利益与国家、社会利益相互冲突的情况下，要顾全大局；对物质利益的获取要在社会道义和规范的约束下有秩序地进行；要把从社会来的财富，再回馈于社会。这些对于今天抵制利己主义思潮，净化社会风气，提升全民道德水平，仍然具有不可忽视的作用。

在现代化进程中，发展商品经济和市场经济客观上刺激了人们的求利欲望，同时，“商品拜物教”和“金钱至上”的思想也在一度存在。“以义为重”的义利观对由利益欲、享受欲急剧造成的道德滑坡、人格丢失等丑恶、阴暗、卑鄙的社会现象无疑是一剂良方。我们要在建设现代化经济体系过程中，树立见利思义、义利并重的观念，按照法律法规和社会公德的要求，通过公平竞争来从事市场经济活动。正确处理社会与个人的利益关系，反对一切不顾道义的自私自利行为。以义为重的义利观不仅会促进经济行为的扩张，而且也有利于高尚价值观的形成，有利于社会主义市场经济走上良性发展的轨道。

当然，在义利统一的问题上，由于儒家思想一直占主导地位，所以重义轻利甚至尚义反利的思想也一直是一个传统。这一传统一方面维持了中国古代社会的稳定和延续，缔造了中国人以道德为上，重气节、重人格的民族性格；另一方面，也有压抑人的欲望、扭曲人性的弊端。对于中国传统价值观中的这一“反利”传统，无疑又是我们今天所应该批判和否定的。

（四）民为邦本、民贵君轻的民本思想

人本主义在中国文化中有着悠久的历史和鲜明的个性，也被看作中国文化的基本精神之一。“以人为本”的人本主义在中国文化中有两层意义：一是在人与神的关系上体现为“天地之性人为贵”的人格肯定和“未能事人，焉能事鬼”的轻神重人的根本态度；二是在人民与统治者的关系上“民为邦本”“民贵君轻”的社会观和朴素民主观。人文主义或人本主义，向来被当作中国传统文化的一大特色。所谓以人为本，就是将人作为考虑一切问题的出发点和归宿。肯定天地之间人为贵，人为万物之灵，在人与物之间、人与鬼神之间，以人为中心，这是中国传统文化的基调。也就是说，神本主义在中国不占统治地位，而人本主义则是中国传统文化的核心。

中国自古以来就重视以民为本。早在殷商时期，就提出了“民惟邦本，本固邦宁”的思想，成为早期民本论的代表。从此以后，重民思想就一直没有中断过。从先秦一直到汉代的陆贾、贾谊、王符、仲长统，到隋唐的王通、韩愈、柳宗元，到宋元的李觏、张载、范仲淹，到明清之际的顾炎武、黄宗羲、王夫之，都对民本思想进行了丰富和发展。其中，黄宗羲的民本思想达到了中国传统民本思想的最高峰，它已经超越了儒家重民、爱民、为民请命的局限，触及了民主、民治、民主监督等新层面。

中国传统人本主义坚持“民为贵”的民本主义精神观念。《左传・桓公六年》称：“夫民，神之主也。是以圣王先成民而后致力于神。”《左传・庄公三十二年》载：“国将兴，听于民；将亡，听于神。”儒家学说更是集中突现了民为邦本的思想。孔子历来主张重民、富民、教民。孟子则提出了影响中国几千年的“民为贵，社稷次之，君为轻”的著名观点，成为历代开明统治者维护统治的座右铭。他认为得民心者得天下，失民心者失天下，“得乎丘民而为天子”（《孟子・尽心下》），“桀纣之失天下也，失其民也；失其民者，失其心也。得天下有道：得其民，斯得天下矣。”(《孟子·离娄上》)荀子亦主张民为邦本，他的君舟民水的著名比喻，传之久远，是历代为政者必修的一课，“用国者，得百姓之力者富，得百姓之死者强，得百姓之誉者荣。三得者具而天下归之，三得者亡而天下去之。”(《荀子·王霸》)民本思想对制约暴君苛政、改良人民的政治处境具有积极意义。

中国传统文化源远流长，体大思深，其内涵的基本精神，滋养了数千年中华儿女的精神世界，塑造了无数伟岸的人格，凝聚了民族向心力，巩固了国家统一，维护了社会秩序，书写了泱泱中华“郁郁乎文哉”的大国气象，在文化全球化和呼吁传统文化为现代化持续发展服务的今天，越来越有着世界性的价值和意义，是值得我们去好好珍惜和继承弘扬的。

二、中国传统节日

中国传统节日形式多样，内容丰富，承载着神话、传说、天文、地理、术数、历法等人文与自然文化的内容。到战国时期，一年划分二十四个节气，已基本齐备。后来的传统节日，全都和这些节气密切相关。发展到唐代，节日已经从原始祭拜、禁忌神秘的气氛中解放出来，向娱乐礼仪转型，成为真正的“良辰佳节”，变得欢快喜庆、丰富多彩，许多体育、娱乐活动形式出现，并很快成为一种时尚流行开来，这些风俗一直延续发展，经久不衰。中国的传统节日，大俗中透着大雅，雅俗相生，具有强大的内聚力和广泛的包容性，与中国源远流长的民族精神一脉相承，是一份宝贵的文化遗产。

传统节日的形成过程，是一个民族或国家历史文化长期积淀凝聚的过程。中国传统节日多种多样，是中华民族悠久历史文化的一个重要组成部分，它们从远古先民时期发展传承至今，清晰地记录着中华民族丰富而多彩的社会生活文化内容。目前，中国八个大的传统节日(春节、元宵节、清明节、端午节、中秋节、重阳节、冬至、除夕)，适用地区广，涉及民族多，传统文化气息浓。下面对这些传统节日的由来、习俗和相关诗作作简要介绍，以便大学生从一个侧面了解中国传统文化的意蕴(冬至将在“二十四节气”中介绍)。

(一) 春节

节日时间：农历正月初一。

节日类型：中国传统节日。

流行地区：中国，东亚、东南亚等其他华侨华人聚集地。

节日起源：舜即天子位，祭拜天地。

节日活动：扫尘、守岁、拜年、贴春联、放爆竹、发压岁钱等。

节日饮食：年糕、饺子、春卷、元宵(汤圆)。

节日意义：农历新年的开始。

节日由来

春节起源于上古时代年头岁尾的祭神、祭祖活动。人们于一岁农事结束后在新一岁的开端举行活动报祭天地、追思祖先恩德，驱邪攘灾、纳福祈年。春节是中华民族最隆重的传统佳节。春节不仅仅是一个节日，同时也是中国人情感得以释放、心理诉求得以满足的重要载体，反映的是慎终追远、固本思源的人文精神，是中华民族一年一度的狂欢节和永远的精神支柱。春节与清明节、端午节、中秋节并称为中国四大传统节日。

传统习俗

春节是除旧布新的日子，主要民俗活动有扫尘、守岁、拜年、贴春联、贴窗花与“福”字、贴年画、燃爆竹、办年货等。地域不同、民族不同，民俗也有一些差异，但所进行的活动，均以祭祀祖神、祭奠祖先、除旧布新、迎禧接福、祈求丰年为主要内容，形式丰富多彩，带有浓郁的地域和民族特色。

相关诗作

元　日

宋·王安石

爆竹声中一岁除，春风送暖入屠苏。
千门万户曈曈日，总把新桃换旧符。

甲午元旦

清·孔尚任

萧疏白发不盈颠，守岁围炉竟废眠。
剪烛催干消夜酒，倾囊分遍买春钱。
听烧爆竹童心在，看换桃符老兴偏。
鼓角梅花添一部，五更欢笑拜新年。

（二）元宵节

节日时间：农历正月十五。
节日类型：中国传统节日。
流行地区：中国。
节日起源：原始崇拜、信仰。
节日活动：赏灯、猜灯谜、耍龙灯。
节日饮食：元宵（汤圆）。
节日意义：农历新年的第一个月圆之夜。

节日由来

元宵节是中国的传统节日，早在两千多年前的西汉时期就有了。据资料记载与民俗传说，正月十五在西汉已经受到重视，汉武帝正月上辛夜在甘泉宫的祭祀活动，被后人视作正月十五祭祀天神的先声。

元宵，原意为“上元节的晚上”，因正月十五“上元节”主要活动是晚上的吃元宵赏月，后来节日名称演化为“元宵节”。元宵之夜，大街小巷张灯结彩，人们赏灯，猜灯谜，吃元宵，将从除夕开始延续的庆祝活动推向又一个高潮，成为世代相沿的习俗。

2008 年 6 月，元宵节入选第二批国家级非物质文化遗产。

传统习俗

元宵佳节，活动丰富多彩，大致有出门赏月、燃灯放焰、喜猜灯谜、共吃元宵、拉兔子灯、祭门、祭户、逐鼠、走百病等。此外，不少地方元宵节还增加了耍龙灯、耍狮子、踩高跷、划旱船、扭秧歌、打太平鼓等传统民俗表演。

相关诗作

青玉案·元夕

宋·辛弃疾

东风夜放花千树，更吹落，星如雨。宝马雕车香满路。凤箫声动，玉壶光转，一夜鱼龙舞。蛾儿雪柳黄金缕，笑语盈盈暗香去。众里寻他千百度，蓦然回首，那人却在，灯火阑珊处。

正月十五夜

唐·苏味道

火树银花合，星桥铁锁开。
暗尘随马去，明月逐人来。
游伎皆秾李，行歌尽落梅。
金吾不禁夜，玉漏莫相催。

(三) 清明节

节日时间：公历 4 月 5 日或 4 日。

节日类型：中国传统节日。

流行地区：中国、越南、韩国等。

节日起源：春日祭祀。

节日活动：扫墓祭祖、踏青郊游。

节日饮食：禁火冷食。

节日意义：以扫墓、祭拜等形式纪念祖先。

节日由来

清明节的起源，据传始于古代帝王将相“墓祭”之礼，后来民间亦相仿效，于此日祭祖扫墓，历代沿袭而成为中华民族一种固定的风俗，抒发人们礼敬祖先、继志述事的道德情怀。另有一种流行说法认为源于寒食节，与春秋时期晋文公为祭奠功臣隐士介子推(携母隐居被焚绵山)的传说有关。

传统习俗

清明节是隆重盛大的祭祖大节，习俗除讲究禁火、扫墓外，还有踏青、荡秋千、放风筝、蹴鞠、打马球、插柳射柳、斗鸡、蚕花会等一系列体育风俗活动。相传这是因为寒食节要寒食禁火，为了防止寒食冷餐伤身，所以大家参加一些体育活动来锻炼身体。因此，这个节日既有祭扫悼念的悲酸泪，又有踏青游玩的欢笑声，是一个富有特色的节日。

相关诗作

清　明

唐·杜　牧

清明时节雨纷纷，路上行人欲断魂。
借问酒家何处有?牧童遥指杏花村。

苏堤清明即事

宋·吴惟信

梨花风起正清明，游子寻春半出城。
日暮笙歌收拾去，万株杨柳属流莺。

(四) 端午节

节日时间：农历五月初五。

节日类型：中国传统节日。

流行地区：中国、日本、朝鲜、韩国、越南等国。

节日起源：古代百越地区对龙图腾的崇拜与信仰。

节日活动：赛龙舟、端午食粽、挂艾草菖蒲等。

节日饮食：粽子、雄黄酒、五黄等。

节日意义：祈福辟邪、欢庆娱乐，期禳灾疫。

节日由来

端午节，起源说法不一。有人认为是源于古代百越地区崇拜龙图腾的部族举行图腾祭祀的节日。百越之地，春秋之前有在农历五月初五以龙舟竞渡形式举行部落图腾祭祀的习俗。也有人认为是为悼念、诗人屈原而形成的节日；部分地区也有纪念伍子胥、曹娥等说法。

2006 年 5 月，国务院将其列入首批国家级非物质文化遗产名录；2009 年 9 月，联合国教科文组织正式审议并批准中国端午节列入世界非物质文化遗产，成为中国首个入选世界非遗的节日。

传统习俗

过端午节，是中国人两千多年来的传统习惯。届时，人们插艾蒲、吃粽子、饮雄黄酒，在小儿衣襟上系香袋，去虫毒等。一些地方会举行龙舟竞渡等娱乐活动。

相关诗作

午日观竞渡

明·边 贡

共骇群龙水上游，不知原是木兰舟。
云旗猎猎翻青汉，雷鼓嘈嘈殷碧流。
屈子冤魂终古在，楚乡遗俗至今留。
江亭暇日堪高会，醉讽离骚不解愁。

午日处州禁竞渡

明·汤显祖

独写菖蒲竹叶杯，蓬城芳草踏初回。
情知不向瓯江死，舟楫何劳吊屈来。

(五) 中秋节

时间：农历八月十五日。

节日类型：中国传统节日。

流行地区：中国、韩国、越南等。

节日起源：祭祀、丰庆。

节日活动：赏月、祭月、吃月饼等。

节日饮食：月饼、桂花酒。

节日意义：丰庆、团圆、吉祥。

节日由来

关于中秋节的起源，说法较多。中秋一词，最早见于《周礼》，《礼记·月令》说：“仲秋之月养衰老，行糜粥饮食。”

一说它起源于古代帝王的祭祀活动。《礼记》记载：“天子春朝日，秋夕月”，夕月就是祭拜月亮，说明早在春秋时代，帝王就已开始祭月、拜月了。后来贵族官吏和文人学士也相继仿效，逐步传到民间。

一说中秋节的起源和农业生产有关。秋天是收获的季节。“秋”字的解释是：“庄稼成熟曰秋。”八月中秋，农作物和各种果品陆续成熟，农民为了庆祝丰收，表达喜悦的心情，就以“中秋”这天作为节日。“中秋”就是秋天中间的意思，农历的八月是秋季中间的一个月，十五日又是这个月中间的一天，所以中秋节可能是古人“秋报”遗传下来的习俗。

2006 年 5 月 20 日，国务院将其列入首批国家级非物质文化遗产名录。

传统习俗

中秋节自古便有祭月、赏月、拜月、吃月饼、赏桂花、饮桂花酒等习俗，流传至今，经久不息。中秋节以月之圆兆人之团圆，寄托思念故乡、思念亲人之情，祈盼丰收、幸福，已经成为丰富多彩、弥足珍贵的文化遗产。

相关诗作

八月十五夜月

唐·杜 甫

满月飞明镜，归心折大刀。
转蓬行地远，攀桂仰天高。
水路疑霜雪，林栖见羽毛。
此时瞻白兔，直欲数秋毫。

天竺寺八月十五日夜桂子

唐·皮日休

玉颗珊珊下月轮，殿前拾得露华新。
至今不会天中事，应是嫦娥掷与人。

(六) 重阳节

节日时间：农历九月初九日。

节日类型：中国传统节日。

流行地区：中国等。

节日起源：祭祀、自然崇拜。

节日活动：插茱萸、赏秋、赏菊、登高、踏秋。

节日饮食：重阳糕、菊花酒。

节日意义：敬祖、敬老、感恩。

节日由来

重阳的源头，一说可追溯到先秦之前。《吕氏春秋》记载："（九月）命家宰，农事备收，举五种之要。藏帝籍之收于神仓，祗敬必饬。""是日也，大飨帝，尝牺牲，告备于天子。"可见当时已有在秋九月农作物丰收之时祭飨天帝、祭祖，以谢天帝、祖先恩德的活动。汉代，人们认为"重九"宜于长久，就有了重阳节求寿之俗。同时还有了长寿及饮宴活动，这构成了重阳节的基础。

2013 年 7 月 1 日起重阳节被定为老年节。

传统习俗

重阳节是杂糅多种民俗为一体的民间传统节日。庆祝重阳节一般会包括出游赏景、登高赏菊、插茱萸、吃重阳糕、饮菊花酒等活动。

相关诗作

民　谣

菊花黄，黄种强；菊花香，黄种康。
九月九，饮菊酒，人共菊花醉重阳。

九月九日忆山东兄弟

唐·王　维

独在异乡为异客，每逢佳节倍思亲。
遥知兄弟登高处，遍插茱萸少一人。

（七）除夕

节日时间：农历十二月最后一天的晚上或最后一天。

节日类型：中国传统节日。

流行地区：中国等。

节日起源：一元复始、万象更新。

节日活动：贴春联、贴窗花、贴福字、贴年画、燃爆竹。

节日饮食：年夜饭、饺子。

节日意义：一年之末。

节日由来

据《吕氏春秋·季冬记》记载，古人在新年的前一天用击鼓的方法来驱逐"疫疠之鬼"，这就是"除夕"节令的由来。除夕与春节这两个传统节日，时间紧连，实为一个传统佳节。"除夕"两字，最早见于东汉应劭《风俗通义》，其原意为驱邪避凶。西晋周处《风土记》中也有记载“除夕达旦不眠，谓之守岁”，有送旧迎新的意思。

传统习俗

全国各地习俗大同小异，家家户户都要举行一些辞旧迎新的活动，主要有吃年夜饭、贴春联、贴窗花、贴福字、贴年画、燃爆竹、祭祖、挂灯笼、发压岁钱等，与春节类似。不过除夕多了一些节日禁忌，如忌言鬼、死、杀等不吉字眼，忌打碎碗碟，忌恶声谩语，忌随地便溺，忌泼污水、灯油于地等。人们在除夕到来时，一面欢度佳节，喜庆丰收，一面洗澡更衣、打扫卫生，以驱疫病、除恶鬼。

相关诗作

守　岁

宋·苏　轼

欲知垂尽岁，有似赴壑蛇。
修鳞半已没，去意谁能遮。
况欲系其尾，虽勤知奈何。
儿童强不睡，相守夜欢哗。
晨鸡且勿唱，更鼓畏添挝。
坐久灯烬落，起看北斗斜。
明年岂无年，心事恐蹉跎。
努力尽今夕，少年犹可夸。

共内人夜坐守岁

梁·徐君倩

欢多情未极，赏至莫停杯。
酒中喜桃子，粽里觅杨梅。
帘开风入帐，烛尽炭成灰。
勿疑鬓钗重，为待晓光催。

三、二十四节气

“二十四节气”是上古农耕文明的产物，它是上古先民顺应农时，通过观察天体运行，认知一岁中时令、气候、物候等变化规律所形成的知识体系。二十四节气最初是依据斗转星移制定，北斗七星循环旋转，斗柄顺时针旋转一圈为一周期，谓之一“岁”。现行的“二十四节气”是依据太阳在回归黄道上的位置制定的，即把太阳周年运动轨迹划分为24等份，每15°为1等份，每1等份为一个节气，始于立春，终于大寒。

农历吸收了干支历的节气成分作为历法补充，并通过“置闰法”调整使其符合回归年，形成阴阳合历，“二十四节气”也就成为了农历的一个重要部分。

（一）立春

立春，为二十四节气之首。《月令七十二候集解》："立，建始也。"立，是"开始"之意；春，代表着温暖、生长。立春是"四立"之一，反映着冬春季节的更替，春生夏长，秋收冬藏，立春标志着万物闭藏的冬季已过去，开始进入风和日暖、万物生长的春季。

立春，在自然界，最显著的特点是万物开始有复苏的迹象。时至立春，在我国，北回归线（黄赤交角）及其以南一带，可明显感觉到早春的气息扑面而来。而在北回归线以北大部分地区，立春只是进入春天的前奏，万物尚未复苏，还处于万物闭藏的冬天。对于北回归线以北地区来说，距北回归线（黄赤交角）越远，进入春天越迟。

（二）雨水

雨水，是春季第二个节气。《月令七十二候集解》："春始属木，然生木者必水也。故立春后继之雨水。"雨水和谷雨、小满、小雨雪、大雪等节气一样，都是反映降水现象的节气，是古代农耕文化对于节令的反映。雨水节气标示着降雨开始，适宜的降水对农作物的生长很重要。进入雨水节气，我国北方地区阴寒未尽，一些地方仍下雪，尚未有春天气息；南方地区大多数地方则雨水渐多，有利于越冬作物返青生长。

雨水时节，天气变化不定，是全年寒潮过程出现最多的时节之一，忽冷忽热，乍暖还寒。时至雨水节气，太阳的直射点也由南半球逐渐向赤道靠近了，这时的北半球，日照时数和强度都在增加，气温回升较快，来自海洋的暖湿空气开始活跃，并渐渐向北挺进与冷空气相遇，形成降雨，但降雨量级多以小雨或毛毛细雨为主。

（三）惊蛰

惊蛰，是春季第三个节气，它反映的是自然生物受节律变化影响而出现萌发生长的现象。《月令七十二候集解》："万物出乎震，震为雷，故曰惊蛰，是蛰虫惊而出走矣。"惊蛰的意思是天气回暖，春雷始鸣，惊醒蛰伏于地下冬眠的昆虫。时至惊蛰，阳气上升，气温回暖，春雷乍动，雨水增多，万物生机盎然。"惊蛰"标志着仲春卯月的开始。作为全年气温回升最快的节气，我国北方大部分地区气温已升至 0 ℃以上，南方沿江江南地区为 8 ℃以上，而西南和华南已达 10 至 15 ℃，早已是一派融融春光了，日照时数也有了明显增加。

惊蛰时节，春气萌动，大自然有了新的活力。所谓“春雷惊百虫”，惊蛰节气的标志性特征是春雷乍动。

现代气象科学表明，“惊蛰”前后，之所以偶有雷声，是大地湿度渐高而促使近地面热气上升或北上的湿热空气势力较强与活动频繁所致。从我国各地自然物候进程看，由于幅员辽阔、南北跨度大，春雷始鸣的时间迟早不一。“惊蛰始雷”的说法仅与长江中下游流域以南的气候规律相吻合。

（四）春分

春分又称为“日中”“日夜分”“仲春之月”“升分”等。《春秋繁露·阴阳出入上下篇》：“春分者，阴阳相半也，故昼夜均而寒暑平。”春分的意义，一是指一天时间白天黑夜平分；二是春分正当春季（立春至立夏）三个月之中，平分了春季。

春分在天文学上有重要意义，南北半球昼夜平分，自这天以后太阳直射位置继续由赤道向北半球推移，北半球各地白昼开始长于黑夜。春分在气候上也有比较明显的特征，这时节天气暖和、雨水充沛、阳光明媚。

（五）清明

清明，是气清景明的意思。《月令七十二候集解》：“物至此时，皆以洁齐而清明矣。”它是反映自然界物候变化的节气，这个时节阳光明媚、草木萌动、气清景明、万物皆显，自然界呈现生机勃勃的景象。时至清明，在我国南方地区已气候清爽温暖、大地呈现春和景明之象。但由于南方暖湿气流日趋活跃，与不时南下的冷空气交汇，江南地区雨水较多，故有“清明时节雨纷纷”之说。

（六）谷雨

谷雨，是春季的最后一个节气。《月令七十二候集解》：“自雨水后，土膏脉动，今又雨其谷于水也。”谷雨是“雨生百谷”的意思，此时降水明显增加，田中的秧苗初插、作物新种，最需要雨水的滋润，正所谓“春雨贵如油”。降雨量充足而及时，谷类作物能茁壮成长。

谷雨与雨水、小满、小雪、大雪等节气一样，都是反映降水现象的节气，是古代农耕文化对于节令的反映。由于雨水滋润大地五谷得以生长，此时降水明显增加，雨水促使谷类作物生长发育。

谷雨时节，在我国南方地区，往往开始明显多雨，特别是华南，一旦冷空气与暖湿空气交汇，往往形成较长时间的降雨天气。

（七）立夏

立夏，是夏季的第一个节气，表示盛夏时节的正式开始。斗指东南，维为立夏，万物至此皆长大，故名立夏也。立夏，表示告别春天，是夏天的开始，标志着逐渐升温、炎暑将临，雷雨增多，是农作物进入旺季生长的一个重要节气。

春生、夏长、秋收、冬藏，时至立夏，万物繁茂。由于我国幅员辽阔、南北跨度大，各地自然节律不一，立夏期间我国只有南方一些地方有夏季景象，福州到南岭一线以南地区进入“绿树浓阴夏日长，楼台倒影入池塘”的真正意义上的夏季景象；而东北和西北的部分地区这时则刚刚有春天的气息。

(八) 小满

小满，是夏季的第二个节气。小满节气意味着进入了大幅降水的雨季，雨水开始增多，往往会出现持续大范围的强降水。小满和雨水、谷雨、小雪、大雪等一样，都是直接反映降水的节气。小满反映了降雨量大的气候特征：“小满小满，江河渐满”。另有解释认为这个名称指北方麦类等夏熟作物的籽粒开始灌浆，只是小满，还未完全饱满。

(九) 芒种

芒种，是夏季的第三个节气。“芒”指一些有芒的作物，如稻、黍、稷等；“种”，一为种子的“种”，一为播种的“种”。《月令七十二候集解》：“谓有芒之种谷可稼种矣。”意思是讲，芒种节气是最适合播种有芒的谷类作物，如晚稻、黍、稷等。芒种时节气温显著升高，雨量充沛，是适宜晚稻等谷类作物耕播的节令，它是古代农耕文化对于节令的反映。

芒种节气作为种植农作物时机的分界点，是一个播种忙碌的节气，民间也称其为“忙种”。因为过了这一节气，农作物的成活率就越来越低了。农谚“芒种忙，忙着种”说的就是这个道理。这个时节，南方地区人们忙着插秧播种，北方地区人们则忙着收麦。

(十) 夏至

夏至，是夏季的第四个节气，这天太阳直射地面的位置到达一年的最北端，几乎直射北回归线，此时，北半球各地的白昼时间达到全年最长。对于北回归线及其以北的地区来说，夏至日也是一年中正午太阳高度最高的一天。这天北半球得到的太阳辐射最多，比南半球多了将近一倍。

气温高、湿度大，不时出现雷阵雨，是夏至后的天气特点。夏至日过后，北回归线及其以北的地区，正午太阳高度角也开始逐日降低。

(十一) 小暑

小暑，是夏季的第五个节气，表示盛夏正式开始。暑，表示炎热的意思，小暑为小热，意指天气开始炎热，但还没到最热。我国多地自小暑起进入雷暴最多的时节。季风气候是我国气候的主要特点，夏季受来自海洋暖湿气流的影响，我国多地高温潮湿多雨。这个时节虽然阳光猛烈，高温潮湿多雨，但对于农作物来讲，雨热同期有利于成长。

从降水的季节分布状况来看，我国的降水主要集中在夏季，也就是东南季风盛行的时候。在高温季节，农作物生长旺盛，需要大量水分，而夏季正是我国降水最多、最集中的季节，高温期与多雨期一致，水热搭配好，对农作物的生长十分有利。由于我国的降水主要是由东南季风带来海洋的水汽而形成，受夏季风的影响，降水自东南沿海向西北内陆逐渐减少。

(十二) 大暑

“暑”是炎热的意思，大暑，指炎热之极。大暑是一年中最热的节气，“湿热交蒸”在此时到达顶点。这个时节阳光猛烈、高温潮湿多雨，虽不免有湿热难熬之苦，却十分有利于农作物成长，农作物在此期间成长最快。大暑气候特征：高温酷热，雷暴频繁，有台风。

(十三) 立秋

立秋，表示自此进入了秋季。它是阳气渐收、阴气渐长，由阳盛逐渐转变为阴盛的节点。立秋也意味着降水、湿度等处于一年中的转折点，趋于下降或减少；在自然界，万物开始从繁茂成长趋向萧索成熟。

立秋并不代表酷热天气就此结束，立秋还在暑热时段，尚未出暑，初秋期间天气仍然很热。所谓“热在三伏”，又有“秋后一伏”之说，立秋后还有至少“一伏”的酷热天气。

（十四）处暑

处暑，即为“出暑”，是炎热离开的意思。《月令七十二候集解》曰：“七月中，处，止也，暑气至此而此矣。”时至处暑，太阳直射点继续南移、太阳辐射减弱，副热带高压也向南撤退，气温逐渐下降，暑气渐消。处暑意味着酷热难熬的天气到了尾声，这期间天气虽仍热，但已呈下降趋势。处暑在日常生活中起到的意义，就是提醒人们暑气渐渐消退，天气由炎热向凉爽过渡，要注意预防“秋燥”。

（十五）白露

白露是反映自然界寒气增长的重要节气。由于天气逐渐转凉，白昼有阳光尚热，但太阳一落山气温便很快下降，昼夜温差拉大。时至白露，夏季风逐渐为冬季风所代替，冷空气转守为攻，加上太阳直射点南移，北半球日照时间变短，光照强度减弱，地面辐射散热快，所以温度下降速度也逐渐加快。初秋残留的暑气逐渐消散，昼夜热冷交替，寒生露凝。古人以四时配五行，秋属金，金色白，以白形容秋露，故名“白露”。

（十六）秋分

秋分，“分”即为“平分”“半”的意思，秋分这天太阳光几乎直射地球赤道，全球各地昼夜等长。秋分过后，太阳直射点继续由赤道向南半球推移，北半球各地开始昼短夜长，即一天之内白昼开始短于黑夜；南半球则相反。秋分后太阳直射的位置移至南半球，北半球得到的太阳辐射越来越少，地面散失的热量却较多，气温降低的速度明显加快。时至秋分，暑热已消，天气转凉，暑凉相分。

（十七）寒露

寒露是一个反映气候变化特征的节气。进入寒露，时有冷空气南下，昼夜温差较大，并且秋燥明显。古人将寒露作为寒气渐生的表征。寒露以后，北方冷空气已有一定势力，我国大部分地区在冷高压控制之下，雨季结束。

从气候特点上看，寒露时节，南方秋意渐浓，气爽风凉，少雨干燥；北方广大地区已从深秋进入或即将进入冬季。总体来说，寒露节气是一年中气温降得比较快的一段时间，北方大部都会开启秋冬的季节转换。

（十八）霜降

霜降节气反映的是气温骤降、昼夜温差变化大、秋燥明显的气候特征。霜降节气特点是早晚天气较冷、中午则比较热，昼夜温差大。就全国平均而言，霜降是一年之中昼夜温差最大的时节。由于“霜”是天冷、昼夜温差变化大的表现，故以“霜降”命名这个表示“气温骤降、昼夜温差大”的时节。霜降节气后，深秋景象明显，冷空气南下越来越频繁。

（十九）立冬

立冬是季节类节气，表示自此进入了冬季。立，建始也；冬，终也，万物收藏也。立冬，意味着生气开始闭蓄，万物进入休养、收藏状态。其气候也由秋季少雨干燥渐渐向阴雨寒冻的冬季气候转变。立冬后日照时间将继续缩短，正午太阳高度继续降低。冬季普遍盛行东北风和北风，气温逐渐下降，由于地表贮存的热量还有一定的能量，所以一般初冬时期还不是很冷。

孟冬（立冬至小雪）期间，在晴朗无风之时，常会出现风和日丽、温暖舒适的“小阳春”天气，在民间有“十月小阳春”一说。在南方部分地区初冬（孟冬）这时期一般不会很冷，但随着时间推移，冷空气频繁南下，气温逐渐下降。北方地区，在入冬至春季这段时间都很寒冷，冬季几个节气的气候变化不明显，下雪是北方冬季的主要特征。

（二十）小雪

小雪是冬季第二个节气，气候要素包括光照、气温和降水等，小雪是反映降水与气温的节气，它是寒潮和强冷空气活动频数较高的节气。小雪节气的到来，意味着天气会越来越冷、降水量渐增。“雪”是水汽遇冷的产物，代表寒冷与降水，这时节的气候寒未深且降水未大，故用“小雪”来比喻这时节的气候特征。“小雪”是个比喻，反映的是这个节气期间寒流活跃、降水渐增，不是表示这个节气下很小量的雪。

（二十一）大雪

大雪节气标志着仲冬时节正式开始。大雪节气是一个气候概念，气候要素主要有光照、气温和降水等，它代表的是大雪节气期间的气候特征，即气温与降水量。大雪节气的特点是气温显著下降、降水量增多。大雪节气与小雪节气一样，都是反映气温与降水变化趋势的节气，它是古代农耕文化对于节令的反映。

（二十二）冬至

冬至是反映太阳光直射运动的节气。冬至是太阳直射点南行的极致，冬至这天太阳光直射南回归线，太阳光对北半球最为倾斜，太阳高度角最小，是北半球各地白昼最短、黑夜最长的一天。冬至也是太阳直射点北返的转折点，这天过后它将走“回头路”，太阳直射点开始从南回归线向北移动，北半球白昼将会逐日增长。冬至兼具自然与人文两大内涵，既是二十四节气中一个重要的节气，也是中国民间的传统节日。在中国南方地区，有冬至祭祖、宴饮的习俗。在中国北方地区，每年冬至日有吃饺子的习俗。

（二十三）小寒

小寒，是天气寒冷但还没有到极点的意思。冬至之后，冷空气频繁南下，气温持续降低，温度在一年的小寒、大寒之际降到最低。民谚：“小寒时处二三九，天寒地冻冷到抖”，这说明了小寒节气的寒冷程度。小寒时节，太阳直射点还在南半球，北半球的热量还处于散失的状态，白天吸收的热量还是少于夜晚释放的热量，因此北半球的气温还在持续降低。

（二十四）大寒

大寒同小寒一样，也是表示天气寒冷程度的节气，大寒是天气寒冷到极致的意思。根据我国长期以来的气象记录，在北方地区大寒节气没有小寒冷；但对于南方大部地区来说，大寒节气最冷。大寒以后，立春接着到来，天气渐暖。至此地球绕太阳公转了一周，完成了一个循环。

在早期观象授时时代，农事周期就是庆典周期，有些节气也就是节日。虽然此后由于阴阳合历历法的推广，节气与节日发生了分离，但许多节气仍被作为节日保留了下来。几乎每个节气也都有自己丰富多彩的节气习俗活动。这些活动，可大体归纳为如下几个方面：奉祀神灵，以应天时；崇宗敬祖，维护亲情；除凶祛恶，以求平安；休闲娱乐，放松心情。此外，几乎每个节气也都有自己特殊的饮食习俗。中国古人遵循“天人合一，顺应四时”的理念，以二十四节气为中心，还形成了丰富的养生习俗，如立春补肝、立夏补水、立秋滋阴、立冬补阴等。

与此同时，围绕二十四节气，也产生了数量众多的故事传说以及诗词歌赋等，集中表达了人们的思想情感与精神寄托。总之，围绕着二十四节气，中国形成了众多的信仰、禁忌、仪式、礼仪、娱乐、饮食、养生、传说、故事等习俗活动。因此，对人们来说，二十四节气不仅是一种时间体系，更是一套具有丰富内涵的生活与民俗系统。二十四节气之所以能在民众日常社会生活中日益流行与普及开来，与此有直接关系。

2006 年 5 月 20 日，“二十四节气”作为民俗项目经国务院批准列入第一批国家级非物质文化遗产名录。2016 年 11 月 30 日，中国“二十四节气”被正式列入联合国教科文组织人类非物质文化遗产代表作名录。

主要参考文献

[1] 刘琅，桂苓.大学的精神[M].北京：中国友谊出版公司，2004.
[2] 袁行霈.中国文学作品选注(第一卷)[M].北京：中华书局，2007.
[3] 袁行霈.中国文学作品选注(第二卷)[M].北京：中华书局，2007.
[4] 陆俭明.现代汉语语法研究教程[M].北京：北京大学出版社，2003.
[5] 胡裕树.现代汉语[M].上海：上海教育出版社，1962.
[6] 吕叔湘，朱德熙.语法修辞讲话[M].北京：商务印书馆，2013.
[7] 王力.古代汉语(第一册)[M].上海：中华书局，1999.
[8] 江少川.高等语文[M].北京：中国人民大学出版社，2000.
[9] 徐中玉.大学语文[M].5版.北京：高等教育出版社，2016.
[10] 尚永亮.大学语文[M].3版.北京：中国人民大学出版社，2020.
[11] 刘凌云.大学语文[M].北京：中国传媒大学出版社，2014.
[12] 孟庆荣，冯凯.大学语文[M].北京：高等教育出版社，2009.
[13] 伊漪.大学语文教程[M].天津：南开大学出版社，2013.
[14] 马臻荣.大学人文基础[M].3版.北京：高等教育出版社，2018.
[15] 王首程.应用文写作[M].3版.北京：高等教育出版社，2014.

反盗版举报电话　(010)58581999　58582371
反盗版举报邮箱　dd@hep.com.cn
通信地址　北京市西城区德外大街 4 号　高等教育出版社知识产权与法律事务部
邮政编码　100120

高等教育出版社

教学资源服务指南

仅限教师索取

感谢您使用本书。为方便教学，我社为教师提供资源下载、样书申请等服务，如贵校已选用本书，您只要关注微信公众号“高职素质教育教学研究”，或加入下列教师交流QQ群即可免费获得相关服务。

“高职素质教育教学研究”公众号

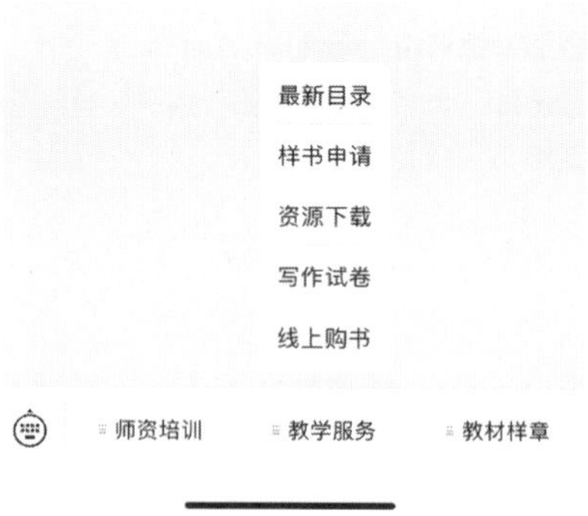

资源下载：点击“**教学服务**”—“**资源下载**”，或直接在浏览器中输入网址（http://101.35.126.6/），注册登录后可搜索下载相关资源。（建议用电脑浏览器操作）

样书申请：点击“**教学服务**”—“**样书申请**”，填写相关信息即可申请样书。

样章下载：点击“**教材样章**”，可下载在供教材的前言、目录和样章。

师资培训：点击“**师资培训**”，获取最新直播信息、直播回放和往期师资培训视频。

联系方式

高职人文素质教师交流QQ群：167361230

联系电话：（021）56961310　电子邮箱：3076198581@qq.com